抗日战争档案汇编

# 满铁与七七事变档案汇编

## 2

辽宁省档案馆 编

中華書局

# 本册目录

## 七、天津事务所

# 七、天津事务所

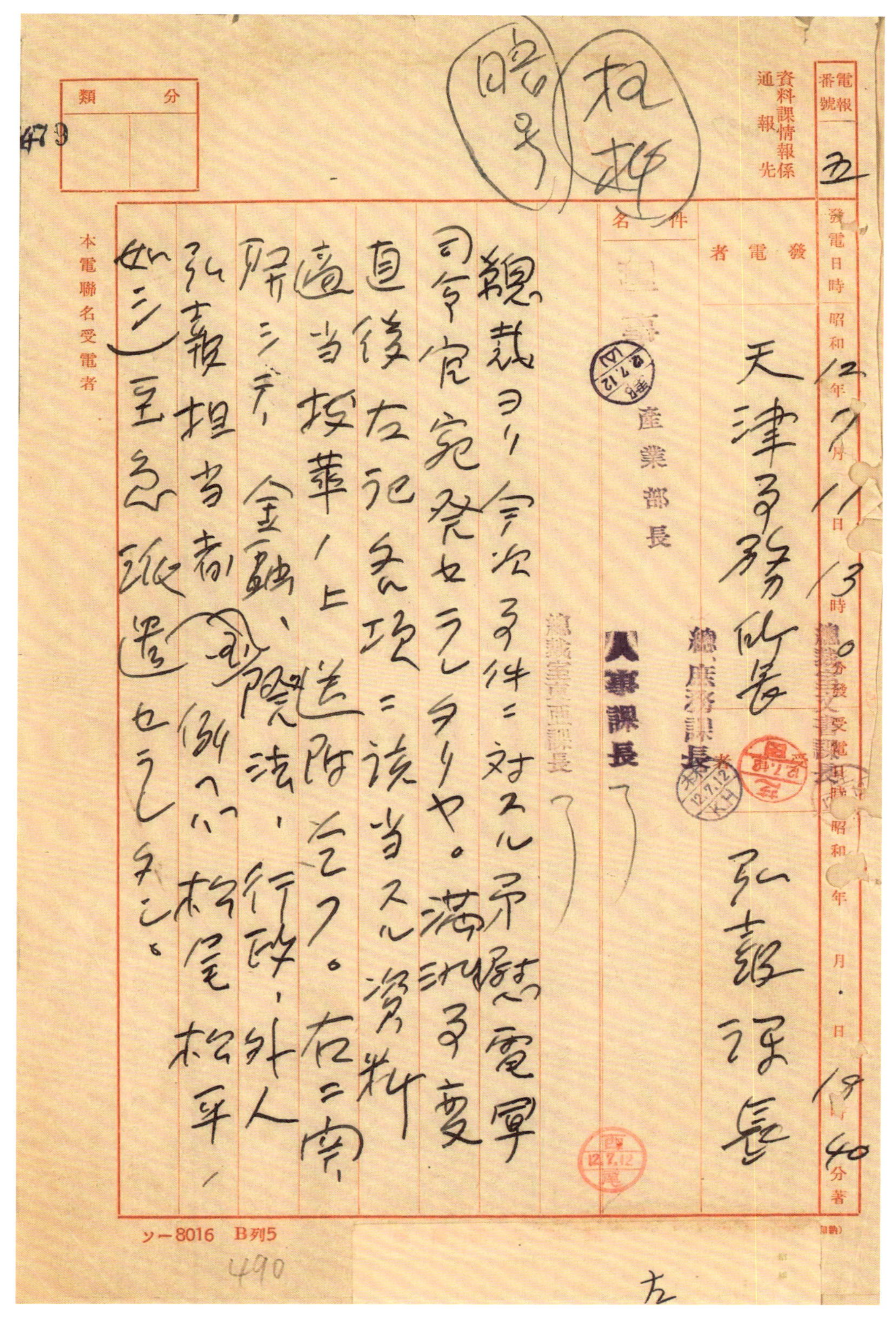
電報番號 五

發電日時 昭和12年7月11日13時0分

受電日時 昭和 年 月 日 19時40分

發電者 天津事務所長

受電者 弘報課長

暗号 極秘

總裁ヨリ今次事件ニ対スル弔慰電軍司令官宛発セラレタリヤ。満洲事変直後右記各項ニ該当スル資料適当按排ノ上送附乞フ。右ニ関聯シテ金融、司法、行政、外人弘報担当者例ヘハ松尾松平ノ如キヲ至急派遣セラレタシ。

產業部長　人事課長　總裁室文書課長　總務課長

ソー8016 B列5

天津事务所长关于请发送九一八事变后金融等各方面材料并请派遣相关负责人员事致总裁室弘报课长的电文（一九三七年七月十一日）

# 天津事务所长关于通报满铁本社社员及天津事务所职员各三名出差情况事致弘报课长的电文（一九三七年七月十一日）

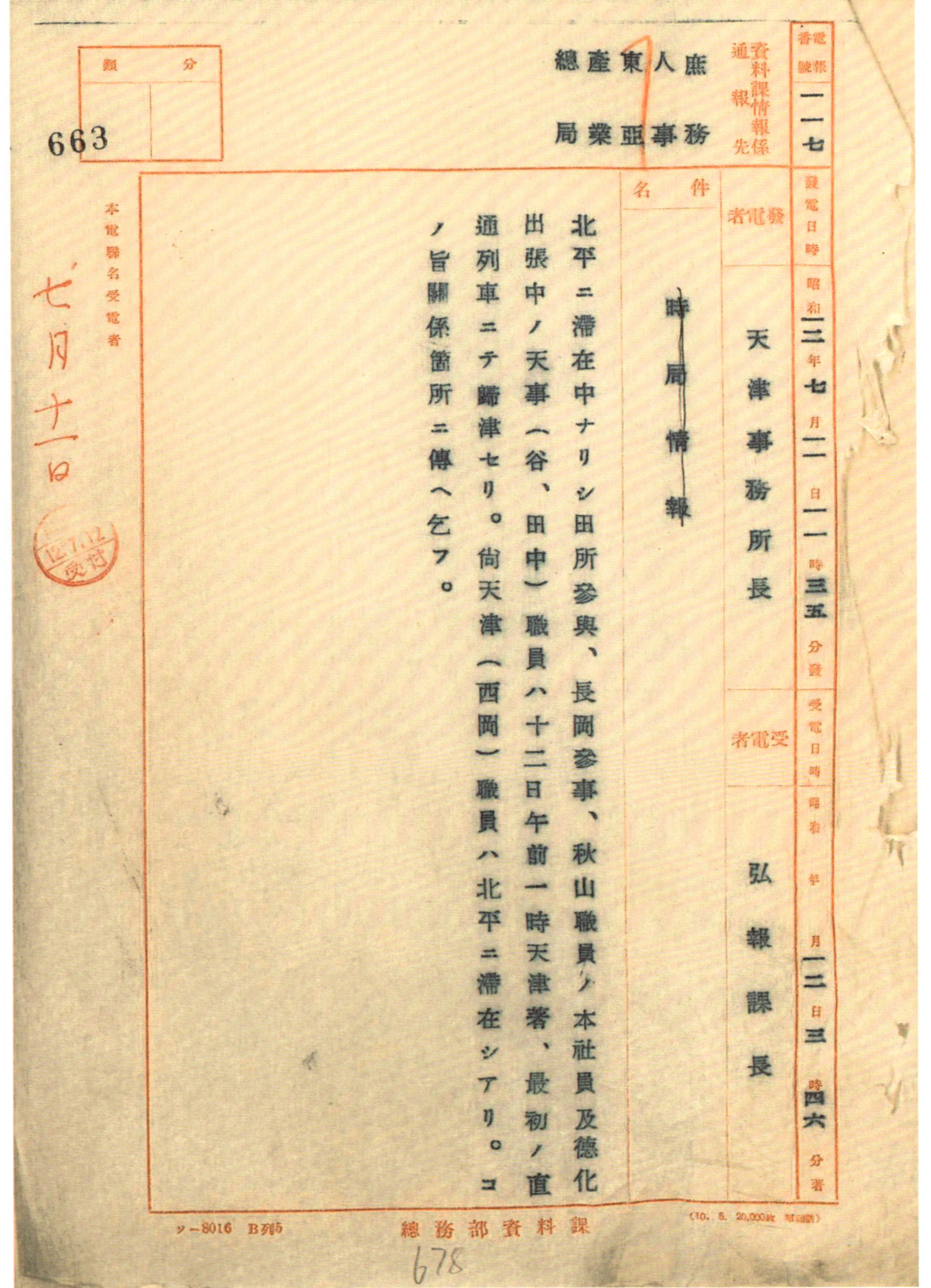

電報番號 一一七

資料課情報係 通報先：庶務　人事　東亞　產業　總局

分類

663

發電者：天津事務所長

發電日時：昭和十二年七月十一日十一時三五分發

受電者：弘報課長

受電日時：昭和　年　月十二日三時四六分着

件名：時局情報

北平ニ滯在中ナリシ田所參與、長岡參事、秋山職員ノ本社員及德化出張中ノ天事（谷、田中）職員ハ十二日午前一時天津着、最初ノ直通列車ニテ歸津セリ。尚天津（西岡）職員ハ北平ニ滯在シアリ。コノ旨關係箇所ニ傳ヘ乞フ。

本電驛名受電者

七月十一日

12.7.12 受付

ツ－8016　B列5　總務部資料課　(10. 5. 20,000枚 [illegible])

678

# 天津事务所长关于报告驻外社员避难状况事致总裁室东亚课长的电文（一九三七年七月十二日）

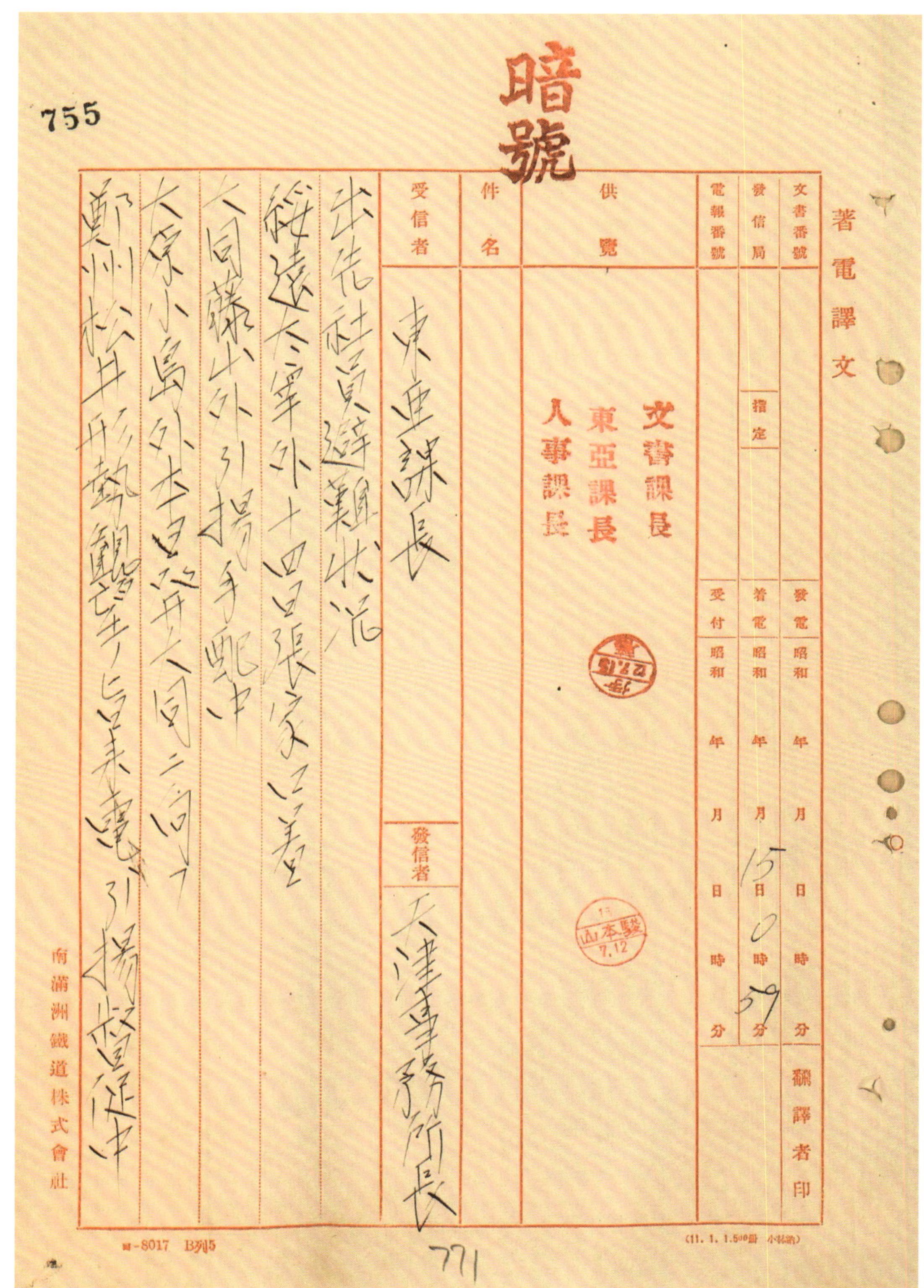

755

暗號

著電譯文

| 文書番號 | 發信局 | 電報番號 |
| --- | --- | --- |
| | | |

指定

| 發電 | 着電 | 受付 |
| --- | --- | --- |
| 昭和　年　月　日　時　分 | 昭和　年　月　15日　0時　59分 | 昭和　年　月　日　時　分 |

飜譯者印

供覧：文書課長　東亜課長　人事課長

受信者：東亜課長

發信者：天津事務所長

出先社員避難状況

綏遠大平外十四日張家口ニ着

大同藤山外引揚手配中

太原小島外本日終列車ニテ大同ニ向フ

鄭州松井、形勢観望ヲ旨トシ未タ引揚遅延中

南滿洲鐵道株式會社

8017　B列5

771

# 天津事务所长关于北平事务所长称事务繁重请给弘报系增员事致总裁室东亚课长、弘报课长的电文（一九三七年七月十二日）

467

暗號　極秘

著電譯文

| 文書番號 | 發信局 | 電報番號 |
|---|---|---|
| | | 和40 |

指定

| 發電 | 着電 | 受付 |
|---|---|---|
| 昭和12年7月12日15時　分 | 昭和　年　月　日　時　分 | 昭和12年7月12日23時50分 |

飜譯者印

供覽：東亞課長

受信者：東亞課長、弘報課長

件名：

發信者：天津事務所長

時局ニ依リ北平事務所ヨリ弘報係事務繁劇ニ付、増員方申出アリ、新聞記者等モ増派セラレツヽアリ、追テ北平事務所長ヨリモ具体的ニ申出アル筈ニ付宜シク才含ミオキ乞フ

課長ヘ連絡済ミ

南滿洲鐵道株式會社

478

天津事务所长关于请派员处理战时国际法相关业务事致产业部长、总裁室东亚课长的电文（一九三七年七月十二日）

468

十三日出

暗號

極秘

著電譯文

| 文書番號 | 發信局 | 電報番號 | 供覽 | 件名 | 受信者 |
|---|---|---|---|---|---|
| | | 48 | | | 產業部長<br>東亜課長 |

指定 速急

| | 發電 | 着電 | 受付 |
|---|---|---|---|
| 昭和 | 12年12月12日16時30分 | 年 月 日 時 分 | 12年7月12日23時50分 |

發信者 天津事務所長

飜譯者印

時局ニ関シ產業部資料室調查班法制資料係（眞鍋マナベトウジ）職員至急派遣乞フ、期間取敢二十日、費用ハ当所負担、戰時國際ニ関シ必要ナル、其ノ他ノ時局資料携帯セシメラレタシ

課長ヘ連絡済ミ（十三日午前〇時二〇分）

南滿洲鐵道株式會社

ヨ-8017 B列5

(11. 1. 1.5万冊 小林活)

479

# 天津事务所长关于军方要求提交接管交通、财务及金融各机关之具体方案以及人员名单事致总裁室弘报课长、东亚课长、产业部庶务课长的电文（一九三七年七月十三日）

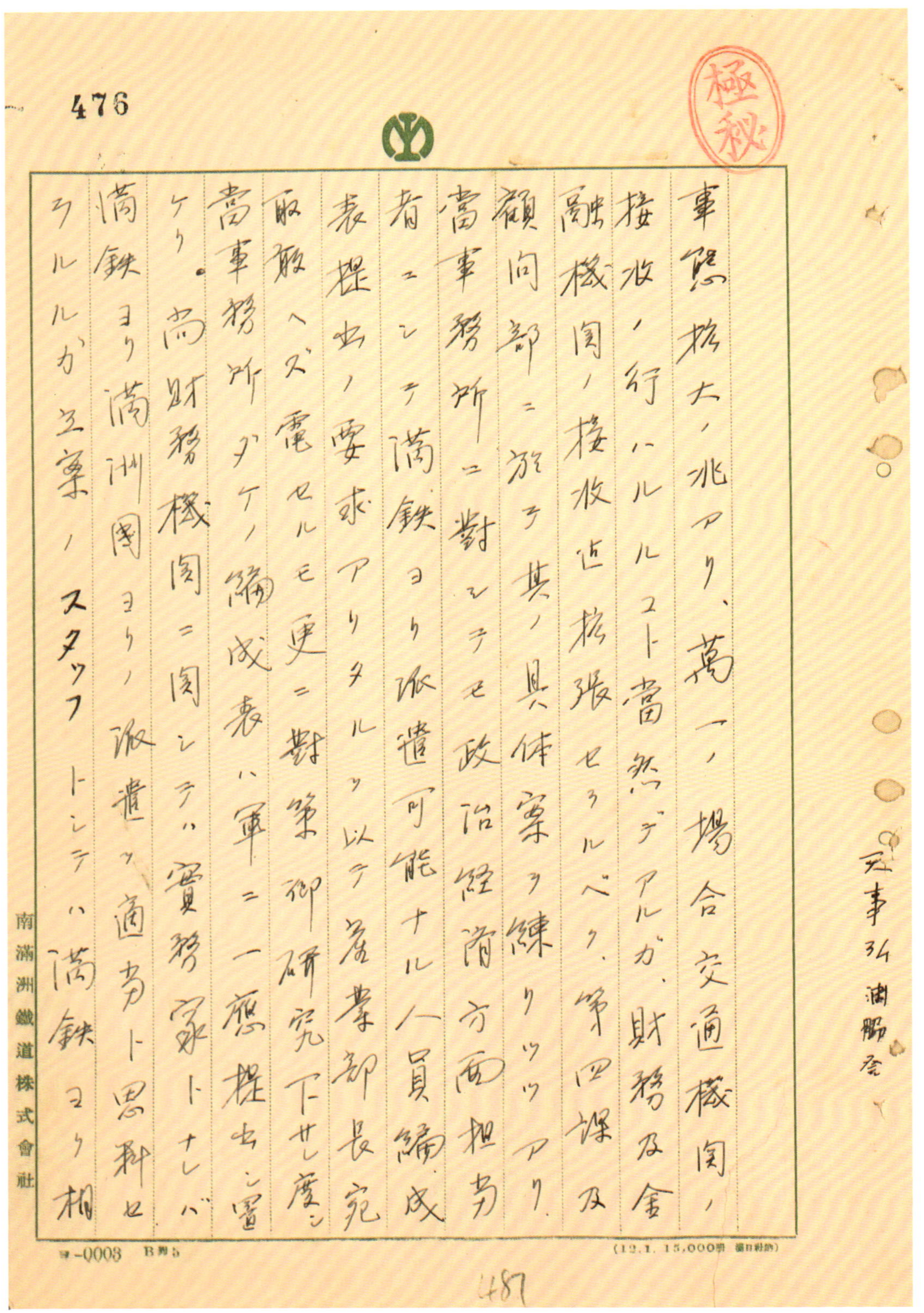
476

極秘

天事弘 満鉄会

事態拡大ノ兆アリ、萬一ノ場合交通機関ノ
接収ノ行ハルルコト當然デアルガ、財務及金
融機関ノ接収迄拡張セラルベク、第四課及
顧問部ニ於テ其ノ具体案ヲ練リツツアリ、
當事務所ニ對シテモ政治経済方面担当
者ニシテ満鉄ヨリ派遣可能ナル人員編成
表提出ノ要求アリタルヲ以テ産業部長宛
取敢ヘズ電セルモ更ニ對策御研究下サレ度シ
當事務所ガ右ノ編成表ハ軍ニ一應提出シ置
ケリ。尚財務機関ニ関シテハ實務家トナレバ
満鉄ヨリ満洲国ヨリノ派遣ヲ適當ト思料セ
ラルルガ立案ノスタッフトシテハ満鉄ヨリ相

南滿洲鐵道株式會社

ヲ-0003 B列5 (12.1. 15,000冊)

487

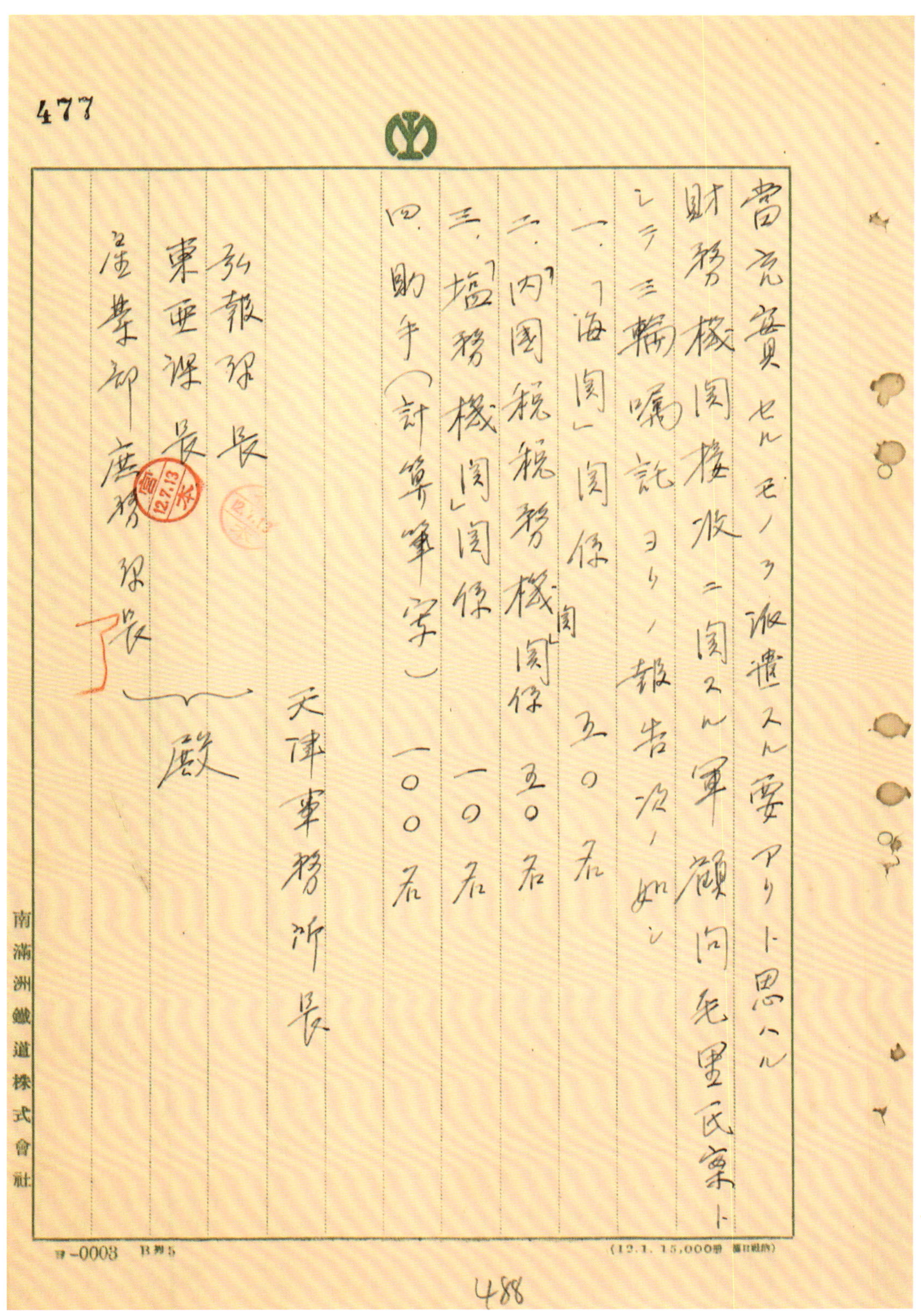

477

當充要員セルモノヲ派遣スル要アリト思ハル

財務機関接收ニ関スル軍顧問毛里氏案ト

シテ三輪囑託ヨリノ報告次ノ如シ

一、「海関」関係　五〇名

二、「内国税税務機関」関係　五〇名

三、「塩務機関」関係　一〇名

四、助手（計算筆字）　一〇〇名

天津事務所長

弘報課長

東亜課長

産業部庶務課長　殿

了

南滿洲鐵道株式會社

ヲ-0003　B列5　(12.1. 15,000冊 [illegible])

488

# 天津事务所长关于请转告天津事务所庶务课长神崎立即归任事致总裁室东亚课长的电文（一九三七年七月十四日）

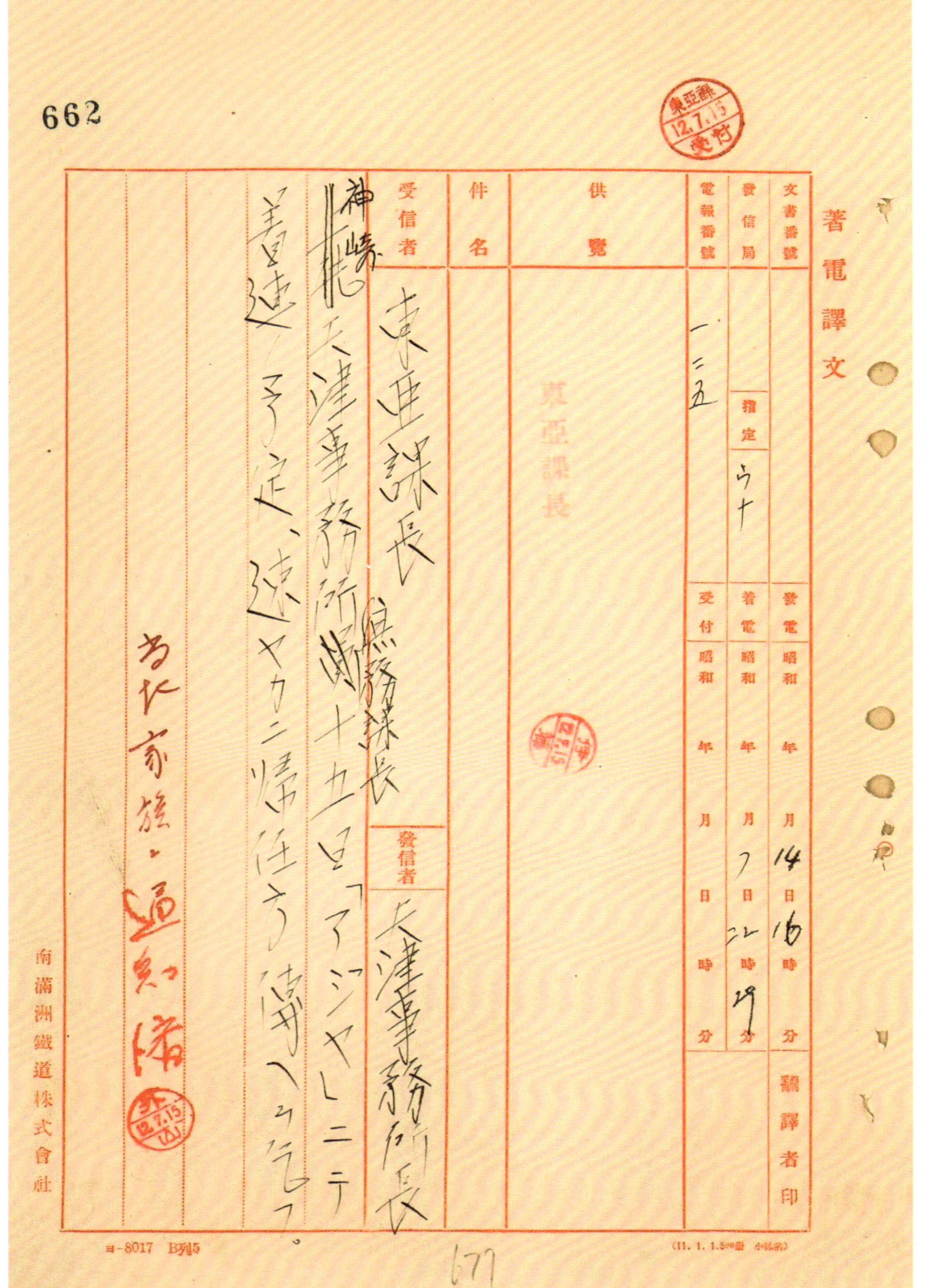
662

著電譯文

| 文書番號 | |
|---|---|
| 發信局 | |
| 指定 | ウナ |
| 電報番號 | 一二五 |
| 發電 | 昭和　年　月 14 日 16 時　分 |
| 着電 | 昭和　年 7 月　日 22 時 29 分 |
| 受付 | 昭和　年　月　日　時　分 |
| 供覽 | 東亞課長 |
| 件名 | |
| 受信者 | 東亞課長 |
| 發信者 | 天津事務所長 |

神崎天津事務所庶務課長十五日「アジヤ」ニテ着連ノ予定、速ヤカニ帰任方傳ヘラレ度シ。

当社旅・通知済

南滿洲鐵道株式會社

ヨ-8017 B列5

677

天津事务所长关于请派出精通司法事务之职员事致总裁室东亚课长的电文（一九三七年七月十六日）

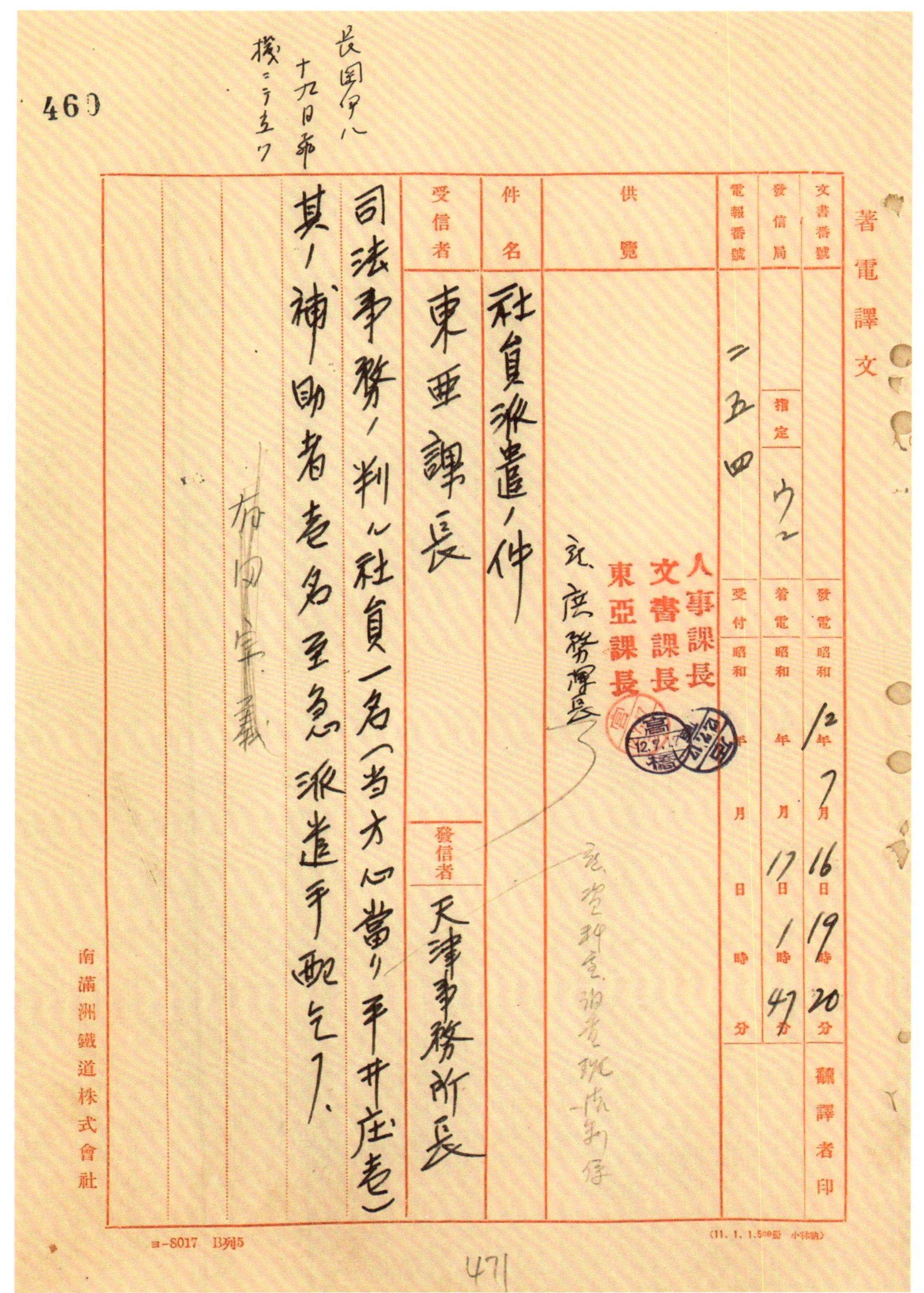

著電譯文

| 文書番號 | 發信局 | 電報番號 | 供覽 | 件名 | 受信者 |
|---|---|---|---|---|---|
| | 指定 ウ2 | 二五四 | 人事課長 文書課長 東亞課長 | 社員派遣ノ件 | 東亜課長 |

發電 昭和12年7月16日19時20分
着電 昭和 年7月17日1時47分
受付 昭和 年 月 日 時 分

發信者 天津事務所長

司法事務ノ判ル社員一名（当方ノ心當リ平井庄壱）其ノ補助者壱名至急派遣手配乞フ

南滿洲鐵道株式會社

# 天津事务所长关于请派遣内科医生两名及九名以上护理人员事致总裁室东亚课长的电文（一九三七年七月十六日）

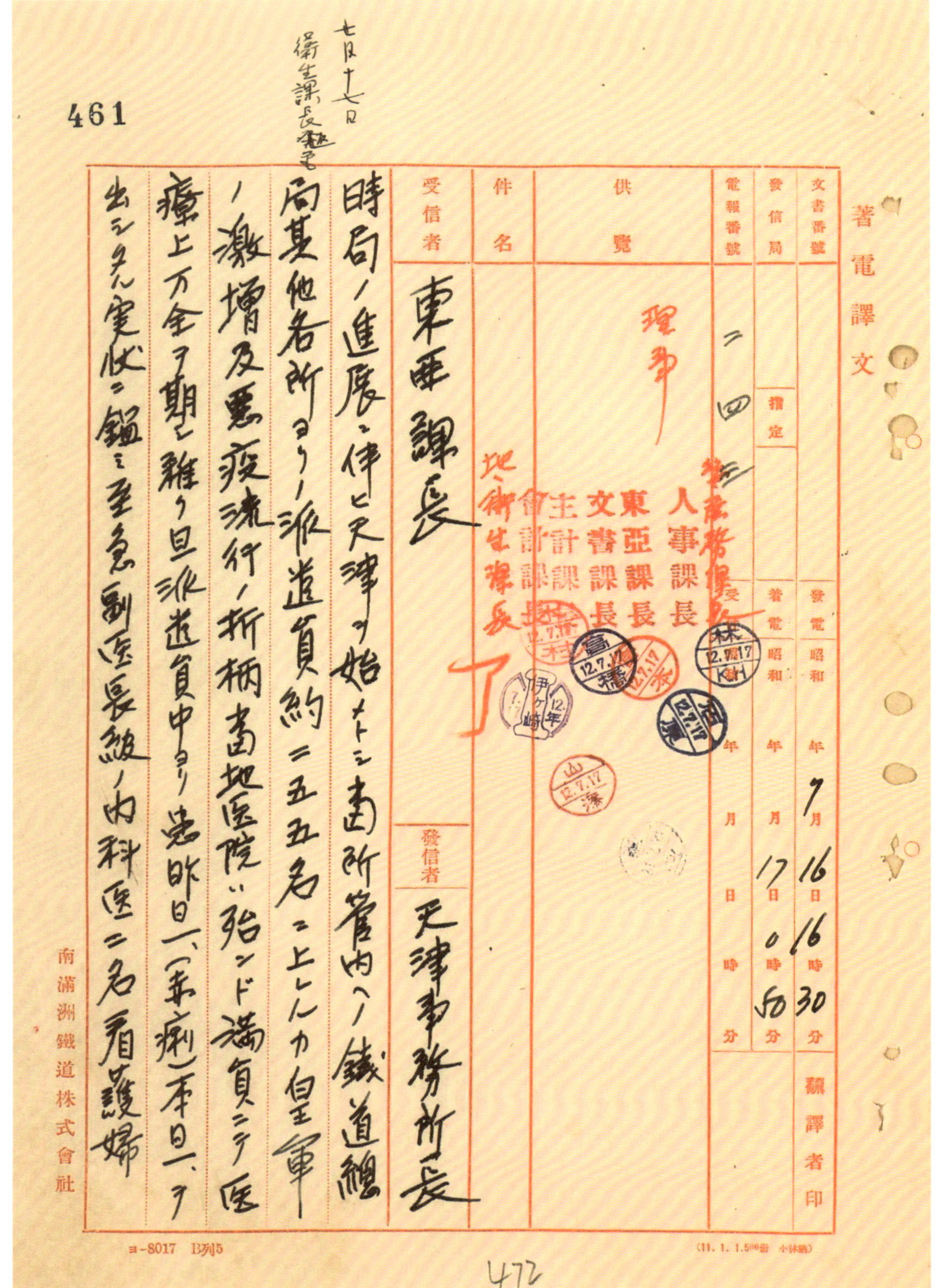
461

七月十七日
衛生課長

著電譯文

受信者：東亞課長

發信者：天津事務所長

發電 昭和 年 7 月 16 日 16 時 30 分

著電 昭和 年 月 17 日 0 時 50 分

人事課長　東亞課長　文書課長　主計課長　會計課長　衛生課長

時局ノ進展ニ伴ヒ天津ヲ始メトシ当所管内ヘノ鐵道總局其他各所ヨリノ派遣員約二五五名ニ上レルカ皇軍ノ激増及悪疫流行ノ折柄当地医院ハ殆ンド満員ニテ医療上万全ヲ期シ難ク且派遣員中ヨリ患者昨日一、（赤痢）本日一ヲ出シタル実状ニ鑑ミ至急副医長級ノ内科医二名看護婦

南滿洲鐵道株式會社

九名以上派遣方手配シタ。追テ外科医ニ就テ配慮
置キ願度。
尚経費時局費支弁予定。

備考
事務費 各所 所属ノ所負担
旅費、衛生材料 事務費ニテ見ル

衛生課ヨリ発信
十六日二四三五電ニ係ル医師二名看護婦九名ハ大越博士引
率ノ下ニ十八日午前八時奉天ヲ出発セシム 尚ホ防疫
医ト一名助手一名同行セシム 尚本部外科医派遣ノ件申宮了

# 天津事务所长关于传达张家口驻在员发来报告事致总裁室东亚课长的电文（一九三七年七月十六日）

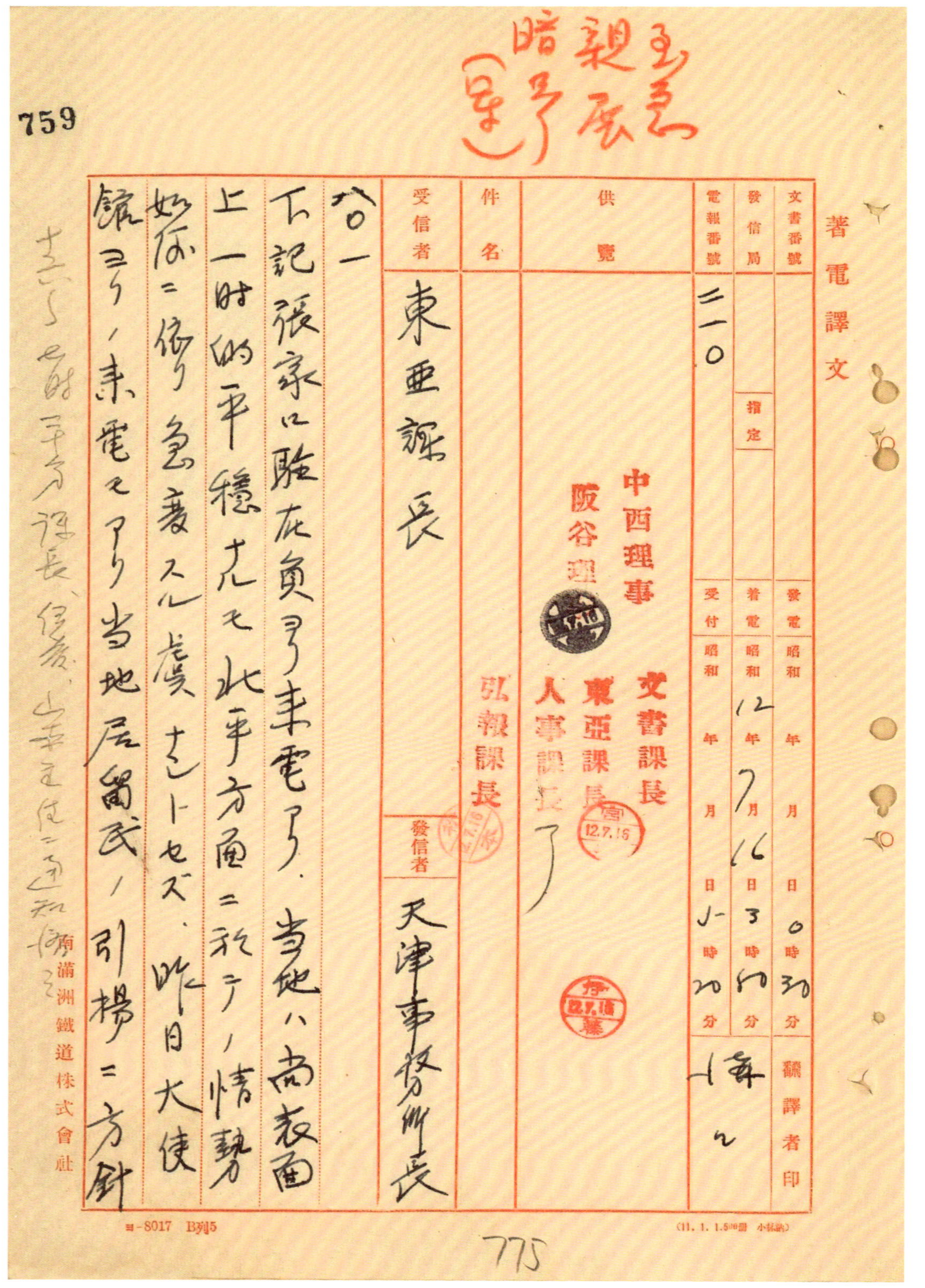
759

至急 親展 暗号

著電譯文

| 文書番號 | 發信局 | 電報番號 | 供覽 | 件名 | 受信者 |
|---|---|---|---|---|---|
| | | 二一〇 | 中西理事 阪谷理事 文書課長 東亜課長 人事課長 弘報課長 | | 東亜課長 |

發信者：天津事務所長

公〇一

下記張家口駐在員ヨリ来電アリ。当地ハ尚表面上一時的平穏ナルモ北平方面ニ於テノ情勢如何ニ依リ急変スル虞ナシトセズ。昨日大使館ヨリノ来電モアリ当地居留民ノ引揚ニ方針

南滿洲鐵道株式會社

775

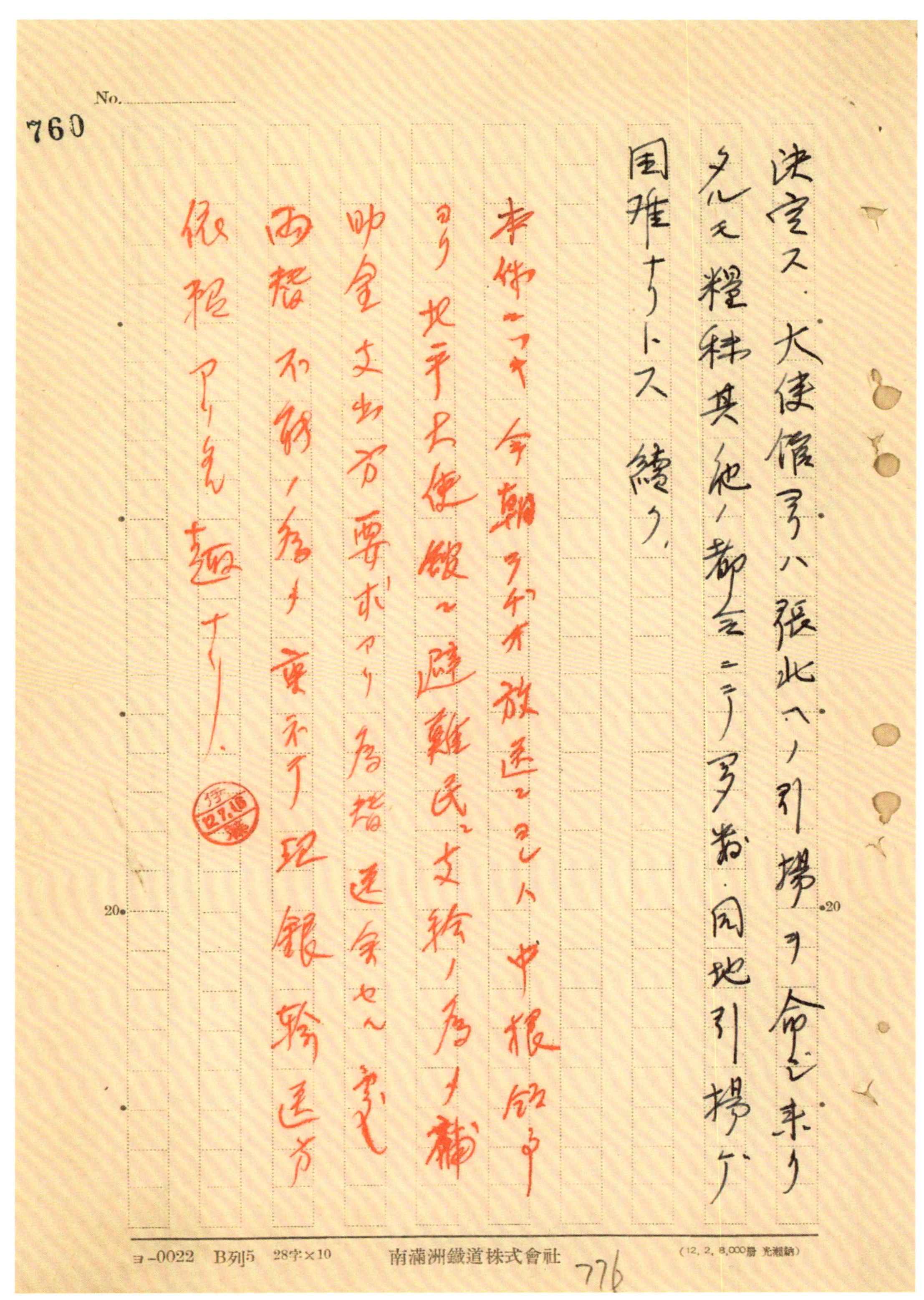
No.
760

決定ス。大使館員ハ張北ヘノ引揚ヲ命ジ来リタルモ糧秣其他ノ都合ニテ員若・同地引揚ゲ困難ナリトス　續ク。

本件ニ付今朝放送ニヨレハ中根領事ヨリ北平大使館ニ避難民ニ支給ノ為メ補助金支出方要求アリ為替送金セント試モ両替不能ノ為メ東京ヨリ現銀輸送方依頼アリシ趣ナリ。

12.7.15

ヨ-0022　B列5　28字×10　南滿洲鐵道株式會社　(12.2.8,000冊 光瀬納)
776

# 天津事务所长与总裁室弘报课长关于请求印刷华北地图的往来电文

## 天津事务所长致总裁室弘报课长电（一九三七年七月十六日）

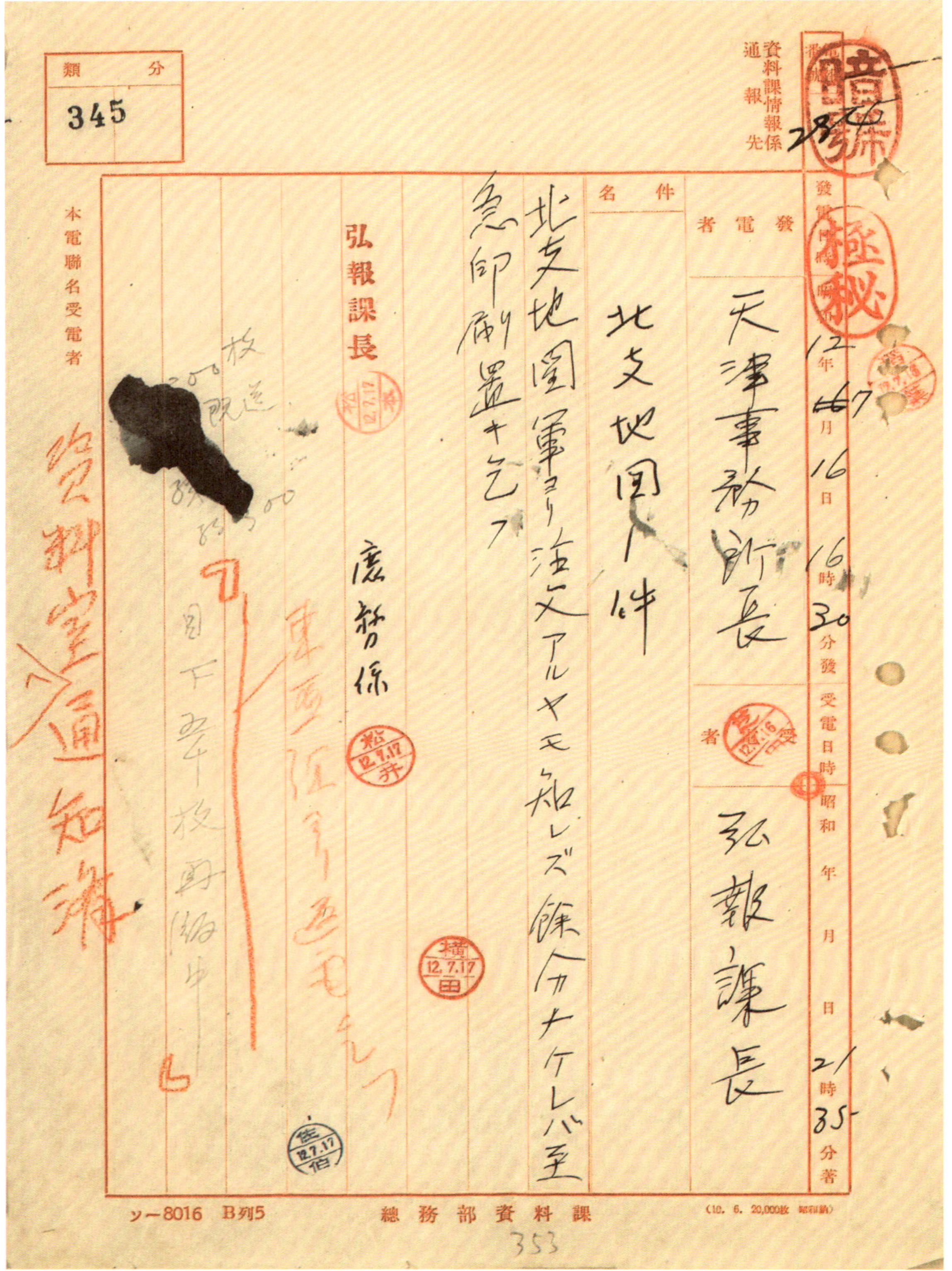
類分 345

資料課情報係 通報先

極秘

發電者 天津事務所長

12年7月16日16時30分發

件名 北支地圖ノ件

北支地圖軍ヨリ注文アルヤモ知レズ餘分ナケレバ至急印刷置キ乞フ

受電者 弘報課長

受電日時 昭和 年 月 日 21時35分著

弘報課長

庶務係

本電聯名受電者

資料室ヘ通知済

ソー8016 B列5 總務部資料課

353

总裁室东亚课长致天津事务所长电（一九三七年七月十七日）

至急
暗號

346

電報回議箋

| 文書番號 | 指定 | 電報番號 |
| --- | --- | --- |
| | ウナ・ニカ・ムニ・ヨイ | |

| 起案 | 決裁 | 發電 |
| --- | --- | --- |
| 昭和12年7月17日10時35分 | 昭和年7月17日時分 | 昭和年月日10時55分 |

起案箇所：總、東亞課
箇所長
主任者
擔任者
電話

回議者印：東亞課長

件名：北支地圖ノ件

宛名：天津事務所長

發信者：東亞課長

北支地圖弘報課ニテ五〇〇〇枚再版中

發電取扱者印

南滿洲鐵道株式會社

ヨ-8016　B列5

（10 9. 2,000冊 滿洲印刷）

354

# 天津事务所长关于撤回华北各地驻在员事致总裁室弘报课长的电文（一九三七年七月十六日）

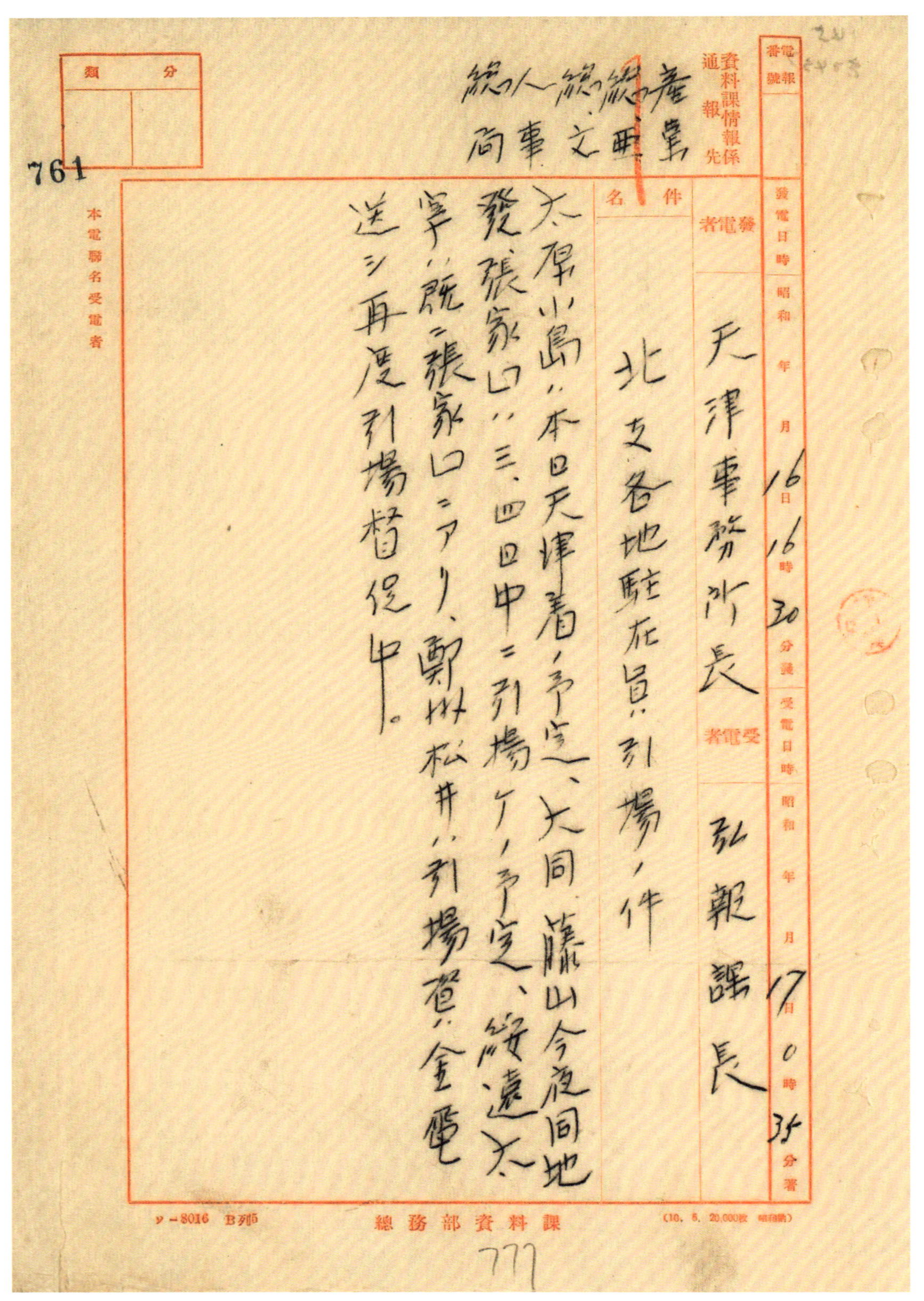
761

類　分

資料課情報係通報先　総人　総ム　総ム　産
商事　文　書　業

電報番號

發電者　天津事務所長

受電者　弘報課長

發電日時　昭和　年　月16日16時30分發

受電日時　昭和　年　月17日0時35分著

件名　北支各地駐在員引揚ノ件

太原小島ハ本日天津着ノ予定、大同藤山今夜同地發張家口ハ三、四日中ニ引揚ゲノ予定、綏遠太平ハ既ニ張家口ニアリ、鄭州松井ハ引揚費ノ金電送シ再度引揚督促中。

本電聯名受電者

ソ－8016　B列5　總務部資料課　(10. 5. 20,000枚　明和印刷)

777

天津事务所长关于撤离当地日本居民事致总裁室东亚课长的电文（一九三七年七月十六日）

極秘

著電譯文

文書番號：
發信局：
電報番號：二〇九
指定：
發電：昭和　年　月　日　0時30分
着電：昭和12年7月16日1時48分
受付：昭和　年　月　日4時50分
飜譯者印：

供覽：中西理事　阪谷理事　文書課長　東亞課長　人事課長　弘報課長

件名：

受信者：東亜課長

發信者：天津事務所長

八〇二

當地領事ハ特種列車ノ（豊台）直行ヲ大使館ヨリ平綏鉄路局ニ交渉方ヲ依頼ヨリ継ツヽノ居住民ノ當地引揚ゲハ尠クトモ四、五日後ノ見込ミナリ、尚留守宅ニ通報方ヲ乞フ

南滿洲鐵道株式會社

ヨ-8017　B列5　(11. 1. 1.5000冊　小林納)

# 天津事务所长关于日本居民撤回张家口事致总裁室东亚课长的电文（一九三七年七月十六日）

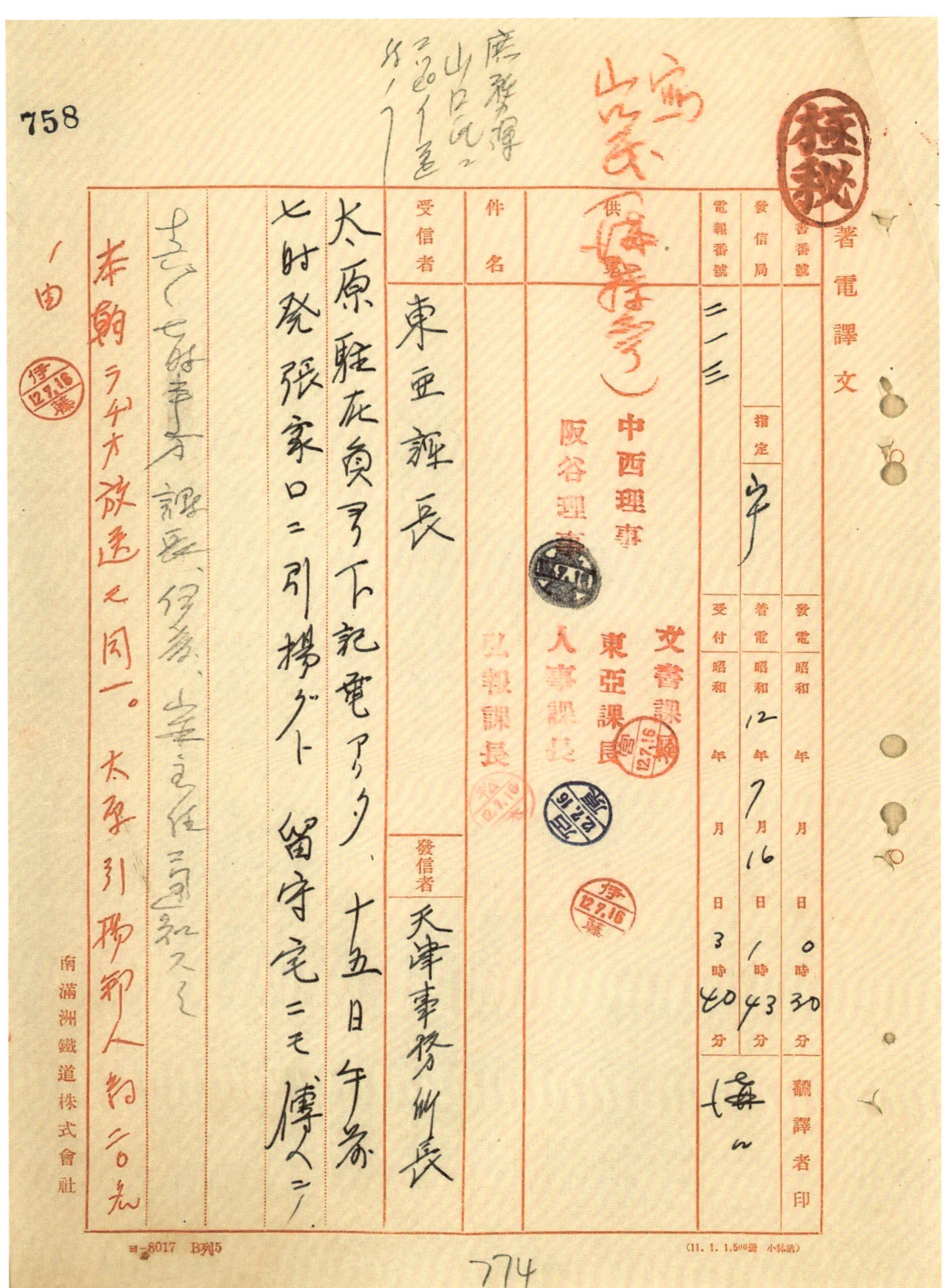
758

極秘

著電譯文

| 著番號 | 發信局 | 電報番號 | 指定 |
|---|---|---|---|
| | | 二一三 | |

| 發電 | 昭和　年　月　日0時30分 |
|---|---|
| 着電 | 昭和12年7月16日1時43分 |
| 受付 | 昭和　年　月　日3時40分 |
| 翻譯者印 | |

中西理事
阪谷理事
文書課長
東亜課長
人事課長
弘報課長

受信者：東亜課長

件名：

發信者：天津事務所長

太原駐在員ヨリ下記電アリタ、十五日午前七時発張家口ニ引揚ゲト留守宅ニモ傳ヘラレ度

本朝ラヂオ放送モ同一。太原引揚邦人約二百名

南滿洲鐵道株式會社

日-8017 B列5　(11. 1. 1.500冊 小林號)

774

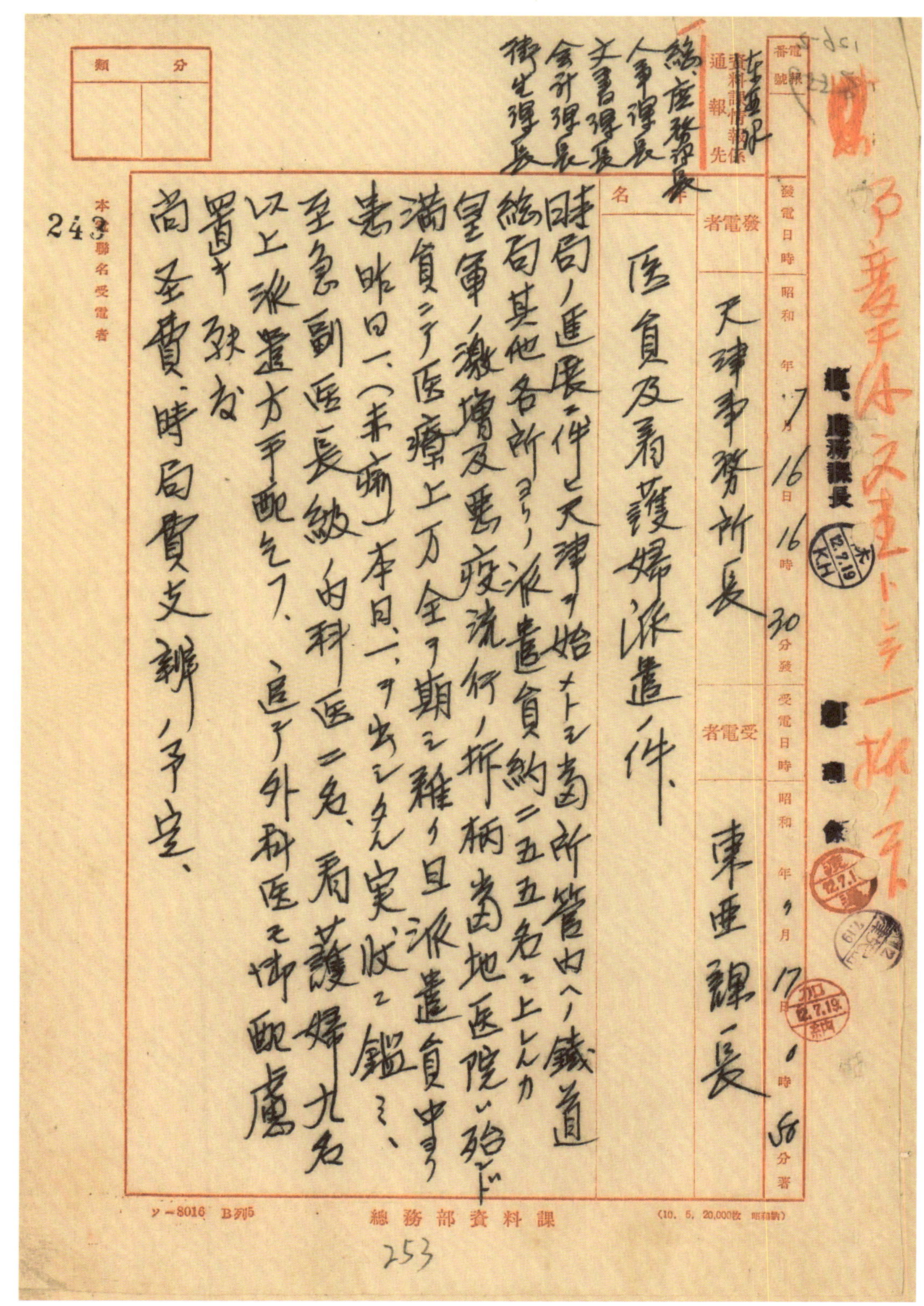
分類

番號

通報先：東亜課　総、庶務課長　人事課長　文書課長　会計課長　衛生課長

發電者：天津事務所長　發電日時：昭和　年7月16日16時30分發

受電者：東亜課長　受電日時：昭和　年7月17日1時55分着

件名：医員及看護婦派遣ノ件

時局ノ進展ニ伴ヒ天津ヲ始メトシ當所管内ヘノ鐵道総局其他各所ヨリノ派遣員約二五五名ニ上リシカ皇軍ノ激増及悪疫流行ノ折柄當地医院ハ殆ド満員ニテ医療上万全ヲ期シ難ク且派遣員中ヨリ患者昨日一（赤痢）本日一ヲ出シ居ル実状ニ鑑ミ、至急副医長級内科医二名、看護婦九名以上派遣方手配乞フ、追テ外科医モ御配慮置相成度

尚経費ハ時局費支辧ノ予定、

本電聯名受電者

243

ソ-8016　B列5　總務部資料課　（10. 5. 20,000枚 昭和納）

253

天津事务所长为请尽快派遣医生和护士致总裁室东亚课长的电文（一九三七年七月十六日）

# 天津事务所人员名簿（一九三七年七月十七日）

134

天津事務所員名簿

（従来通り勤務者）

148

| 機關名 | 資格 | 氏名 | 所屬 | 囑託發令月日 | 摘要 |
|---|---|---|---|---|---|
| 天津事務所 | 參事 | 伊藤武雄 | 所長 | | |
| 〃 | 副參事 | 長野勳 | 天津事務所 | | |
| 〃 | 職員 | 山中四郎 | 〃 | 一二、七、一七 | |
| 〃 | 副參事 | 工藤武夫 | 〃 | | |
| 〃 | 參事 | 横山重起 | 〃 | 一二、八、九 | |
| 〃 | 職員 | 藤山貞四郎 | 〃 | | |
| 〃 | 〃 | 及川誠 | 〃 | | |
| 〃 | 〃 | 松井益太郎 | 〃 | | |
| 〃 | 〃 | 松下眞二 | 〃 | | |
| 〃 | 〃 | 渡邊乙二 | 〃 | | |
| 〃 | 〃 | 新田榮 | 〃 | | |
| 〃 | 事務囑託 | 加藤正義 | 〃 | | |
| 〃 | 〃 | 大矢信彦 | 〃 | 一二、七、一七 | |
| 〃 | 〃 | 中野義照 | 〃 | | |

136

| | | | | | |
|---|---|---|---|---|---|
| 天津事務所 | 事務囑託 | 古閑二夫 | 天津事務所 | | |
| 〃 | 〃 | 上之薗權太郎 | 〃 | | |
| 〃 | 〃 | 張廷一 | 〃 | | |
| 多倫 | 甲種傭員 | 友野一彦 | 天事多倫在勤 | | |
| | | | | | |
| 濟南 | 職員 | 鹽見金五郎 | 天事濟南在勤 | | |
| 〃 | 雇員 | 中原一太郎 | 〃 | | |
| | | | | | |
| 青島 | 職員 | 熊埜御堂健兒 | 天事青島在勤 | | |
| 〃 | 〃 | 發智善次郎 | 〃 | | |
| 〃 | 雇員 | 花田佐太郎 | 〃 | | |
| 〃 | 〃 | 高橋彌太郎 | 〃 | | |
| 〃 | 事務囑託 | 藤木泰治 | 〃 | | |

150

137

| | | | | | |
|---|---|---|---|---|---|
| 昌黎 | 雇員 | 高谷藤次郎 | 天事昌黎在勤 | | |
| 〃 | 甲種傭員 | 松村利夫 | 〃 | | |

151

138

| 所属 | 職名 | 氏名 | 所属 | | |
|---|---|---|---|---|---|
| 天津事務所 庶務課 | 参事 | 神崎登 | 天津事務所 庶務課 | | |
| 〃 庶務係 | 副参事 | 河野通一 | 〃 | | |
| 〃 | 職員 | 稲葉好道 | 〃 | | |
| 〃 | 〃 | 高橋喜代治 | 〃 | | |
| 〃 | 〃 | 白井文継 | 〃 | | |
| 〃 | 雇員 | 魚住俐 | 〃 | | |
| 〃 | 〃 | 龍二郎 | 〃 | | |
| 〃 | 〃 | 勝野廣 | 〃 | | |
| 〃 | 甲種傭員 | 森下不二雄 | 〃 | 一二 | |
| 〃 | 雇員 | 平山検 | 〃 | | |
| 〃 | 甲種傭員 | 礒部佐久治 | 〃 | | |
| 〃 | 雇員 | 西島寅五郎 | 〃 | | |
| 〃 | 甲種傭員 | 竹島三郎 | 〃 | | |
| 〃 | 〃 | 西村謙 | 〃 | | |
| 〃 | 雇員 | 中村勇 | 〃 | | 無電業務 |

152

| 所屬 | 職名 | 氏名 | 勤務先 | | 備考 |
|---|---|---|---|---|---|
| 庶務課庶務係 | 甲種傭員 | 相原道敬 | 天津事務所庶務課 | | 無電業務 |
| 〃 | 〃 | 倉員忠五郎 | 〃 | | 〃 |
| 〃 | 〃 | 雨ケ瀬勵 | 海城驛 | | 〃 |
| 〃 | 〃 | 高橋寅吉 | 天津事務所庶務課 | | 理事公館 |
| 〃 | 臨時傭員 | 櫻村男 | 〃 | | 〃 |
| 〃 | 〃 | 東オヨ子 | 〃 | | 〃 |
| 〃 | 甲種傭員 | 反田國造 | 〃 | | |
| 〃 | 〃 | 井出正二 | 〃 | | |
| 〃 | 准傭員 | 小至清次 | 〃 | | |
| 〃 | 甲種傭員 | 武智利子 | 〃 | | 浄書事務 |
| 〃 | 〃 | 今泉ミドリ | 〃 | | 〃 |
| 〃 | 〃 | 堤ハツネ | 〃 | 一二 | 〃 |
| 〃 | 〃 | 日高サダヨ | 〃 | 一二 | 〃 |
| 〃 | 〃 | 細川セツ | 〃 | | 〃 |

140

| 庶務課庶務係 | 甲種傭員 | 清水米子 | 天津事務所庶務課 | | 浄書事務 |
|---|---|---|---|---|---|
| 〃 | 〃 | 荒川百笑 | 〃 | | 〃 |
| 〃 | 〃 | 井上加代子 | 〃 | 一二 | 〃 |
| 〃 | 〃 | 打田秀子 | 〃 | 一二 | 〃 |
| 〃 | 准傭員 | 横山向子 | 〃 | | 〃 |
| 〃 | 〃 | 鶴敷子 | 〃 | 一二 | 〃 |
| 〃 | 甲種傭員 | 野見山ユツエ | 総、文書課 | | 〃 |
| 〃 | 〃 | 林わし子 | 〃 | | 〃 |
| 〃 | 〃 | 北山睦子 | 〃 | | 〃 |
| 〃 | 〃 | 野本ヤスエ | 〃 | | 〃 |
| 〃 | 〃 | 酒井光枝 | 〃 | | 〃 |
| 〃 | 〃 | 寺本トシ | 〃 | | 〃 |
| 〃 | 〃 | 渡辺富久 | 〃 | | 〃 |
| 〃 | 〃 | 浦上登喜子 | 〃 | | 〃 |

154

天津事務所 〃
甲種傭員 〃

中西壽美子 杉山初美
天津事務所 〃

155

142

八

| 機關名 | 資格 | 氏名 | 所屬 | 囑託發令月日 | 摘要 |
|---|---|---|---|---|---|
| 經理係 | 職員 | 田北九州士 | 天事、庶務課 | | |
| 〃 | 〃 | 田村秀忠 | 〃 | | |
| 〃 | 〃 | 中野重道 | 〃 | | |
| 〃 | 雇員 | 岡原茂 | 〃 | | |
| 〃 | 〃 | 狩野稔 | 〃 | | |
| 〃 | 〃 | 日高藤子雄 | 〃 | 一二、八、六 | |
| 〃 | 〃 | 伊藤吉一 | 〃 | | |
| 〃 | 甲種傭員 | 藤村義正 | 〃 | | |
| 〃 | 雇員 | 西澤正 | 〃 | | |
| 〃 | 〃 | 瀧澤壯至 | 〃 | | |
| 〃 | 甲種傭員 | 檜山武一郎 | 〃 | | |
| 〃 | 〃 | 竹島金吾 | 〃 | | |
| 〃 | 准傭員 | 長谷利夫 | 〃 | | |

156

143

| 係 | 職 | 氏名 | |
|---|---|---|---|
| 弘報係 | 職員 | 淵脇巖 | 天事、庶務課 |
| 〃 | 〃 | 高橋福雄 | 〃 |
| 〃 | 〃 | 松浦秀夫 | 〃 |
| 〃 | 雇員 | 横峯榮二 | 〃 |
| 〃 | 甲種傭員 | 山田法明 | 〃 |
| 〃 | 事務囑託 | 張瑞娃 | 〃 |
| 〃 | 臨時傭員 | 諸隈不折 | 〃 |
| 〃 | 職員 | 水谷國一 | 總、弘報課 |
| 〃 | 甲種傭員 | 片山康武 | 〃 |

157

144

| 機關名 | 資格 | 氏名 | 所屬 | 囑託發令月日 | 摘要 |
|---|---|---|---|---|---|
| 業務課第二係 | 參事 | 課長（兼務）神崎登 | 天事業務係 | | |
| 〃 | 職員 | 溪友吉 | 〃 | | |
| 〃 | 〃 | 西願大 | 〃 | | |
| 〃 | 〃 | 福岡博由 | 〃 | | |
| 〃 | 〃 | 嵯峨由藏 | 〃 | | |
| 〃 | 〃 | 田中保 | 〃 | | |
| 〃 | 月俸雇員 | 前田秋生 | 〃 | | |
| 〃 | 雇員 | 細田武雄 | 〃 | | |
| 〃 | 〃 | 內海武雄 | 〃 | | |
| 〃 | 〃 | 中村喜一 | 〃 | | |
| | | | | | |
| | | | | | |
| | | | | | |

158

145

| 機關名 | 資格 | 氏名 | 所屬 | 囑託發令月日 | 摘要 |
|---|---|---|---|---|---|
| 山建汽車公司 | 職員 | 田中治雄 | 天津、山海關在勤 | | |
| 〃 | 〃 | 田實新之助 | 〃 | | |
| 〃 | 甲種傭員 | 福永都男 | 〃 | | |
| | | | | | |
| 張多汽車公司 | 職員 | 川波幸右衛門 | 天津、張北在勤 | | |
| 〃 | 月俸雇員 | 林壽三郎 | 〃 | | |
| 〃 | 甲種傭員 | 肥後文芳 | 〃 | | |
| 〃 | 〃 | 伊藤晴藏 | 〃 | | |
| 〃 | 〃 | 橋口秀雄 | 〃 | | |
| 〃 | 〃 | 平岡幸三 | 〃 | | |
| 〃 | 〃 | 添田武夫 | 〃 | | |
| 〃 | 〃 | 大壘武 | 〃 | | |
| 〃 | 〃 | 古賀正彥 | 〃 | | |
| 〃 | 〃 | 孫寶先 | 〃 | | |

159

146

11

| | | | |
|---|---|---|---|
| 張多汽車公司 | 甲種傭員 | 孫　振　聲 | 天津、張北在勤 |
| | | | |
| 承平汽車公司 | 職　員 | 牧山秀之進 | 天津、北平在勤 |
| 〃 | 〃 | 田邊武吉 | 〃 |
| 〃 | 雇　員 | 村岡昌吾 | 〃 |
| 〃 | 〃 | 長谷川竹尾 | 〃 |
| 〃 | 甲種傭員 | 古川庄吉 | 〃 |
| 〃 | 〃 | 小井土德太 | 〃 |
| 〃 | 〃 | 仲三河周藏 | 〃 |
| | | | |
| 民新汽車公司 | 職　員 | 松見壽一 | 天津、唐山在勤 |
| 〃 | 雇　員 | 立原　勇 | 〃 |
| 〃 | 甲種傭員 | 林　金次 | 〃 |
| 〃 | 〃 | 渡邊鬼太郎 | 〃 |
| 〃 | 〃 | 山口梅夫 | 〃 |

160

147

~12

民新汽車公司 〃

甲種傭員 〃

高鳳岐 姚殷坤

天專、唐山在勤

161

143

| 機關名 | 資格 | 氏名 | 所屬 | 囑託發令月日 | 摘要 |
| --- | --- | --- | --- | --- | --- |
| 北平事務所 | 參事 | 有賀庫吉 | 北平事務所 | | |
| 〃 | 職員 | 横尾宗寛 | 〃 | | |
| 〃 | 〃 | 濱本一人 | 〃 | | |
| 〃 | 〃 | 岡城堅造 | 〃 | | |
| 〃 | 〃 | 田中鑒 | 〃 | | |
| 〃 | 〃 | 仲尾次彌善 | 〃 | | |
| 〃 | 〃 | 氷鉋貞一郎 | 〃 | | |
| 〃 | 〃 | 飯田秀吉 | 〃 | | |
| 〃 | 雇員 | 藤澤由藏 | 〃 | | |
| 〃 | 〃 | 橋口政善 | 〃 | | |
| 〃 | 〃 | 橋本弘 | 〃 | | |
| 〃 | 〃 | 宮田良吉 | 〃 | | |
| 〃 | 甲種傭員 | 小野榮一 | 〃 | | |
| 〃 | 雇員 | 諸隈トヨ子 | 〃 | | |

162

149

| 北平事務所 | 甲種傭員 | 高吉廉子 | 北平事務所 |
|---|---|---|---|
| 〃 | 〃 | 白築實 | 〃 |
| 〃 | 雇員 | 坂東昴 | 〃 |
| 〃 | 甲種傭員 | 趙振聲 | 〃 |
| 〃 | 〃 | 李錫元 | 〃 |
| 〃 | 事務囑託 | 牛島吉郎 | 〃 |
| 〃 | 〃 | 口田康信 | 〃 |
| 〃 | 〃 | 鈴江言一 | 〃 |
| 〃 | 〃 | 田上末彥 | 〃 |
| 〃 | 〃 | 劉鈞仁 | 〃 |
| 〃 | 准傭員 | 氏原正太郎 | 〃 |

163

# 天津事务所长关于请提醒来天津者注意事项事致总裁室东亚课长的电文（一九三七年七月十七日）

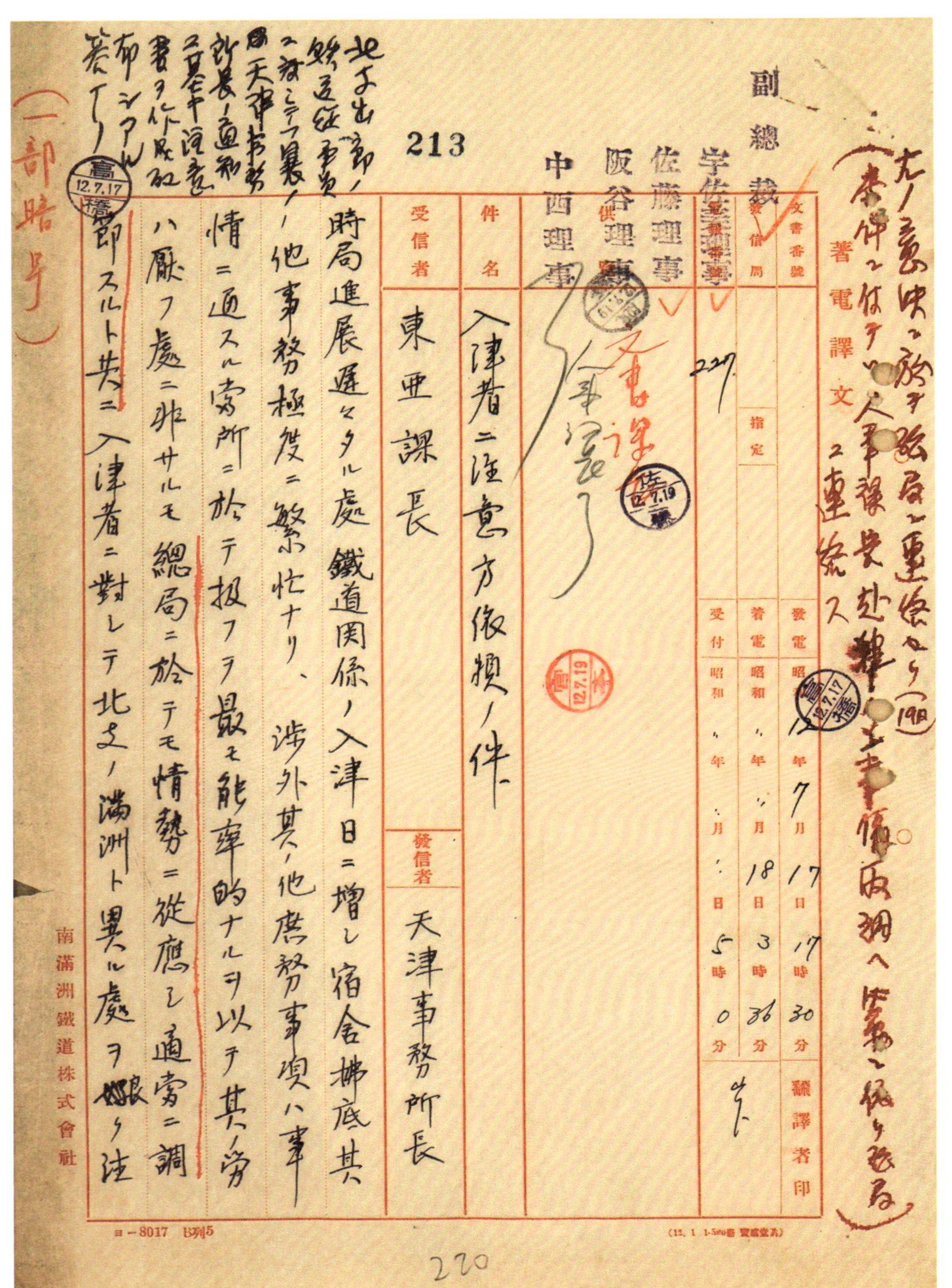

副總裁
佐藤理事
阪谷理事
中西理事

213

著電譯文

| 文書番號 | 發信局 | 指定 | 發電 | 着電 | 受付 | 飜譯者印 |
| --- | --- | --- | --- | --- | --- | --- |
| | | | 昭和12年7月17日17時30分 | 昭和〃年〃月18日3時36分 | 昭和〃年〃月〃日5時0分 | |

件名：入津者ニ注意方依頼ノ件

受信者：東亜課長

發信者：天津事務所長

時局進展遅々タル處鐵道関係ノ入津日ニ増シ宿舎払底其ノ他事務極度ニ繁忙ナリ、渉外其ノ他應努事項ハ事情ニ通スル當所ニ於テ扱フヲ最モ能率的ナルヲ以テ其ノ旁ハ厭フ處ニ非サルモ總局ニ於テモ情勢ニ從應シ適當ニ調節スルト共ニ入津者ニ對シテ北支ノ滿洲ト異ル處ヲ諒シ注

南滿洲鐵道株式會社

（一部暗号）

220

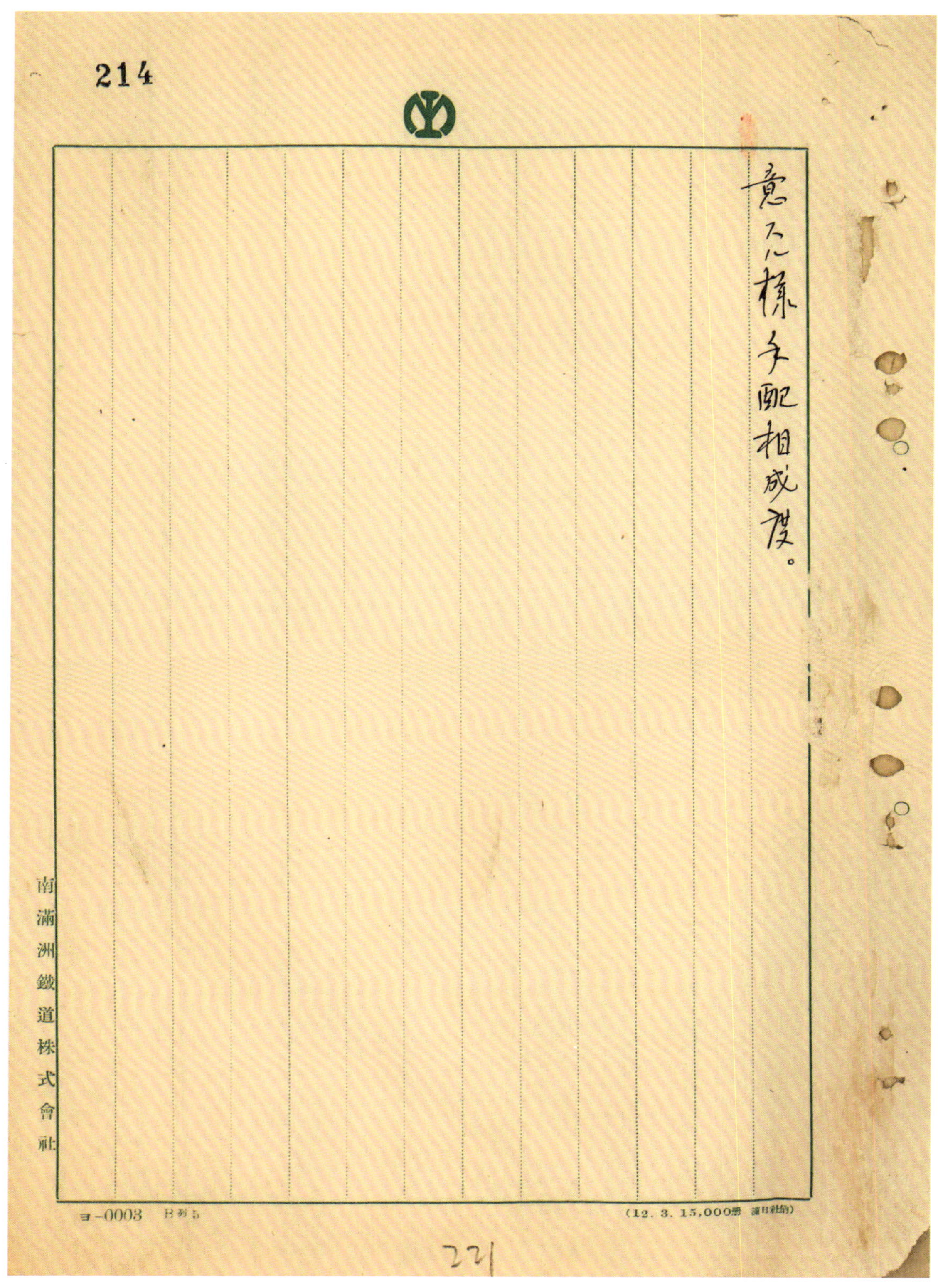
214

意スル樣手配相成度。

南滿洲鐵道株式會社

ヨ-0003　B列5　(12.3.15,000冊　滿日社印)

221

# 天津事务所长关于满铁社员活动状况事致总裁室东亚课长的电文（一九三七年七月十七日）

656

著電譯文

| 文書番號 | 發信局 | 電報番號 | 供覽 | 件名 | 受信者 |
|---|---|---|---|---|---|
| | | 320. | 東亜課長 了 | 滿鐵社員ノ活動状況ニ関スル件 | 東亜課長 |

指定

發電 昭和12年7月17日19時30分
著電 昭和〃年〃月〃日3時12分
受付 昭和〃年〃月〃日5時0分

飜譯者印

發信者 天津事務所長

當地ニ於ケル滿鐵社員ノ北寧駅頭ニ於ケル活動ハ痛ク内外人ヲ感動セシメ居レリ、某英國武官ノ如キハ在郷軍人ニ非スシテ會社員ナリト感歎セリ。

南滿洲鐵道株式會社

ヨ－8017 B列5

(12. 1 1-300冊 實成堂承)

671

# 天津事务所长关于报与兴中公司所属公司之间的联系事致总裁室东亚课长的函（一九三七年七月十七日）

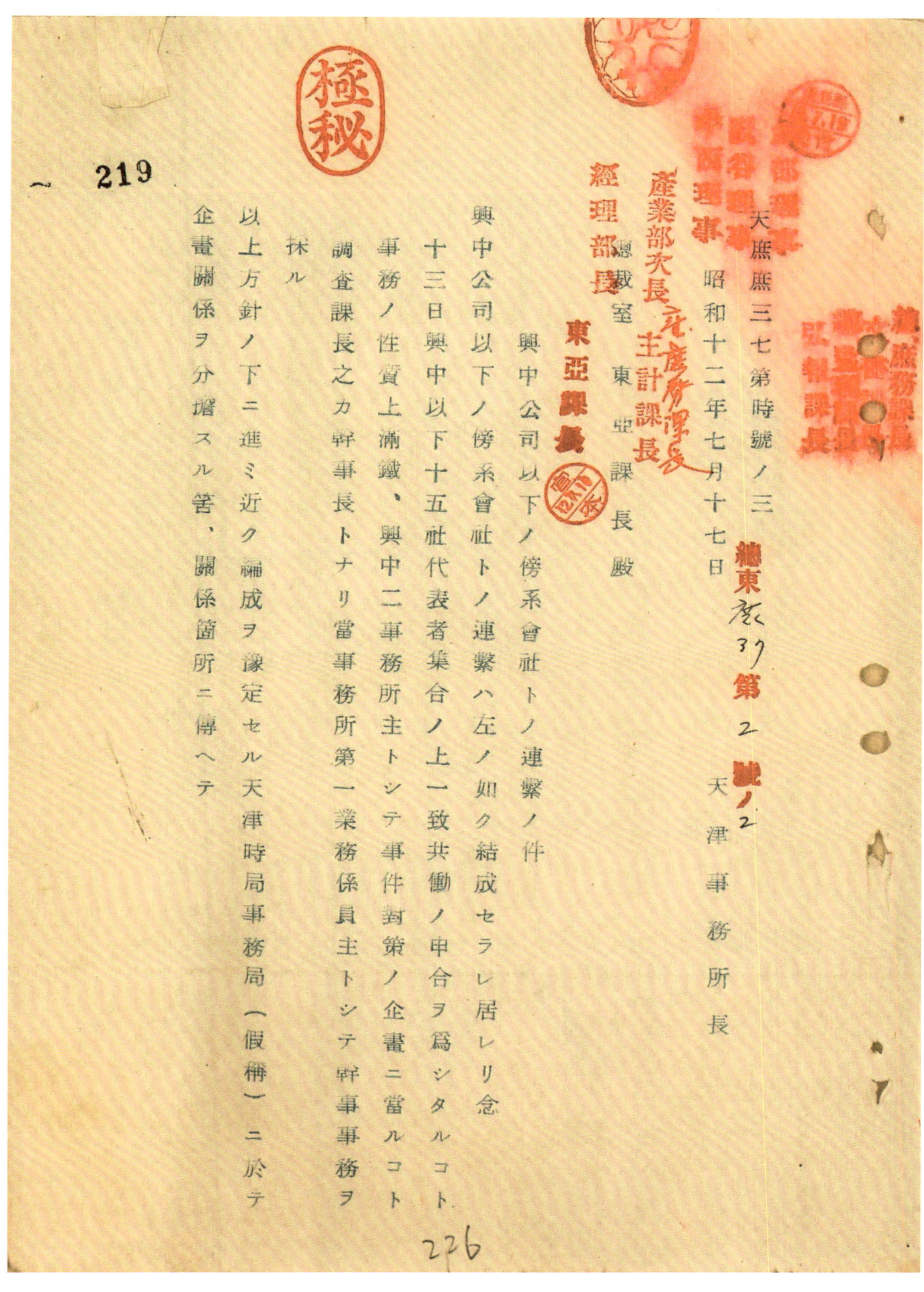

極秘

219

天庶庶三七第時號ノ三

總東庶37第2號ノ2

昭和十二年七月十七日　天津事務所長

總裁室　東亞課長殿

興中公司以下ノ傍系會社トノ連繫ノ件

興中公司以下ノ傍系會社トノ連繫ハ左ノ如ク結成セラレ居レリ念

十三日興中以下十五社代表者集合ノ上一致共働ノ申合ヲ爲シタルコト

事務ノ性質上滿鐵、興中二事務所主トシテ事件對策ノ企畫ニ當ルコト

調査課長之カ幹事長トナリ當事務所第一業務係員主トシテ幹事事務ヲ採ル

以上方針ノ下ニ進ミ近ク編成ヲ豫定セル天津時局事務局（假稱）ニ於テ企畫關係ヲ分擔スル筈、關係箇所ニ傳ヘテ

226

# 天津事务所长关于通知撤回松井驻在员事致总裁室东亚课长的电文（一九三七年七月十七日）

762

著電譯文

| 文書番號 | 發信局 | 電報番號 | 供覽 | 件名 | 受信者 |
| --- | --- | --- | --- | --- | --- |
| | | 307 | | 松井駐在員引上通知ノ件 | 東亜課長 |

| 發電 | 着電 | 受付 |
| --- | --- | --- |
| 昭和12年7月17日17時50分 | 昭和〃年〃月〃日21時20分 | 昭和〃年〃月〃日21時25分 |

發信者：天津事務所長

飜譯者印

鄭州松井駐在員ハ領事館家族ト共ニ漢口經由上海ニ引上ケル旨通知アリタ、家族ニモ傳ヘ乞フ。

南滿洲鐵道株式會社

天津事务所长关于通知举行已故田代中将遗体告别仪式事致总裁室弘报课长的电文（一九三七年七月十七日）

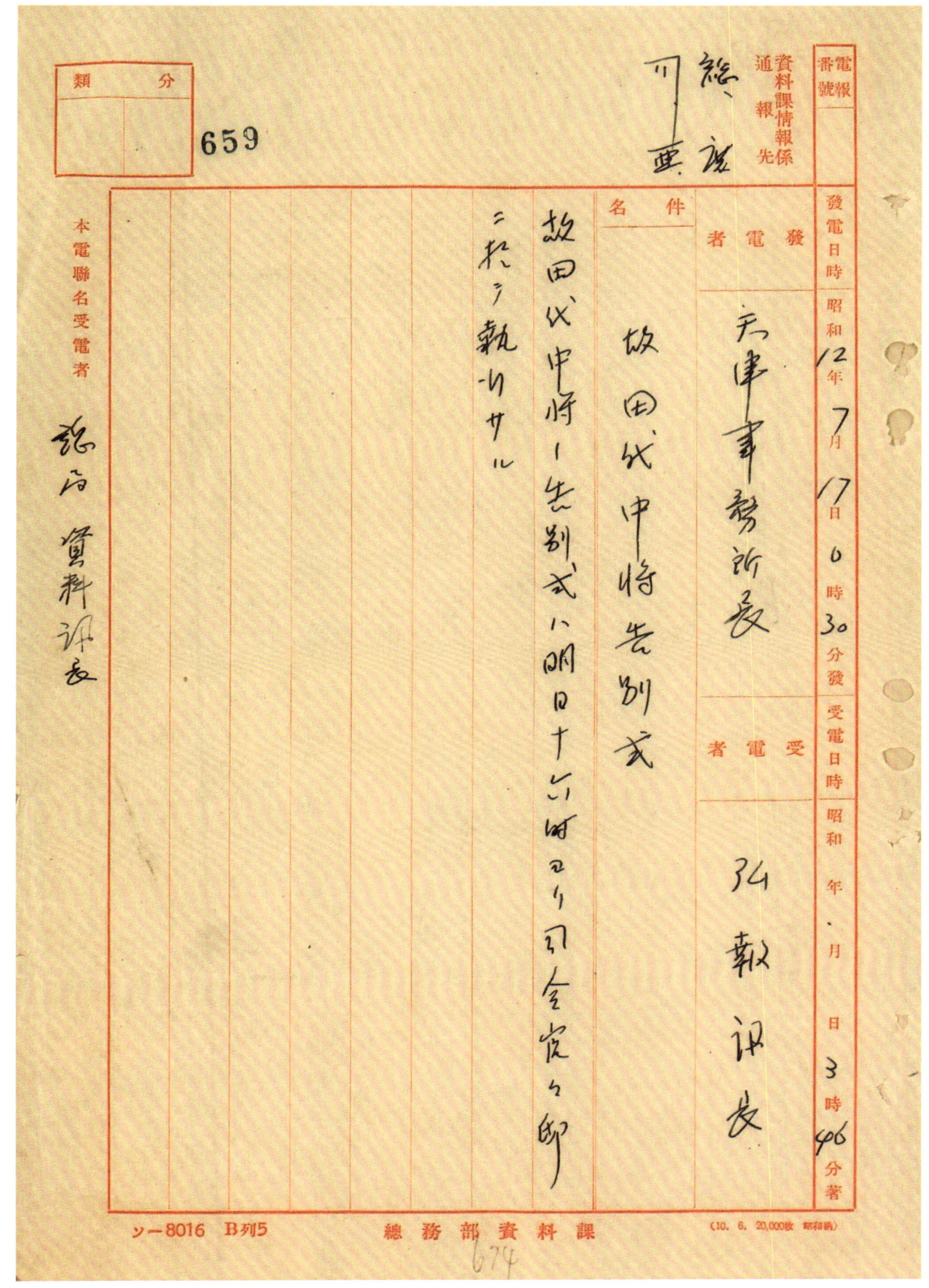

電報番號

資料課情報係通報先：総、議、川、亜

分類

659

發電者：天津事務所長

發電日時：昭和12年7月17日0時30分發

受電者：弘報課長

受電日時：昭和　年　月　日3時40分著

件名：故田代中將告別式

故田代中將ノ告別式ハ明日十六時ヨリ同官々邸ニ於テ執行サル

本電聯名受電者：総務、資料課長

ソー8016　B列5　總務部資料課　(10. 6. 20,000枚 昭和掲)

674

# 天津事务所长关于追加向军方派遣人员事致总裁室东亚课长、人事课长的电文（一九三七年七月十七日）

至急
暗號

著電譯文

| 文書番號 | 發信局 | 電報番號 | 供覽 | 件名 | 受信者 |
| --- | --- | --- | --- | --- | --- |
| | | 二六〇 | 東亞課長 | | 東亜課長 人事課長 |

發電 昭和　年　月　日20時10分
著電 昭和12年7月17日2時5分
受付 昭和　年　月　日　時　分

飜譯者印 田中

發信者 天津事務所長

從來軍ニ派遣シアリタル者ヲ除キ今次新タニ派遣セシモノ軍司令部暗号助手二名、通訳（駅）英語一名、華語二名、北寧鐵路局ニ華語二名、新聞宣傳班（渕脇、大矢）天津事務所業務課自動車関係日本

491 No.

人十名、支那人四名追加派遣嘱託（駅）ニ
華語ニ名現在嘱託セル軍参謀部助
手要求者三名顧問部十五名、北平特務機
関三名、計四十一名　北平留学生五名　北寧線
豊台、
爾後ノ要員ハ不敢取天津事務所ヲ有資格者
ニ七名中ヨリ派遣シ不足ノ場合本社ニ應援ヲ求
ムル方針ナリ、今後大量派遣ノ場合ハ正式ニ軍ヨリ
公文ニテ申出アル筈　念

# 天津事务所长关于请派出资料联络人员事致总裁室东亚课长、产业部庶务课长的电文（一九三七年七月十七日）

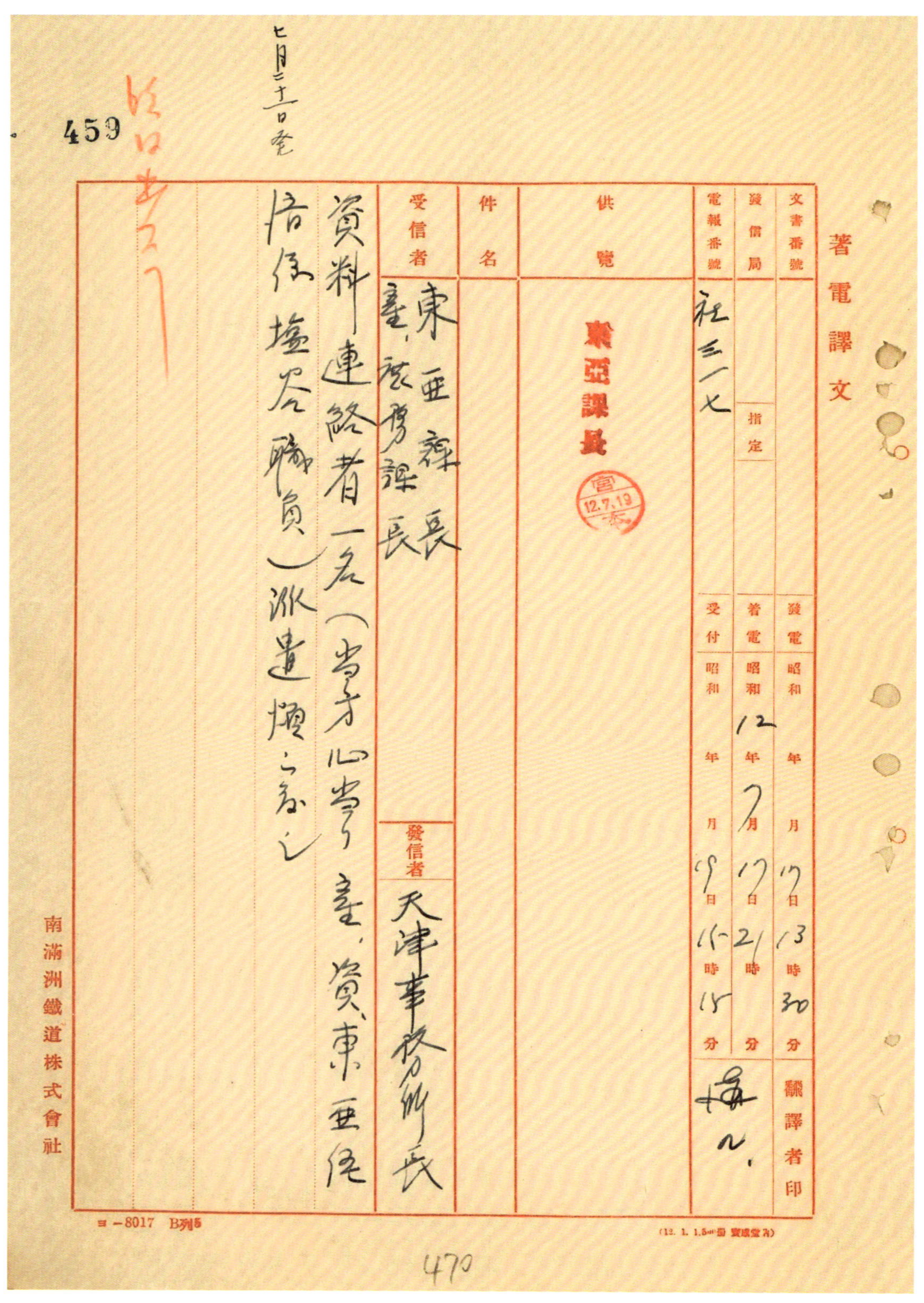

459

七月二十日

著電譯文

| 文書番號 | 發信局 | 電報番號 |
| --- | --- | --- |
| | | 社三一七 |

指定

| | 昭和 | 年 | 月 | 日 | 時 | 分 |
| --- | --- | --- | --- | --- | --- | --- |
| 發電 | | | | 17 | 13 | 30 |
| 著電 | 12 | | 7 | 17 | 21 | |
| 受付 | | | | [illegible] | 15 | 15 |

飜譯者印

供覽：東亞課長（印：12.7.19）

件名：

受信者：東亜課長、産、庶務課長

發信者：天津事務所長

資料連絡者一名（当方心当リ産、資、東亜経済係塩谷職員）派遣煩ハシ度シ

南滿洲鐵道株式會社

ヨ－8017 B列5

470

## 满铁七七事变派遣人员名单（一九三七年七月十七日）

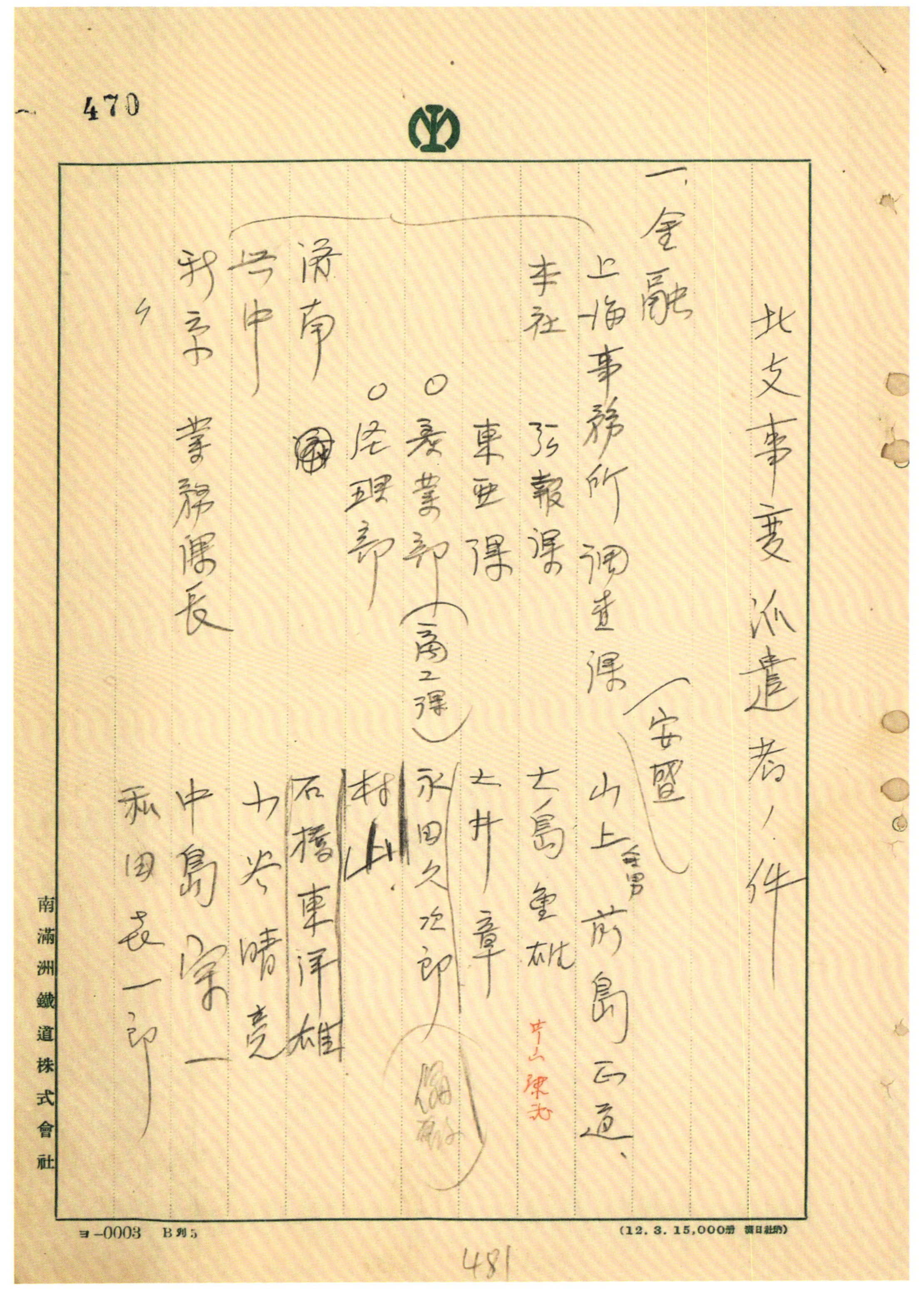
470

北支事変派遣者ノ件

一、金融

上海事務所調査課（安盟） 山上義男 前島正道、

本社　弘報課 大島重雄 中山陳九

東亜課 土井章

○産業部（商工課） 永田久次郎（編制）

○経理部 村山

済南 團 石橋東洋雄

上中 力岩晴彦

新京 業務課長 中島宗一

〃 秋田長一郎

南滿洲鐵道株式會社

ヨ－0003　B列5　(12. 3. 15,000冊 …)

481

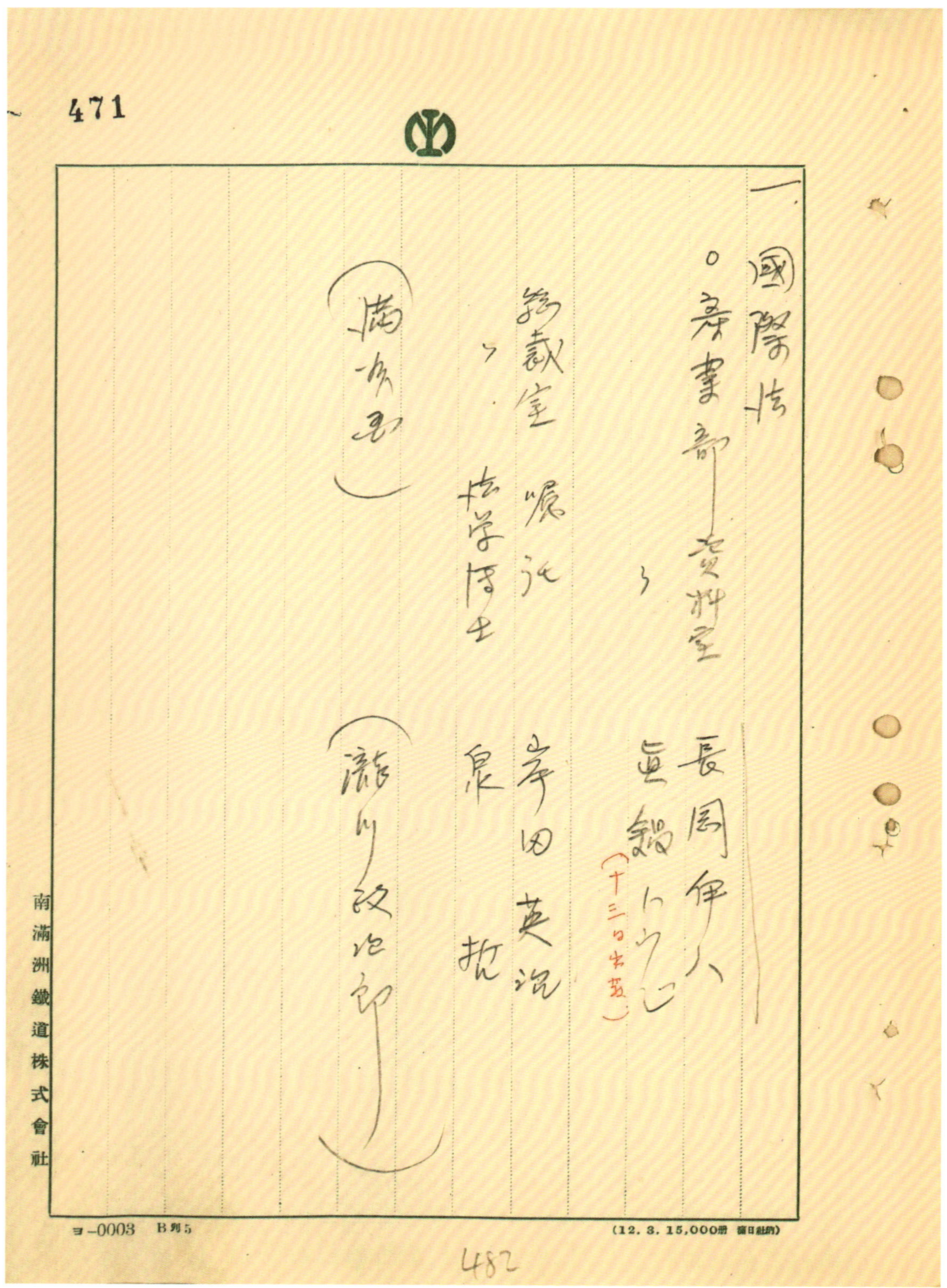

471

一、國際法

○產業部資料室　長岡伊八

ヨ　眞鍋八千二（十三日出發）

總裁室嘱託　岸田英治

ヨリ法學博士　泉哲

（滿鐵外）　（瀧川政次郎）

南滿洲鐵道株式會社

ヨ-0003　B列5　(12. 3. 15,000冊 ……)

482

472

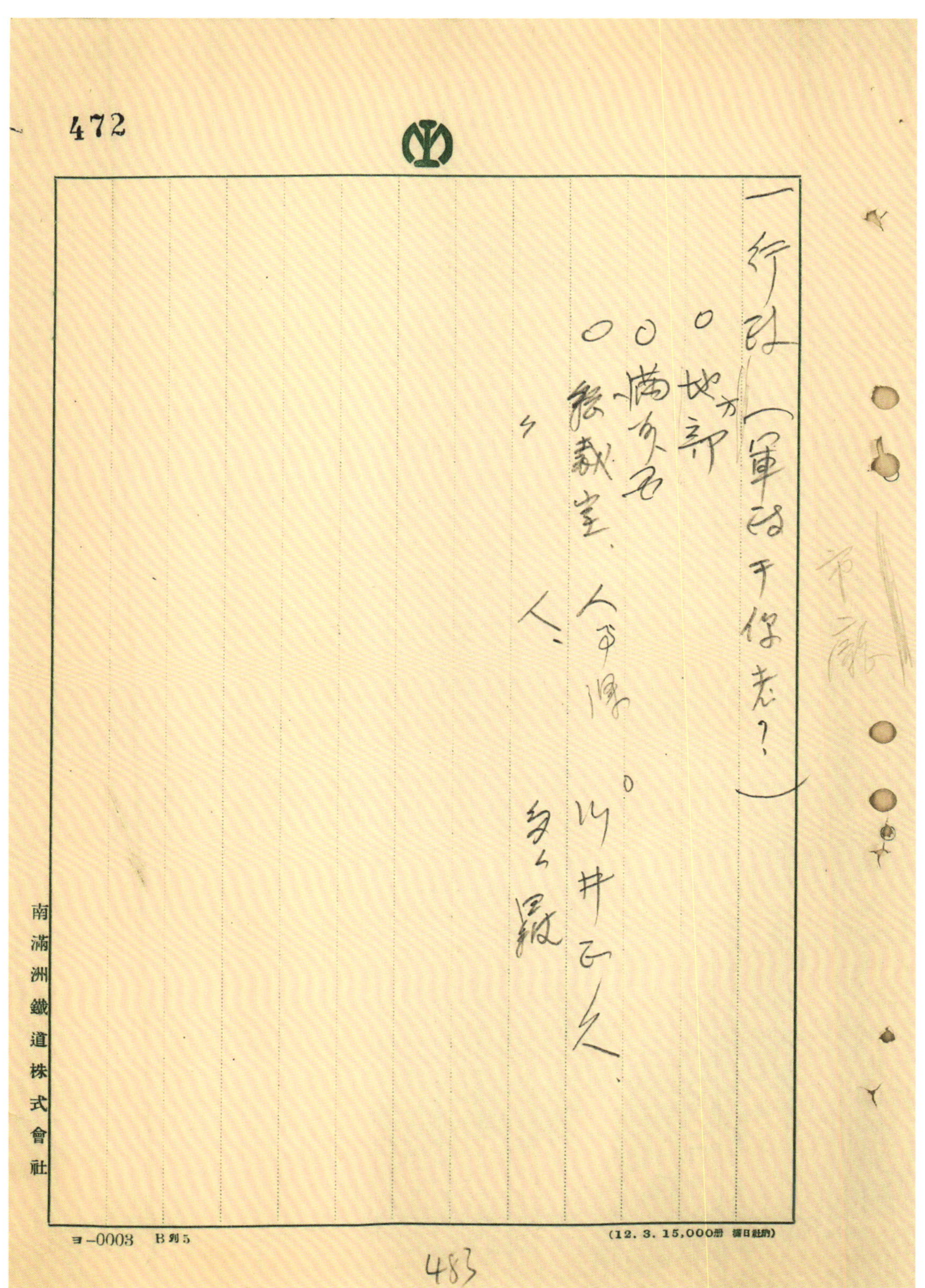

一行ハ（軍部ヲ除去？）

〇地方部

〇満炭石

〇総裁室、人事課。川井正久、

ゝ　人、多々羅

南滿洲鐵道株式會社

ヨ－0003　B列5　（12. 3. 15,000冊　[illegible]）

483

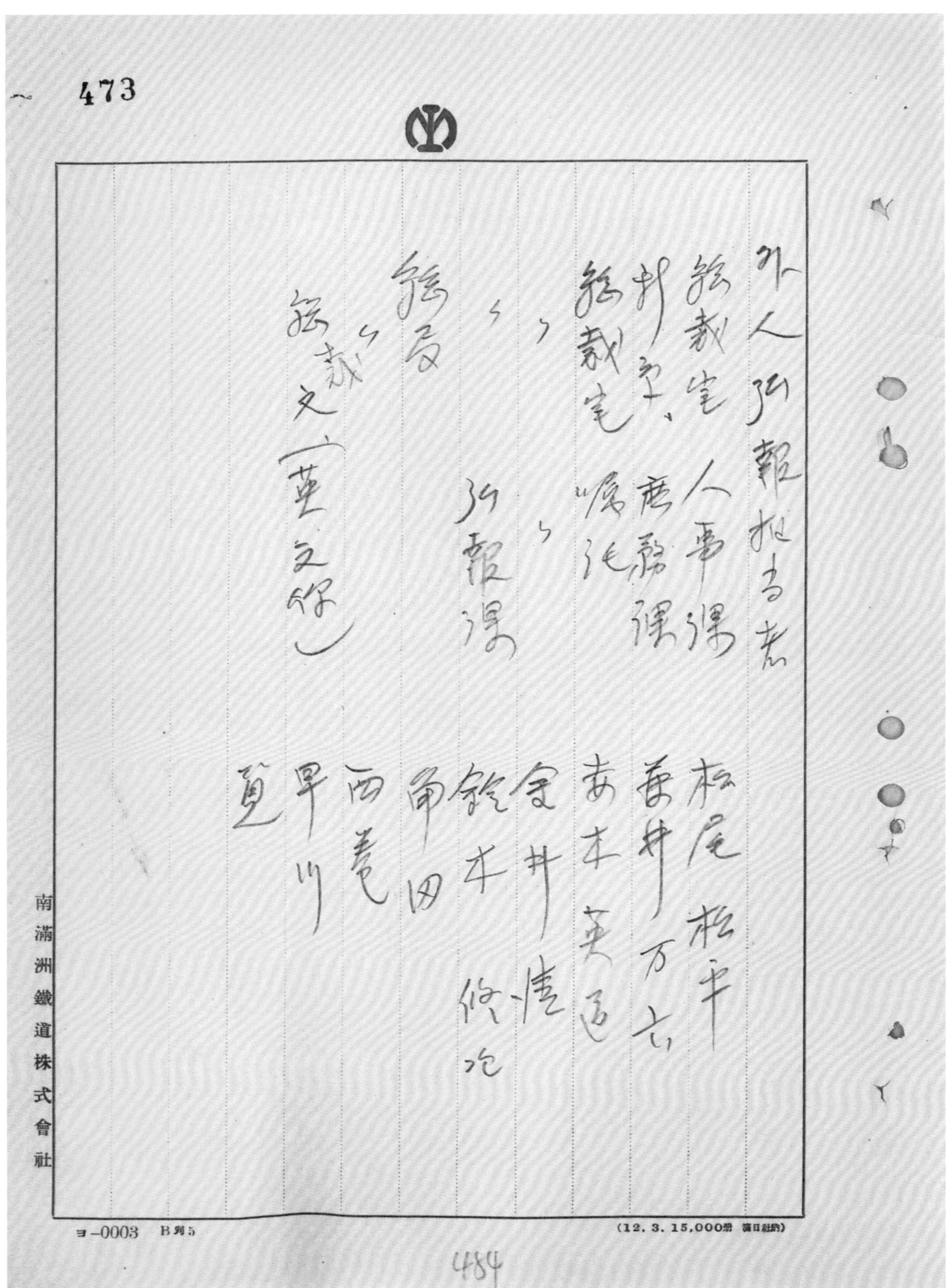
473

外人弘報担当者
総裁室人事課　松尾松平
外事、庶務課　藤井万六
総裁室嘱託　安本英道
〃　〃　金井清
〃　弘報課　鈴木修治
総局　岡田
〃　西尾
総裁文（英文係）　早川
道

南滿洲鐵道株式會社

ヨ-0003　B列5　（12.3.15,000冊 滿日社納）

484

474

一、支那語ノ堪能ナルモノヲ動員スコト

南滿洲鐵道株式會社

ヨ-0003　B列5　　(12.3.15,000冊 滿日社納)

485

# 天津事务所长关于根据七七事变情况拟定向军方派遣职员人数事致总裁室东亚课长的函（一九三七年七月十七日）

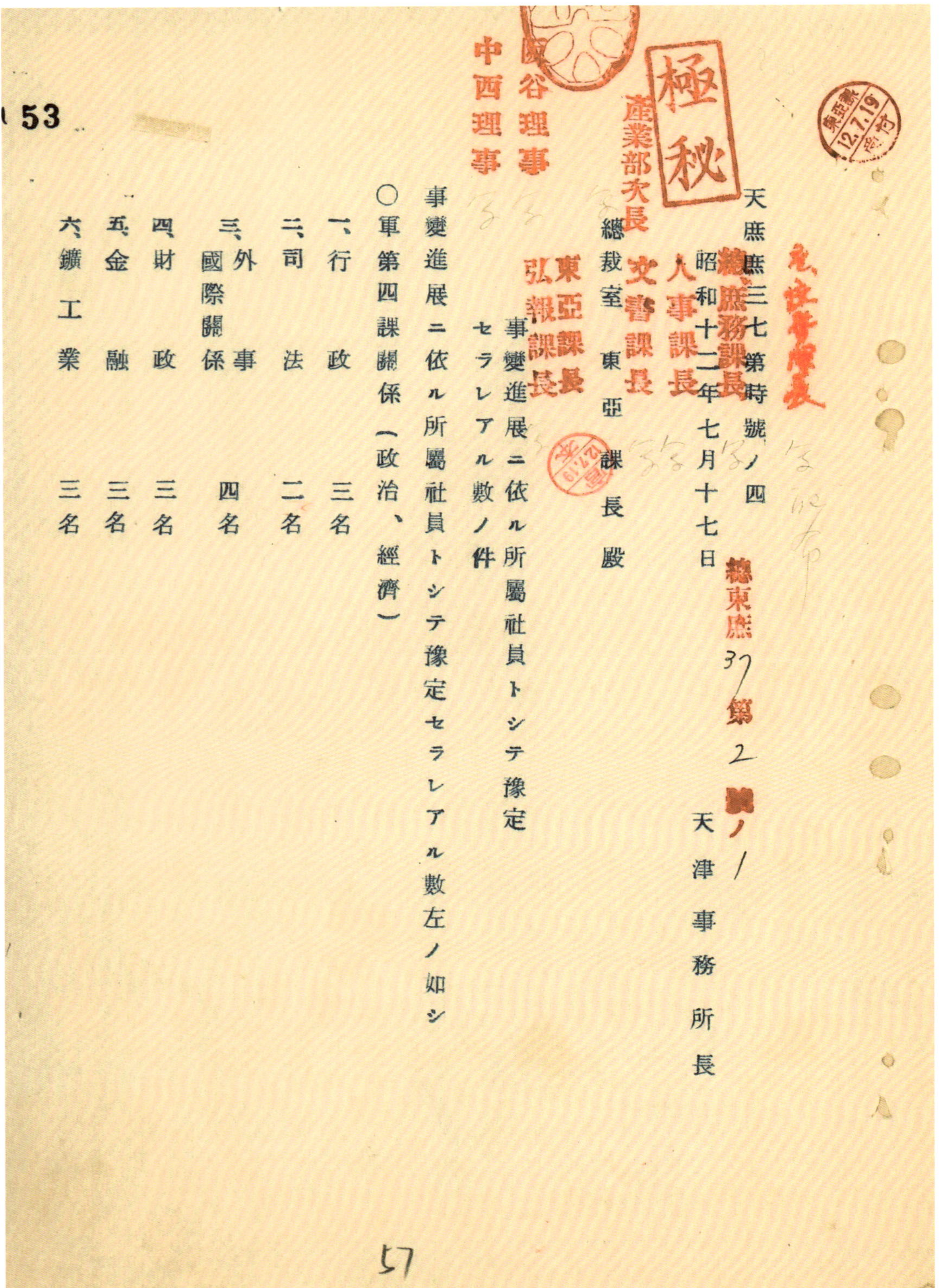

極秘

天庶庶三七第時號ノ四
昭和十二年七月十七日

總裁室 東亞課長殿

天津事務所長

事變進展ニ依ル所屬社員トシテ豫定セラレアル數ノ件

事變進展ニ依ル所屬社員トシテ豫定セラレアル數左ノ如シ

○軍第四課關係（政治、經濟）

一、行政 三名
二、司法 二名
三、外事 國際關係 四名
四、財政 三名
五、金融 三名
六、鑛工業 三名

54

七、交　通　一名

八、司　法

○北平ニ設置サルヘキ機關

一、行政課長　一（粟屋）

一、經濟課長　一（田所）

一、交通課長　一（山領）

課員　一

○宣傳機關關係

企畫關係　二名

英文關係　一名

其ノ他　四名

○線區、交通關係ハ其ノ數豫定シ得ス

58

55

配付先　中西理事　阪谷理事　産業部次長　産、庶務課長
　　　　総、庶務課長　人事課長　文書課長　弘報課長

総東庶三七第二號ノ一　　東亜課長（一二、七、一九）

天津事務所長發

　　昭和十二年七月十七日（天庶庶三七第時號ノ四）

事變進展ニ依ル所属社員トシテ豫定
セラレアル數ノ件

事變進展ニ依ル所屬社員トシテ豫定セラレアル數左ノ如シ

○軍第四課關係（政治、經濟）

一、行政　三名

二、司法　二名

三、外事
　　國際關係　四名

四、財政　三名

五、金融　三名

59

56

六、鑛工業　　三名

七、交通　　一名

八、司法

○北平ニ設置サルヘキ機關

一、行政課長　一（栗屋）

一、經濟課長　一（田所）

一、交通課長　一（山田）

課員　一

○宣傳機關關係

企畫關係　二名

英文關係　一名

其ノ他　四名

○鐵道、交通關係ハ其ノ數豫定シ得ス

60

# 天津事务所长关于华北各地驻在员已撤离并命令青岛、济南各社员撤离事致总裁室东亚课长的电文（一九三七年七月十八日）

763

著電譯文

文書番號　發信局　電報番號　指定

發電　昭和　年7月18日16時50分

着電　昭和　年　月　日　時　分

受付　昭和　年　月　日　時　分

飜譯者印

供覽　會課長　写送付

件名

受信者　東亜課長

發信者　天津事務所長

当所管内ハ太原、大同、綏遠、鄭州各駐在員ハ現地引揚ゲ了シ張家口モ近日中ニ引揚ゲル予定ナルガ青島済南方面モ状勢悪化セル為社員及家族ノ引揚ゲニ関シテハ領事館、特務機関、民團等ト十分連絡ノ上最善ノ処置ヲトルヨウ駐在員ニ一任スル（本日指令シ置ケリ）

南滿洲鐵道株式會社

ヨ－8017　B列5

779

# 天津事务所长关于田代前司令官遗体运送事致总裁室东亚课长的电文（一九三七年七月十八日）

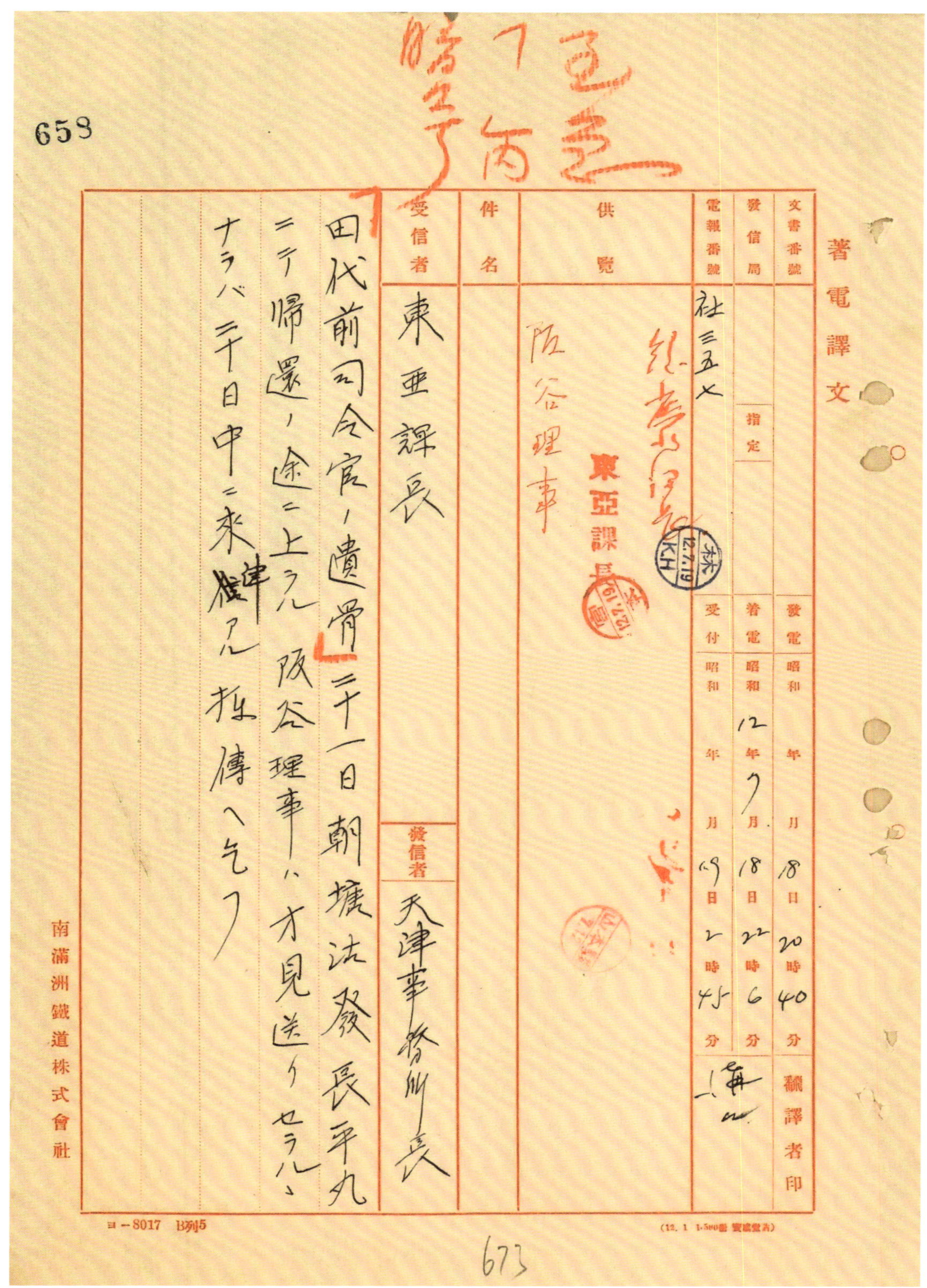

658

著電譯文

| 文書番號 | 發信局 | 電報番號 | 供覧 | 件名 | 受信者 |
|---|---|---|---|---|---|
| | | 社三五〇 | 阪谷理事 | | 東亜課長 |

| | 發電 | 着電 | 受付 |
|---|---|---|---|
| 昭和 | 年 月18日20時40分 | 12年7月18日22時6分 | 年 月19日2時45分 |

東亞課長

發信者 天津事務所長

田代前司令官ノ遺骨二十一日朝塘沽發長平丸ニテ帰還ノ途ニ上ル阪谷理事ハ御見送リセラルルナラバ二十日中ニ來津アル様傳ヘ乞フ

南滿洲鐵道株式會社

ヨ－8017 B列5

673

# 天津事务所长关于设置七七事变临时事务局事致总裁室东亚课长、文书课长的函（一九三七年七月十九日）

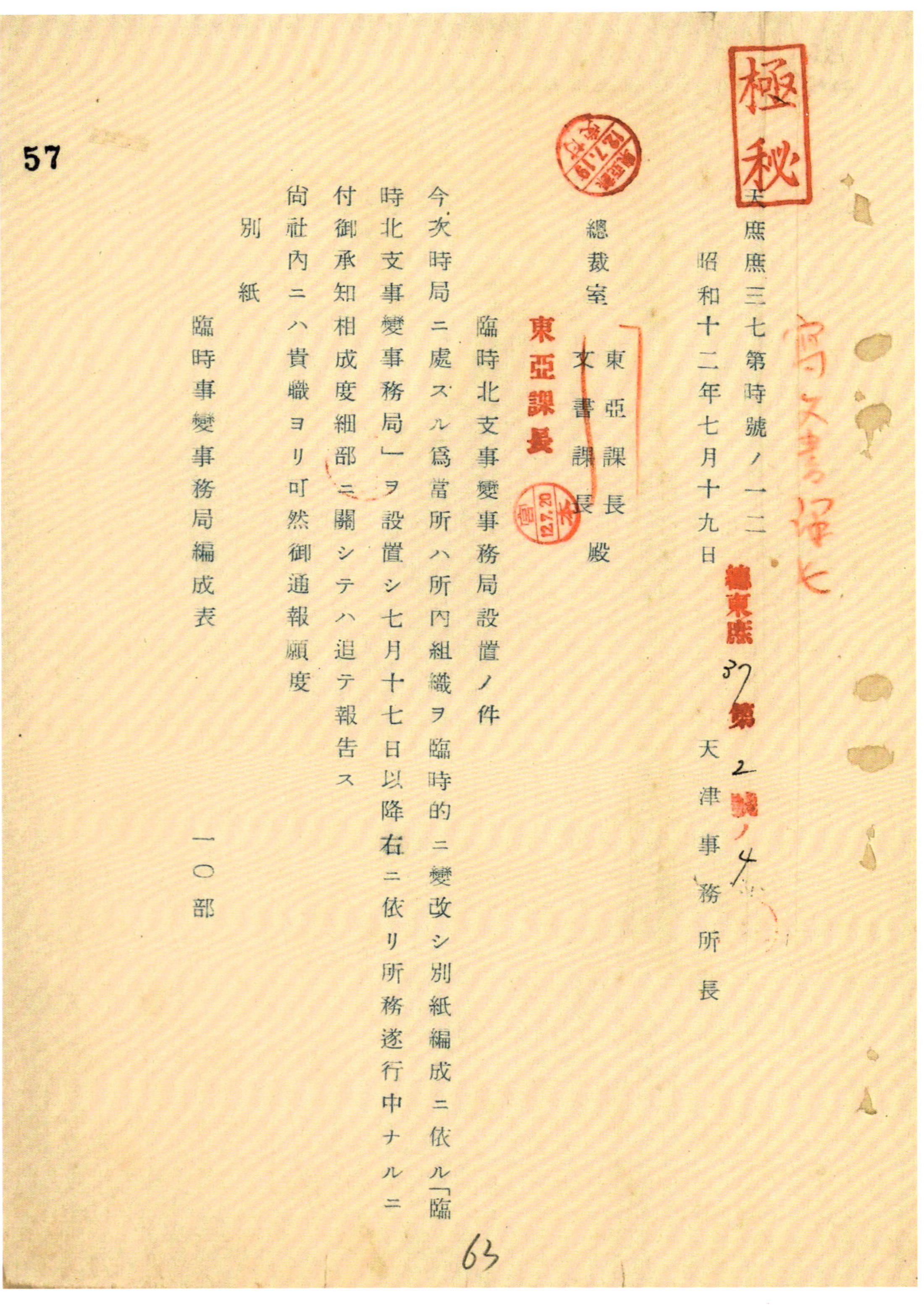

57

極秘

天庶庶三七第時號ノ一二

昭和十二年七月十九日

天津事務所長

總裁室
東亞課長
文書課長 殿

臨時北支事變事務局設置ノ件

今次時局ニ處スル爲當所ハ所內組織ヲ臨時的ニ變改シ別紙編成ニ依ル「臨時北支事變事務局」ヲ設置シ七月十七日以降右ニ依リ所務遂行中ナルニ付御承知相成度細部ニ關シテハ追テ報告ス

尚社內ニハ貴職ヨリ可然御通報願度

別紙

臨時事變事務局編成表　一〇部

63

附：七七事变临时事务局人员编制表

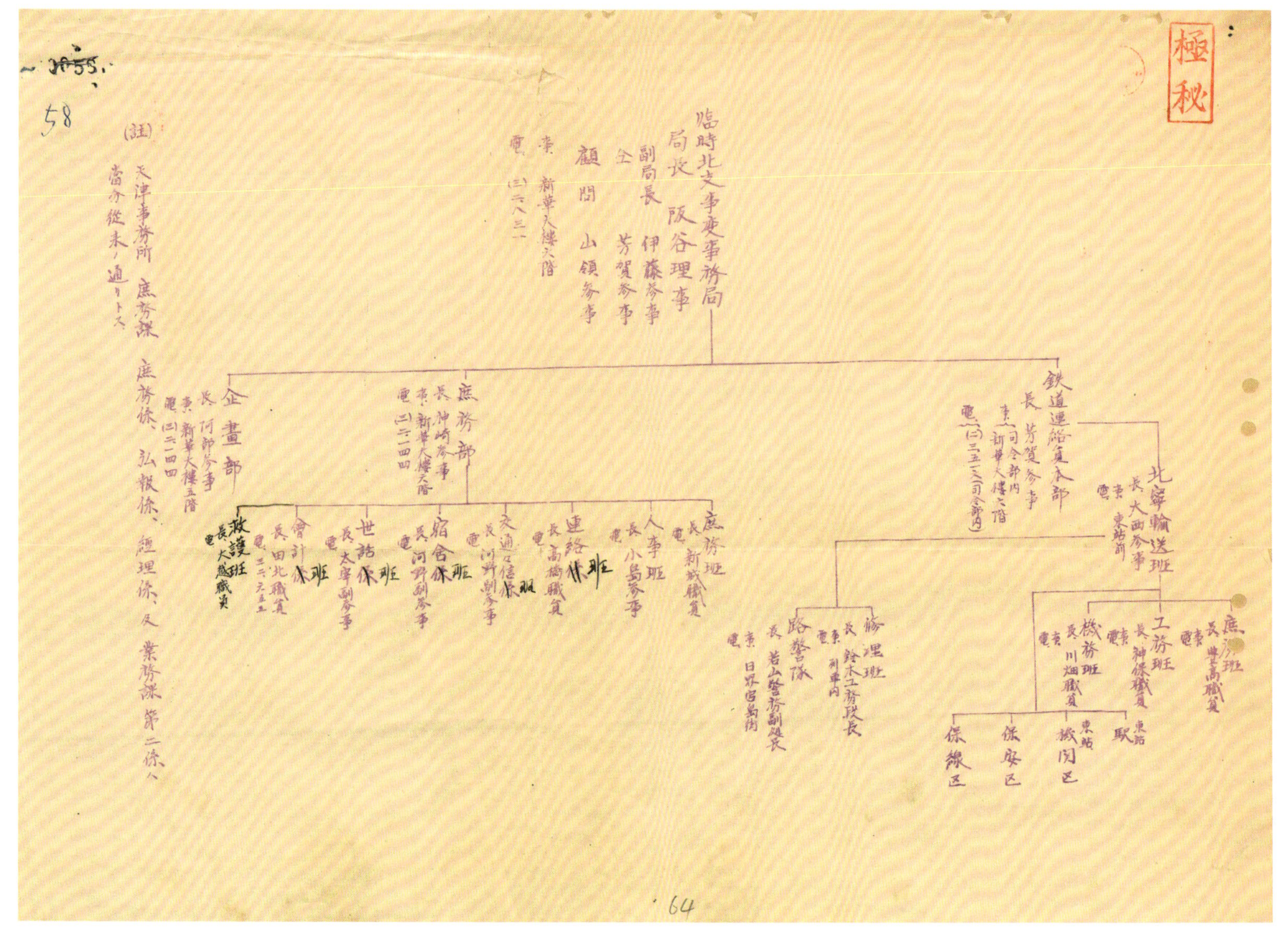

極秘

臨時北支事変事務局
局長 阪谷理事
副局長 伊藤参事
仝 芳賀参事
顧問 山領参事
事 新華大樓六階
電 (三)二八三一

企画部
長 河部参事
事 新華大樓五階
電 (三)二一四四

庶務部
長 神崎参事
事 新華大樓六階
電 (三)二一四四

鉄道連絡員本部
長 芳賀参事
事 (司令部内) 新華大樓六階
電 (三)三五三(司令部内)

救護班 長 大越職員
會計係 長 田北職員 電 二二六五五
世話係 長 太宰副参事
宿舎係 長 河野副参事
交通・信係 長 河野副参事
連絡係 長 高橋職員
人事班 長 小島参事
庶務班 長 新城職員

北寧輸送班 長 大西参事 事 東站前
修理班 長 鈴木工務段長 事 列車内
路警隊 長 若山警務副段長 事 日本旅館内
機務班 長 川畑職員
工務班 長 神保職員
庶務班 長 豊高職員
駅 東站
機関区 東站
保安区
保線区

(註) 天津事務所 庶務課 庶務係、弘報係、経理係、及業務課第二係ハ当分従来ノ通リトス

# 天津事务所长关于寄送紧急通报联络分担表事致总裁室东亚课长的函（一九三七年七月十九日）

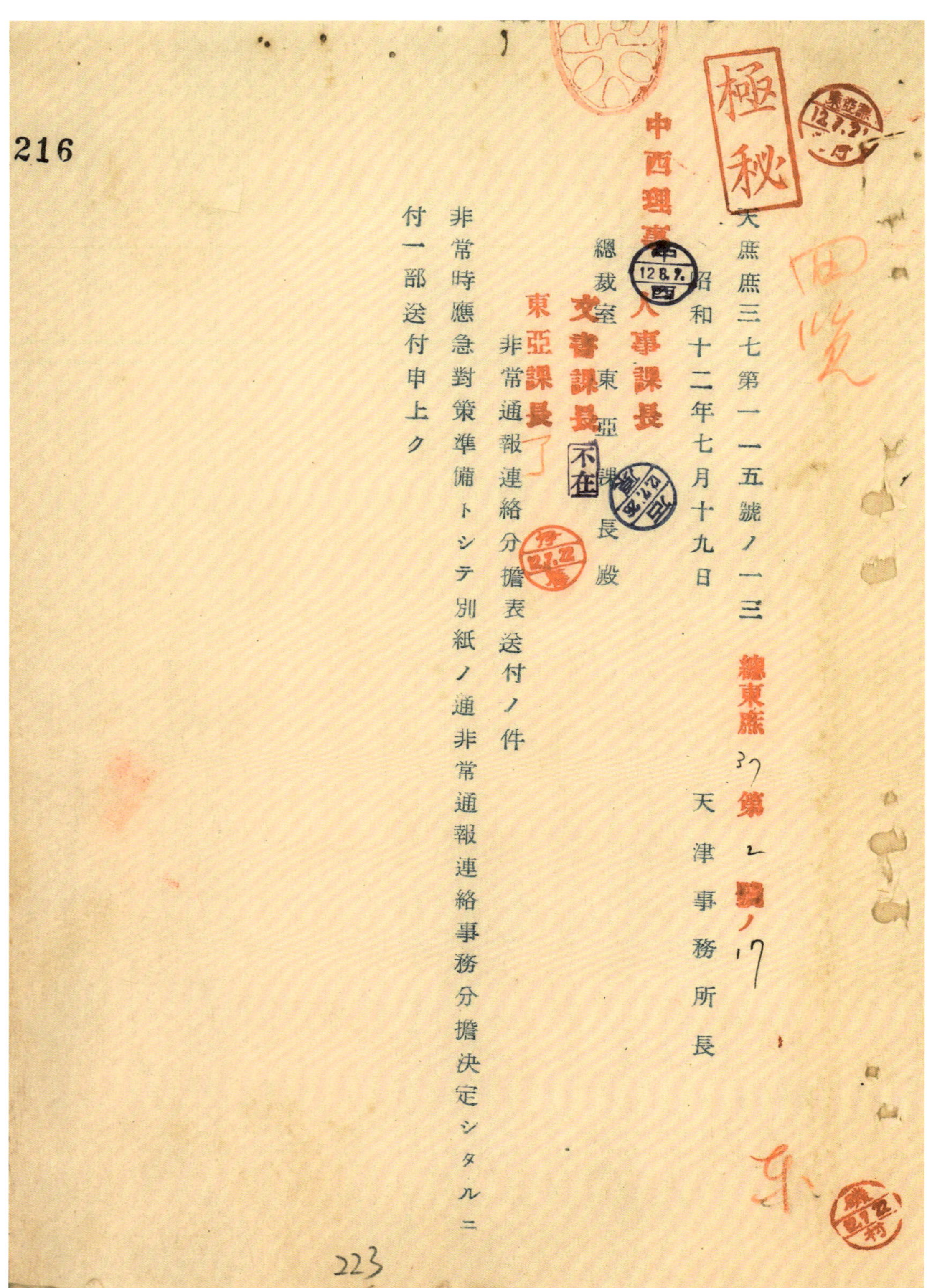

216

極秘

天庶庶三七第一一五號ノ一三

總東庶37第2號ノ17

昭和十二年七月十九日

天津事務所長

中西理事
人事課長
總裁室東亞課長殿
文書課長 不在
東亞課長 了

非常通報連絡分擔表送付ノ件

非常時應急對策準備トシテ別紙ノ通非常通報連絡事務分擔決定シタルニ付一部送付申上ク

223

217

## 非常通報連絡分擔表

| 區域 | 擔任者氏名 | 家族 | 電話 | 住所 | 家族引揚地 |
|---|---|---|---|---|---|
| 第一區 | 梅村 勇 | 獨 | 三二六四一<br>三二四七八 | 特別一區滿鐵公館 | |
| | 伊藤武雄 | 單 | 〃 | 〃 | |
| | 神崎 登 | 〃 | 〃 | 〃 | |
| | 阿部 勇 | 〃 | 〃 | 〃 | |
| | 東[illegible]目子 | 〃 | 〃 | 〃 | |
| | 宿泊者 | | 〃 | 〃 | |

224

218

# 非常通報連絡分擔表

| 區域 | 擔任者 | 氏名 | 家族 | 電話 | 住所 | 家族引揚地 |
|---|---|---|---|---|---|---|
| 第二區 | 高橋 嘉市 | | 女二 | 三二五九九 | 英界一一號路蓬文里五六 | 大連桂町一五ノ七 |
| | 小山 文男 | | 獨 | 三二五九九 | 〃 | |
| | | 白井 文繼 | 獨 | | 〃 〃 二三 | |
| | | 四顧 大 | 男一 女二 | | 〃 〃 三九 | |
| | | 五十子 宇平 | 男二 女三 | | 〃 〃 四九 | |
| | | 若井佐市郎 | 男 女一 | | 〃 〃 五四 | |
| | | 中村 英男 | 男一 女二 | | 〃 〃 三六 | |
| | | 三品 頼忠 | 男一 女一 | | 〃 〃 三二 | |

225

219

| 姓名 | 家族 | 住所 |
|---|---|---|
| 千田　英二 | 男 女一 | 英界一一號路逢文里五二 |
| 河合　正 | 男 女一 | 英界張莊大橋義慶里六 |
| 伊藤　吉一 | 女一 | 英界一一號路逢文里三五 |
| 濱本　憲治 | 女一 | 〃　〃　一二 |
| 狩野　稔 | 女一 | 〃　〃　二五 |
| 岡原　茂 | 女一 | 〃　〃　二三 |
| 臼井　恒利 | 獨 | 〃　〃　二三 |
| 今泉ミドリ | 男一 | 〃　〃　二三 |
| 細川セツ | 男一 | 英界張莊大橋義慶里六 |
| 紫藤　次子 | 獨 | 英界一一號路逢文里三二 |
| 西澤　正 | 獨 | 〃　〃　二五 |
| 瀧澤　壯至 | 獨 | 〃　〃　三五 |
| 長部　利夫 | 獨 | 〃　〃　三五 |

226

220

# 非常通報連絡分擔表

| 區域 | 擔任者 | 氏名 | 家族 | 電話 | 住所 | 家族引揚地 |
|---|---|---|---|---|---|---|
| 第三區 | 河野通一 | | 男二 女一 | 三一七五七 | 法界二九號路連璧里三 | |
| | 田北九州士 | | 男二 女三 | 三三一八〇 | 〃 五號路九六 | |
| | | 長野勳 | 女三 | 三四〇六四 | 〃 二九號路一〇五 | |
| | | 三輪武 | 獨 | | 〃 一二號路二一號豐業大樓 | |
| | | 山領公館 | | 三三五三四 | 〃 三二號路六五 | |
| | | 稻葉好道 | 男一 女一 | 呼 三二八七〇 | 〃 陸安里陸安大樓B六 | |
| | | 二宮龍暘 | 女一 | | 〃 A/三 | |
| | | 瀧脇巖 | 男二 女二 | 三二一三八 | 〃 五號路九八 | |
| | | 溪友吉 | 男一 女三 | 三二八七〇 | 〃 陸安里陸安大樓C/六 | |
| | | 菅野大三九 | 女一 | 呼 三二八七〇 | 〃 C/五 | |

227

# 非常通報連絡分擔表

| 區域 | 擔任者 | 氏名 | 家族 | 電話 | 住所 | 家族引揚地 |
|---|---|---|---|---|---|---|
| 第四區 | 名取富雄 | | 獨 | 三三九六五 | 法界九號路紅洋館 | |
| | 大西健吉 | | 單 | 〃 | 〃 | |
| | | 細田武男 | 女一 | | 法界一一號路四四 | |
| | | 橫山重起 | 單 | | 〃七號路四三ノ三 | |
| | | 橫峯榮二 | 獨 | 三三九六五 | 〃九號路紅洋館 | |
| | | 日高藤子雄 | 男一 女一 | | 〃一一號路四四 | |
| | | 重岡福雄 | 單 | | 〃一一號路一一ワダナ方 | |
| | | 森下不二男 | 獨 | 三三九六五 | 〃九號路紅洋館 | |
| | | 龍二郎 | 〃 | 〃 | 〃 | |
| | | 竹島金吾 | 〃 | | 〃中街葯房 | |
| | | 濱田末雄 | 〃 | 三三九六五 | 〃九號路紅洋館 | |

328

222

| | | | | | |
|---|---|---|---|---|---|
| 角野達孝 | 獨 | 三三九六五 | 法界九號路紅洋館 | | |
| 中村喜一 | 〃 | | 〃 中街葯房三階 | | |
| 日高サダ司 | 〃 | | 〃 一一號路四四 | | |
| 新城英太郎 | 單 | | 〃 七號路四三ノ三 | | |
| 湯田德一 | 獨 | | 〃 九號路紅洋館 | | |
| 村田才二 | 〃 | | 〃 一四號路一一號 | | |

229

# 非常通報連絡分擔表

| 區域 | 擔任者 | 氏名 | 家族 | 電話 | 住所 | 家族引揚地 |
|---|---|---|---|---|---|---|
| 第五區 | 水野 薫 | | 單 | 三四一七四 | 法界兆豐里 眞養館 | |
| | 松本敬次郎 | | 單 | 三一一四一 | 〃 | |
| | | 大矢 信彦 | 單 | 〃 | 〃 | |
| | | 西島寅五郎 | 男三 女四 | | 法界三九號路慧昌里五 | |
| | | 日笠 憲一 | 獨 | | 〃 〃有岡方 | |
| | | 小室 靜次 | 男一 女二 | | 法界三九號路慧昌里五 | |
| | | 横山 尚子 | 獨 | | 〃 | |

230

224

# 非常通報連絡分擔表

| 區域 | 擔任者 | 氏名 | 家族 | 電話 | 住所 | 家族引揚地 |
|---|---|---|---|---|---|---|
| 第六區 | 勝野 廣 | | 獨 | | 法界五五號路安寧里一六 | |
| | 藤村 義勝 | | 〃 | | 〃 一六 | |
| | | 倉貫忠五郎 | 男二女一 | | 〃 二一 | |
| | | 山田 法明 | 獨 | | 〃 二三 | |
| | | 中西 功 | 女二 | | 〃 一四 | |
| | | 武智 利子 | 男二女二 | | 〃 九 | |
| | | 堤 初音 | 獨 | | 〃 一五 | |
| | | 荒川 百笑 | 〃 | | 〃 一五 | |
| | | 樺山 文江 | 男一 | | 〃 二六 | |

231

225

# 非常通報連絡分擔表

| 區域 | 擔任者氏名 | 家族 | 電話 | 住所 | 家族引揚地 |
|---|---|---|---|---|---|
| 第七區 | 前田秋生 | 女二 | 二二〇八〇 | 日界秋山街二四ノ五四國洋行 | 大連早苗町 |
| | 坂田謙吉 | 男二女三 | 二三七九四 | 日界住吉街一ノ一 | |
| | 高橋喜代治 | 獨 | 二三四一 | 日界住吉街獨身アパート二八 | |
| | 加藤正義 | | 二〇四六八 | 日界秋山街洪德里 | 內地 |
| | 田中義英 | 獨 | | 日界淡路街七ノ三ノ三 | |
| | 高岡英夫 | 女一 | | 〃 | |
| | 木村留平 | 女二 | | 日界住吉街一ノ一ノ二六 | |
| | 嵯峨由藏 | 女五 | | 日界松島街三五ノ六 | |
| | 橋本守 | 女一 | | 〃 二八日ノ丸館 | |
| | 伊澤公平 | 單 | | 日界住吉街一ノ一ノ二六 | |

232

226

# 非常通報連絡分擔表

| 區域 | 擔任者氏名 | 家族 | 電話 | 住所 | 家族引揚地 |
|---|---|---|---|---|---|
| 第八區 | 谷川 昇 | 女五 男一 | 二〇〇七三 | 日界壽街一一ノ四大源洋行 | |
| | 反田 國造 | 獨 | 二二九三二 | 日界壽街若山洋行 | |
| | 中村 勇 | 男一 女一 | 三三五九二 | 日界榮街一七ノ一 | |
| | 西岡 淳 | 女一 | 二〇一〇五 | 日界吾妻街四ノ二四 | |
| | 上倉權太郎 | 単 | 二〇一六八 | 日界北洋飯店 | |
| | 相原 道敬 | 女一 | 三三五九二 | 日界榮街一七ノ一 | |
| | 市村 正治 | 獨 | 二〇三七七 | 日界旭街志田洋行 | |
| | 神谷 光 | 獨 | 〃 | 〃 | |
| | 清水 光子 | 獨 | | 日界山口街七黒木方 | |
| | 三澤 通子 | 女一 | 三一二六九 | 日界常盤街一一ノ九 | |

233

| | | | | | |
|---|---|---|---|---|---|
| | | 横山克之助 | 獨 | 三三三四一 | 日界住吉街共益會アパート三一 |
| | | 梅崎日出一 | 獨 | 二三三四一 | 〃 〃 三二 |
| | | 山本 逢弘 | 獨 | 〃 | 〃 〃 一六 |
| | | 中野 義照 | | | 日界住吉街一ノ一ノ二四 |
| | | 中山 久子 | 男一 女一 | | 日界淡路街一七ノ六 協昌里 |
| | | 諸隈 不折 | 獨 | | 日界淡路街七ノ三ノ三 |
| | | 熊出 俊夫 | 獨 | | 共益會アパート三一（横山） |

228

# 非常通報連絡分擔表

| 區域 | 擔任者 | 氏名 | 家族 | 電話 | 住所 | 家族引揚先 |
|---|---|---|---|---|---|---|
| 第九區 | 田中馨 | | 男一女一 | 二一六三六 | 日界福島街金城アパート | |
| | 竹島三郎 | | 男一女三 | 二二八八〇 | 〃福島街二二ノ九 | |
| | | 福岡博由 | 男二女一 | 二一二五六 | 〃〃三星里一八 | |
| | | 桑名彌五郎 | 男三女三 | 呼二一七一六 | 〃〃七ノ二八 | |
| | | 齋藤熊吉 | 獨 | 二二八八〇 | 〃〃二二ノ九 | |
| | | 田村秀忠 | 〃 | 呼二二〇二八 | 〃伏見街四ノ三和田方 | |
| | | 殿生文男 | 女三 | | 〃三島街四ノ三六 | |
| | | 依田武雄 | 女一 | | 〃福島街四箴里五〇ノ八 | |
| | | 伊藤勇 | 獨 | 二一六三六 | 〃〃金城アパート | |

235

| | | | | |
|---|---|---|---|---|
| | 羽田野賢戎 | 獨 | 二一六三六 | 日界福島街金城アパート |
| | 佐々木秀夫 | 〃 | 〃 | 〃 |
| | 福岡美幸 | 〃 | 二一二五六 | 〃 三星里一八 |
| | 高橋寅吉 | 〃 | | 日界石山街玉山里三 |
| | 西村謙 | 〃 | | 〃 三島街東亞煙草社宅 |
| | 中世古亮平 | 〃 | | 〃 〃 |
| | 木村五郎 | 〃 | | 〃 明石街柳止坊三四ノ一二 |
| | 井上加代子 | 〃 | 二一七一五 | 〃 福島街天信洋行 |
| | 杉山初美 | 〃 | 〃 | 〃 〃 |
| | 林田豊 | 男一 女三 | 二一六三六 | 〃 〃 金城アパート |
| | 打田秀子 | 女一 | | 〃 〃 四箴里五〇ノ八 |
| | 鶴節 | 獨 | | 〃 石山街玉山里二 |
| | 檜山武一郎 | 〃 | | 〃 福島街四箴里五〇ノ八 |
| | 鶴數子 | 〃 | | 〃 石山街玉山里二 |

230

# 非常通報連絡分擔表

| 區域 | 擔任者氏名 | 家族 | 電話 | 住所 | 家族引揚地 |
| --- | --- | --- | --- | --- | --- |
| 第十區 | 高橋 福雄 | 女三 | 二三九六三 | 日界浪速街一四 | |
| | 鴨川 龍藏 | 女二 | 二一五四四 | 日界小松街八ノ八 義昌里 | |
| | 瑚 勇記 | 男一 女三 | 二一六二0 | 日界浪速街 芙蓉街 十三番地五戸 | |
| | 片山 英夫 | 獨 | 二一〇七一 | 日界蓉街峯方 | |
| | 山口 勇男 | 男三 女三 | | 日界春日街三四ノ二 | |
| | 大井 裕三 | 女二 | | 〃 二六ノ三 | |
| | 平山 稔 | 單 | 二二七一三 | 日界須磨街二五ノ二 | |
| | 中野 重道 | 單 | | 〃 | |
| | 茨木 [illegible] | 女三 | | 日界須磨街三一 | |
| | 高見 信男 | 女二 | | 日界宮島街三一ノ一五ノ五 | |

237

| | | | |
|---|---|---|---|
| 長谷川泰敏 | 女二 | | 日界宮島街二九ノ六ノ二 |
| 土肥　武雄 | 女一 | | 日界宮島街二九ノ一 |
| 井出　正二 | 獨 | | 日界浪速街四ノ三 |
| 和多利アエ子 | 獨 | | 日界須磨街適安里二〇乃美方 |
| 中西ヘミ子 | 男一女四 | 二〇六二一 | 日界橘街一三ノ二 |
| 岡田　春子 | 男一女一 | 二一七九六 | 日界宮島街三三ノ九 |
| 岡村　芳子 | 男三女四 | | 日界宮島街二九ノ一〇 |
| 山口久美子 | 男一女四 | | 日界宮島街二九ノ一三 |
| 内海　武雄 | 獨 | | 日界須磨街二五ノ二 |

232

# 非常通報連絡分擔表

| 區域 | 擔任者氏名 | 家族 | 電話 | 住所 | 家族引揚地 |
|---|---|---|---|---|---|
| クラブ | 魚住俐 | 獨 | 三二九三一 | 社員クラブ | |
| | 奥山正行 | 獨 | 三二九三一 | 〃 | |
| | 掃部左久治 | 獨 | 〃 | 〃 | |
| | 宿泊者 | | 〃 | 〃 | |

239

233

非常通報連絡分擔表

| 區域 | 擔任者氏名 | 家族 | 電話 | 住所 | 家族引揚地 |
|---|---|---|---|---|---|
| 住吉街分館 | 濱田 末雄 | 獨 | | 住吉街三一ノ二一ノ四 | |
| | 大島 德彌 | 〃 | | 〃 | |
| | 佐賀田 弘 | 〃 | | 〃 | |

240

# 天津事务所长关于请负责处理天津事务所与满铁本社联络相关事致总裁室东亚课长的函（一九三七年七月十九日）

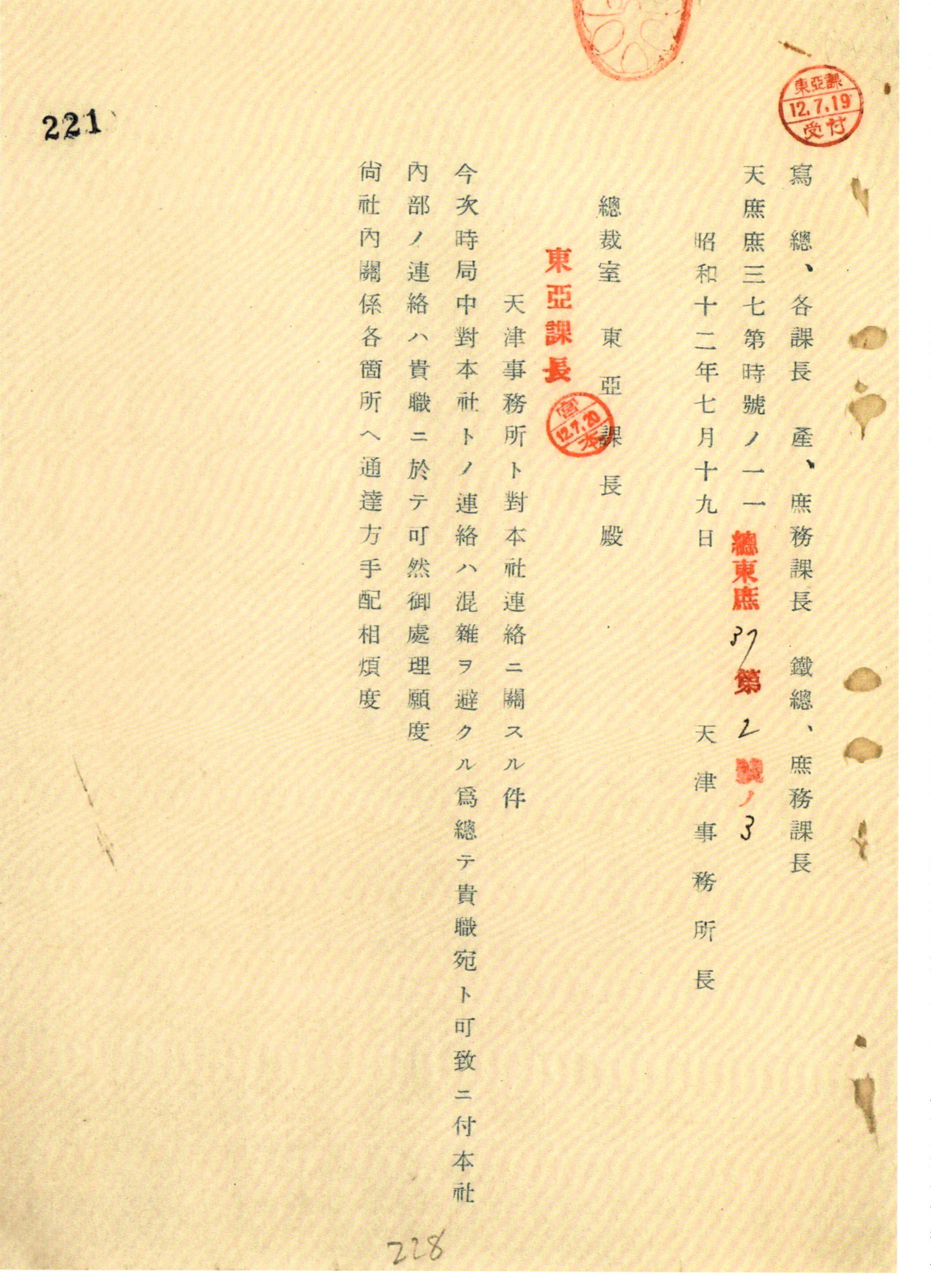
221

東亞課 12.7.19 受付

寫　總、各課長　產、庶務課長　鐵總、庶務課長

天庶庶三七第時號ノ一一　總東庶37第2號ノ3

昭和十二年七月十九日　天津事務所長

總裁室　東亞課長殿

東亞課長

天津事務所ト對本社連絡ニ關スル件

今次時局中對本社トノ連絡ハ混雜ヲ避クル爲總テ貴職宛ト可致ニ付本社內部ノ連絡ハ貴職ニ於テ可然御處理願度

尚社內關係各箇所へ通達方手配相煩度

228

天津事务所长、总裁室东亚课长关于购买及配送大米事的往来电文

天津事务所长致总裁室东亚课长电（一九三七年七月十九日）

至急 暗號

343

著電譯文

| 文書番號 | 發信局 | 電報番號 | 供覽 | 件名 | 受信者 |
|---|---|---|---|---|---|
| | | 社三六九 | 用度部第三購買課長 | | 東亞課長 |

指定

東亞課長

發電 昭和　年　月　日 11時 1分

着電 昭和12年7月19日13時17分

受付 昭和　年　月　日 15時 15分

發信者 天津事務所長

時局柄當地ノ米入手困難ニ付派遣其ノ他ニ對スル給與ニ供ヘル爲米一〇〇俵至急購入ノ上貴地ヨリ當地ヘ廻送ノ興中ライタニ托送方手配乞フ

翻譯者印

南滿洲鐵道株式會社

日-8017 B列5

351

# 总裁室东亚课长致天津事务所长电（一九三七年七月十九日）

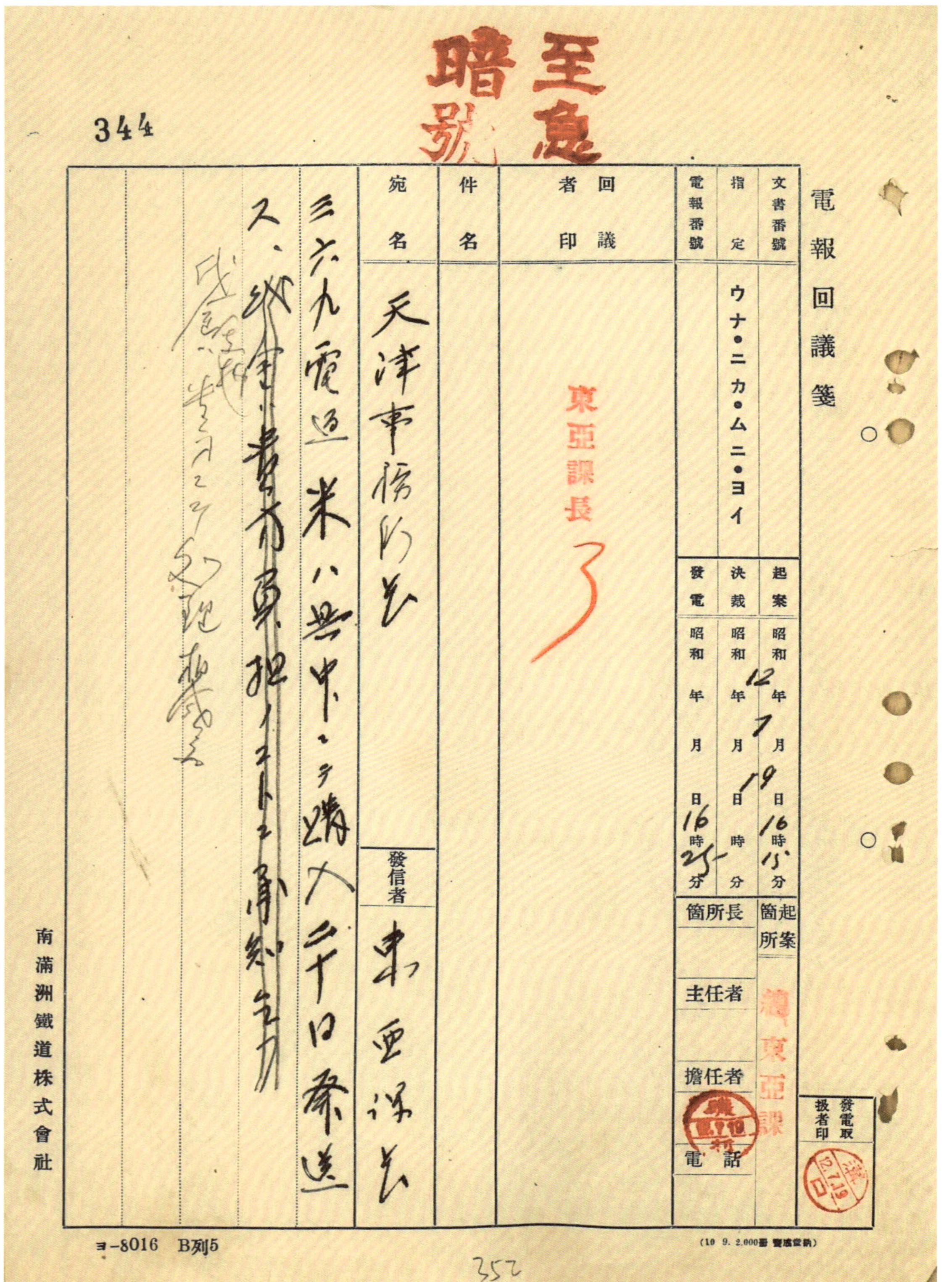
至急
暗號
344
電報回議箋

| 文書番號 | 指定 | 電報番號 |
| --- | --- | --- |
| | ウナ・ニカ・ムニ・ヨイ | |

| 起案 | 決裁 | 發電 |
| --- | --- | --- |
| 昭和12年7月19日16時15分 | 昭和年月日時分 | 昭和年月日16時25分 |

回議者印：東亞課長

宛名：天津事務所長

發信者：東亞課長

三六九電返 米ハ無申ニテ購入二十日発送
ス、残金ハ貴方負担ノコトニ承知乞フ

南滿洲鐵道株式會社

ヨ-8016 B列5

352

天津事务所长关于驻张家口日本居民已撤离事致总裁室东亚课长的电文（一九三七年七月十九日）

765

著電譯文

| 文書番號 | 發信局 | 電報番號 | 供覧 | 件名 | 受信者 |
|---|---|---|---|---|---|
| | | 三八八 | 山口氏 安藤氏 | | 東亞課長 |

指定

發電 昭和12年7月19日16時10分
着電 昭和〃年〃月〃日17時21分
受付 昭和〃年〃月〃日20時20分

飜譯者印 下山 12.7.19 M.Y.

發信者 天津事務所長

張家口駐在員ヨリ下記ノ如ク電アリ轉電ス、

十九日午前十時平綏路ニヨル當地居留民殘部ノ引上ケヲ了セリ事態急変ナキ限リ工藤(クドウ)、新田(ニッタ)、山田(ヤマダ)、二十一日當地發張北經由歸津ノ豫定。

南滿洲鐵道株式會社

ヨ－8017 B列5

(12. 1. 1.5萬冊 實業堂)

781

# 天津事务所长关于事务繁忙请准增加所员十名事致总裁室东亚课长的电文（一九三七年七月十九日）

至急
親展

452

著電譯文

文書番號：
發信局：
電報番號：四〇四
指定：ウニ

發電：昭和12年7月19日19時35分
着電：昭和〃年〃月〃日21時6分
受付：昭和〃年〃月〃日21時30分

供覽：東亞課長　人事課長

受信者：東亞課長

發信者：天津事務所長

時局事務多忙ニテ事務所員不足ニツキ左記十名人事課ト打合ノ上至急出発派遣方配慮乞フ期間約一ケ月ノ豫定、庶務、人事、涉外其他一般補助トシテ文書課傭員伏木清吉、人事課雇員山本芳男、雇員植松義

南滿洲鐵道株式會社

日－8017　B列5

(12. 1. 1.5m 部　實成堂為)

463

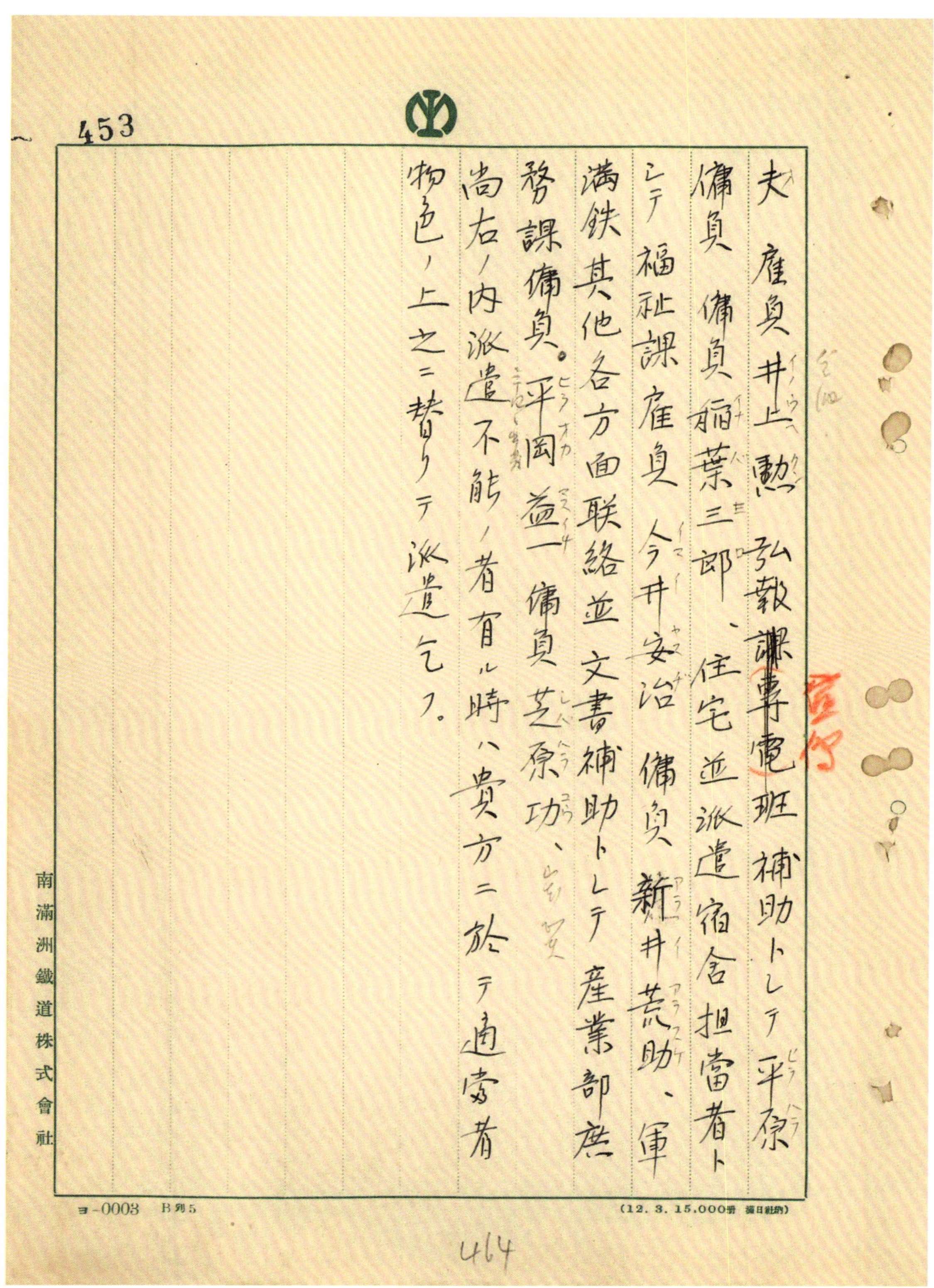
453

夫 雇員 井上勲 弘報課(專電)班 補助トシテ 平原
傭員 傭員稲葉三郎、住宅並派遣宿舎担當者ト
シテ 福祉課雇員 今井安治 傭員 新井荒助、軍
満鉄其他各方面聯絡並文書補助トシテ 産業部庶
務課傭員。平岡益一 傭員芝原功、
尚右ノ内派遣不能ノ者有ル時ハ貴方ニ於テ適當者
物色ノ上之ニ替リテ派遣乞フ。

南滿洲鐵道株式會社

ヨ-0003 B列5 (12. 3. 15.000冊 満日社印)

464

# 天津事务所长关于请派遣处理时局事务人员事致总裁室东亚课长的函（一九三七年七月十九日）

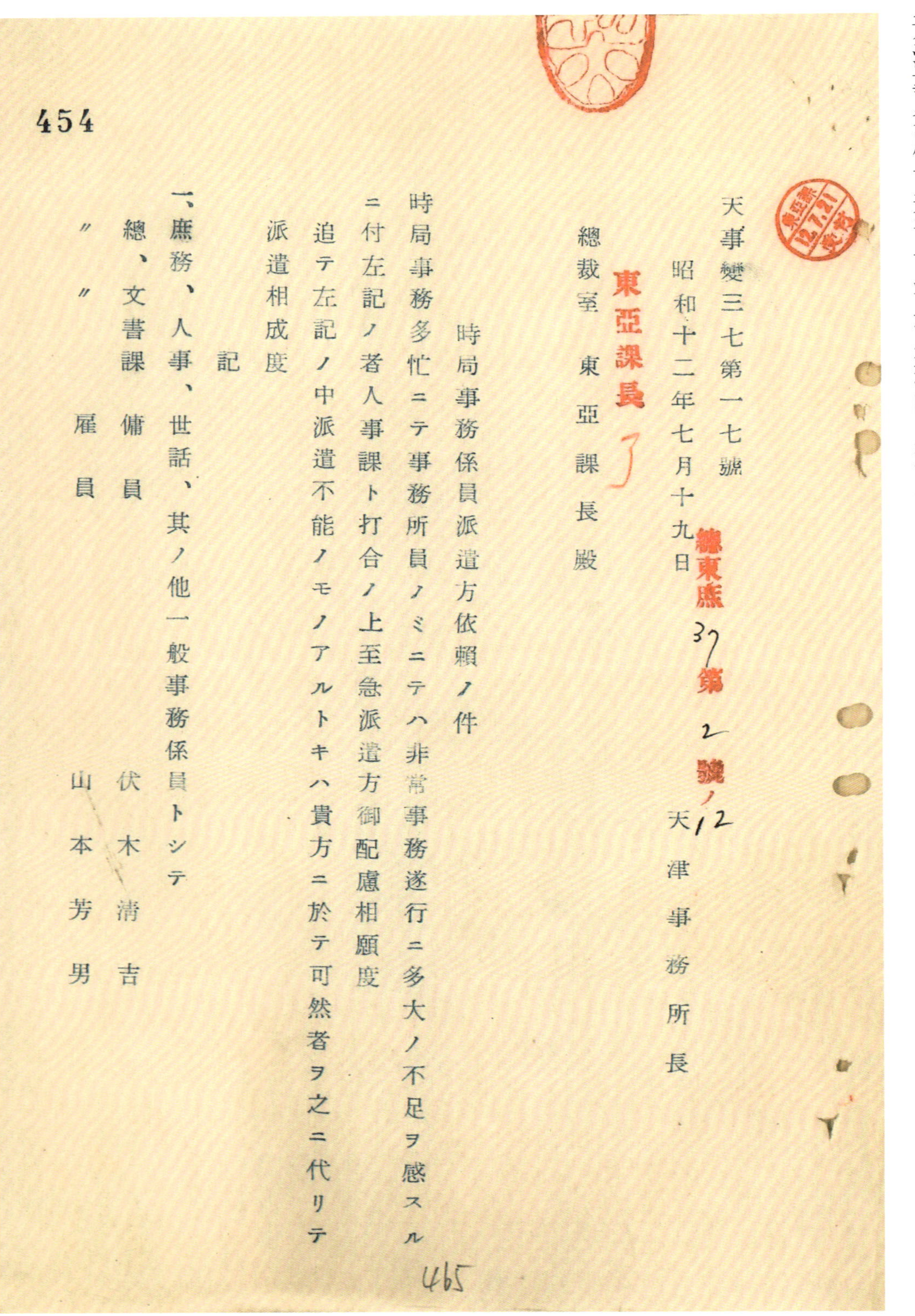
454

天事變三七第一七號
昭和十二年七月十九日
總東庶37第2號ノ12
天津事務所長
總裁室　東亞課長殿
東亞課長

時局事務係員派遣方依賴ノ件

時局事務多忙ニテ事務所員ノミニテハ非常事務遂行ニ多大ノ不足ヲ感スルニ付左記ノ者人事課ト打合ノ上至急派遣方御配慮相願度
追テ左記ノ中派遣不能ノモノアルトキハ貴方ニ於テ可然者ヲ之ニ代リテ派遣相成度

記

一、庶務、人事、世話、其ノ他一般事務係員トシテ
總、文書課　傭員　伏木清吉
〃　〃　雇員　山本芳男

465

455

總、文書課　雇員　植松義夫

〃　雇員　井上勳

二、弘報、宣傳事務係員トシテ

總、弘報課　傭員　平原口二

傭員　稲葉三郎

三、住宅事務係員トシテ

總、福祉課　雇員　今井安二

〃　傭員　荒井荒助

四、連絡事務係員トシテ

產、庶務課　傭員　平岡益一

〃　〃　傭員　芝原功

計十名

466

# 天津事务所长关于拟将横山参事派往济南事致总裁室东亚课长的电文（一九三七年七月十九日）

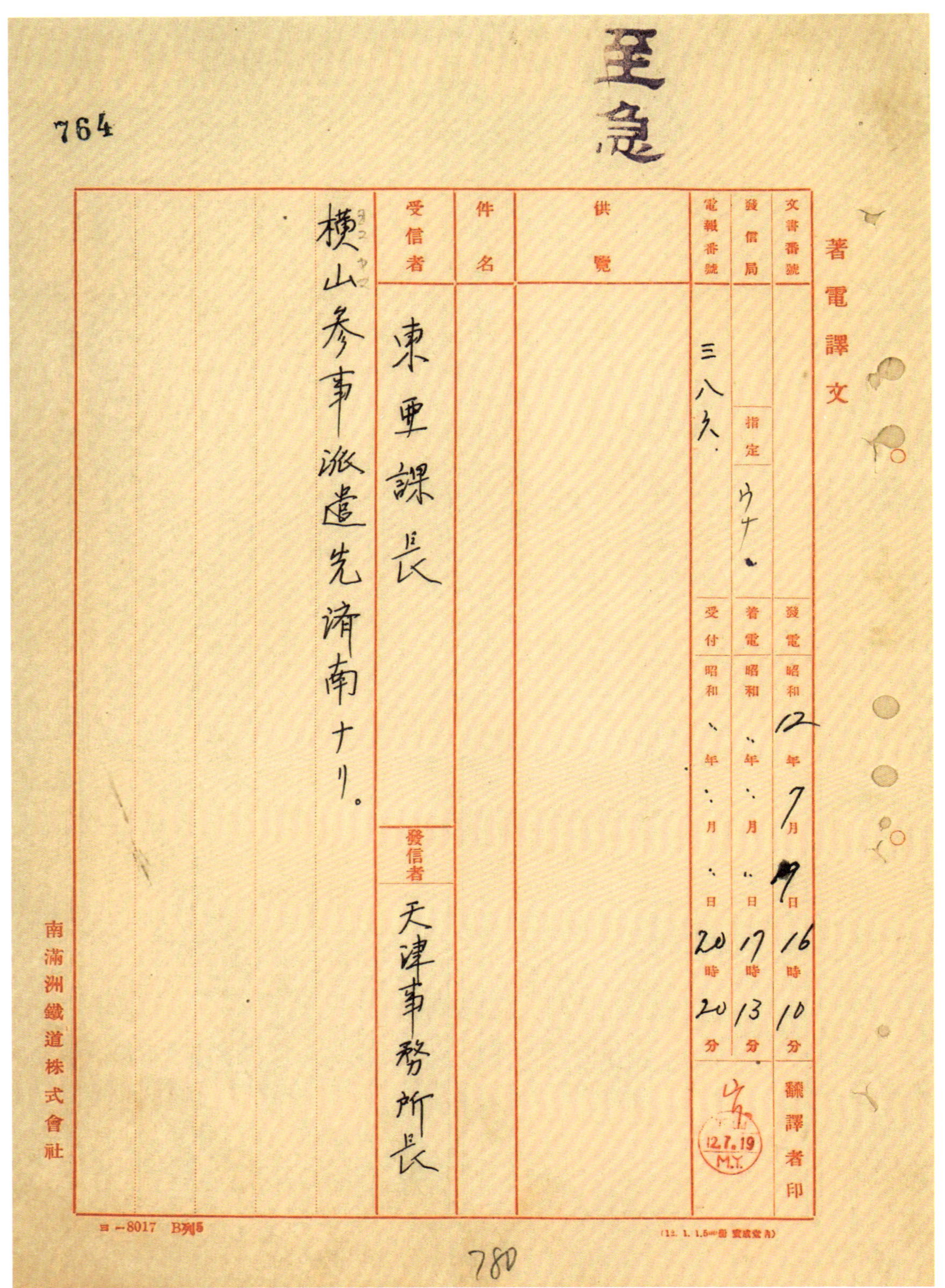

764

至急

著電譯文

| 文書番號 | 發信局 | 電報番號 | 供覽 | 件名 | 受信者 |
| --- | --- | --- | --- | --- | --- |
| | 指定 ワナ | 三八九 | | | 東亞課長 |

| 發電 | 著電 | 受付 |
| --- | --- | --- |
| 昭和12年7月19日16時10分 | 昭和〃年〃月〃日17時13分 | 昭和〃年〃月〃日20時20分 |

飜譯者印 12.7.19 M.Y.

發信者 天津事務所長

横山参事派遣先濟南ナリ。

南滿洲鐵道株式會社

780

# 天津事务所长关于请派遣松尾职员事致总裁室东亚课长的函（一九三七年七月十九日）

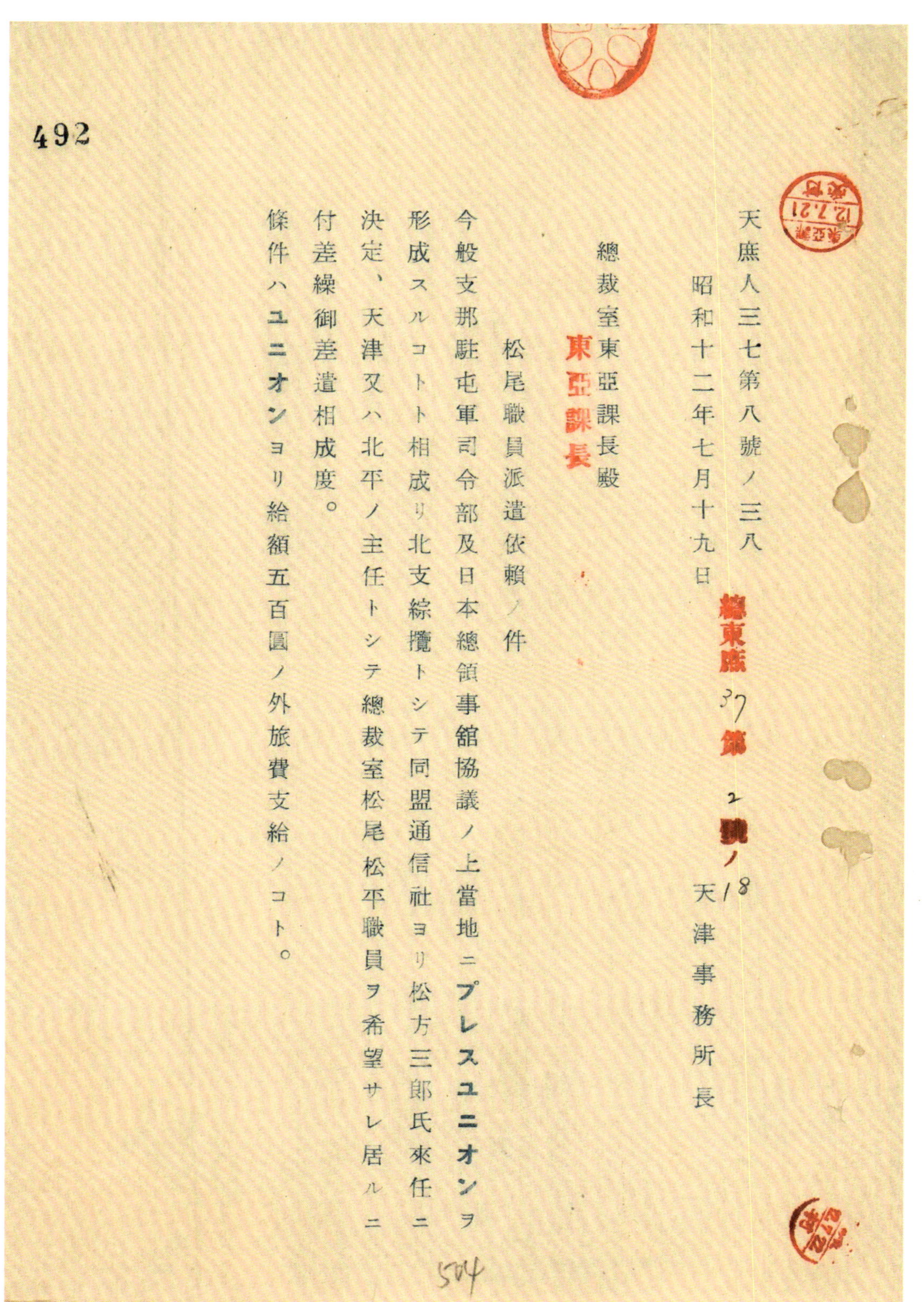

492

天庶人三七第八號ノ三八

昭和十二年七月十九日

天津事務所長

總裁室東亞課長殿

東亞課長

總東庶37第2號ノ18

松尾職員派遣依頼ノ件

今般支那駐屯軍司令部及日本總領事館協議ノ上當地ニプレスユニオンヲ形成スルコトト相成リ北支綜攬トシテ同盟通信社ヨリ松方三郎氏來任ニ決定、天津又ハ北平ノ主任トシテ總裁室松尾松平職員ヲ希望サレ居ルニ付差繰御差遣相成度。

條件ハユニオンヨリ給額五百圓ノ外旅費支給ノコト。

504

# 天津事务所长关于宪兵队请派遣社员查验通信物品事致总裁室东亚课长的电文（一九三七年七月十九日）

498

著電譯文

| 文書番號 | 發信局 | 電報番號 |
| --- | --- | --- |
| | | 四〇七 |

指定

| | 發電 | 著電 | 受付 |
| --- | --- | --- | --- |
| 昭和 | 12年7月19日 | 年 月 日 | 年 月 日 |
| 時分 | 19時30分 | 21時3分 | 21時30分 |

飜譯者印

供覽：東亞課長　人事課長

件名：

受信者：東亞課長

發信者：天津事務所長

（特）今回當地郵便局ニ於ケル通信物件検閲ノ為社員派遣方憲兵隊ヨリ要求アリタルニツキ華語一等程度ニテ殊ニ書翰文翻讀ニ堪能ナル者二名社内ヨリ物色至急派遣乞フ、尚派遣者ノ氏名出發日時等豫メ通知乞フ尚不

南滿洲鐵道株式會社

三－8017 B列5

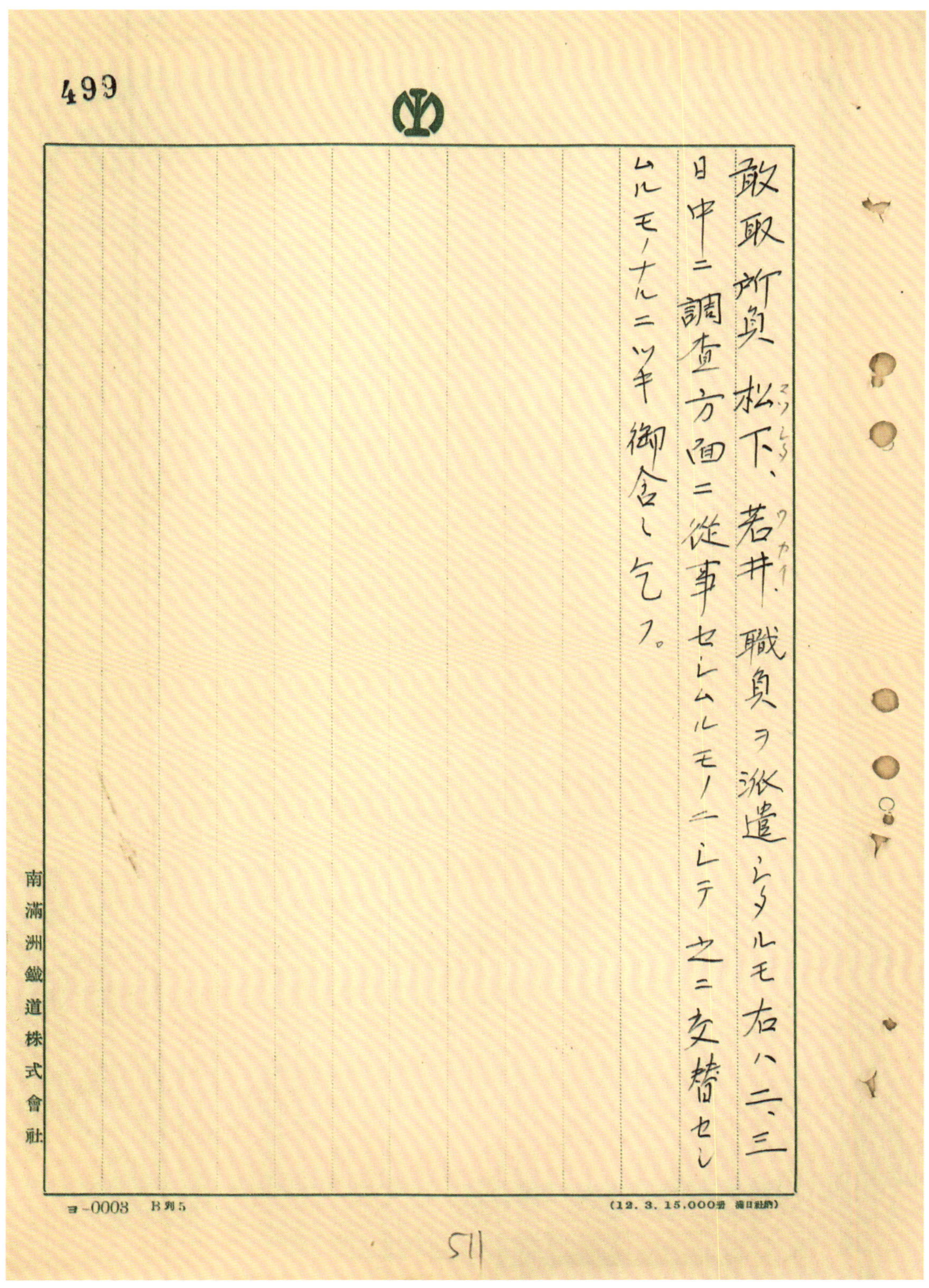

499

敢取所員松下、若井職員ヲ派遣シタルモ右ハ二、三日中ニ調査方面ニ従事セシムルモノニシテ之ニ交替セシムルモノナルニツキ御含ミ乞フ。

南滿洲鐵道株式會社

ヨ-0003　B列5　(12. 3. 15.000冊 滿日印刷)

511

# 天津事务所长关于报告派遣人员住宿及救护班状况事致总裁室东亚课长、铁道总局长的电文（一九三七年七月十九日）

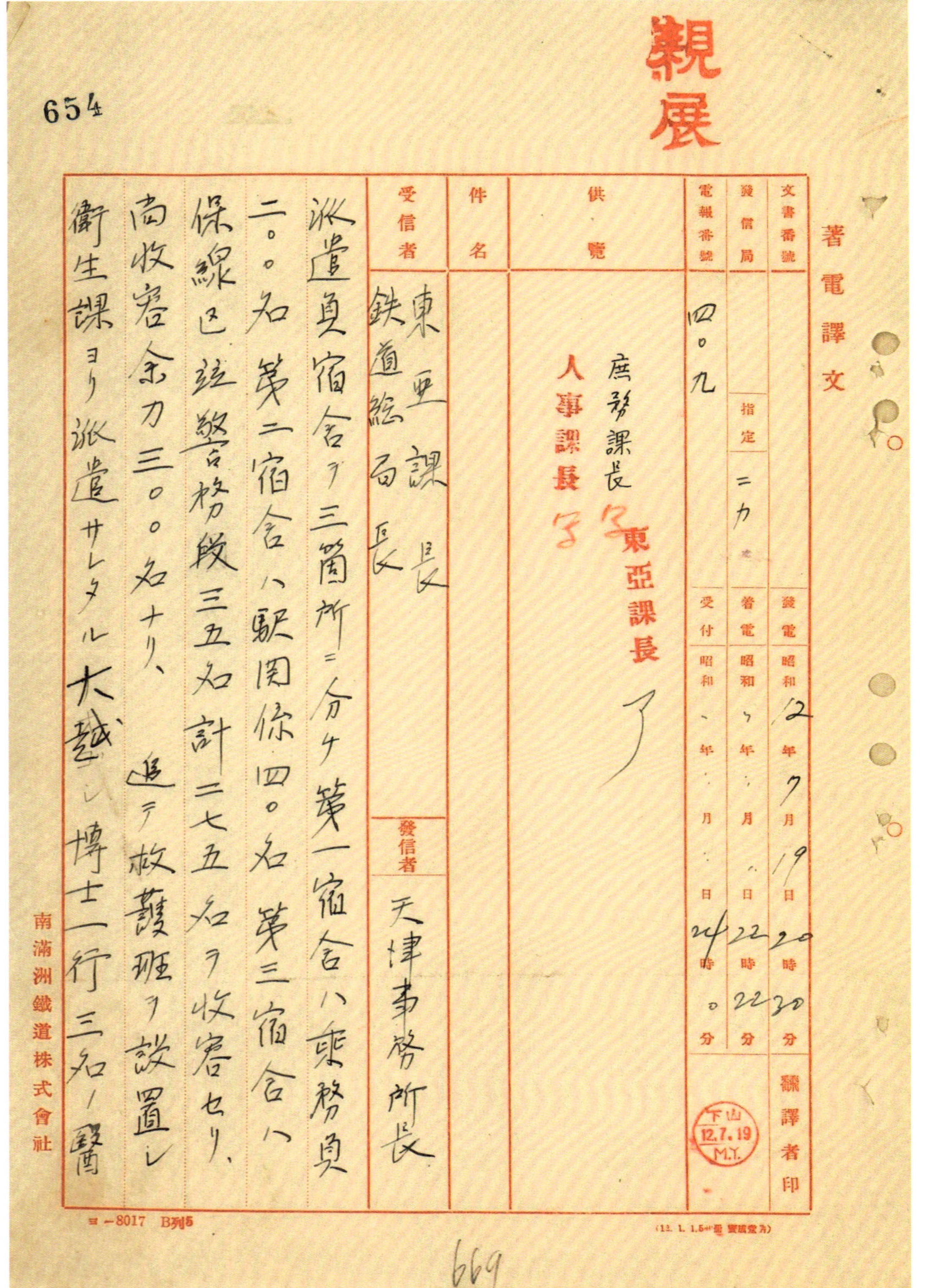

654

親展

著電譯文

| 文書番號 | 發信局 | 電報番號 |
| --- | --- | --- |
| | | 四〇九 |

指定 ニカ

| | 發電 | 着電 | 受付 |
| --- | --- | --- | --- |
| 昭和 | 12年7月19日 | 〃年〃月〃日 | 〃年〃月〃日 |
| 時 | 20時30分 | 22時22分 | 24時0分 |

飜譯者印：下山 12.7.19 M.Y.

供覽：庶務課長 人事課長 東亞課長 了

件名：

受信者：東亜課長 鉄道総局長

發信者：天津事務所長

派遣員宿舎ヲ三箇所ニ分ケ第一宿舎ハ乗務員二〇〇名 第二宿舎ハ駅関係四〇名 第三宿舎ハ保線区鉄警務段三五名計二七五名ヲ收容セリ、尚收容余力三〇〇名ナリ、追テ救護班ヲ設置シ衛生課ヨリ派遣サレタル大越博士一行三名ノ医

南滿洲鐵道株式會社

ヨ-8017 B列5

669

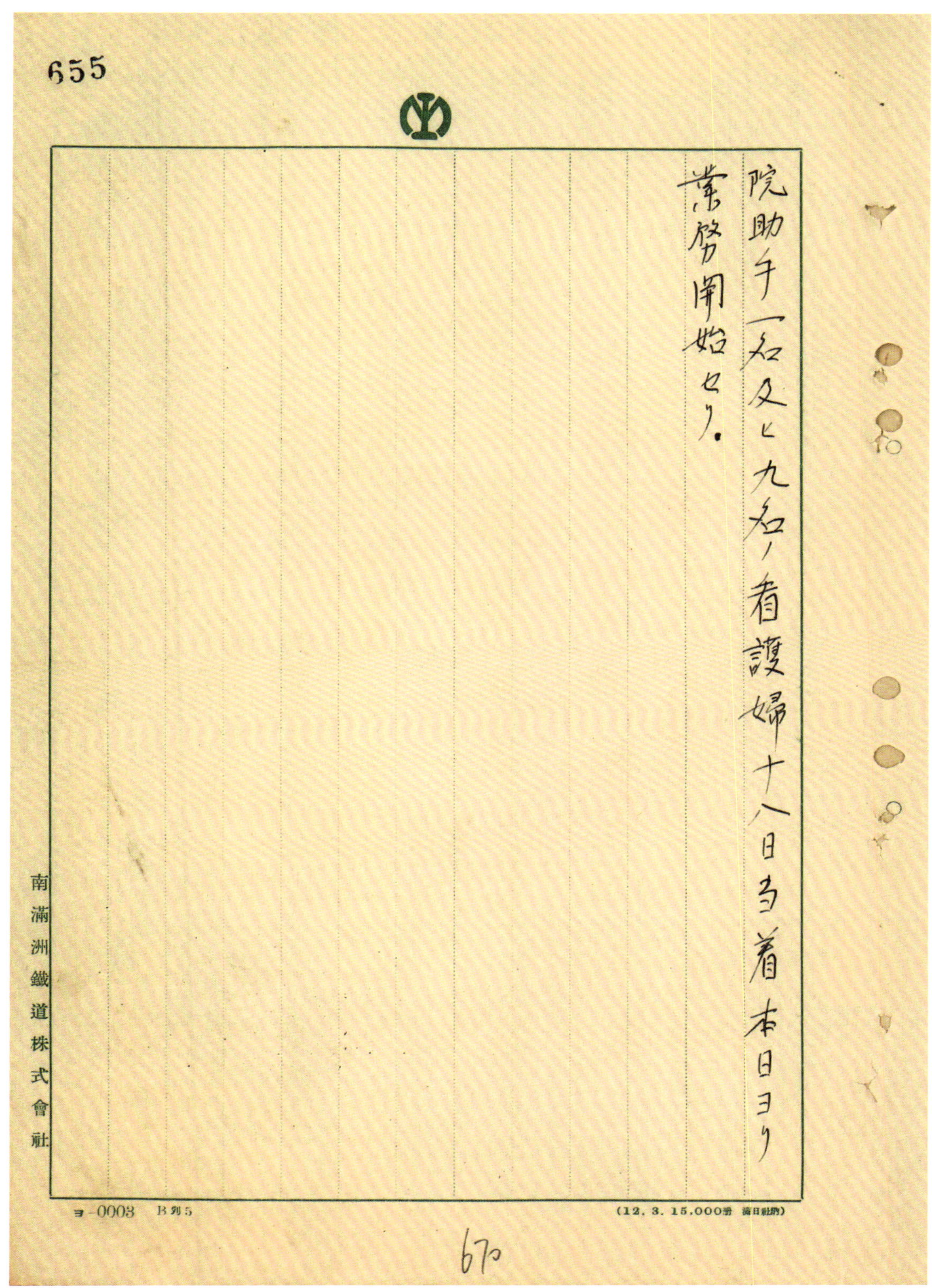

655

院助手一名及ヒ九名ノ看護婦十八日当着本日ヨリ

業務開始セリ。

南滿洲鐵道株式會社

ヨ-0003　B列5　(12. 3. 15.000冊 滿日印刷)

670

# 天津事务所长关于成立出版联盟支部事致总裁室东亚课长的函（一九三七年七月二十日）

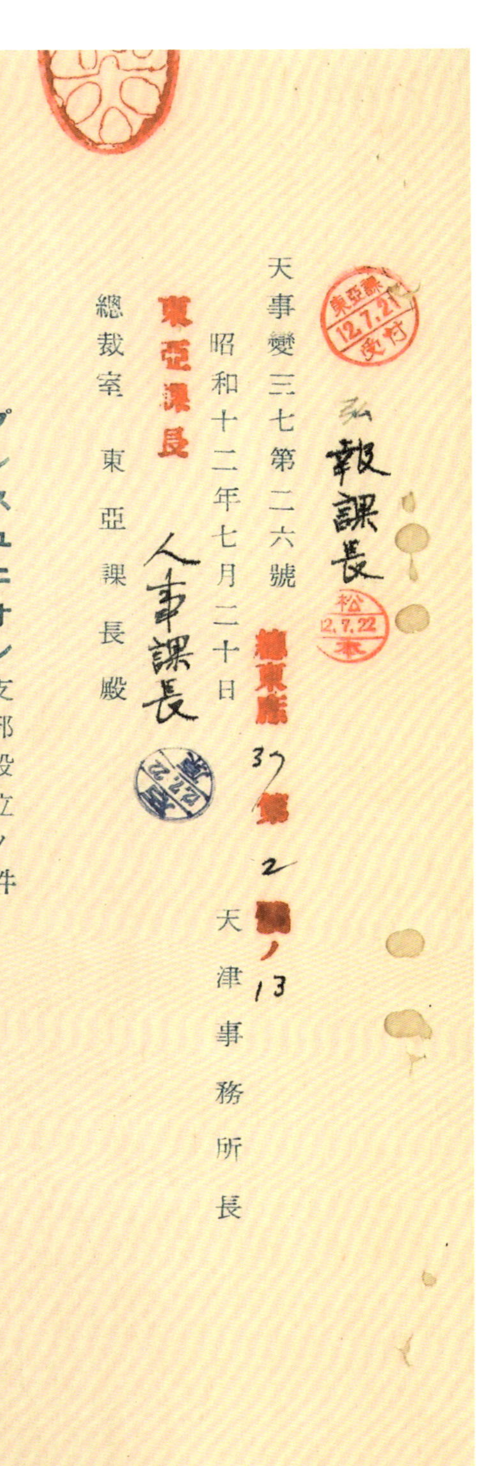

493

天事變三七第二六號

昭和十二年七月二十日

天津事務所長

總裁室 東亞課長殿

プレスユニオン支部設立ノ件

曩ニ同盟上海支社長松本重治氏ノ希望ニ依リプレスユニオン支部ヲ天津ニ設立スル件ニ就キ相談アリタルカ今次事件ニ依リ之ヲ急クコトトナリ軍、總領事館共合意ノ上東京同盟本社ヨリ松方義三郎君ヲ派遣シ北支支部ヲ總括セシメ天津又ハ北平ノ主任トシテ社員松尾、松平ニ委囑致度希望本日萩原領事ヨリ申込アリタリ右詮議乞フ

尚ユニオン經費ハ軍、外務省ニ依リ共同負擔スルコトトナリ松尾ニ對シテハ月五〇〇圓以内ノ手當及旅費ヲ支給スル旨ノ申出アリタリ

松方氏天津ニ在勤スレハ松尾ヲ北平ニ、其ノ反對ナラハ松尾ハ天津ニ在勤スルコトト致度

494

松方氏昨日中ニ來津、松尾ノ赴津ヲ俟テ一切ノ手續相談ノコト。松尾職員ノ下ニハ一二名ノスタッフヲ附スル筈

506

# 天津事务所长关于报告北宁与满铁输送班之间的关系事致总裁室东亚课长的函（一九三七年七月二十日）

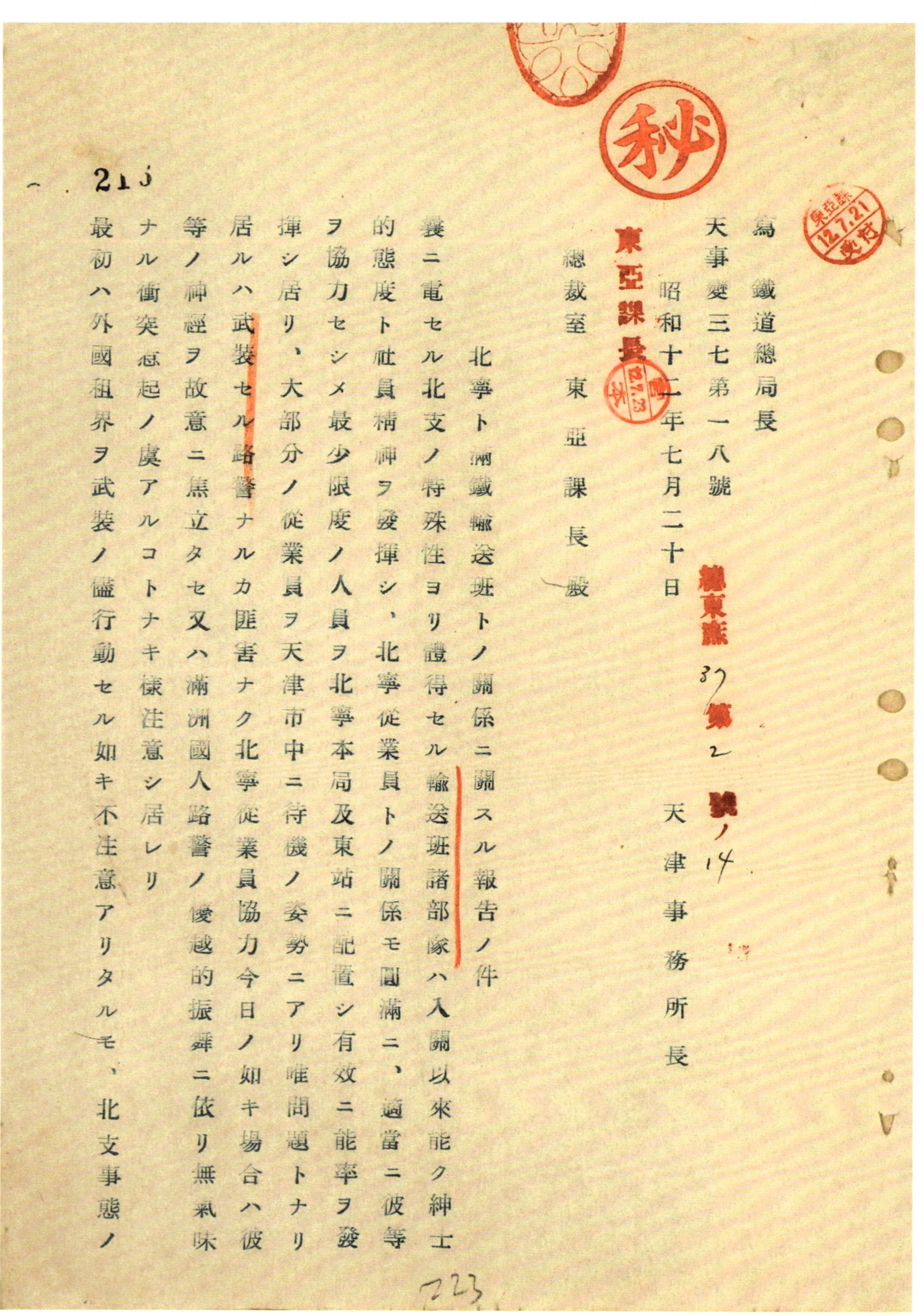

秘

寫

鐵道總局長

天事變三七第一八號

昭和十二年七月二十日

東亞課長

總東庶 37 第2號ノ14

天津事務所長

總裁室 東亞課長 殿

北寧ト滿鐵輸送班トノ關係ニ關スル報告ノ件

曩ニ電セル北支ノ特殊性ヨリ體得セル輸送班諸部隊ハ入關以來能ク紳士的態度ト社員精神ヲ發揮シ、北寧從業員トノ關係モ圓滿ニ、適當ニ彼等ヲ協力セシメ最少限度ノ人員ヲ北寧本局及東站ニ配置シ有效ニ能率ヲ發揮シ居リ、大部分ノ從業員ヲ天津市中ニ待機ノ姿勢ニアリ唯問題トナリ居ルハ武裝セル路警ナルカ匪害ナク北寧從業員協力今日ノ如キ場合ハ彼等ノ神經ヲ故意ニ焦立タセ又ハ滿洲國人路警ノ優越的振舞ニ依リ無氣味ナル衝突惹起ノ虞アルコトナキ様注意シ居レリ

最初ハ外國租界ヲ武裝ノ儘行動セル如キ不注意アリタルモ、北支事態ノ

217

理解ヲ一般ニ徹底セシメタレハ今ハ此ノ種行動モ跡ヲ絶ツニ至レリ

昨夜衛生班到著、兩課長社宅ヲ空ケテ治療所ト爲シ曩ニ發生セル傳染病者モ診斷ノ誤ト判明シ、衛生班第一著手トシテ全從業員ニ適宜各種豫防注射ヲ行ヲ計畫ヲ樹テ居レリ

北寧局幹部モ今次社員ノ行動ニ付テハ一昨年ニ比シ頗ル紳士的ナリトテ安心シテ協力シ居リ出來ル丈ノ便宜ヲ計ル旨申出アルヲ以テ當方トシテモ將來發展スヘキ狀勢ニ對應シテモ此ノ精神ヲ以テ終始致度ト考ヘ居レリ

尚當地ニ於ケル輸送班線區統制關係現狀次ノ如シ

司令部內　線區出張所（司令部トナルヘキモノ）

阿部少佐（豫定）

芳賀監察

其ノ他スタッフ

北寧東站內　北寧線區出張所（北寧輸送班）

前田大尉

224

218

大西参事課長

津浦輸送班（未成）

225

天津事务所长关于驻外办事员撤离报告事致总裁室东亚课长的电文（一九三七年七月二十日）

776

著電譯文

文書番號 總東庶37第2號ノ1

發信局

指定

電報番號 社四一七

供覽 東亞課長

件名 駐在員引揚ケ報告

受信者 東亞課長

發信者 天津事務所長

發電 昭和 年 月 日 10時 分

着電 昭和12年7月20日11時7分

受付 昭和 年 月 日 13時20分

飜譯者印

其ノ後ノ駐在員引揚ケ報告（一）鄭州松井十九日夜敢行（カンコウ）（二）大同藤山張北、熱河経由二十二、三日帰津ノ豫定

漢口

南滿洲鐵道株式會社

≡－8017 B列5

792

# 天津事务所长关于通知撤回太原出差人员事致总裁室东亚课长的函（一九三七年七月二十日）

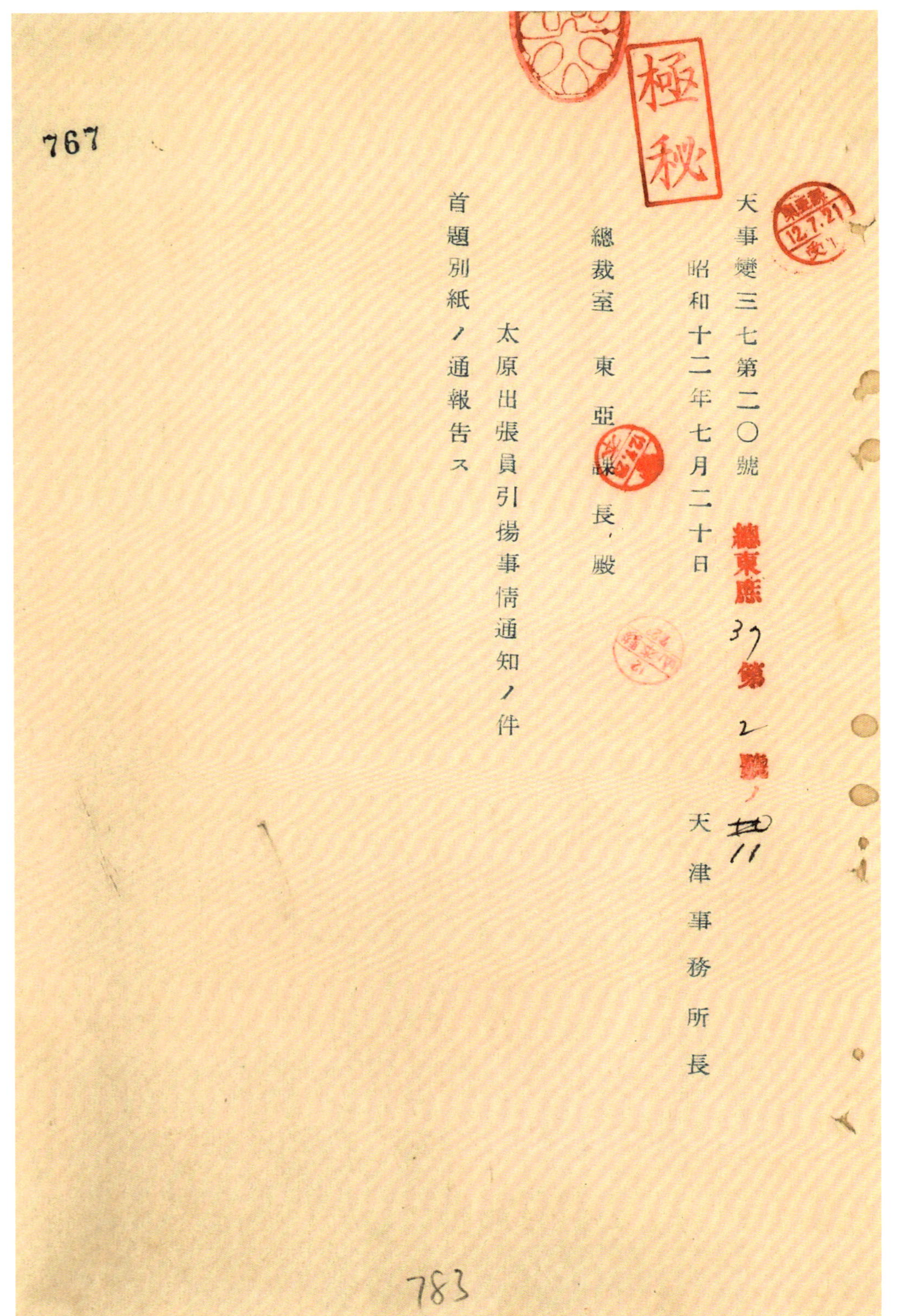

767

極秘

天事變三七第二〇號

昭和十二年七月二十日

天津事務所長

總裁室 東亞課長 殿

太原出張員引揚事情通知ノ件

首題別紙ノ通報告ス

總東庶 37 第 2 號ノ11

783

# 太原ニ於ケル事件關係狀勢ト引揚事情報告書

## 一、事件前ノ一般空氣

盧溝橋事件前ニ於ケル一般排日空氣ハ左程露骨化シ居ラサリシモ、省政建設十年計畫ニ基キ大要左ノ如キ工作カ進メラレツツアリタリ

### (一)民衆ニ對スル軍事訓練

民衆ニ對スル軍事訓練ハ徵兵制度實施ノ前提トシテ極メテ徹底的ニ行ハレ、小學校少年少女訓練（二萬五千名）、童子團訓練（八千二百名）、中學生以上ニ對スル學校教練ノ實施（二千四百名）、休暇ヲ利用シテノ學生集中訓練（約一千名）、全省各村ノ村長軍事訓練（四千八百名ヲ太原ニ集メ四箇月間實施）太原市內商人軍事訓練（八千名）、工人軍事訓練（約一萬名）、國民兵軍官訓練（約二千名）、公務員訓練（六百名）等其ノ受訓者ハ計四萬二千名ノ多數ニ上レリ。

### (二)宣傳標語ノ揭示

二十六年度政治宣傳辦法ニ基キ各種ノ標語カ隨所ニ揭示サレ居ルモ、特ニ抗日的色彩ヲ含ム標語ヲ擧クレハ次ノ如シ

769

人民一齊ニ武裝シテ立チ救國ニ努メヨ
スパイヲ芟除シ賣國奴ヲ撲滅セヨ
良民ハ兵トナリ民衆、國家ヲ保衛セヨ
晉遠（山西ト綏遠）ハ抗敵ノ審屏ナリ
閻主任ノ守土抗戰ヲ支持ス
敵人ノ毒化政策ニ注意セヨ
土貨ヲ服用シ密輸品ヲ買フ勿レ

㈢抗日團體ノ活動

太原ニハ主張公道團總團部、犧牲救國同盟會本部其ノ他十數箇ノ抗日救國團體アリ、前者ハ閻錫山ヲ團長トシ、全省各縣、村ニ支部ヲ有スル團體ニシテ、後者ハ綏遠事件後抗日ヲ目標ニ組織サレ、傘下ニ十數箇ノ抗日諸團體ヲ有スル抗日指導機關テアル、之等カ常ニ活動ヲ續ケ、事件發生五日前ニ私貨（日本商品ヲ斯ク密輸品扱ヒス）不買決議ヲナシ、日本商品ノ監別法ヲ明示シテ民衆ニ對シ勸告書ヲ發シタリ。

785

770

(四)新聞論調

在太原日本側機關ヨリ山西當局ニ對シ再三抗日記事ノ取締方ヲ要求シタルニ拘ラス、何等誠意ヲ示サス「敵人カ數十名ノスパイヲ山西各地ニ潛入セシメタリ」「日本人青年カ盛ニ軍事上ノ調査ヲ行ヒツツアリ嚴重監視セヨ」等其ノ他露骨ナル排日記事ヲ多數掲載シ、其ノ一部ハ特ニ漫畵入壁報トシテ所々ニ大書掲示サレタリ

(五)其ノ他ノ排日行爲

日本人ニハ絕體ニ家屋ヲ貸與セス又日本人ニハ必ス密偵ヲツケテ其ノ行動ヲ絕ヘス監視シ、日本人ニ資料情報ヲ提供シタル者ハ極刑ニ處セラレル等警戒極メテ嚴重ニシテ、今回ノ資源調査ニモ多大ノ困難ヲ感シタリ

以上ノ如ク事件發生前ニ在リテハ身邊ニ危險ヲ感スル程度マテニハ至ラナカツタカ漸次對日感情ノ惡化的傾向カ見受ケラレタリ。

786

771

二、事件發生後ノ狀勢

㈠抗日、新聞記事、標語、壁報ノ氾濫

七月八日各新聞及壁報ハ一齊ニ蘆溝橋事件ヲ大書報道シ、原因ハ全ク日本軍ノ計畫的挑戰ニ基クモノトシテ昂奮的文字ヲ揚ケ、其ノ後二十九軍ニ對スル聲援、日本軍ノ行動狀況、天津軍大敗ノ記事、擧國一致抗日ニ當ルヘキ旨ノ社說等ヲ大書シ十四、五日ハ極メテ激越ナル日本軍誹謗ノ記事カ見受ケラレタリ、殊ニ壁報ニ於テハ「滿鐵小島公館ハ日本人スパイノ巢窟ナリ」「特務機關ハ我々ヲ攻擊セムトシツツアリ」「打倒日本帝國主義」等ト報シ宣傳極メテ露骨化シタリ

㈡抗日團體ノ積極的活動

七月十日犧牲救國同盟會ハ左ノ如キ決議ヲ行ヒタリ

○事件ニ關スル抗日宣傳ノ統一

○抗日宣傳隊ノ組織

○二十九軍ニ對スル激勵文打電

787

○二百萬銅元ノ募集
○スパイ、賣國奴ノ嚴重監視、檢擧

(三)學生、各種訓練團ノ街頭演說

中學以上ノ各學校、及村長訓練團、商人訓練團、工人訓練團、國民兵軍官訓練團等ハ各數個ノ宣傳隊ヲ街頭ニ送リ先ツ打倒帝國主義歌ヲ高唱シテ民衆ヲ集メ、事件ノ狀況、日本軍ノ侵略意圖、義捐金學出勤告等ヲ演說シタル後、宣傳ビラヲ散布シ、最後ニ又打倒帝國主義歌ヲ高唱シテ他ニ移動スルモノニシテ、七月十四日、滿鐵小島公館門前ニ於テ之ヲ行ヒ門內ニ居ル支那人ボーイニ對シ故意ニビラヲ手交シ、特務機關ノ自動車ハ街頭ニテ投石サレタリ

(四)晉綏綏靖公署參謀長ノ談

太原特務機關長ハ晉綏軍ノ意嚮打診ノ爲、朱參謀長ト面談シ、時局ニ關シ談合シタル際參謀長ハ「時局カクナリタル上ハ一戰ヲ交ユル外ニ途ナカルヘシ」ト豪語シ、山西省ハ中央政府ヨリ獨立シ居ルモノニ非スト語リタリ

773

以上ヲ要スルニ事件發生後急激ニ空氣カ險惡化シ、一般無智ノ民衆ニ迄抗日意識カ浸潤シツツアリ、十四、五日頃ヨリ在留日本人ノ身邊ニ危險ヲ感スル程度トナリタリ

789

三、引揚經過

七月九日事態ノ進展ヲ豫期シ公館ノ重要書類ハ一部燒却シ、一部ハ特務機關ニ移シテ萬一ニ備ヘ、七月十三日在留ノ日本人婦女子五名ハ大運機械ノ高地氏附添ノ下ニ歐亞飛行機ニテ漢口ニ避難シ殘留邦人モ夫々引揚準備ヲ爲シ待機シ居タルトコロ周圍ノ狀勢愈險惡化シ且大使館ヨリ太原ノ安藤官補ニ對シ太原在留邦人ノ引揚方ヲ正式ニ電命シ來リタル爲特務機關ニ集合ノ上一同協議ノ結果十四日早朝大同經由引揚ニ決シタルモ自動車ノ不調ニ依リ果サス更ニ綏靖公署ニ對シ嚴重要求ノ結果漸ク晋綏軍自動車隊ノバス一輛ヲ借リ受ケルコトニ成功シ邦人六名、滿人二名ハ十五日午前七時太原發雁門關ノ嶮峻ヲ越エテ大同ニ向ヒタリ、道中五、六箇處ニ於テ憲兵、巡警等ノ訊問ヲ受ケシモ無事通過シ午後六時大同ニ到着シタリ、途中軍用自動車ノ往來繁ク爆彈、彈藥等ヲ大同方面ニ運搬スルヲ見受ケタリ

同日午後八時大同發ノ汽車ニ乘リ一先ツ張家口ニ下車シテ待機スル豫定ナリシモ後ヨリ乘用車ニテ引揚ケ追來リタル安藤官補等ノ勸告ニ從

775

ヒ豫定ヲ變更シテ一路北平ニ向ヒ十六日午前七時北平西直門站ニ到著セリ、平綏線ノ狀勢ハ太原ニ比シ遙ニ平靜ニシテ何等ノ危險ヲモ感セサリキ、北平ノ戒嚴令ハ稍緩和シタル樣子ナリシモ依然トシテ險惡ノ空氣ニ滿チ居リタリ

滿鐵北平事務所ニテ狀勢ヲ聽取ノ上同日中ニ天津迄引揚クルコトトナリ午後一時前門站發列車ニ乘リ十六日午後四時無事天津ニ引揚ヲ了シタリ

大倉組ノ岡田、森野兩氏ハ都合ニ依リ十五日歐亞飛行機ニテ漢口ニ避難シタリ

目下太原ニ殘留セル日本人ハ特務機關關係ノ者八名ナリ

引揚ニ際シ滿鐵小島公館、大使館安藤公館ノ財產目錄表ヲ綏靖公署ニ提出シ保管方ヲ依賴シタルモ容レラレス已ムナク家具、私物ノ大部分ハ其ノ儘ニシテ引揚タリ

以上

791

山本骏平关于天津事务所设置时局事务所及胶济出借车辆事致天津事务所转交伊藤香象的函
（一九三七年七月二十日）

50

極秘

七月弐拾日

天津事務所気付

伊藤香象様

山本駿平

一、天津事務所の時局事務所設置案、
既に人事課長より御聞きの事かと思ひますが、
本件は昨十九日午後二時より佐藤、坂本、中西
各理事、奥村次長、文書課長、東亜課長、
人事課長会合の席上にて決定せる意見
左の通り、
1.時局事務所設置は時期や、尚早の感
あり、天津よりは阪本理事を中心に輸送関係
其他時局関係事務を包括する連絡委
員会程度のものを構成し、時局の進展に

南滿洲鐵道株式會社

ヨ－0002 B列5

53

51

に応じて第二、第三段の処置を講ずる、

四、本社にても右連絡委員会に応じて、中西理事を中心とし、主要課長を総務委員とする連絡委員会を構成し、委員には総務課長、人事課長、東亜課長、弘報課長、各部庶務課長を入れて、要すれば増員する連絡を計る事とする、

五、現地よりの連絡は、人事、其他一切如何なる事項たるを問はず東亜課に連絡すべきこと、東亜課はこれにより連絡ありし事項は速かに関係個所に連絡すること、

六、膠済貸付車輌の件、

貸付期限の延長は関東軍の意嚮をきゝた上決定のことになり居りたるが昨十九日、

南滿洲鐵道株式會社

ヨ—0002 B列5

54

総局へ廻付せる回議（判がとれて）返り来りたるを以て、新京に電話し意嚮を確めんとこう、二十日十川参謀種々の用件にて赴津する故其の際天津軍とも相談の上決定の予定、従て確答は廿四、五日の十川参謀帰京迄待たれ度しと、

右は軍の内部にても意見色々あり、綏西司令官横山大佐は引上意見を持たれ小居り、決定せぬ為、十川参謀に一任の事になりたる結果前記方法によりて決定するものなりと、

以上、

公共事業の中より「通信を抜きまし為、大野流[illegible]得ありしと大丈夫と思ひます。

時節柄折角自愛を祈ります、

[illegible]

南滿洲鐵道株式會社

# 天津事务所长关于请派员充任军特种班辅助人员事致总裁室东亚课长的函（一九三七年七月二十日）

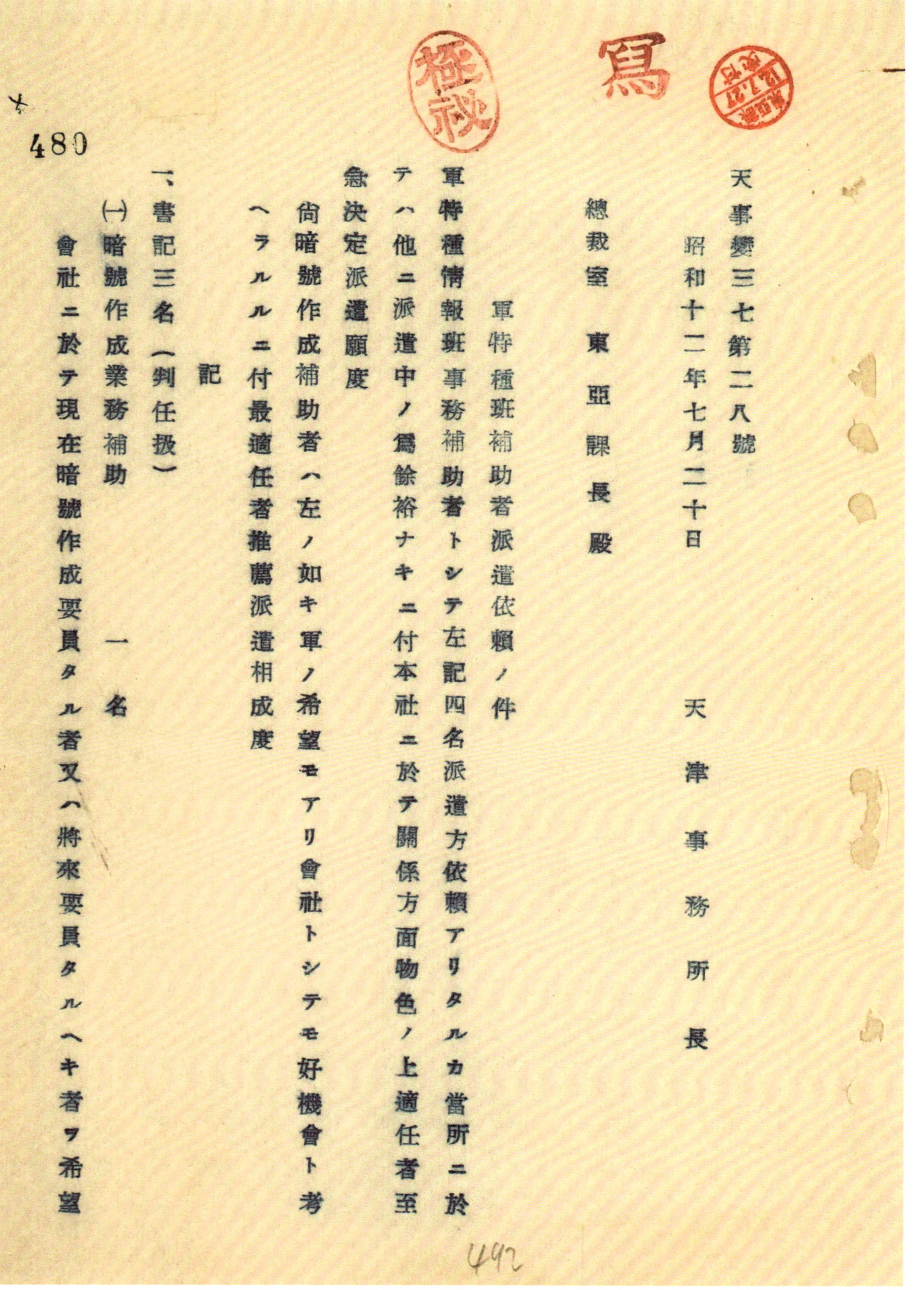

寫

極秘

480

天事變三七第二八號
昭和十二年七月二十日
天津事務所長

總裁室 東亞課長殿

軍特種班補助者派遣依頼ノ件

軍特種情報班事務補助者トシテ左記四名派遣方依頼アリタルカ當所ニ於テハ他ニ派遣中ノ爲餘裕ナキニ付本社ニ於テ關係方面物色ノ上適任者至急決定派遣願度

尚暗號作成補助者ハ左ノ如キ軍ノ希望モアリ會社トシテモ好機會ト考ヘラルルニ付最適任者推薦派遣相成度

記

一、書記三名（判任扱）

㈠暗號作成業務補助　一名

會社ニ於テ現在暗號作成要員タル者又ハ將來要員タルヘキ者ヲ希望

492

481

ス出來得レハ能筆ナルコト

(二)華文電報（情報電信）ノ飜譯者　一名

(三)英文〃（〃）〃　一名

二、雇　一名

簡單ナル印刷製本ノ心得ヲ有シ寫字ニ巧ナル者

以上計四名、軍囑託トス

以上ハ孰レモ特ニ暗號關係者ハ人物確實ニシテ機密ヲ嚴守シ得ル者タルコト

493

一二一

# 天津事务所长关于请派遣打字员事致总裁室东亚课长的电文（一九三七年七月二十日）

449

著電譯文

| 文書番號 | 發信局 | 電報番號 | 供覽 |
|---|---|---|---|
| | | 社四四四号 | 文書課 東亞課長 |

| 發電 | 着電 | 受付 |
|---|---|---|
| 昭和12年7月20日15時　分 | 昭和12年7月20日17時35分 | 昭和　年　月　日　時　分 |

飜譯者印

件名：タイピスト派遣依頼ノ件

受信者：東亞課長

發信者：天津事務所長

タイピスト二名機械携行ノ即時出発御派遣手配願ヒタシ

南一枚

有馬書子

南滿洲鐵道株式會社

ロ－8017　B列5

(11. 6. 1.500 小林館)

460

天津事务所长关于要求调派大连大和酒店日本人雇员河井正二来所充任司机事致总裁室东亚课长的电文（一九三七年七月二十二日）

至急

444

著電譯文

| 文書番號 | |
|---|---|
| 發信局 | |
| 電報番號 | 社二六 |
| 指定 | |
| 供覽 | 庶務課長 人事課長 東亜課長了 |
| 件名 | |
| 受信者 | 東亜課長 |
| 發信者 | 天津事務所長 |
| 發電 | 昭和　年　月　日10時10分 |
| 着電 | 昭和12年7月22日11時12分 |
| 受付 | 昭和　年　月　日13時55分 |

事務所自動車運轉手トシテ日本人ノ必要アリ「大連ヤマトホテル」傭員河井正二ヲ派遣方取運ヒ乞フ

南滿洲鐵道株式會社

454

# 天津事务所长关于向中国驻屯军赠送慰问品事致总裁室东亚课长、产业部庶务课长的函（一九三七年七月二十三日）

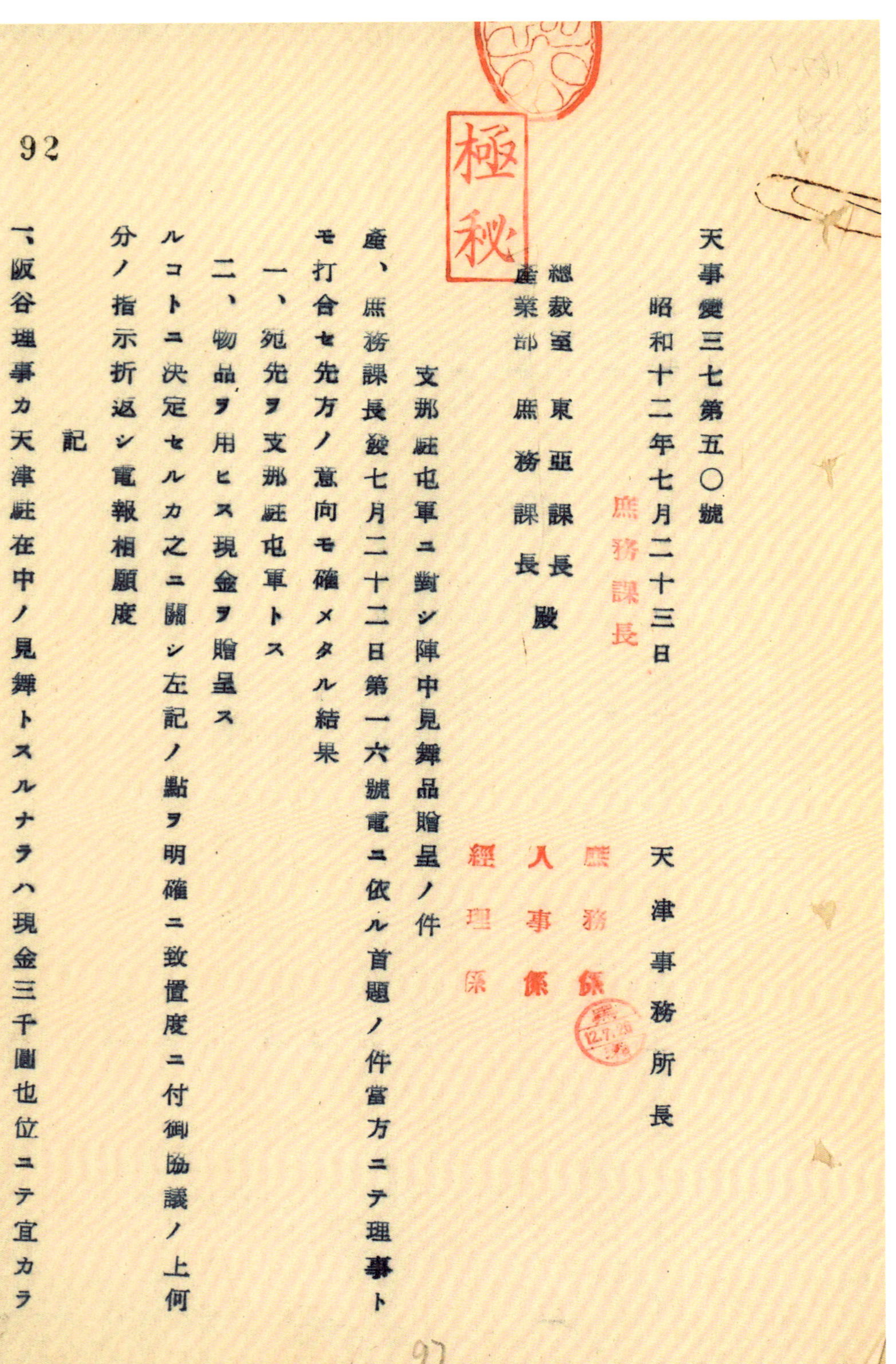
92

極秘

天事變三七第五〇號
昭和十二年七月二十三日

庶務課長

天津事務所長

總裁室 東亞課長
產業部 庶務課長 殿

庶務係
人事係
經理係

支那駐屯軍ニ對シ陣中見舞品贈呈ノ件

產、庶務課長發七月二十二日第一六號電ニ依ル首題ノ件當方ニテ理事トモ打合セ先方ノ意向モ確メタル結果

一、宛先ヲ支那駐屯軍トス

二、物品ヲ用ヒス現金ヲ贈呈スルコトニ決定セルカ之ニ關シ左記ノ點ヲ明確ニ致置度ニ付御協議ノ上何分ノ指示折返シ電報相願度

記

一、阪谷理事カ天津駐在中ノ見舞トスルナラハ現金三千圓也位ニテ宜カラ

97

93

スヤト思ハル

二、但シ時局カ更ニ擴大シ又ハ長引ク場合ハ本件ニ關シ會社トシテモ考慮ノ必要アリ此ノ點ヨリ見レハ今回直ニ會社若ハ總裁ヨリ見舞ヲ可致モノト思ハルルカ如何

三、三ノ場合ノ代表者ノ資格トスレハ三千圓ハ少シト思ハルルカ從來ノ例其ノ他ヨリ見テ幾何トスヘキヤ可然決定願度

98

# 天津事务所长关于向天津总领事馆派遣社员事致总裁室东亚课长的函（一九三七年七月二十三日）

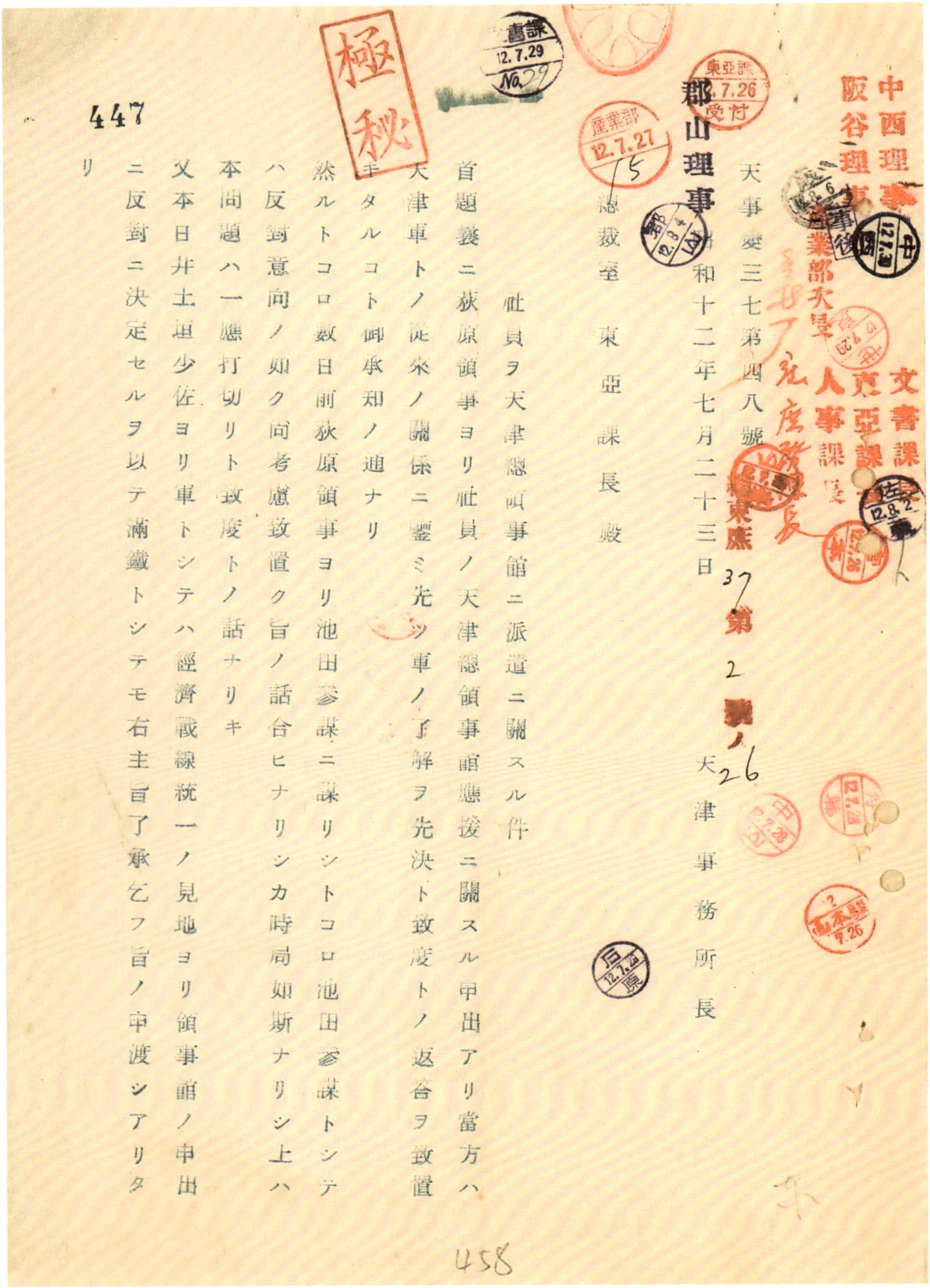

極秘

天事変三七第四八號
昭和十二年七月二十三日
天津事務所長

總裁室 東亞課長殿

社員ヲ天津總領事館ニ派遣ニ關スル件

首題義ニ荻原領事ヨリ社員ノ天津總領事館應援ニ關スル申出アリ當方ハ天津軍トノ従來ノ關係ニ鑑ミ先ツ軍ノ了解ヲ先決ト致度トノ返答ヲ致置キタルコト御承知ノ通ナリ

然ルトコロ数日前荻原領事ヨリ池田參謀ニ諜リシトコロ池田參謀トシテハ反對意向ノ如ク尚考慮致置ク旨ノ話合ヒナリシカ時局如斯ナリシ上ハ本問題ハ一應打切リト致度トノ話ナリキ

又本日井土垣少佐ヨリ軍トシテハ經濟戰線統一ノ見地ヨリ領事館ノ申出ニ反對ニ決定セルヲ以テ滿鐵トシテモ右主旨了承乞フ旨ノ申渡シアリタリ

448

其ノ際井上垣氏ハ關東軍ニ對シ天津軍ノ態度ニ付公文ヲ以テ通牒セムト
思フカトノ話ナリシヲ以テ、本職ヨリ本問題ハ地方問題トシテ處理致度
本職ヨリ會社ニ右軍ノ態度ヲ報告シ置キ實際上實施セサルコトトセハ宜
カラム申入レ井上垣氏モ其ノ旨諒セリ念

459

# 天津事务所长关于告知打字员两名业已到任事致总裁室东亚课长的电文（一九三七年七月二十三日）

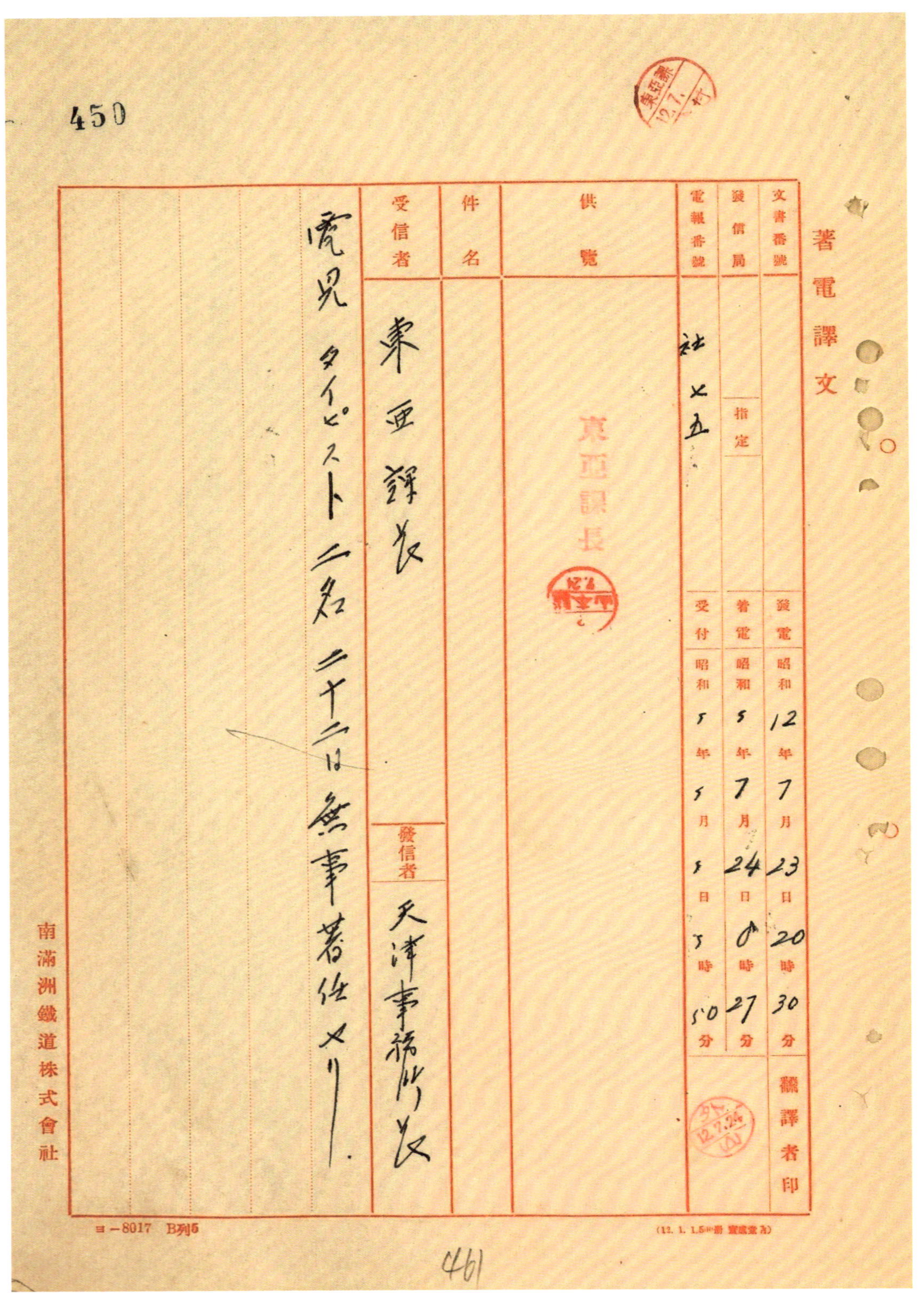

450

著電譯文

| 文書番號 | 發信局 | 電報番號 |
| --- | --- | --- |
| | | 社七五 |

| 發電 | 着電 | 受付 |
| --- | --- | --- |
| 昭和12年7月23日20時30分 | 昭和5年7月24日0時27分 | 昭和5年5月5日5時50分 |

受信者：東亜課長

發信者：天津事務所長

電見　タイピスト二名二十二日無事着任セリ

東亜課長

南滿洲鐵道株式會社

天津事务所长与总裁室东亚课长、锦县铁路局、铁道总局长关于将患病职员送往锦县或大连医院治的往来电文

天津事务所长致总裁室东亚课长等电（一九三七年七月二十三日）

2

持廻

著電譯文

| 文書番號 | 發信局 | 電報番號 | 供覽 | 件名 | 受信者 |
| --- | --- | --- | --- | --- | --- |
| | | 六五（社） | 総裁<br>中西理事<br>東亞課長<br>文書課長<br>人事課長<br>衛生課長 | | 東亞課長<br>錦県鉄路局長<br>鉄道總局長 |

指定：六三

發電：昭和 年 月 日 14時 分

着電：昭和12年7月23日16時16分

受付：昭和 年 月 日 20時1分

發信者：天津事務所長

時局派遣中ニ酷暑及過労ノ為罹病者續出シ昨一日ニテモ（赤痢）患者六名ヲ出シタルガ当所トシテハ僅カニ救護班ニテ善処シ居ル程度ニテ多数患者ノ収容並ニ治療困難ニシテ且ツ市中中国人病院ハ臨時軍病院トシテ借リ上ゲラレ殆ド

飜譯者印

南滿洲鐵道株式會社

3

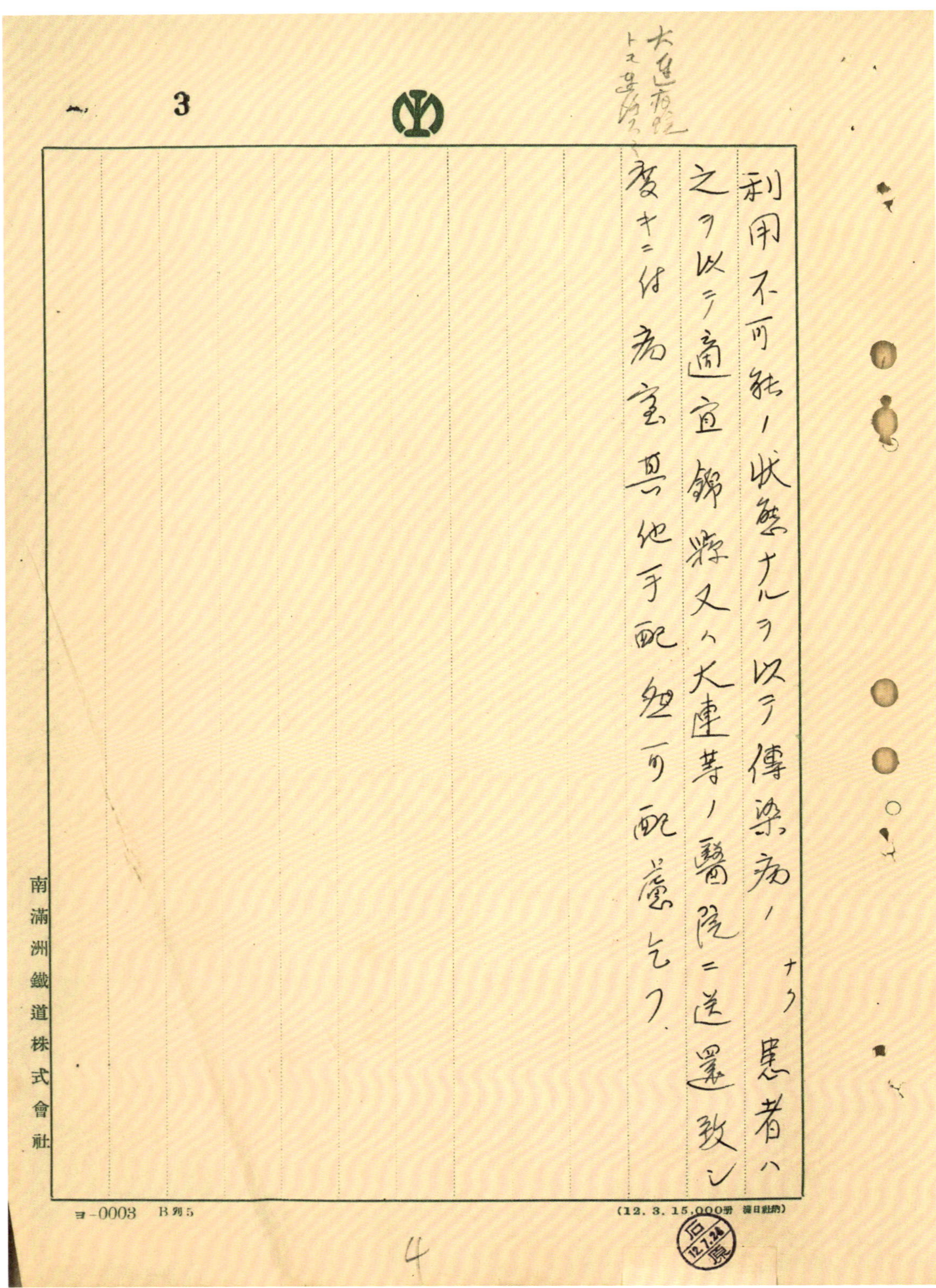

3

利用不可能ノ状態ナルヲ以テ傳染病ノナク患者ハ
之ヲ以テ適宜錦縣又ハ大連等ノ醫院ニ送還致シ
度キニ付病室其他手配相成可然配慮乞フ.

南滿洲鐵道株式會社

ヨ-0003 B列5

(12. 3. 15.000冊 [illegible])

4

总裁室东亚课长致天津事务所长电（一九三七年七月二十四日）

～　5

電報回議箋

文書番號
指定　ウナ・ニカ・ムニ・ヨイ
電報番號

起案　昭和一二年7月24日　時　分
決裁　昭和　年　月　日　時　分
發電　昭和　年　月24日15時45分

箇所長　久之
主任者
擔任者
電話
起案箇所

發電取扱者印

回議者印

件名

宛名　天津事務所長

發信者　東亜課長

時局ニ処シ酷暑ト劇務ノ為メ數名ノ発病ヲ見タルハ憂慮ニ堪エス罹病者ノ看護ソノ他ニ遺憾ナキ様御配慮相成度右依命、大連病院ニテハ二三十名迄ハ何トカ收容シ得ルト云フ

現在ノ收容力

ヨ－8016　B列5

（10. 8. 2.000冊 豐盛堂納）

南滿洲鐵道株式會社

7

# 天津事务所长关于阪谷理事与部队司令官会面事致总裁室东亚课长的函（一九三七年七月二十四日）

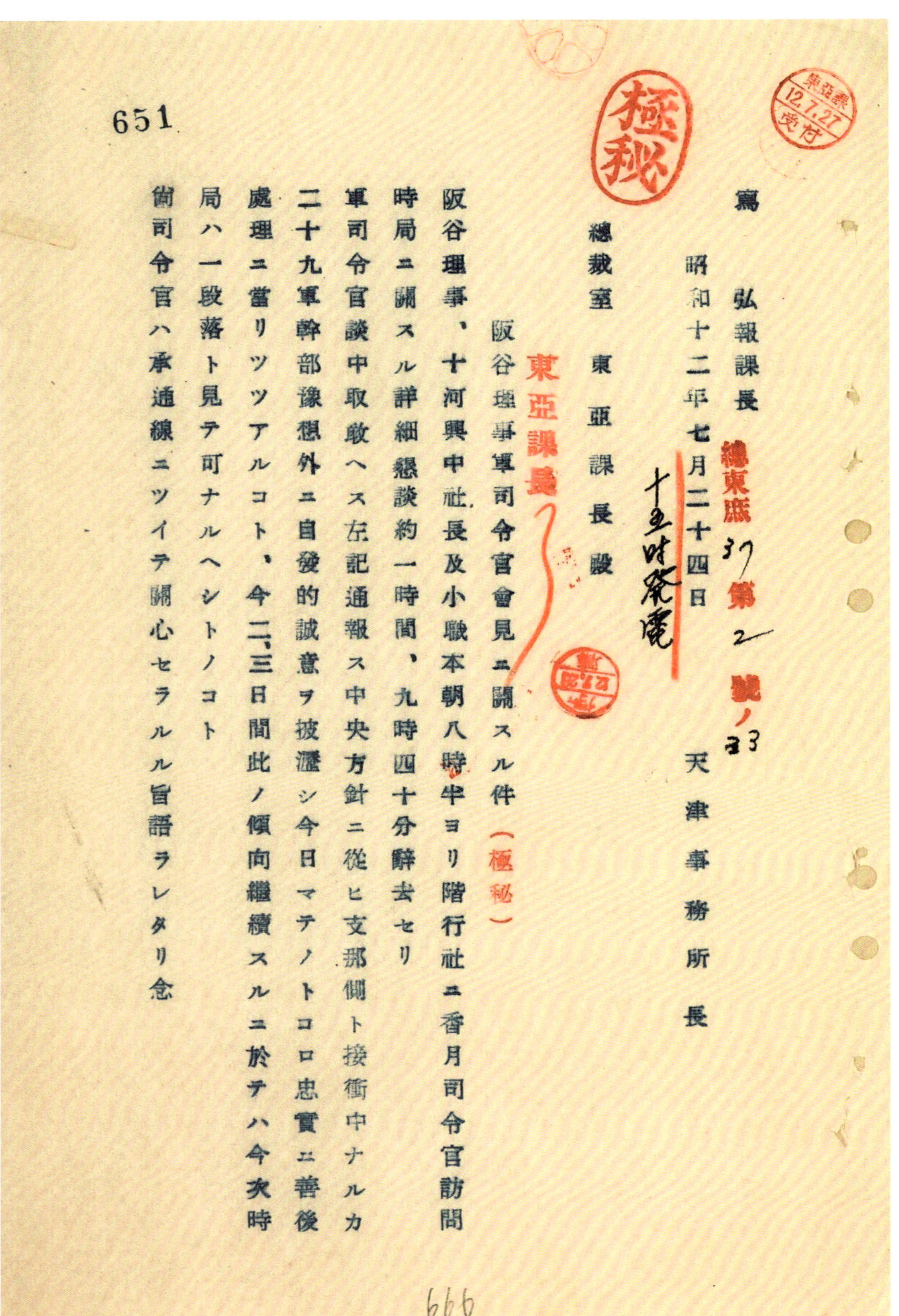

651

寫

弘報課長

昭和十二年七月二十四日　總東庶37第2號ノ33　天津事務所長

十五时発電

總裁室　東亞課長殿

東亞課長

阪谷理事軍司令官會見ニ關スル件（極秘）

阪谷理事、十河興中社長及小職本朝八時半ヨリ偕行社ニ香月司令官訪問時局ニ關スル詳細懇談約一時間、九時四十分辭去セリ

軍司令官談中取敢ヘス左記通報ス中央方針ニ従ヒ支那側ト接衝中ナルカ二十九軍幹部豫想外ニ自發的誠意ヲ披瀝シ今日マテノトコロ忠實ニ善後處理ニ當リツツアルコト、今二、三日間此ノ傾向繼續スルニ於テハ今次時局ハ一段落ト見テ可ナルヘシトノコト

備司令官ハ承通線ニツイテ關心セラルル旨語ラレタリ念

666

# 天津事务所长关于成立京津物资供给对策委员会事致总裁室东亚课长的函（一九三七年七月二十六日）

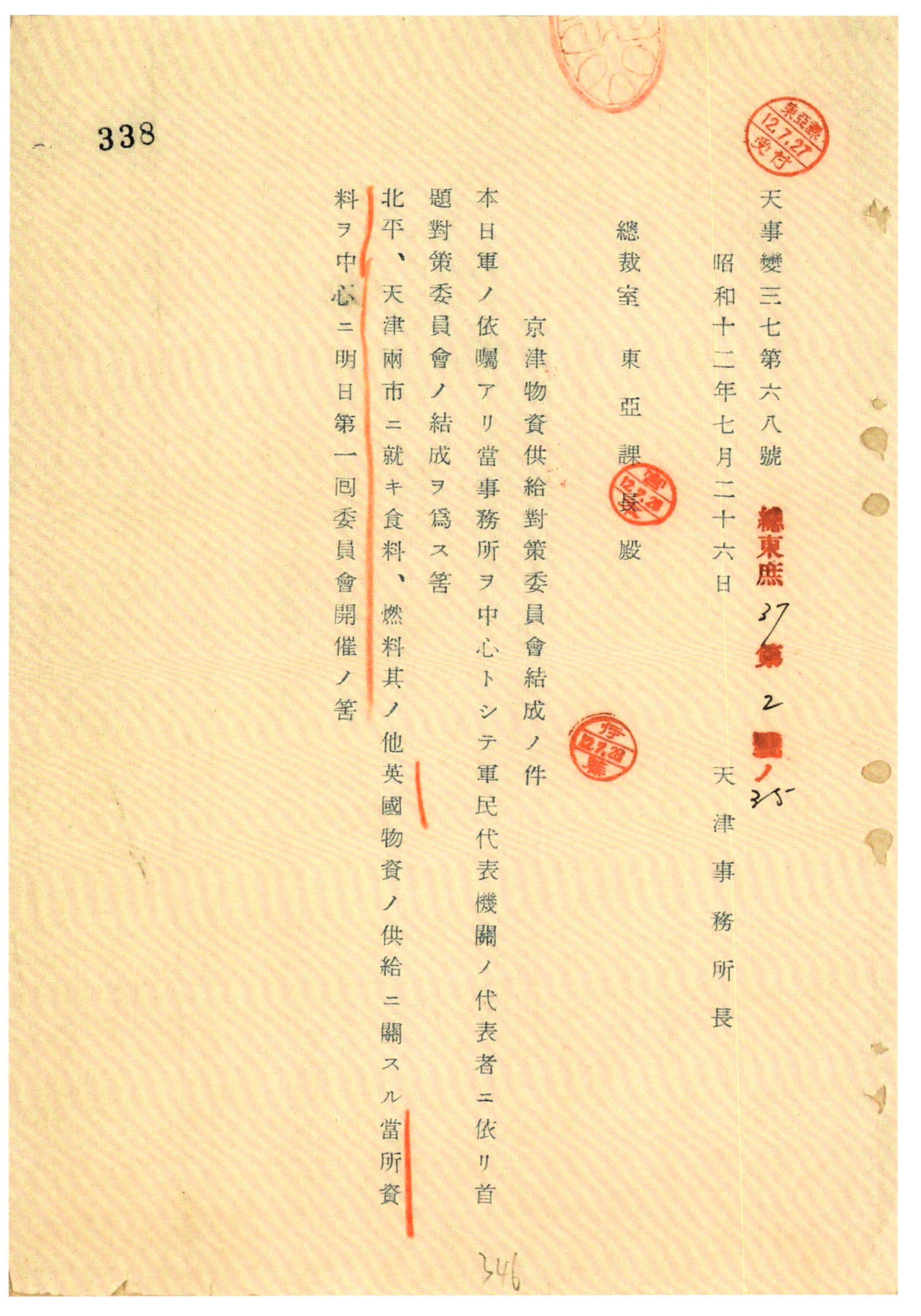

338

天事變三七第六八號

昭和十二年七月二十六日

總東庶37第2號ノ35

天津事務所長

總裁室 東亞課長 殿

京津物資供給對策委員會結成ノ件

本日軍ノ依囑アリ當事務所ヲ中心トシテ軍民代表機關ノ代表者ニ依リ首題對策委員會ノ結成ヲ爲ス筈

北平、天津兩市ニ就キ食料、燃料其ノ他英國物資ノ供給ニ關スル當所資料ヲ中心ニ明日第一回委員會開催ノ筈

346

# 天津事务所长关于报告七七事变派遣人员宿舍入住状况事致总裁室东亚课长的电文（一九三七年七月二十六日）

648

暗號

東亞課 12.7.27 受付

著電譯文

| 文書番號 | 發信局 | 電報番號 | 供覽 | 件名 | 受信者 |
|---|---|---|---|---|---|
| | | 社一三八 | 總裁室東亞課長 | | 東亜課長 |

發電 昭和12年7月26日18時1分
著電 昭和12年7月26日22時40分

發信者 天津事務所長

時局派遣員宿舍状況ハ二三日現在收容人數二八二名收容餘力二二名、救護班入院者（赤痢）六名外来者二三名溫度四〇度三二四日ハ現在收容人數二六二名收容餘力二四二名救護班入院者（赤痢）一五名、外来者二〇名溫度三六度

南滿洲鐵道株式會社

ヨ—8017 B列5

(12. 1. 1.5和册 寶城堂刷)

663

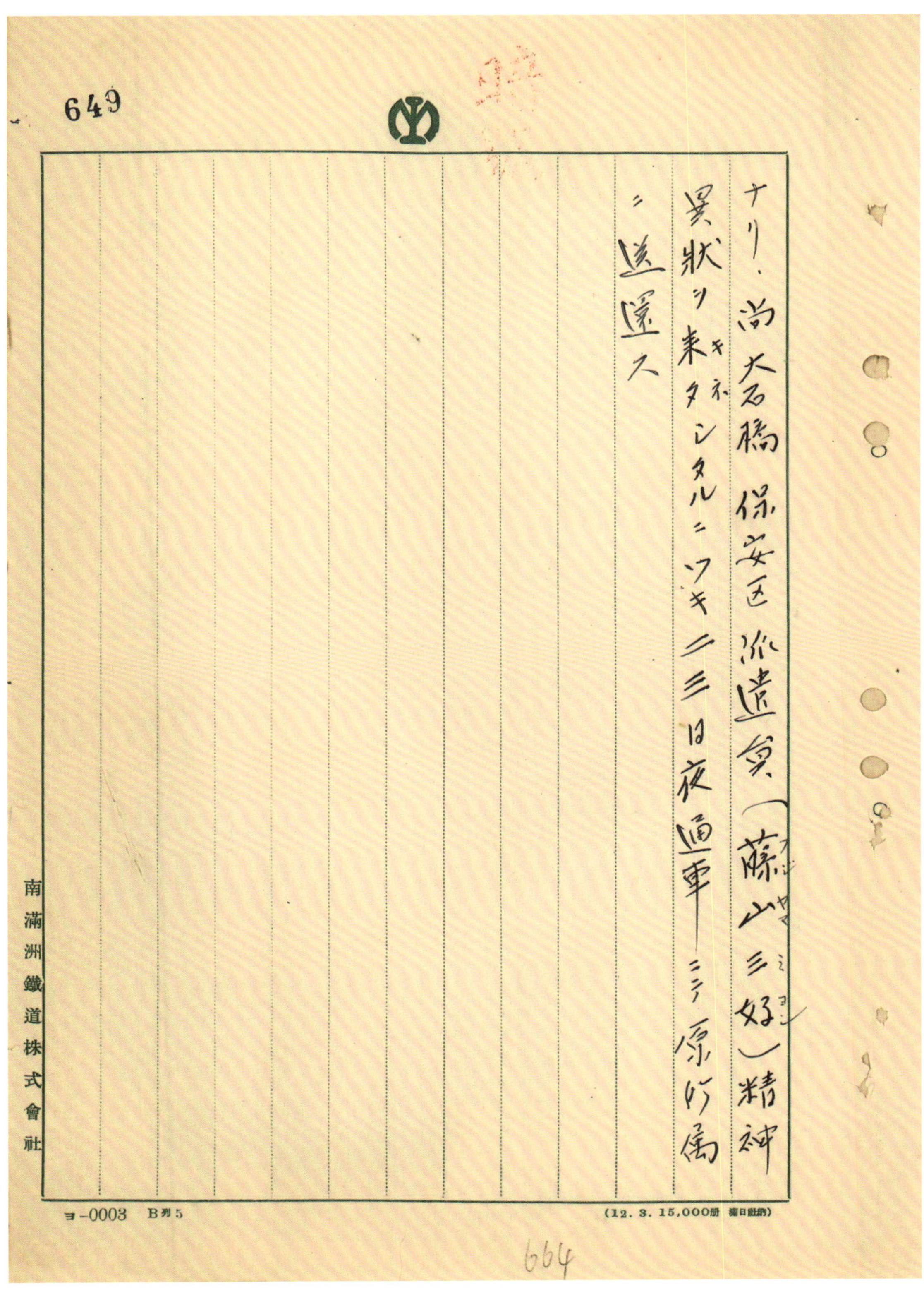
649

ナリ。尚大石橋保安区派遣員（藤山三好）精神異状ヲ来タシタルニツキ二三日夜通車ニテ原所属ニ送還ス

南満洲鐵道株式會社

ヨ-0003　B列5　(12. 3. 15,000冊)

664

# 天津事务所长关于阪谷理事等当地干部之动向事致总裁室东亚课长函（一九三七年七月二十六日）

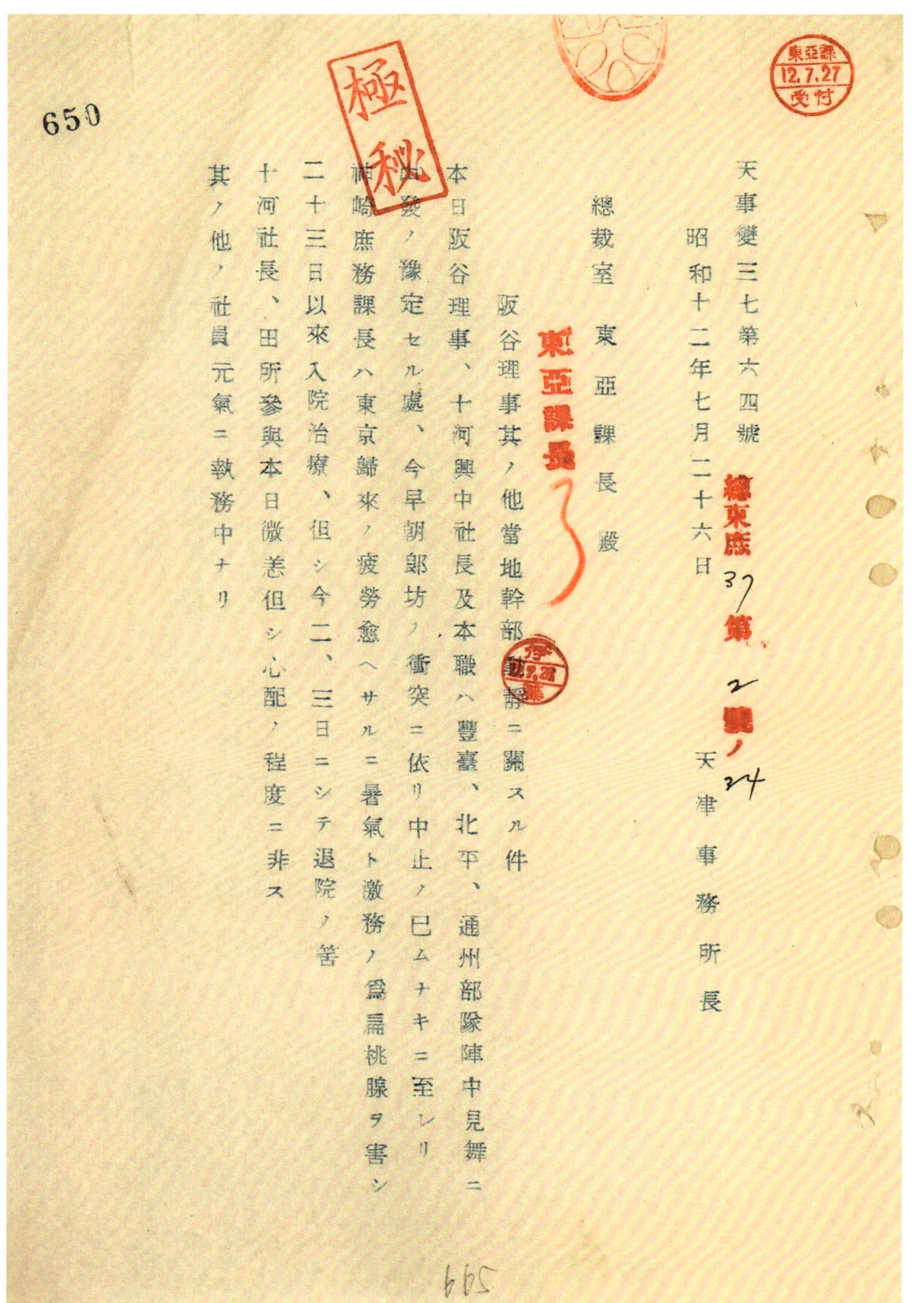
650

極秘

東亞課 12.7.27 受付

天事變三七第六四號

昭和十二年七月二十六日

總東庶 37 第 2 號ノ 24

天津事務所長

總裁室 東亞課長 殿

東亞課長

阪谷理事其ノ他當地幹部動靜ニ關スル件

本日阪谷理事、十河興中社長及本職ハ豐臺、北平、通州部隊陣中見舞ニ出發ノ豫定セル處、今早朝郎坊ノ衝突ニ依リ中止ノ已ムナキニ至レリ

神崎庶務課長ハ東京歸來ノ疲勞癒ヘサルニ暑氣ト激務ノ爲扁桃腺ヲ害シ二十三日以來入院治療、但シ今二、三日ニシテ退院ノ筈

十河社長、田所參與本日微恙但シ心配ノ程度ニ非ス

其ノ他ノ社員元氣ニ執務中ナリ

599

天津事务所长关于七七事变有扩大倾向请安排十名懂汉语人员随时候命事致总裁室东亚课长的电文
（一九三七年七月二十七日）

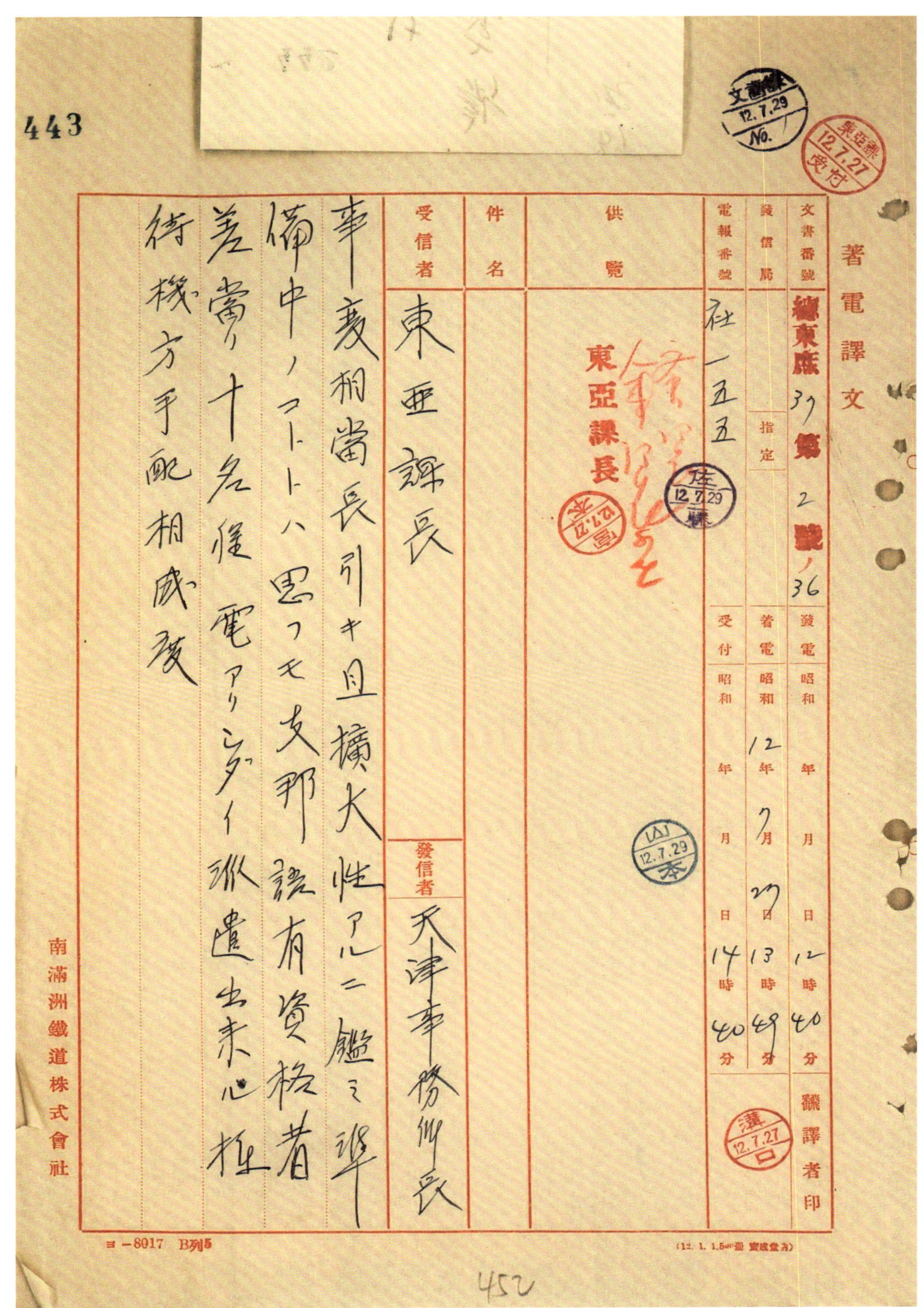

443

著電譯文

文書番號：總東庶37第2號ノ36

電報番號：社一五五

發電：昭和　年　月12日12時40分

著電：昭和12年7月27日13時49分

受付：昭和　年　月　日14時40分

東亞課長

受信者：東亜課長

發信者：天津事務所長

事変相當長引キ且擴大性アルニ鑑ミ準備中ノコトトハ思フモ支那語有資格者差當リ十名程電アリ次第派遣出来ル様待機方手配相成度

南滿洲鐵道株式會社

452

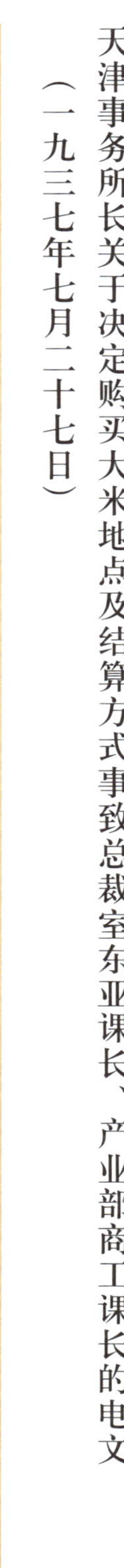

# 天津事务所长关于决定购买大米地点及结算方式事致总裁室东亚课长、产业部商工课长的电文（一九三七年七月二十七日）

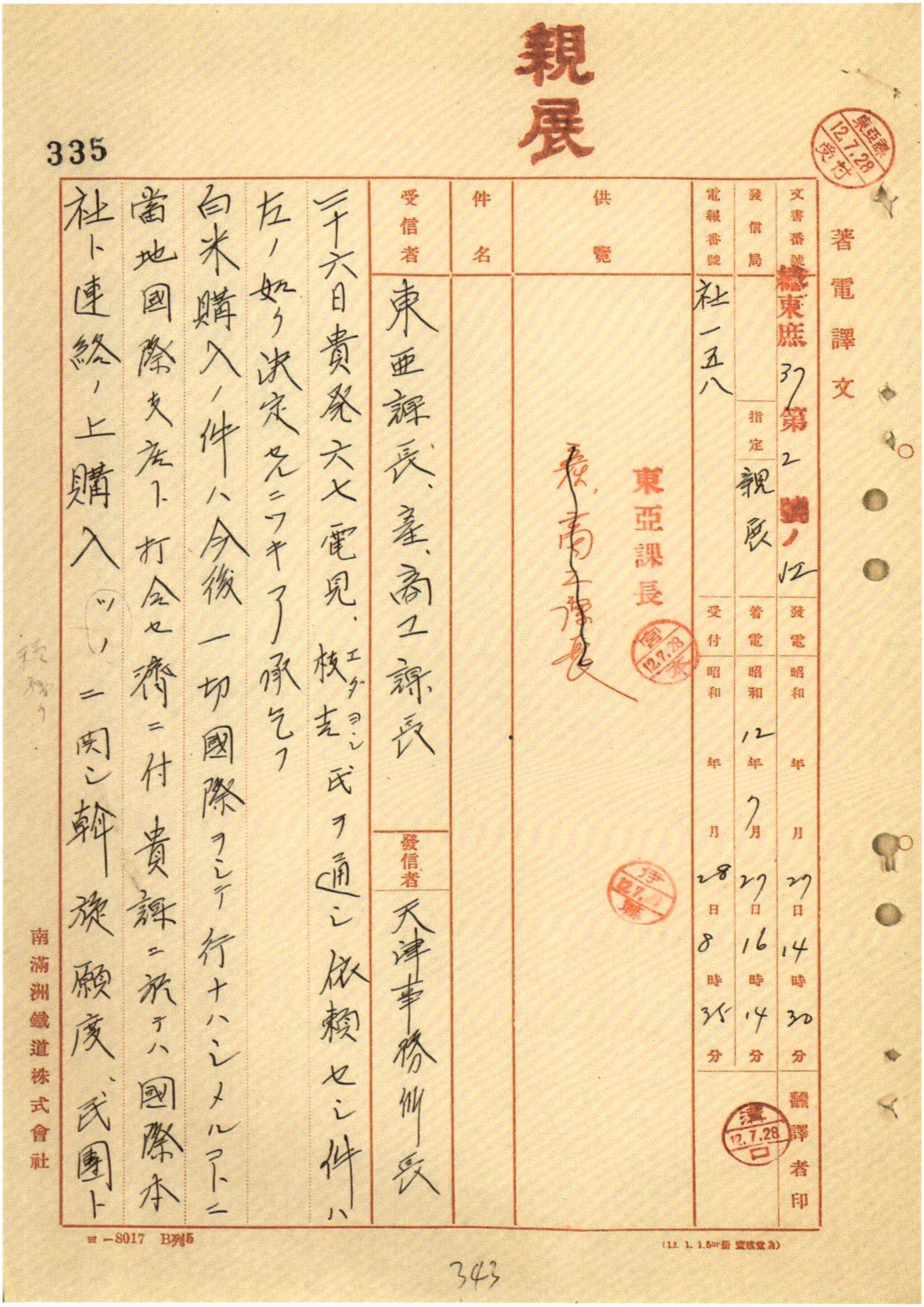

335

親展

著電譯文

| 文書番號 | 發信局 | 電報番號 | 指定 |
| --- | --- | --- | --- |
| 総東庶37第2號ノ12 | | 社一五八 | 親展 |

| | 發電 | 着電 | 受付 |
| --- | --- | --- | --- |
| | 昭和12年7月27日14時30分 | 昭和12年7月27日16時14分 | 昭和 年 月28日8時35分 |

飜譯者印

供覧：東亞課長　產、商工課長

受信者：東亞課長、產、商工課長

發信者：天津事務所長

二十六日貴發六七電見、枝吉（エダヨシ）氏ヲ通シ依頼セシ件ハ左ノ如ク決定シタキニツキ了承乞フ

白米購入ノ件ハ今後一切國際ヲシテ行ハシメルコトニ當地國際支店ト打合セ濟ニ付貴課ニ於テハ國際本社ト連絡ノ上購入（ツノ）ニ關シ斡旋願度、民團ト

南滿洲鐵道株式會社

343

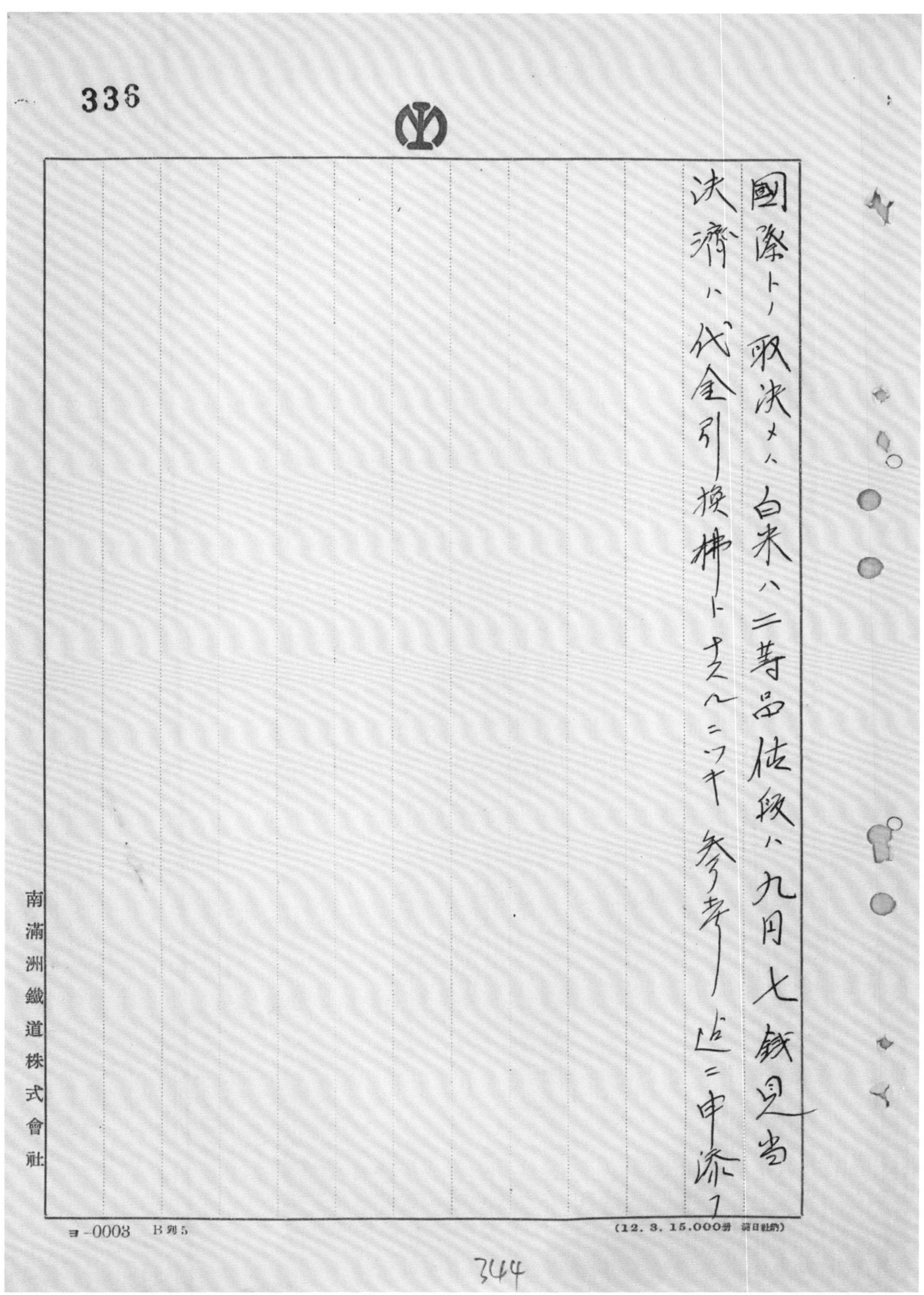

336

國際トノ取決メハ白米ハ二等品値段ハ九円七銭見当

決済ハ代金引換拂トナルニツキ参考ノ迄ニ申添フ

南滿洲鐵道株式會社

ヨ-0003　B列5　(12. 3. 15,000冊 [illegible])

344

# 天津事务所长关于驻北平社员撤回大使馆区域事致总裁室东亚课长的电文（一九三七年七月二十七日）

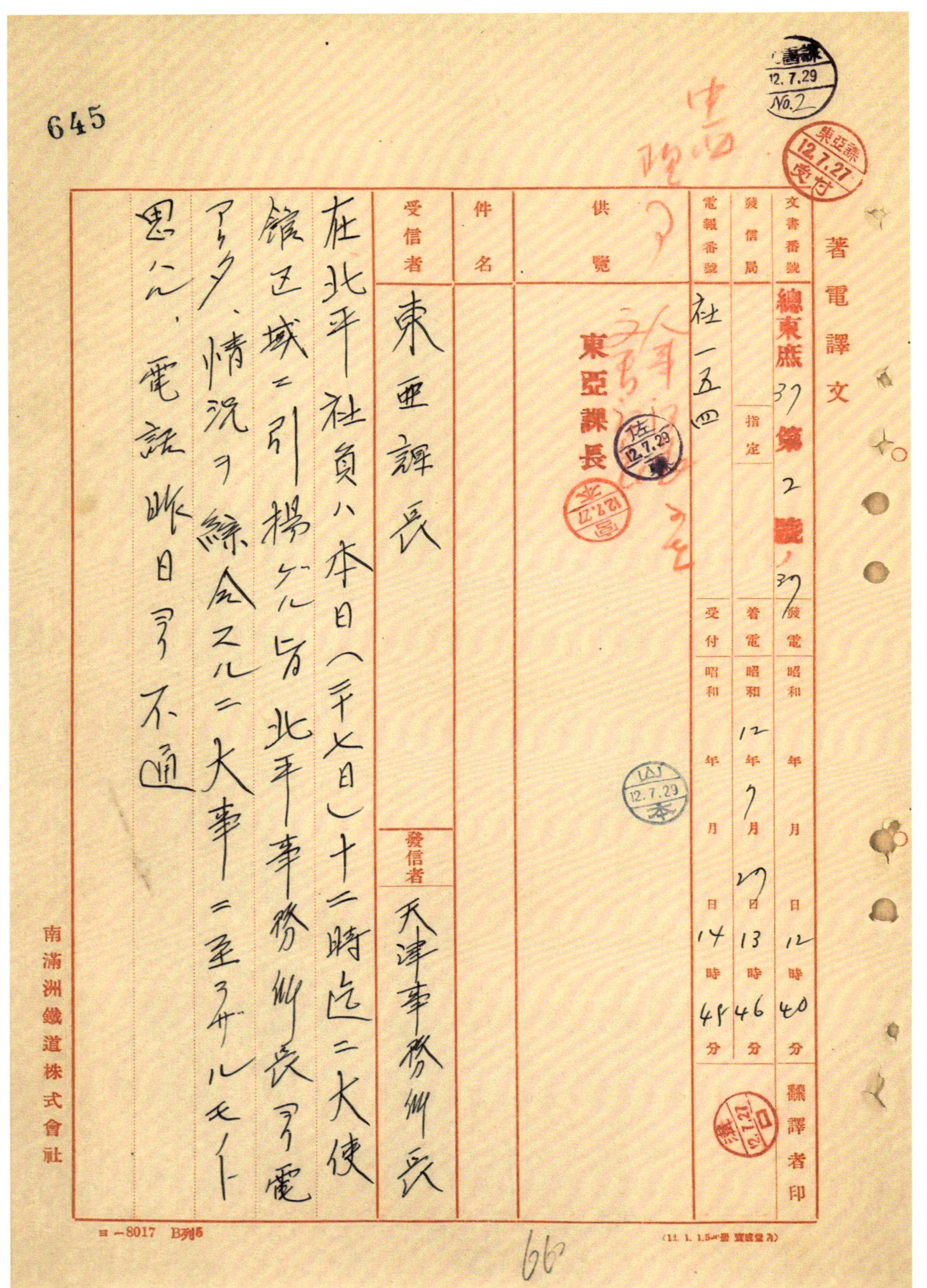

645

著電譯文

|  |  |
| --- | --- |
| 文書番號 | 總東庶37第2號ノ37 |
| 發信局 | |
| 電報番號 | 社一五四 |
| 指定 | |
| 發電 | 昭和　年　月　日12時40分 |
| 着電 | 昭和12年7月27日13時46分 |
| 受付 | 昭和　年　月　日14時48分 |
| 供覽 | 東亞課長 |
| 件名 | |
| 受信者 | 東亞課長 |
| 發信者 | 天津事務所長 |

在北平社員ハ本日（廿七日）十二時迄ニ大使館区域ニ引揚グル旨北平事務所長ヨリ電アリタ、情況ヲ綜合スルニ大事ニ至ラザルモノト思ハル、電話昨日ヨリ不通

南滿洲鐵道株式會社

天津事务所长关于请立即发送天津民团追加购入的粮食事致总裁室东亚课长的电文（一九三七年七月二十八日）

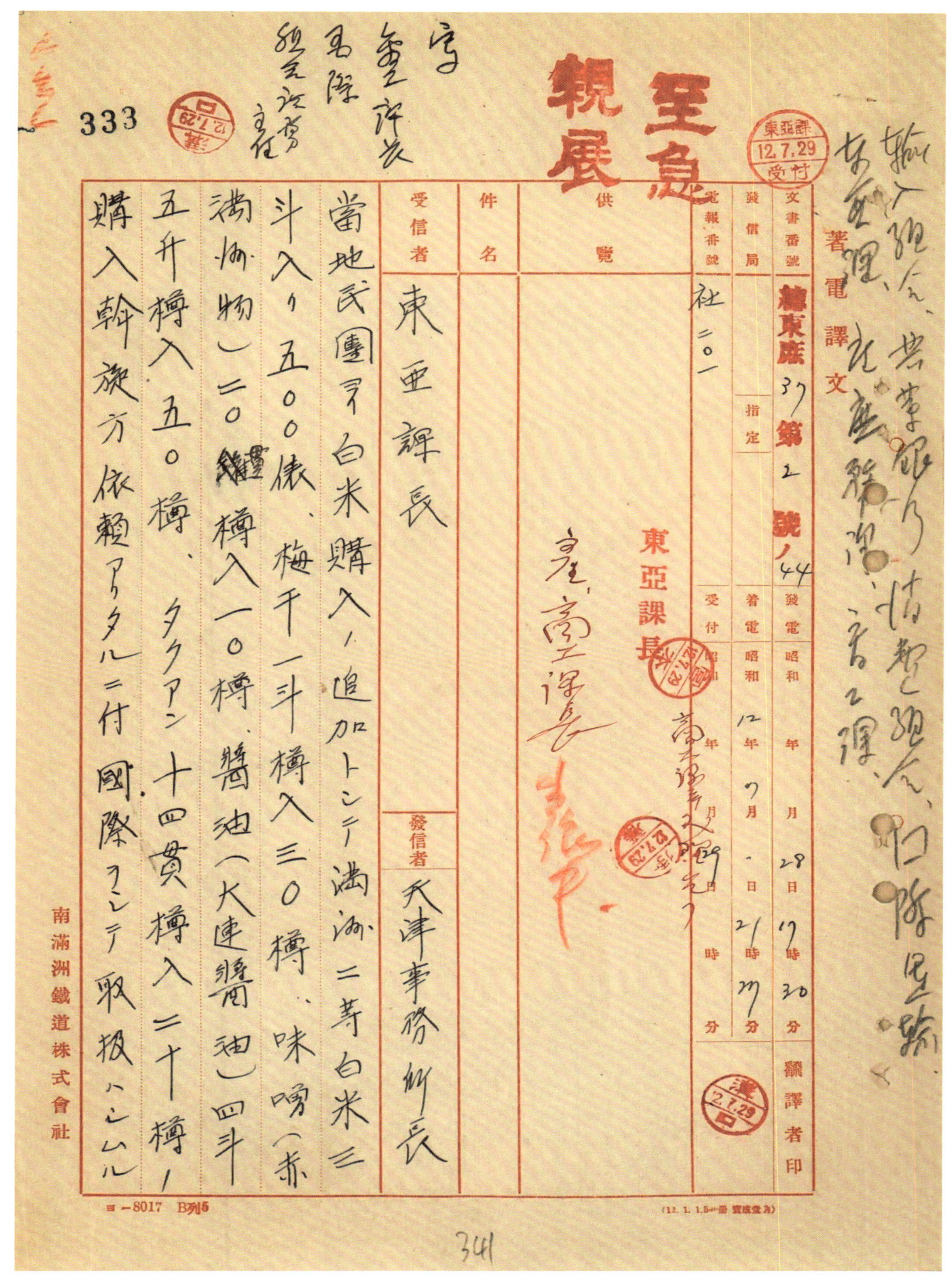

至急　親展

著電譯文

| 文書番號 | 發信局 | 電報番號 | 供覽 | 件名 | 受信者 |
|---|---|---|---|---|---|
| 總東庶37第2號ノ44 | | 社二〇一 | | | 東亜課長 |

發電　昭和12年7月28日17時30分
着電　昭和12年7月　日21時27分

發信者：天津事務所長

當地民團ヨリ白米購入ノ追加トシテ滿洲二等白米三斗入リ五〇〇俵、梅干一斗樽入三〇樽、味噌（赤滿洲物）二〇貫樽入一〇樽、醬油（大連醬油）四斗五升樽入五〇樽、タクアン十四貫樽入二十樽ノ購入斡旋方依賴アリタルニ付國際ヲシテ取扱ハシムル

東亞課長

南滿洲鐵道株式會社

333

341

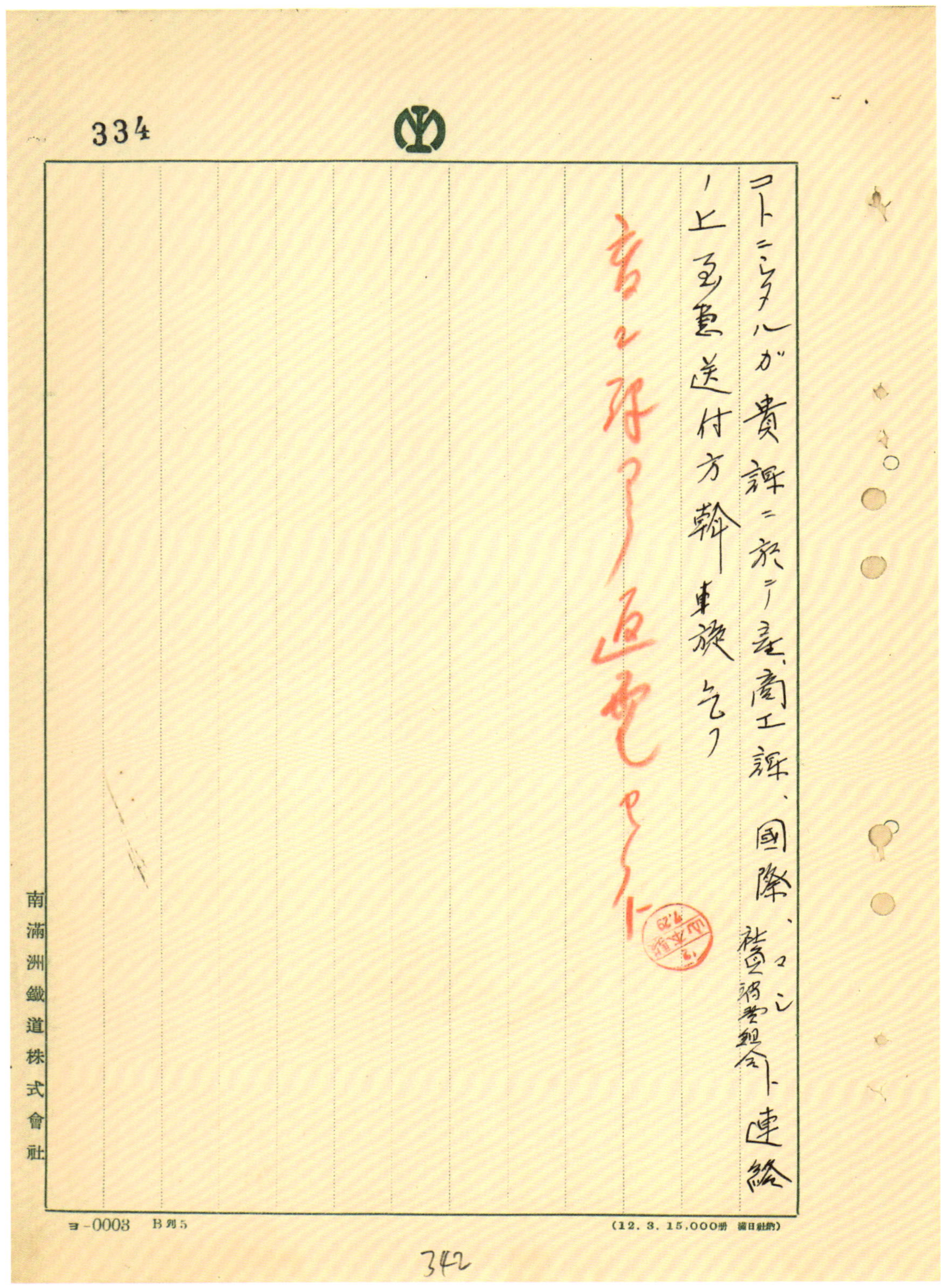
334

コトニシタルガ貴課ニ於テ農、商工課、國際、ロシ社會消費組合ト連絡ノ上至急送付方斡旋乞フ

意ニ添フ返電セシト

南滿洲鐵道株式會社

ヨ-0003 B列5 (12.3.15,000冊 滿日社納)

342

天津事务所长与总裁室东亚课长、地方部卫生课长关于派遣外科医生和防疫助手以及护理人员的相关电文

天津事务所长致总裁室东亚课长等电（一九三七年七月二十八日）

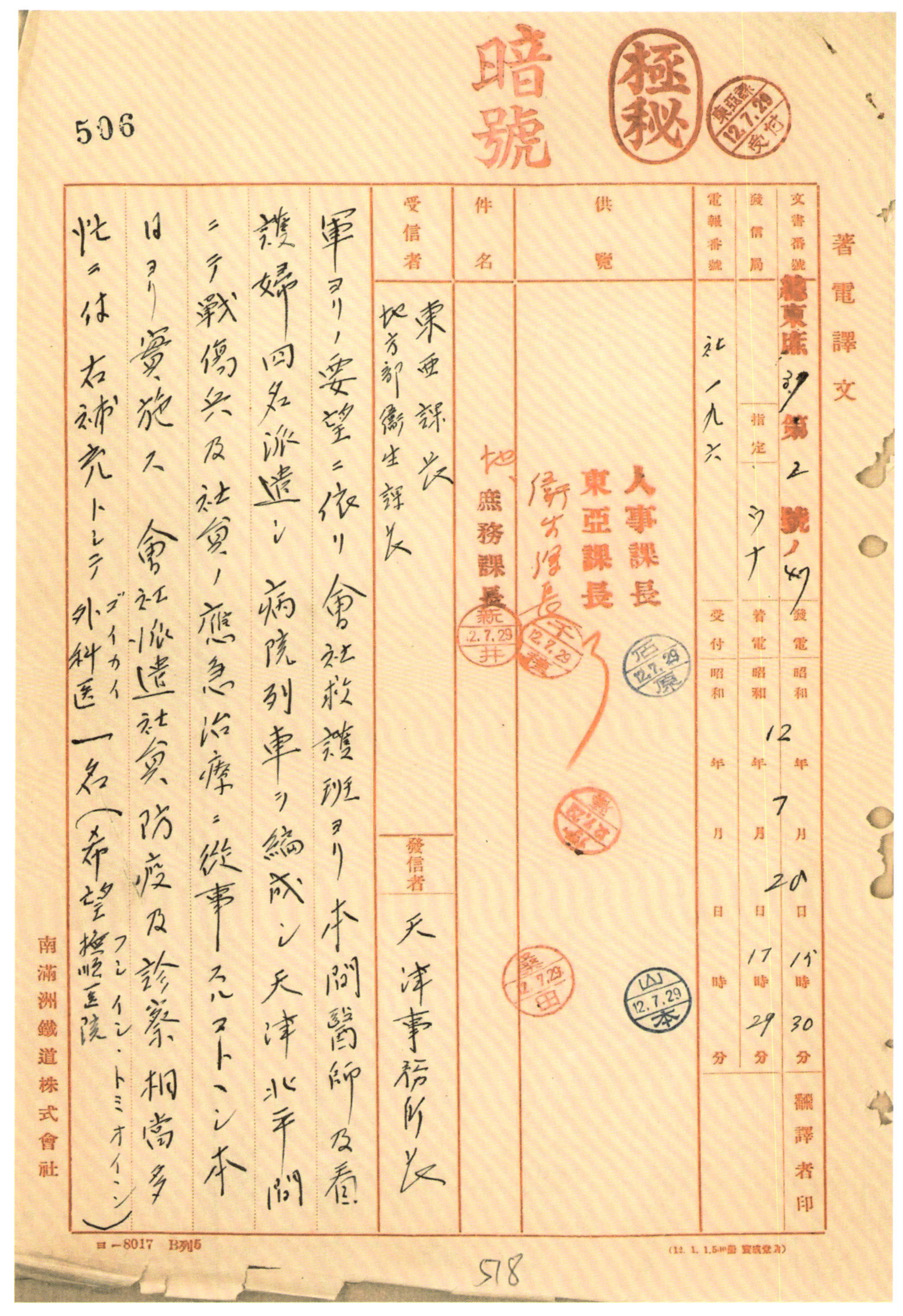
506

暗號

極秘

著電譯文

文書番號 總東庶 第2號ノ47

電報番號 社一九六

指定 ウナ

發電 昭和12年7月28日15時30分

着電 昭和 年7月28日17時29分

受信者 東亞課長 地方部衛生課長

件名

供覽 人事課長 東亞課長 衛生課長 庶務課長

發信者 天津事務所長

軍ヨリノ要望ニ依リ會社救護班ヨリ本間醫師及看護婦四名派遣シ病院列車ヲ編成シ天津北平間ニテ戰傷兵及社員ノ應急治療ニ從事スルコトトシ本日ヨリ實施ス 會社派遣社員防疫及診察相當多忙ニ付右補充トシテ外科医（ゴイカイ）一名（希望撫順医院フミイシ・トミオイシン）

南滿洲鐵道株式會社

518

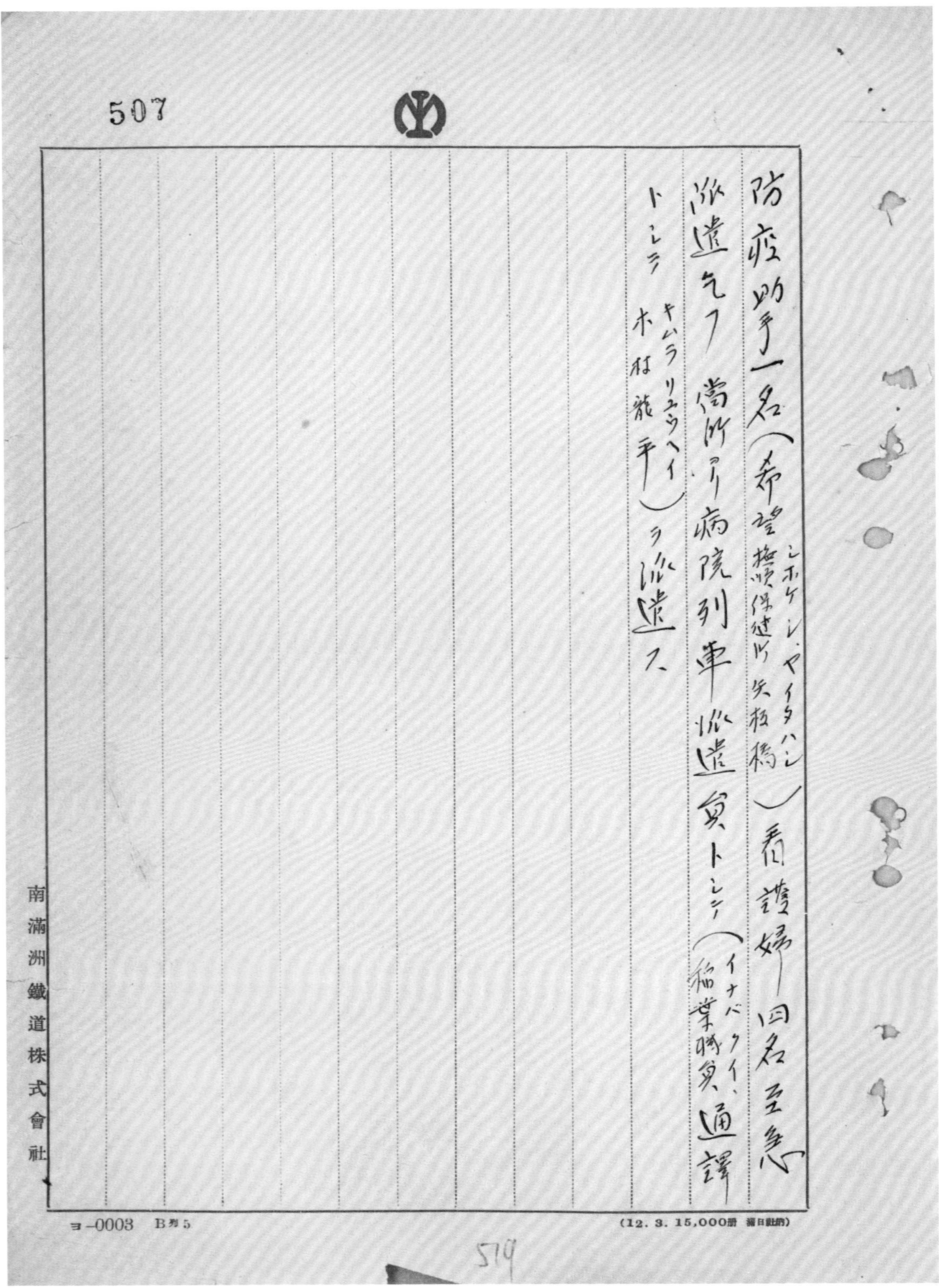
507

防疫助手一名（希望撫順保健所矢板橋）看護婦一四名至急
派遣乞フ　當所ヨリ病院列車派遣員トシテ（稲葉勝男通譯
トシテ　木村龍平）ヲ派遣ス

南滿洲鐵道株式會社

ヨ-0003　B列5　(12. 3. 15,000冊 滿日社納)

519

天津事务所长致总裁室东亚课长等电（一九三七年七月二十八日）

504

著電譯文

| 文書番號 | 總東庶37第2號ノ48 |
| --- | --- |
| 電報番號 | 社二〇 |
| 發信局 | |
| 指定 | |
| 發電 | 昭和　年　月28日17時20分 |
| 着電 | 昭和12年7月　日21時20分 |
| 受付 | 昭和　年　月29日　時　分 |
| 飜譯者印 | |

供覧：人事課長　東亜課長　地、庶務課長　衛生課長

件名：

受信者：東亜課長、衛生課長

發信者：天津事務所長

本日一八六号電病院列車ハ都合ニ依リ軍病院ヲ派遣ノコトトナリ會社ヲ其ノ補充トシテ看護婦ノミ四名至急病院ニ派遣ノコトトナリタ發電看護婦補充至急取計ヒ乞フ尚外科醫師及助手ハ将来ノ用意ニ予テ派遣方乞フ

南滿洲鐵道株式會社

ヨ－8017　B列5

516

505

附：派遣员名单

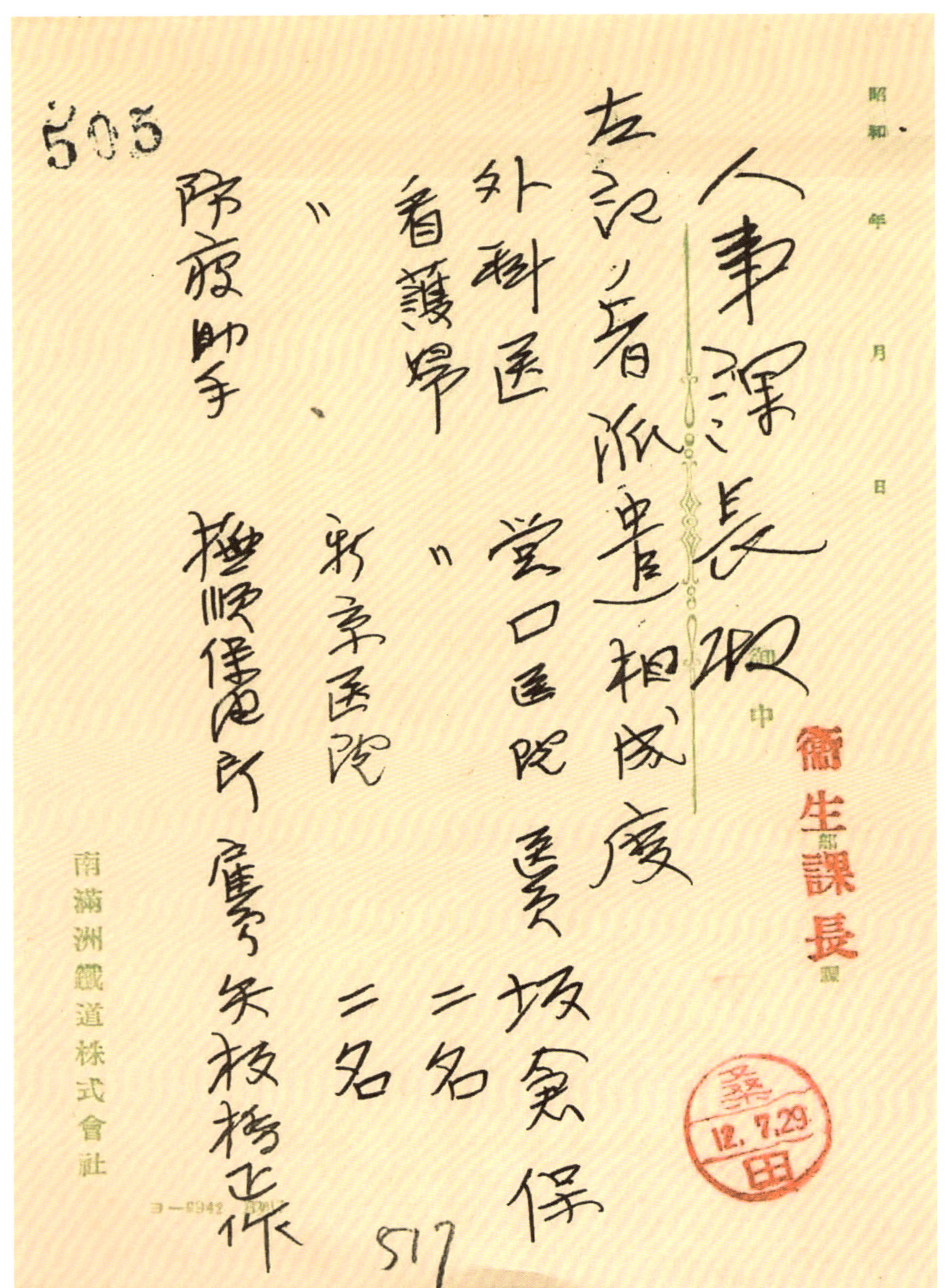

503

昭和　年　月　日

人事課長殿

衛生部課長

左記ノ者派遣相成度

外科医　営口医院　医員　坂寛保

看護婦　〃　二名

〃　新京医院　二名

防疫助手　撫順保健所　雇員　矢板橋正作

南満洲鐵道株式會社

ヨ－5942

517

天津事务所长关于报告派遣社员身体健康状况事致总裁室东亚课长的电文（一九三七年七月二十八日）

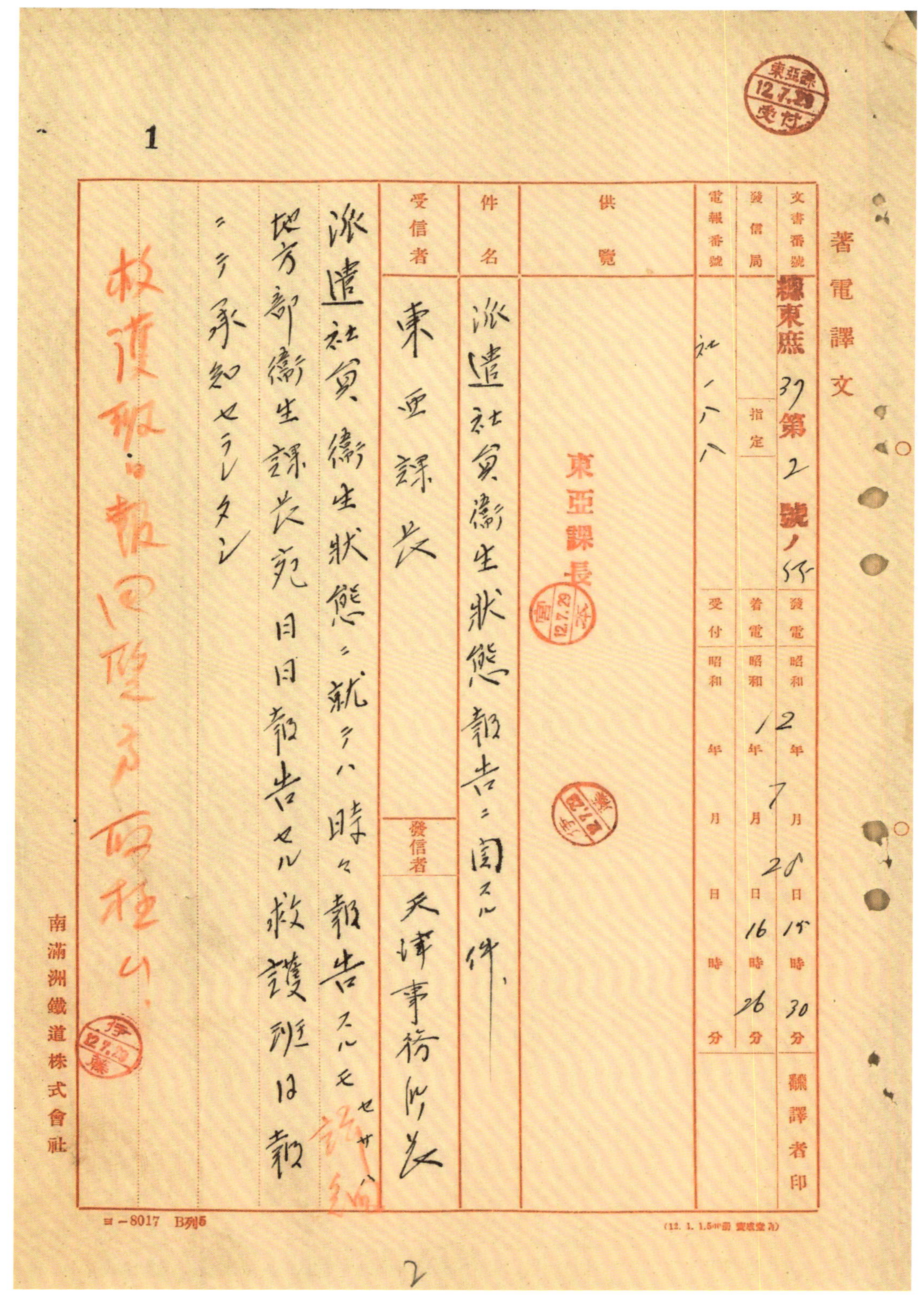

1

著電譯文

| 文書番號 | 總東庶37第2號ノ55 |
| --- | --- |
| 發信局 | |
| 電報番號 | 社一八八 |
| 指定 | |
| 發電 | 昭和12年7月28日15時30分 |
| 著電 | 昭和 年 月 日16時26分 |
| 受付 | 昭和 年 月 日 時 分 |
| 飜譯者印 | |
| 供覽 | 東亜課長 |
| 件名 | 派遣社員衛生狀態報告ニ関スル件 |
| 受信者 | 東亜課長 |
| 發信者 | 天津事務所長 |

派遣社員衛生狀態ニ就テハ時々報告スルモ（セサハ）地方部衛生課長宛日日報告セル救護班ノ報ニテ承知セラレタシ

救護班ノ報告回覧方取扱ヒ

南滿洲鐵道株式會社

ヨ－8017 B列5

（12.1.1.5萬冊 實業堂刷）

2

## 天津事务所长与总裁室东亚课长关于派遣悬挂广告气球专业人员将乘飞机抵达的往来电文

### 天津事务所长致总裁室东亚课长电（一九三七年七月二十八日）

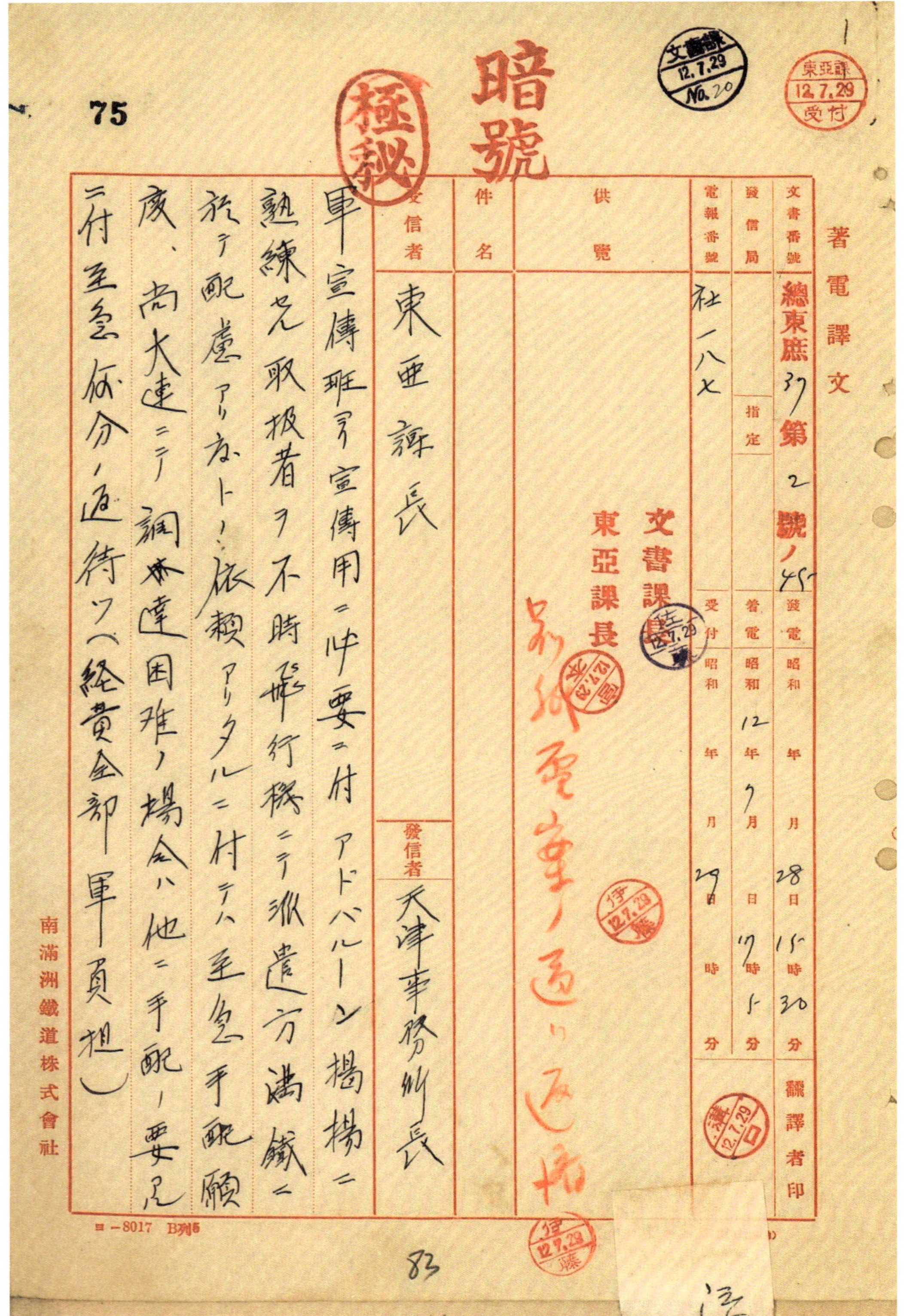
75

暗號

極秘

著電譯文

文書番號 總東庶37第2號ノ45

電報番號 社一八七

發電 昭和12年7月28日15時30分

着電 昭和12年7月29日17時5分

供覽 東亞課長 文書課

受信者 東亞課長

發信者 天津事務所長

軍宣傳班ヨリ宣傳用ニ必要ニ付アドバルーン揚揚ニ熟練セル取扱者ヲ不時飛行機ニテ派遣方滿鐵ニ於テ配慮アリ度トノ依頼アリタルニ付テハ至急手配願度、尚大連ニテ調達困難ノ場合ハ他ニ手配ノ要アルニ付至急何分ノ返待ツ（經費全部軍負担）

南滿洲鐵道株式會社

总裁室东亚课长致天津事务所长电（一九三七年七月二十八日）

76

電報回議箋

文書番號

指定 ウナ・ニカ・ムニ・ヨイ

電報番號

起案 昭和　年　月　日　時　分

決裁 昭和12年7月28日10時20分

發電 昭和　年　月　日　時30分

回議者印 東亞課長 3

件名

宛名 天津事務所長

發信者 東亞課長

二八日一八七号電ニ依ルアドバルーン掲揚取扱者ハ大連ニハ日人技师一名満人及鮮人助手四名アルモアドバルーン一箇掲揚ニ約三名ヲ要スル由ニテ五箇掲揚ニハ人員不足シ大連ニテハ其ノ他適任人員調達困難ナルニ付可然他ニテ手配願度

起案箇所　箇所長　主任者　擔任者　電話

發電取扱者印 宮木 12.7.28

南滿洲鐵道株式會社

ヨ-8016　B列5

85

(10 8. 2,000冊 實城堂納)

# 天津事务所长致总裁室东亚课长电（一九三七年七月二十九日）

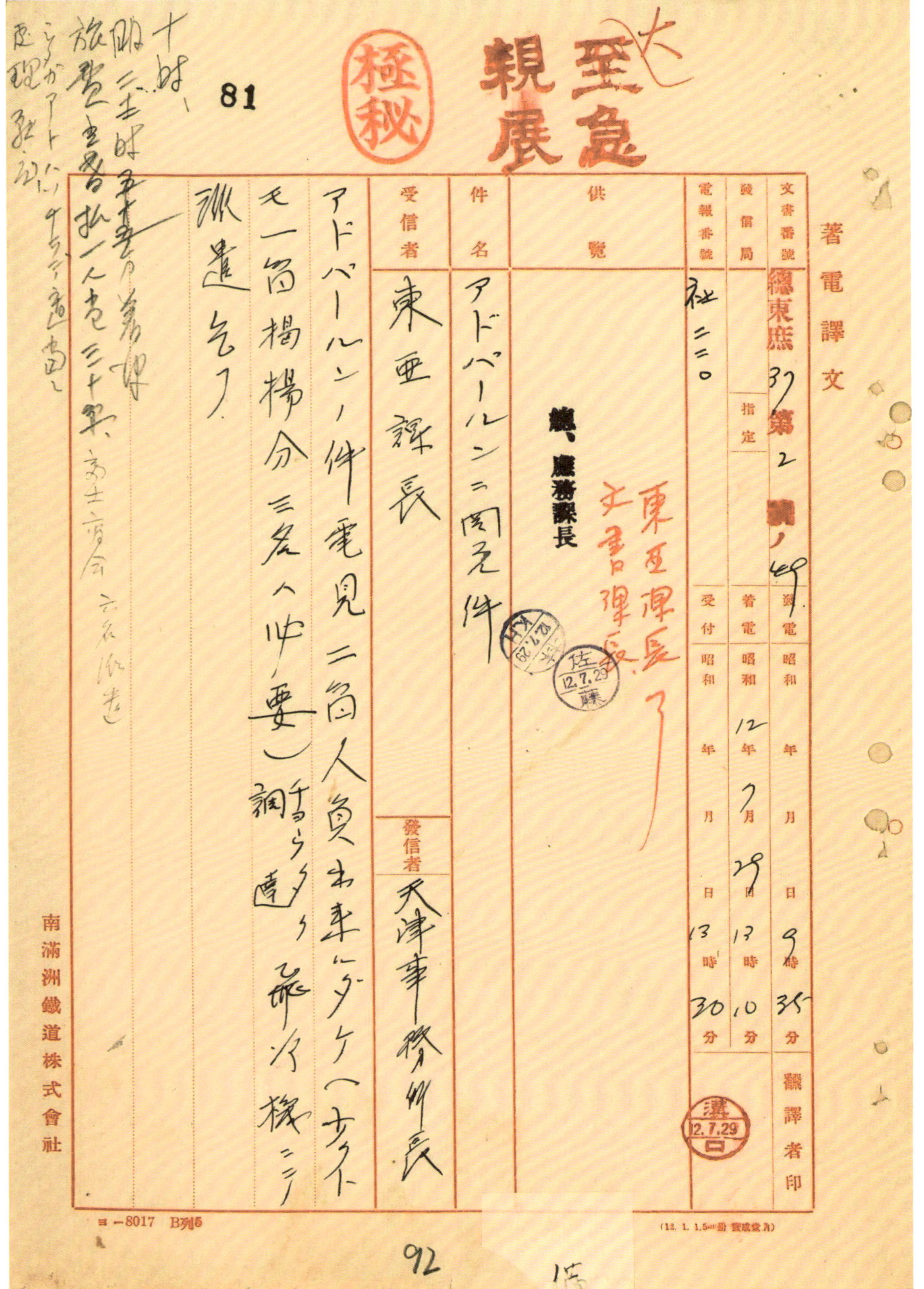
至急
親展
極秘
81

著電譯文

| 文書番號 | 總東庶 37 第2號ノ49 |
| --- | --- |
| 發信局 | |
| 電報番號 | 社二二〇 |
| 指定 | |
| 發電 | 昭和　年　月　日 9 時 35 分 |
| 著電 | 昭和 12 年 7 月 29 日 13 時 10 分 |
| 受付 | 昭和　年　月　日 13 時 30 分 |
| 供覽 | 總、庶務課長 |
| 件名 | アドバールンニ關スル件 |
| 受信者 | 東亞課長 |
| 發信者 | 天津事務所長 |

アドバールンノ件電見ニ當人員未來ルタケ（少クトモ一名揭揚分三名ハ必要）調達ノ飛行機ニテ派遣乞フ

東亞課長
文書課長

翻譯者印

南滿洲鐵道株式會社

ヨ—8017 B列5

92

总裁室东亚课长致天津事务所长电（一九三七年七月二十九日）

77

極秘

電報回議箋

| 文書番號 | 總東庶37第2號ノ180 |
|---|---|
| 指定 | ウナ・ニカ・ムニ・ヨイ |
| 電報番號 | |
| 起案 | 昭和 年 月 日16時 分 |
| 決裁 | 昭和12年7月29日 時 分 |
| 發電 | 昭和 年 月 日16時20分 |

回議者印：總、庶務課長　文書課長　東亞課長　主計課長

件名：

宛名：天津事務所長

發信者：東亞課長

在ニニ〇電返、當地富士商會ヨリ倉田金吾以下鮮人三、滿人ニ計六名本日飛行機大航ノ為二十一時発汽車ニテ出發セシム貴地着三十日二十時五十五分（四〇一列車）ノ予定出迎ヘ頼ム、尚旅費ハ一人当三十円宛立替拂ヒ〔?〕ノ費用ハ貴方ニテ可然処置乞フ。

至急

箇所長

起案箇所：東亞課

主任者

擔任者

電話

發電取扱者印

南滿洲鐵道株式會社

ヨ-8016　B列5

(10 9. 2.000冊 寶盛堂納)

86

## 天津事务所长与总裁室东亚课长、山海关站长关于派遣悬挂广告气球专业人员改乘军用列车抵达的往来电文

### 总裁室东亚课长致天津事务所长、山海关站长的电（一九三七年七月二十九日）

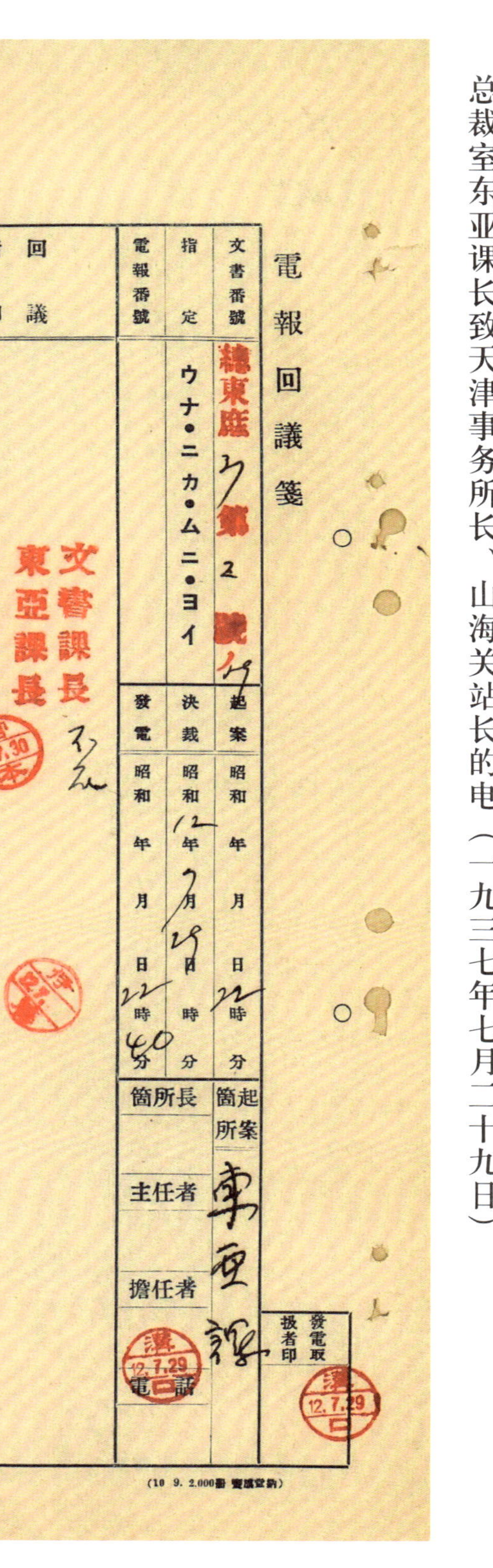
82

極秘

電報回議箋

文書番號：總東庶乙第2號
電報番號：ウナ・ニカ・ムニ・ヨイ

文書課長 東亞課長 人事課長

起案：昭和　年　月　日　時　分
決裁：昭和12年7月29日22時　分
發電：昭和　年　月　日22時40分

起案箇所：東亜課

宛名：天津事務所長、山海関駅長

軍ノ要求ニ見ルアドバールン掲揚者倉田全五一行六名本日二十二時大連発ゾ、奉天八時二十分発ニテ山海関ニテ軍用列車便乘方取計ヒ乞フ。

發信者：東亜課長

南滿洲鐵道株式會社

ヨ-8016 B列5

93

山海关站长致总裁室东亚课长、天津事务所长的电（一九三七年七月三十一日）

83

三井〈君
佐藤
山本

極秘

至急

著電譯文

| 文書番號 | 發信局 | 電報番號 | 供覽 | 件名 | 受信者 |
|---|---|---|---|---|---|
| 總東庶37第2號ノ75 | | 注一三 | 文書課長 東亞課長 庶務課長 | アドベルーンニ関スル件 | 東亞課長、天津事務所長 |

| 指定 | 發電 | 着電 | 受付 | 發信者 |
|---|---|---|---|---|
| | 昭和年月日9時分 | 昭和12年7月31日10時30分 | 昭和年月日13時10分 | 山海関駅長 |

飜譯者印

三十九日貴発八十二号電見アドバルーン隊ハ三十日四〇一列車ニテ山海関着、同列車ニテ天津ニ向ヒタルモ爆破ノ為引返シ三十一日四〇四列車（三列車）ニテ山海関ニ待機中ナリ　御指示乞フ（代表者倉田金吾氏外五名）

南滿洲鐵道株式會社

ロ－8017　B列5

（12. 1. 1.5m冊　實成堂為）

94

# 总裁室东亚课长致天津事务所长的电（一九三七年七月三十一日）

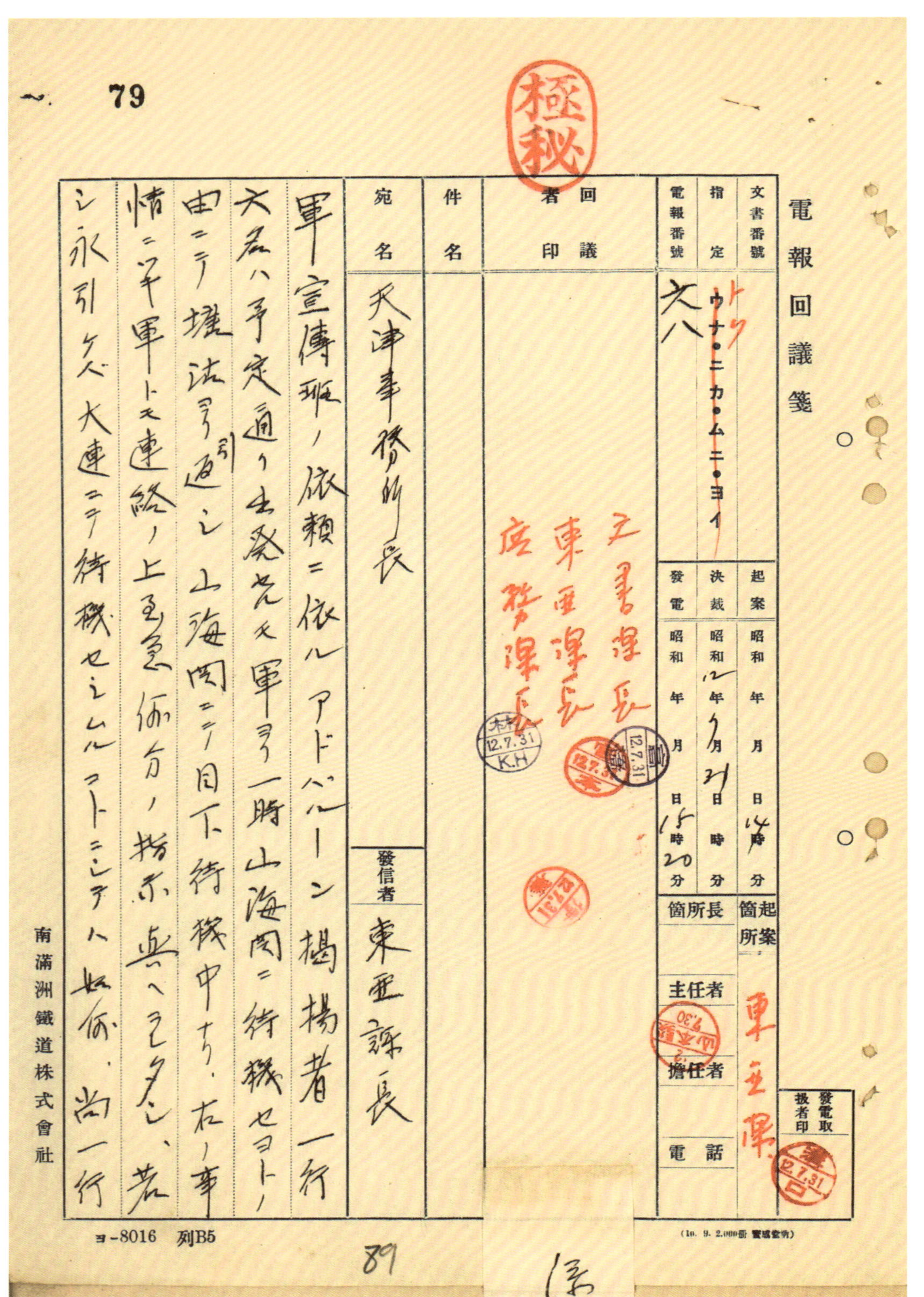
79

極秘

電報回議箋

文書番號　指定　ウナ・ニカ・ムニ・ヨイ　電報番號　六八

起案　昭和　年　月　日　14時　分
決裁　昭和12年7月31日　時　分
發電　昭和　年　月　日　15時20分

回議者印　文書課長　東亜課長　庶務課長

件名

宛名　天津事務所長

發信者　東亜課長

軍宣傳班ノ依頼ニ依ルアドバルーン揚揚者一行
六名ハ予定通リ出発セルモ軍ヨリ一時山海関ニ待機セヨトノ
由ニテ堤法ヲ引返シ山海関ニテ目下待機中ナリ、右ノ事
情ニテ軍トモ連絡ノ上至急何分ノ指示与ヘラレ度シ、若
シ永引ケバ大連ニテ待機セシムルコトニシテハ如何、尚一行

起案箇所　東亜課

南滿洲鐵道株式會社

ヨ-8016　列B5

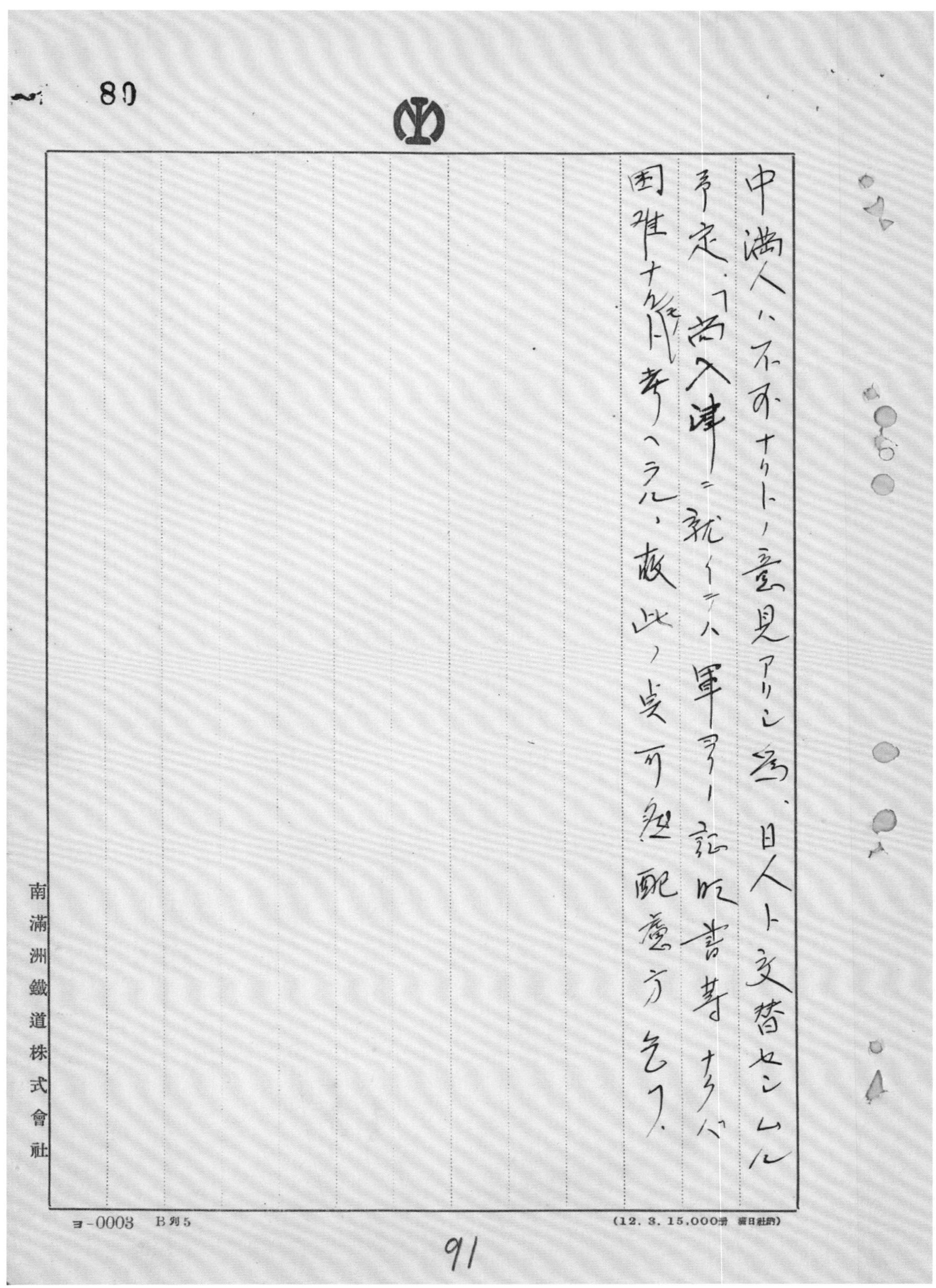
中満人ハ不可ナリトノ意見アリシ為、日人ト交替セシムル予定ノ「出入津」ニ就イテハ軍ヨリノ証明書等ナクバ困難ナル態ニ考ヘラル、故此ノ点可然配慮方乞フ。

南滿洲鐵道株式會社

ヨ-0003　B列5　(12. 3. 15,000冊 滿日社納)

# 天津事务所长致总裁室东亚课长的电（一九三七年八月一日）

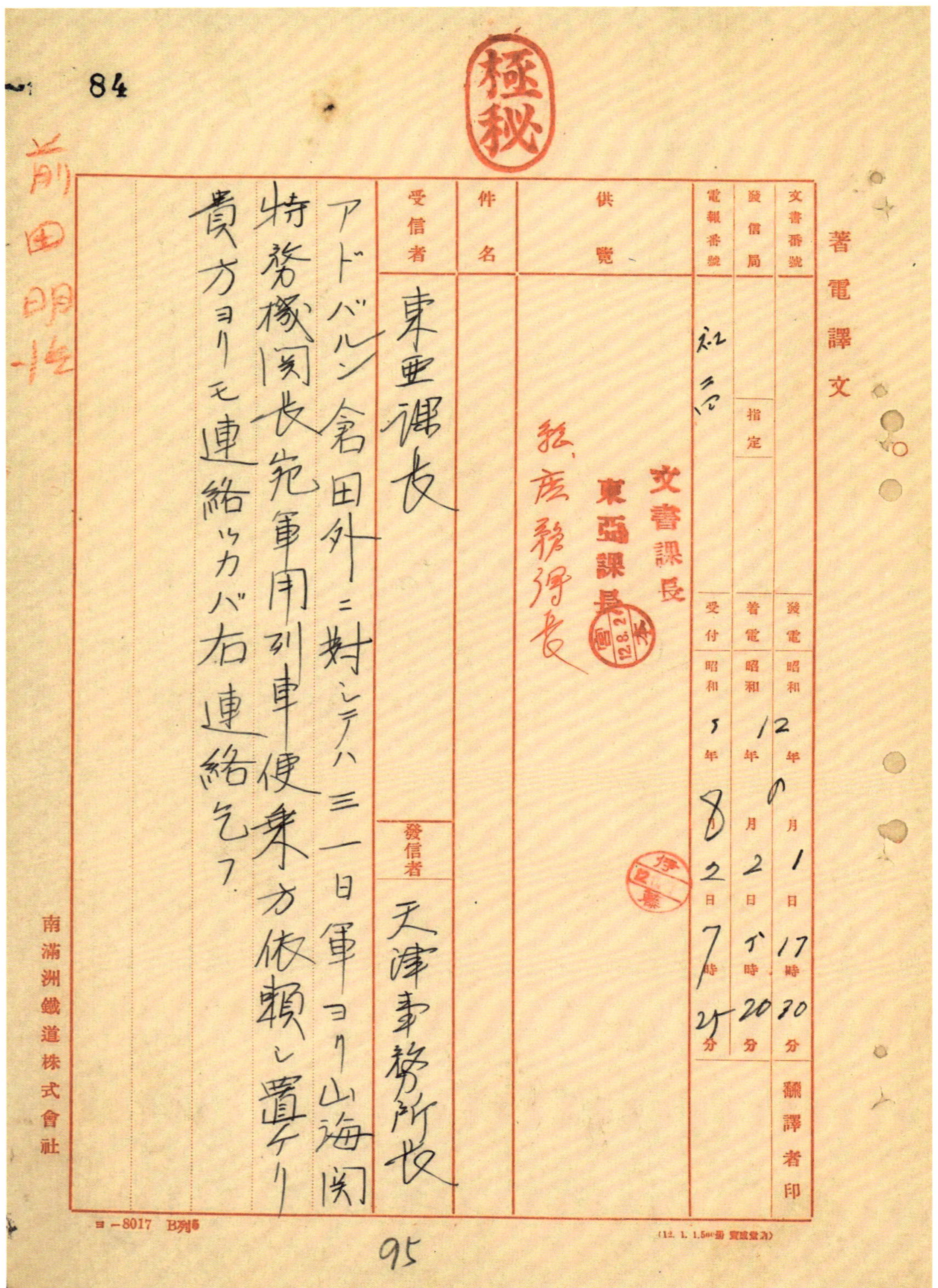

84

極秘

著電譯文

| 文書番號 | 發信局 | 電報番號 |
| --- | --- | --- |
| | | 社二〇 |

指定

供覽：文書課長　東亞課長　総、庶務部長

| | 發電 | 着電 | 受付 |
| --- | --- | --- | --- |
| 昭和 | 12年 | 12年 | 年 |
| 月 | 8月 | 8月 | 8月 |
| 日 | 1日 | 2日 | 2日 |
| 時 | 17時 | 下時 | 7時 |
| 分 | 30分 | 20分 | 25分 |

飜譯者印

件名：

受信者：東亜課長

發信者：天津事務所長

アドバルン倉田外ニ對シテハ三一日軍ヨリ山海関特務機関長宛軍用列車便乗方依頼シ置ケリ貴方ヨリモ連絡ツカバ右連絡乞フ

前田明

南滿洲鐵道株式會社

ヨ-8017 B列5

95

# 天津事务所长关于汇报所员及派遣职员均平安事致总裁室东亚课长的电文（一九三七年七月二十九日）

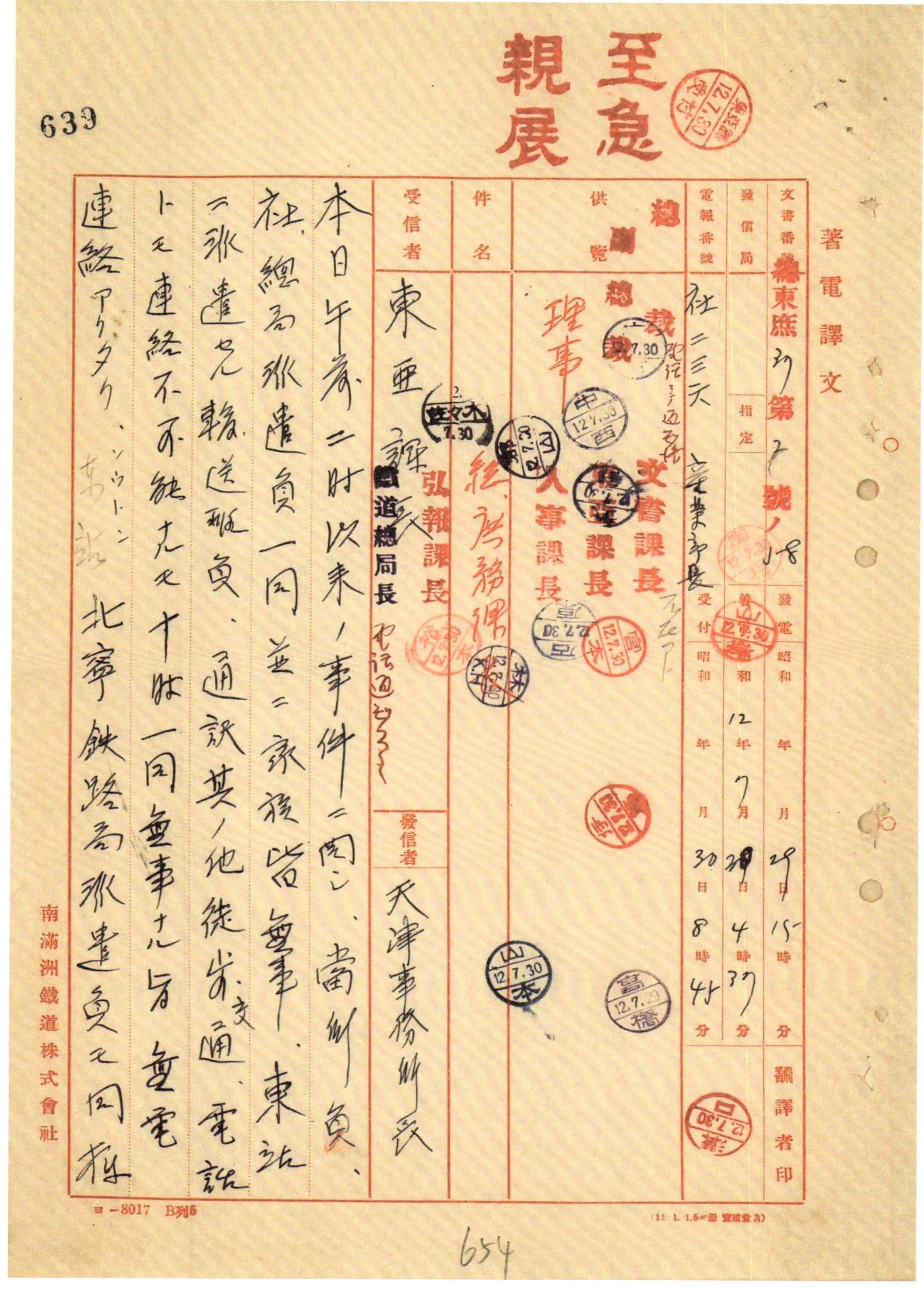

639

至急
親展

著電譯文

文書番號 總東庶 第2號ノ18

發信局

電報番號 社二三天

供覽 總裁 副總裁 理事

文書課長 人事課長 經務課長 弘報課長 鐵道總局長

受信者 東亜課長

發信者 天津事務所長

發電 昭和 年 月 29日 15時 分

着 昭和 12年 7月 29日 4時 37分

受付 昭和 年 月 30日 8時 45分

本日午前二時以來ノ事件ニ關シ、當所員、社線爲派遣員一同並ニ家族皆無事、東站ニ派遣セル輸送班員、通訳其ノ他從業員通、電話トモ連絡不可能ナルモ十時一同無事ナル旨無電連絡アリタリ、北寧鉄路爲派遣員モ同様

南滿洲鐵道株式會社

654

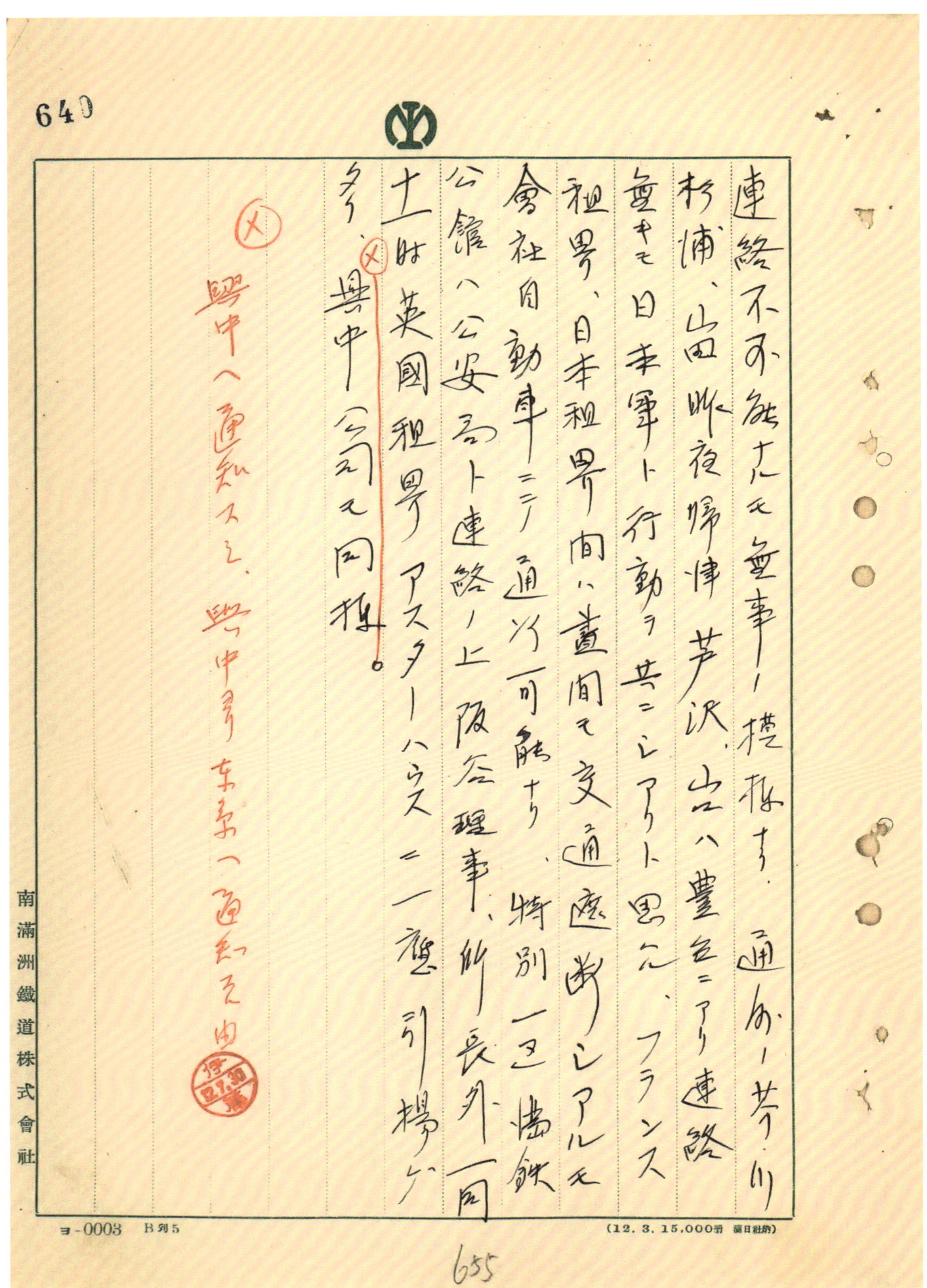
640

連絡不可能ナルモ無事ノ模様ナリ。通分ノ芳川
杉浦、山田、昨夜帰津、芦沢、山口ハ豊台ニアリ連絡
無キモ日本軍ト行動ヲ共ニシアルト思ハル、フランス
租界、日本租界間ハ当面モ交通遮断シアルモ
会社自動車ニテ通行可能ナリ、特別ノ又満鉄
公館ハ公安局ト連絡ノ上阪谷理事、所長外一同
十一時英国租界アスターハウスニ一応引揚ゲ
タリ、興中公司モ同様。

興中ヘ通知スミ、興中ヨリ東京ヘ通知スミ

南滿洲鐵道株式會社

ヨ-0003 B列5 (12. 3. 15,000冊 滿日社納)

655

天津事务所长关于汇报派遣职员均暂时待命事致总裁室东亚课长的电文（一九三七年七月二十九日）

至急
親展

212

著電譯文

文書番號：總東庶37第2號ノ1-6

發信局：在

電報番號：二一六

發電 昭和　年 7月 日 7時 48分
着電 昭和 12年 7月 29日 9時 11分
受付 昭和　年　月　日 10時 20分

受信者：東亜課長

發信者：天津事務所長

本日午前二時ヨリ日本租界、東站停車場、東機器局飛行場附近襲撃セシ今尚継続中ナリ、当所ニ派遣依頼セル社員ノ来支ハ当方ヨリ何分ノ通知アル迄ハ待機セシメラレ度シ

飜譯者印

南滿洲鐵道株式會社

日—8017　B列5

(12. 1. 1.5〃部 實被盘為)

219

# 天津事务所长关于通知添田武夫今早向张北出发事致总裁室东亚课长的电文（一九三七年七月二十九日）

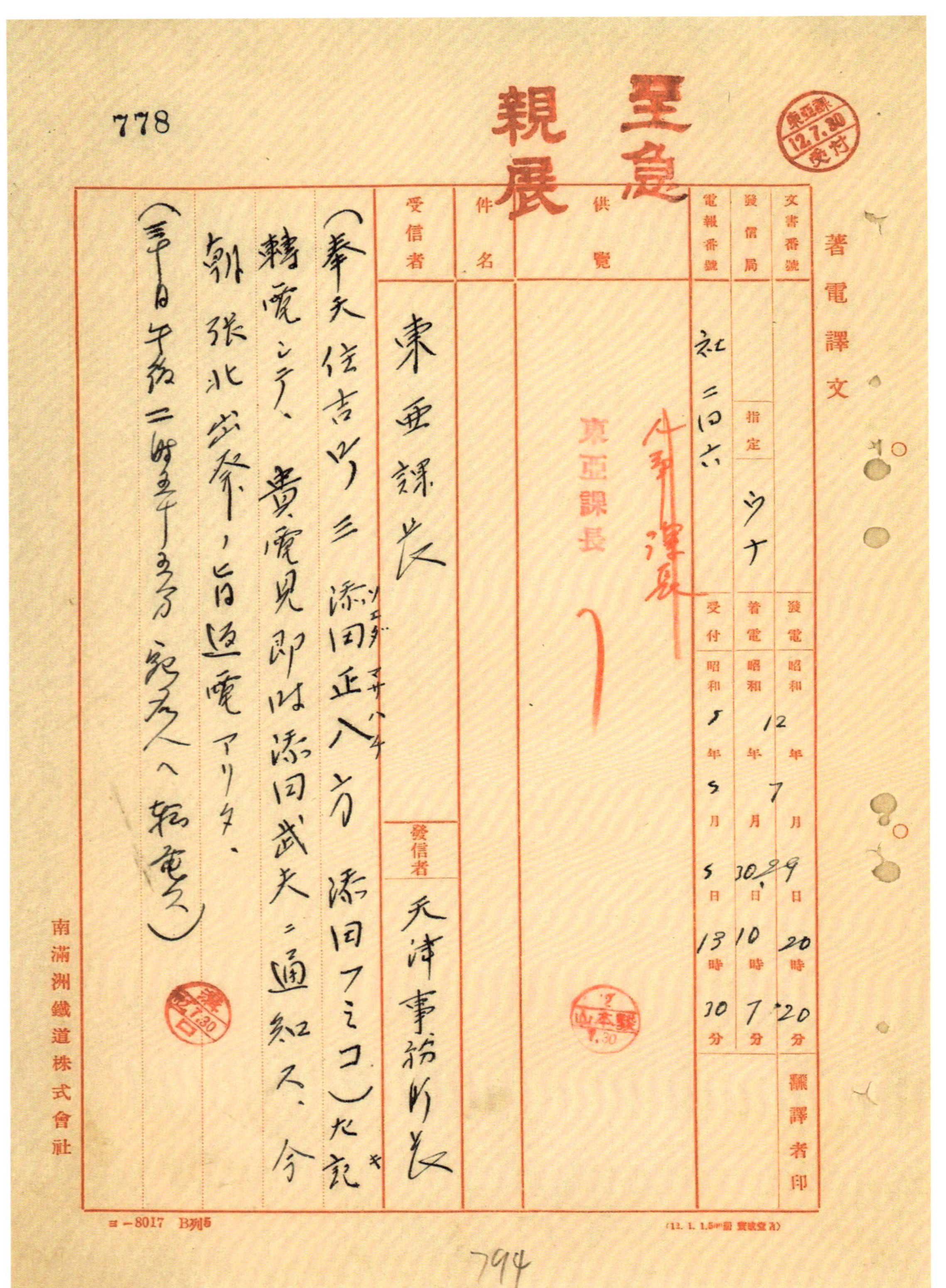

778

至急 親展

著電譯文

文書番號 | 發信局 | 電報番號 社二四六
指定 ツナ

受信者 東亜課長

發信者 天津事務所長

供覧 東亜課長

（奉天住吉町三 添田正八方 添田フミコ）充
転電ニテ、貴電見即時添田武夫ニ通知ス、今朝張北出発ノ旨返電アリタ、
（三十日午後二時五十五分 総務人へ転電ス）

發電 昭和12年7月29日20時20分
着電 昭和12年7月30日10時7分
受付 昭和5年5月5日13時30分

南滿洲鐵道株式會社

ヨ-8017 B列5

794

# 天津事务所长关于张家口侨民撤回情况事致总裁室东亚课长的电文（一九三七年七月二十九日）

至急
親展

781

著電譯文

| 文書番號 | 發信局 | 電報番號 |
| --- | --- | --- |
| | | 在二三七 |

| | 發電 | 着電 | 受付 |
| --- | --- | --- | --- |
| 昭和 | 年 | 12年 | 年 |
| 月 | 7月 | 7月 | 月 |
| 日 | 29日 | 30日 | 30日 |
| 時 | 15時 | 10時 | 13時 |
| 分 | 分 | 22分 | 40分 |

東亞課長
人事課長
総務課長
聯絡委員会ニテ報告済

件名：張家口居留民ノ引揚状況

受信者：東亜課長

發信者：天津事務所長

二十八日附七二号ノ電返、張家口引揚居留民ノ行動次ノ如シ、十八日張家口發 十九日張北發 二十一日熱河着、承徳ニ暫時居留スモノノ外ハソレゾレ避難地ニ出発ス、尚本輸送ニハ特務機関ノ指示ニ依リ張多汽車公司バス七、トラック十五 計二十二輛ヲ

南滿洲鐵道株式會社

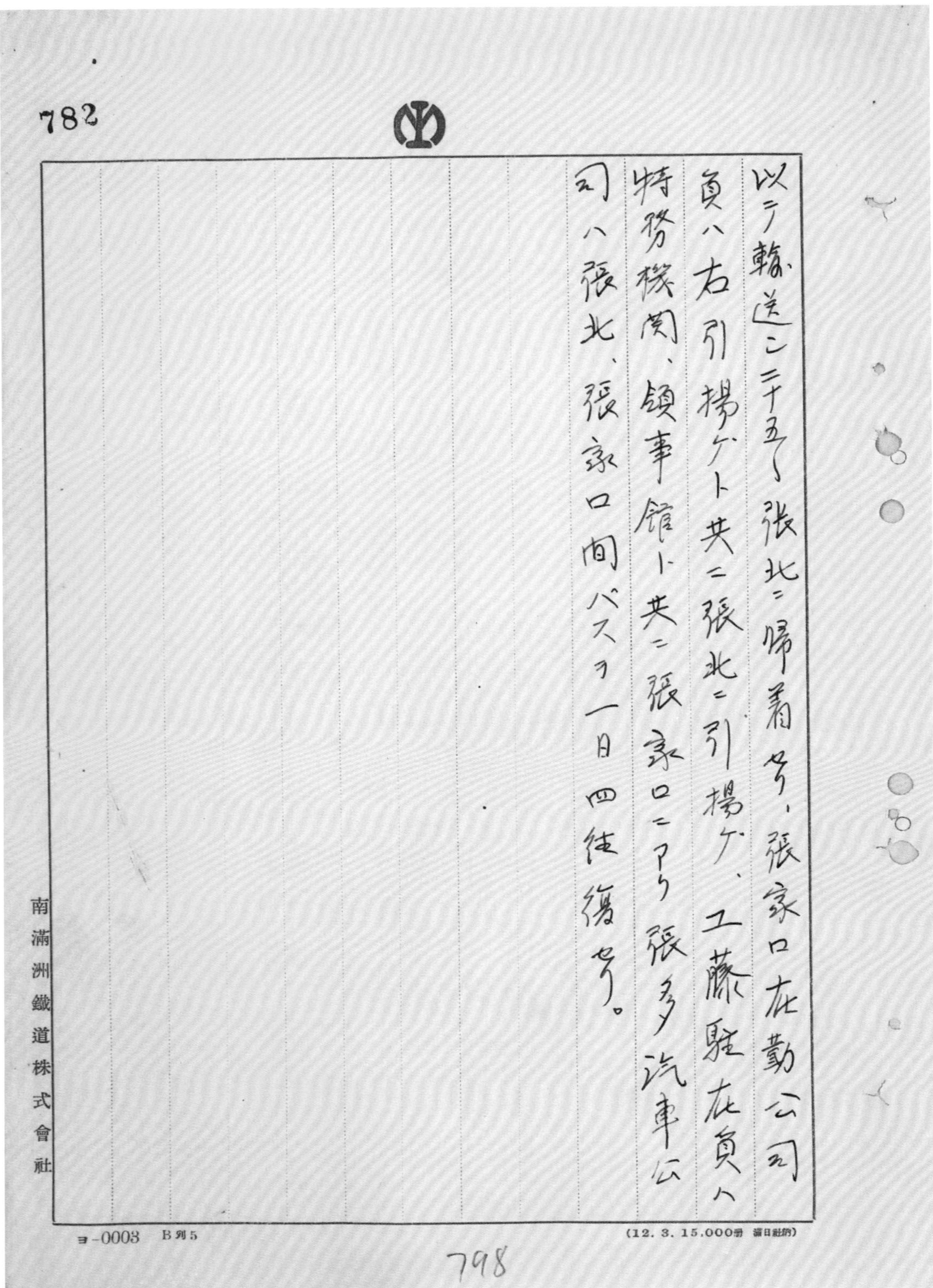

782

以テ輸送シ二十五日張北ニ帰着セリ、張家口在勤公司員ハ右引揚ゲト共ニ張北ニ引揚ゲ、工藤駐在員ハ特務機関、領事館ト共ニ張家口ニアリ張多汽車公司ハ張北、張家口間バスヲ一日四往復セリ。

南滿洲鐵道株式會社

ヨ-0003 B列5 (12.3.15.000冊 滿日納)

798

天津事务所长关于已被美国领事救出均平安无事请转达大连汽船会社事致总裁室东亚课长的电文（一九三七年七月三十日）

至急
親展

131

著電譯文

文書番號 總東庶37第2號ノ64
社二二六

受信者 東亜課長

發信者 天津事務所長

左記大連汽船會社ニ傳ヘラレ度

（昨朝武力監禁セラレタルモ領事館ノ斡旋ニ依リ米國領事ニ救出サル、一同英國租界ノ總領事館邸ニ避難シ目下ススターハウスニ居ル一同無事、塘沽ト連絡トレヌ、委細後、三角）

南滿洲鐵道株式會社

136

# 天津事务所长关于派赴北宁人员及留守人员之状况事致总裁室东亚课长的电文（一九三七年七月三十日）

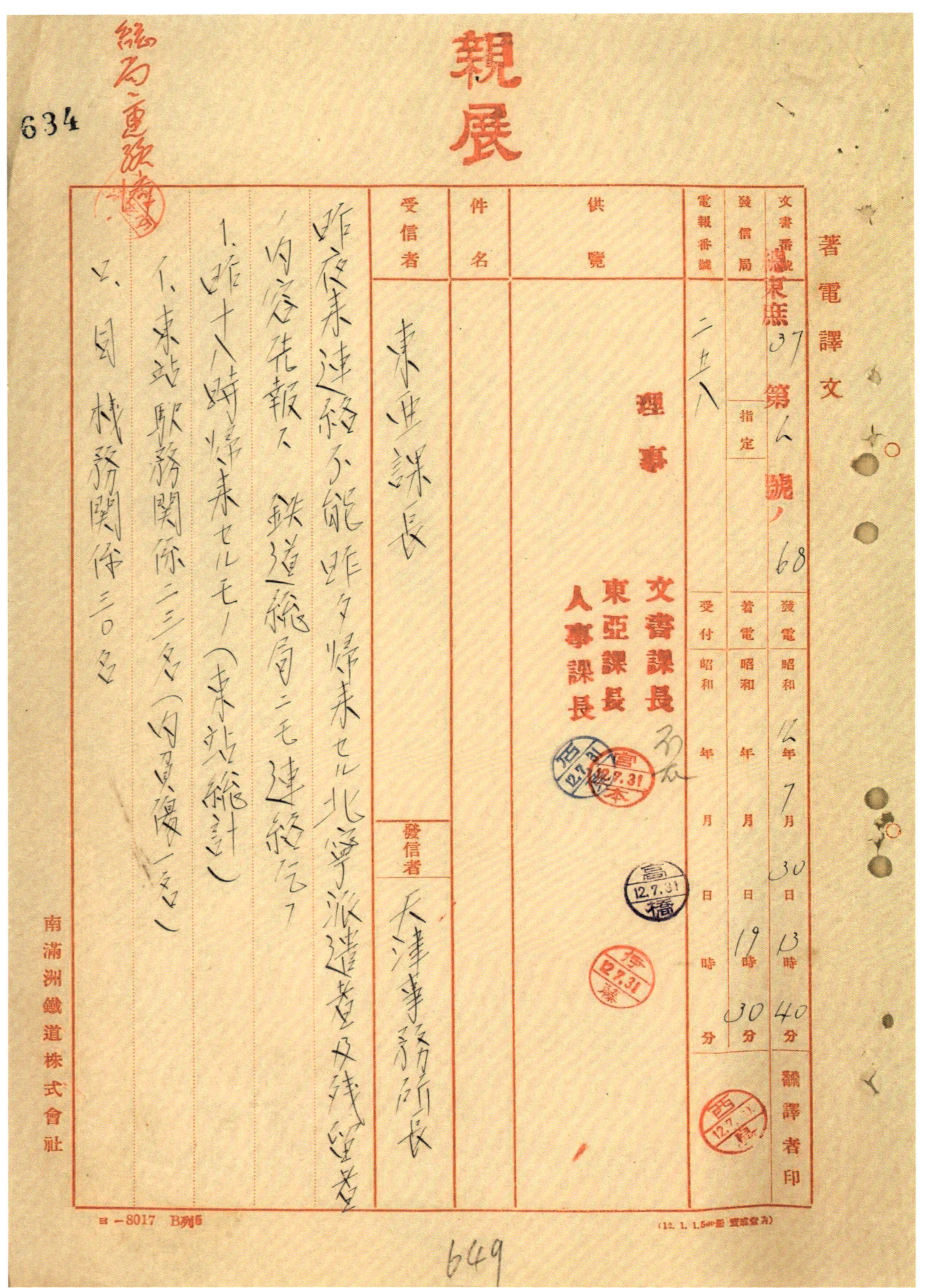
634

親展

著電譯文

文書番號 總東庶37第6號ノ68

發信局

電報番號 二五八

指定

發電 昭和12年7月30日13時40分

着電 昭和 年 月 日19時30分

受付 昭和 年 月 日 時 分

供覧 理事 文書課長 東亞課長 人事課長

件名

受信者 東亞課長

發信者 天津事務所長

昨夜来連絡不能昨夕帰来セル北寧派遣者及残留者ノ内容左報ス　鉄道総局ニモ連絡乞フ

1、昨十八時帰来セルモノ（東站総計）

イ、東站駅務関係二三名（内負傷一名）

ロ、同　桟務関係三〇名

飜譯者印

南滿洲鐵道株式會社

日-8017 B列5

649

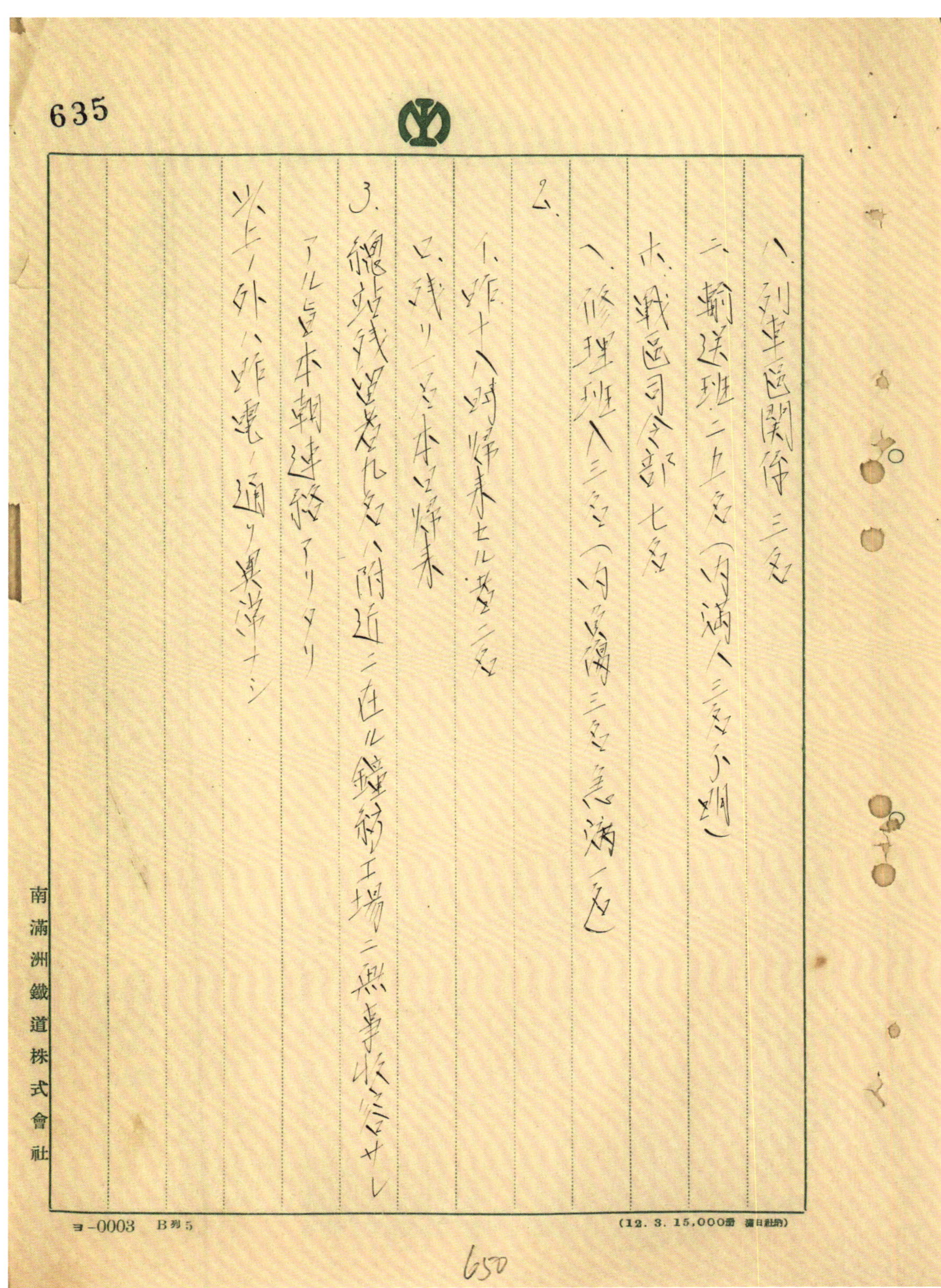
635

ハ、列車區關係三名
ニ、輸送班二五名（内滿人三名不明）
ホ、戰區司令部七名
ヘ、修理班八三名（内日傷三名患滿一名）
2.
イ、昨十八時歸來セル者二名
ロ、殘リ一名本日歸來
3. 總站殘留者九名ハ附近ニ在ル鐘紡工場ニ無事收容サレ
アル旨本朝連絡アリタリ
以上ノ外ハ昨電ノ通リ異常ナシ

南滿洲鐵道株式會社
ヨ-0003　B列5　（12. 3. 15,000冊 滿日社印）
650

# 天津事务所长关于市内仍保持警戒状态并询问无人房屋事致总裁室东亚课长的电文（一九三七年七月三十日）

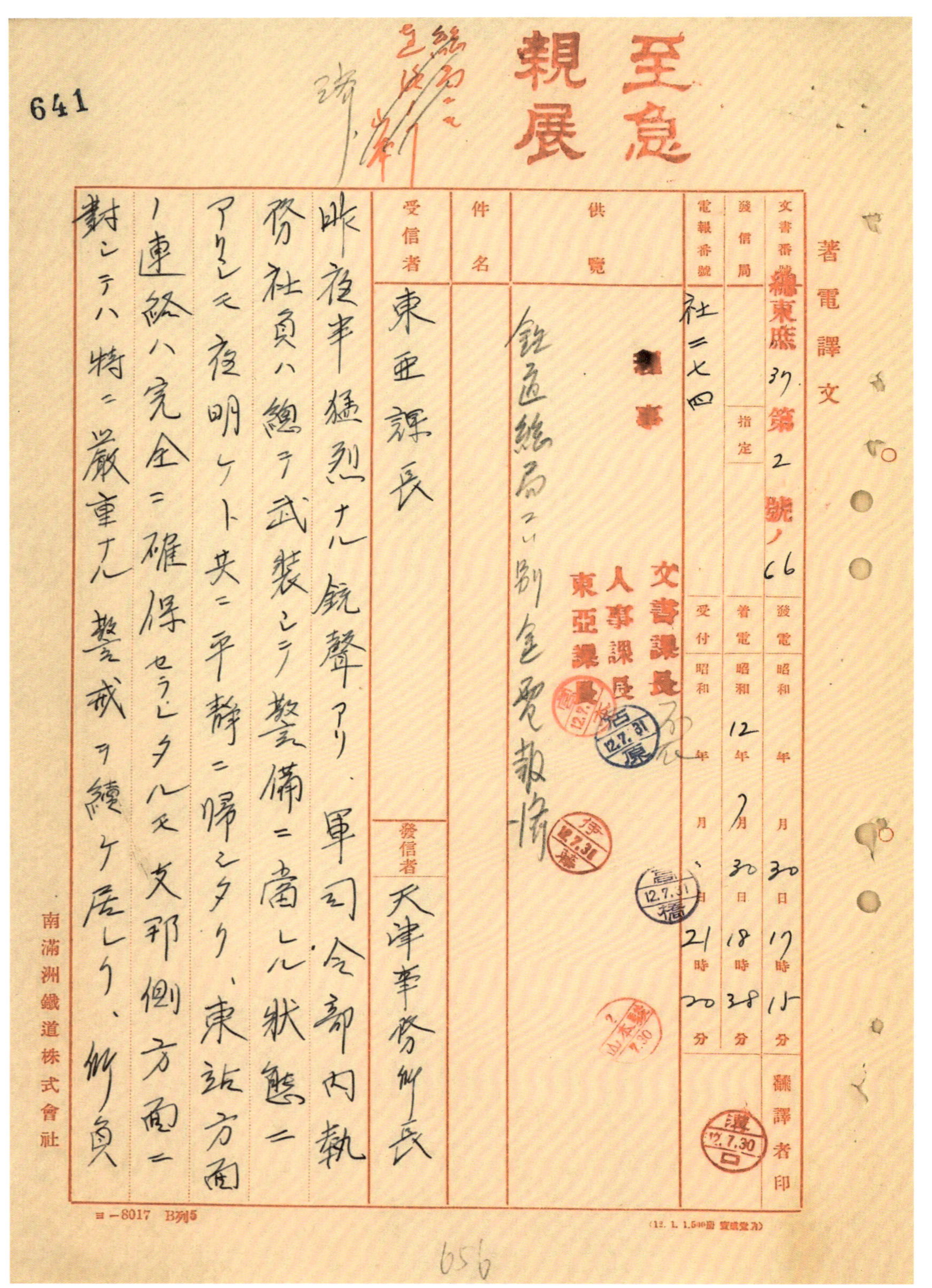
641

至急
親展

著電譯文

文書番號 總東庶37第2號ノ66
電報番號 社二七四

發電 昭和 年 月30日17時15分
着電 昭和12年7月30日18時38分
受付 昭和 年 月 日21時20分

供覧 鉄道総局ニハ別途電報済

受信者 東亜課長

發信者 天津事務所長

昨夜半猛烈ナル銃聲アリ、軍司令部内執務社員ハ總テ武装シテ警備ニ當ル状態ニアリシモ夜明ケト共ニ平靜ニ帰シタリ、東站方面ノ連絡ハ完全ニ確保セラレタルモ支那側方面ニ對シテハ特ニ嚴重ナル警戒ヲ續ケ居レリ、所員

文書課長 人事課長 東亜課長

南滿洲鐵道株式會社

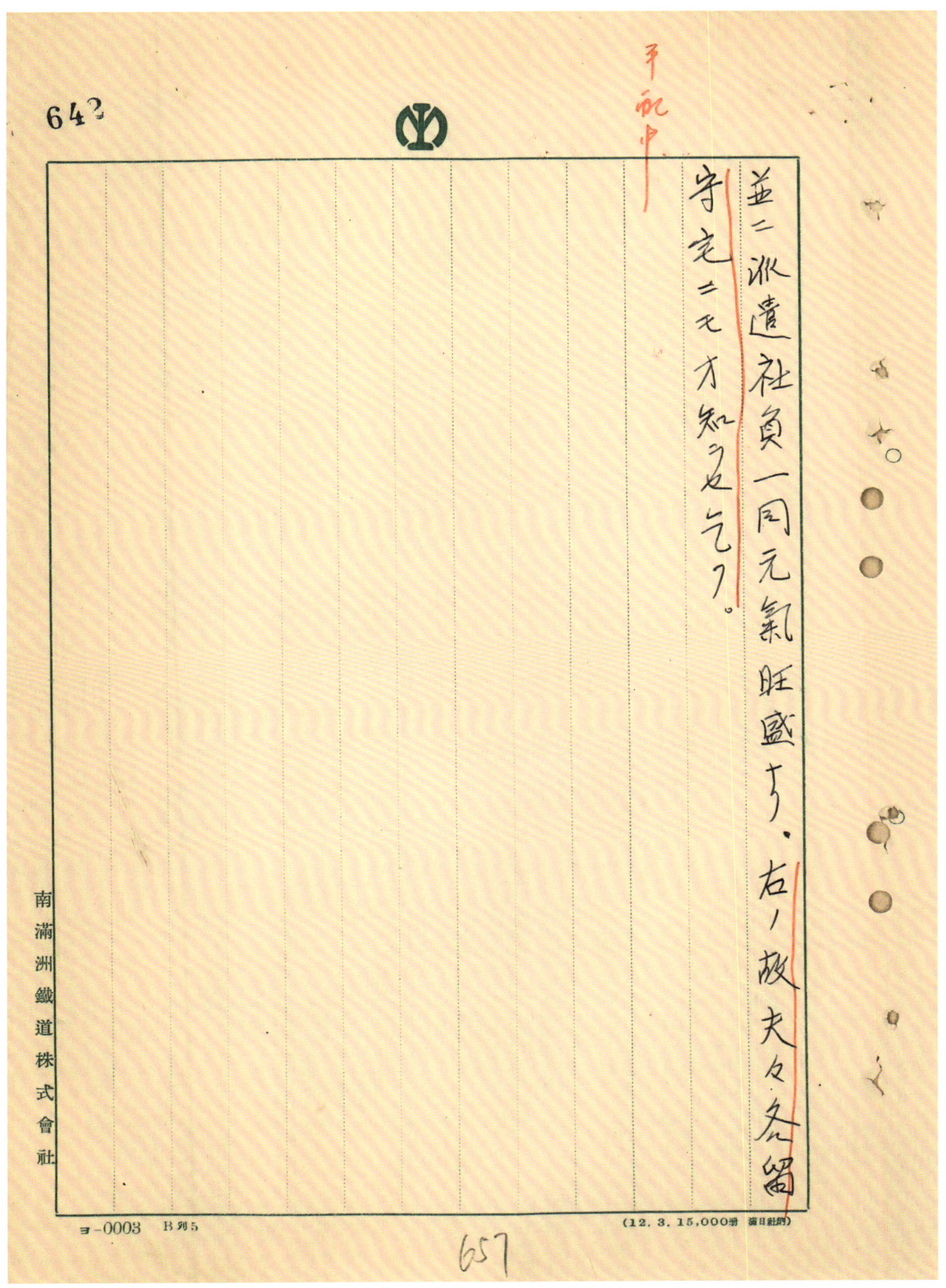

642

並ニ派遣社員一同元氣旺盛ナリ。右ノ故夫々各留守宅ニモオ知ラセ乞フ。

南滿洲鐵道株式會社

ヨ-0003 B列5 (12. 3. 15,000冊 滿日社印)

657

# 天津事务所长关于驻中国日军参谋长要求派员前往松井机关充任天津军顾问事致总裁室东亚课长的电文（一九三七年七月三十日）

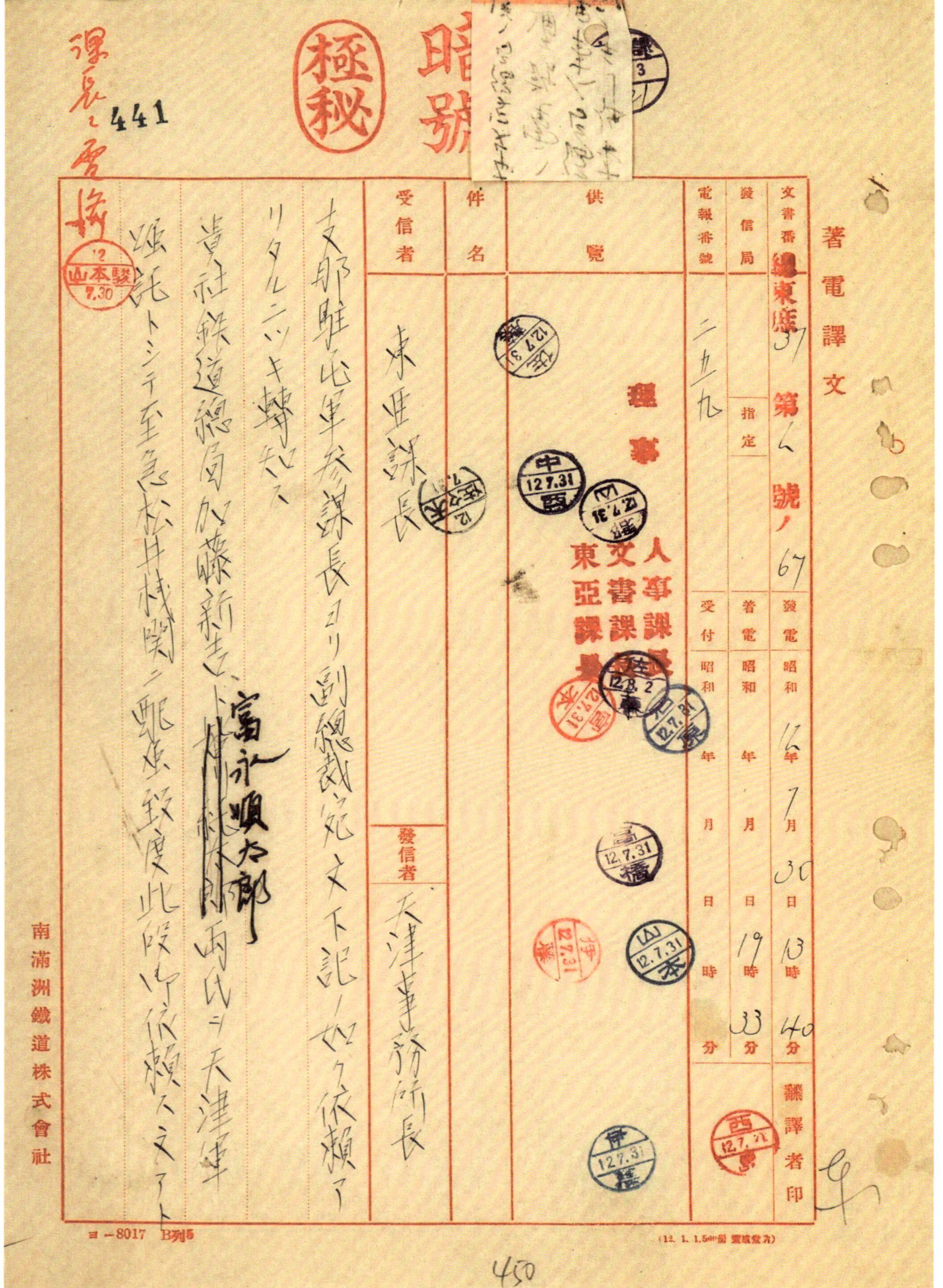

極秘 暗號

441

著電譯文

| 文書番號 | 總東庶37第6號ノ67 |
| --- | --- |
| 發信局 | |
| 電報番號 | 二五九 |
| 發電 | 昭和12年7月30日13時40分 |
| 着電 | 昭和 年 月 日19時33分 |
| 受付 | 昭和 年 月 日 時 分 |
| 受信者 | 東亜課長 |
| 發信者 | 天津事務所長 |

支那駐屯軍参謀長ヨリ副總裁宛文下記ノ如ク依頼アリタルニツキ轉知ス

貴社鉄道總局加藤新吉（富永順太郎）両氏ヲ天津軍嘱託トシテ至急松井機関ニ配属致度此段御依頼ス

人事課長 文書課長 東亞課長

南滿洲鐵道株式會社

450

总裁室东亚课长关于调查大连汽船受损程度事致天津事务所长的电文（一九三七年七月三十一日）

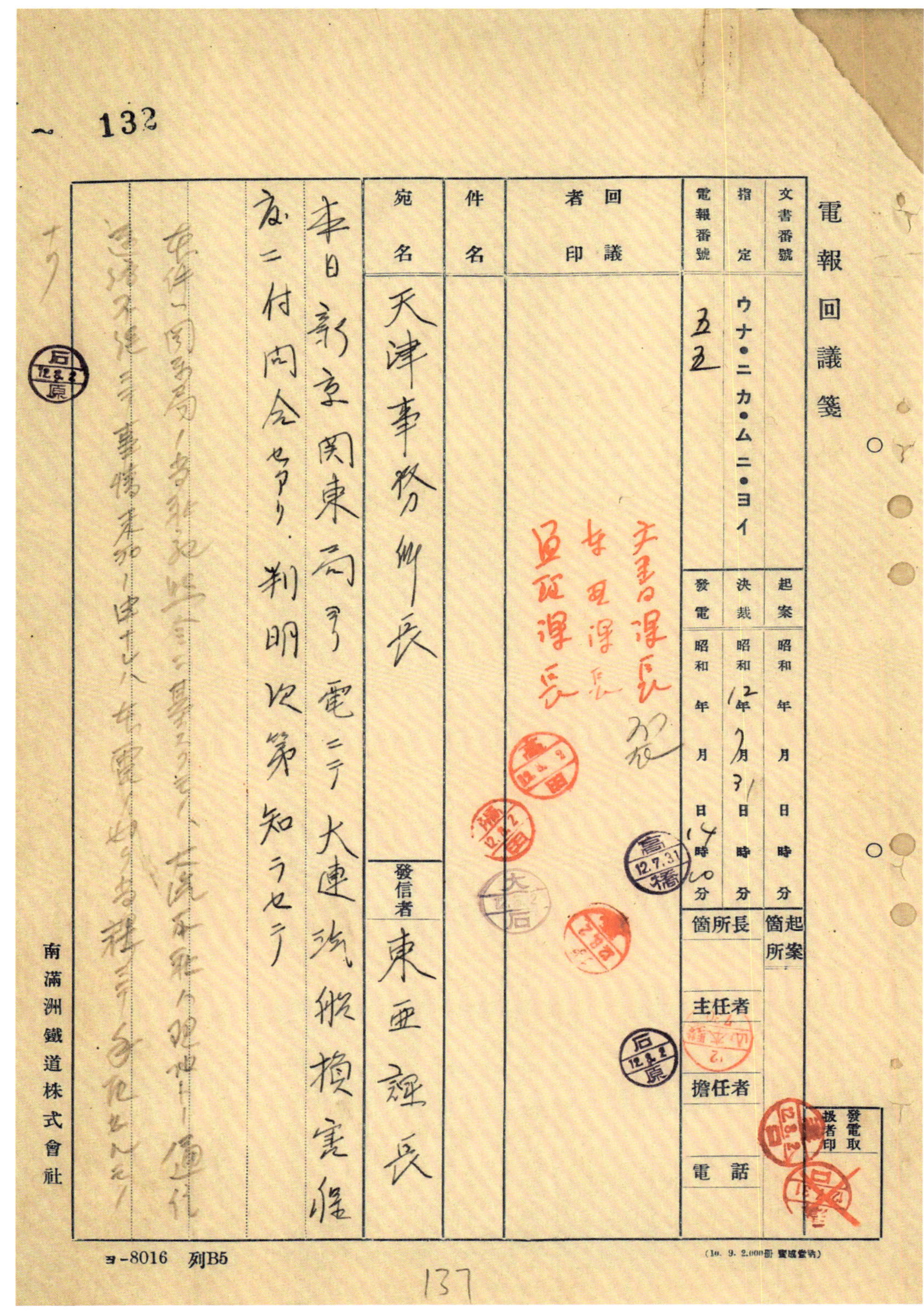
132

電報回議箋

| 文書番號 | |
|---|---|
| 指定 | ウナ・ニカ・ムニ・ヨイ |
| 電報番號 | 五五 |
| 起案 | 昭和　年　月　日　時　分 |
| 決裁 | 昭和12年7月31日　時　分 |
| 發電 | 昭和　年　月　日14時20分 |
| 回議者印 | |
| 件名 | |
| 宛名 | 天津事務所長 |
| 發信者 | 東亜課長 |

本日新京関東局ヨリ電ニテ大連汽船損害程度ニ付内命セアリ．判明次第知ラセテ

箇所長　起案箇所　主任者　擔任者　電話　發電取扱者印

南滿洲鐵道株式會社

ヨ-8016　列B5

137

# 天津事务所长关于民团粮食装载等事致总裁室东亚课长的电文（一九三七年七月三十一日）

331

著電譯文

| 文書番號 | 發信局 | 電報番號 |
|---|---|---|
| | | 三二 |

發電 昭和 年 七月 三一日 一九時 三〇分

着電 昭和 年 八月 二日 九時 五〇分

受付 昭和 年 月 日 十一時 一〇分

受信者：東亞課長

發信者：天津事務所長

東亞課長

三一日產、商工課長發才八八号電返、第一回民團用米塘沽ニ陸揚ゲシ終リアル由關東軍ヨリ報アリ引取手配中、第二回分モ運輸部宛トシテ陸揚ゲ出来ルニ付、天津丸ニ積込ミナケレバ是非長平丸ニ積込頼ム、宛先運輸部

南滿洲鐵道株式會社

日-8017 B列5

339

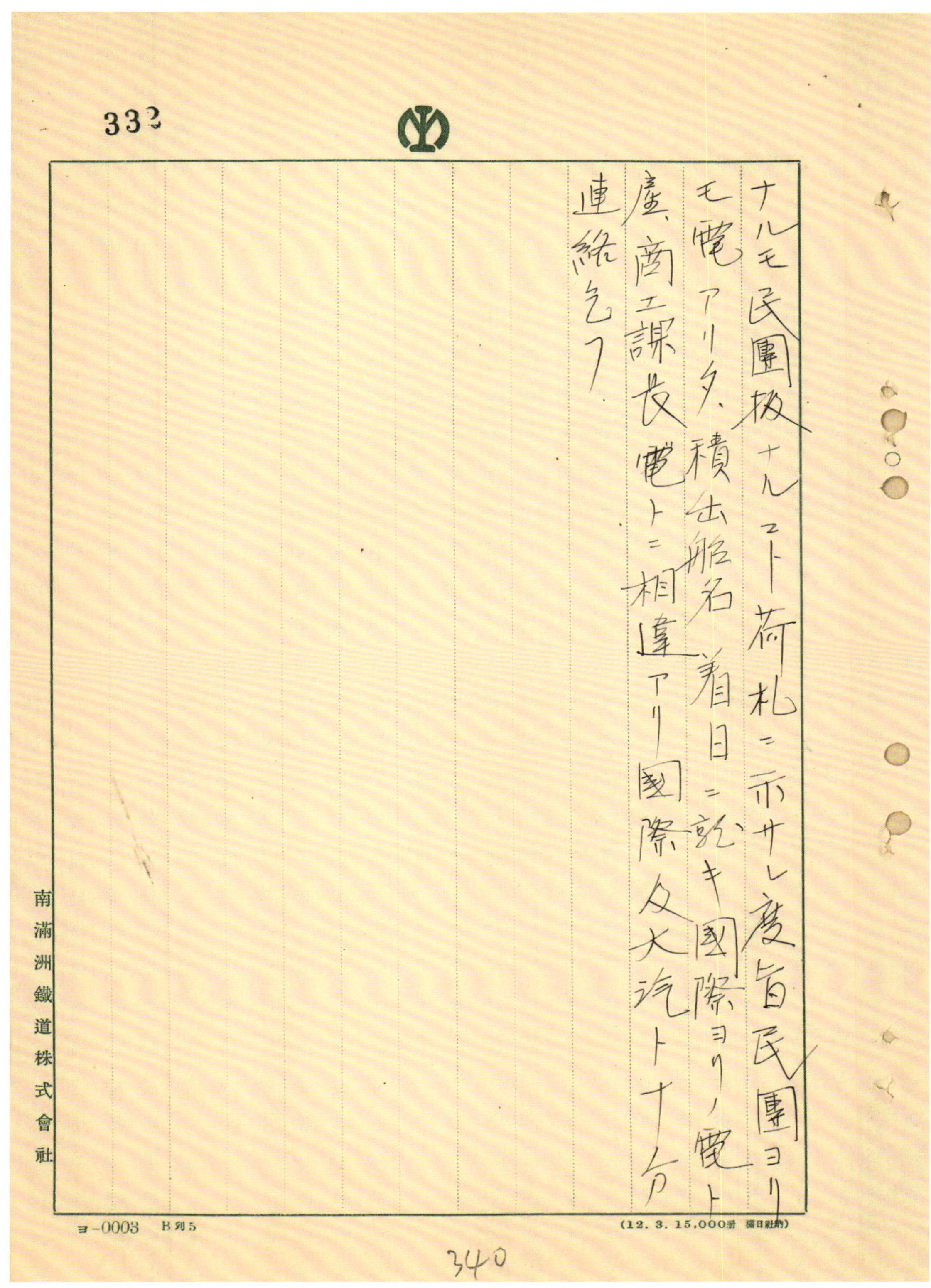

332

ナルモ民團扱ナルコト荷札ニ示サレ度旨民團ヨリ
モ電アリタ、積出船名着日ニ就キ國際ヨリノ電ト
廣商工課長電トニ相違アリ國際及大汽ト十分
連絡乞フ

南滿洲鐵道株式會社

ヨ-0003 B列5 (12. 3. 15.000冊 滿日社納)

340

# 总裁室东亚课长关于请向兴中社长表示感谢事致天津事务所长的电文（一九三七年七月三十一日）

135

電報回議箋

| 文書番號 | 指定 | 電報番號 | 回議者印 | 件名 | 宛名 |
|---|---|---|---|---|---|
| ウナ・ニカ・ムニ・ヨイ | | 一/二 | 東亜課長 3 | | 天津事務所長 |

| 起案 | 決裁 | 發電 |
|---|---|---|
| 昭和12年7月31日9時15分 | 昭和　年　月　日　時　分 | 昭和　年　月31日9時40分 |

起案箇所　所長箇所　主任者　擔任者　電話　發電取扱者印

發信者　東亜課長

右記興中社長ヘ傳ヘ乞フ 時局重大ノ折柄連日ノ御活動ニ対シ深甚ノ謝意ヲ表ス 各位ニモ宜敷御傳ヘ乞フ

南滿洲鐵道株式會社

ヨ-8016　列B5　(10. 9. 2,000冊 ……)

134

天津事务所长关于请派遣汉语翻译及护士事致总裁室东亚课长的电文（一九三七年七月三十一日）

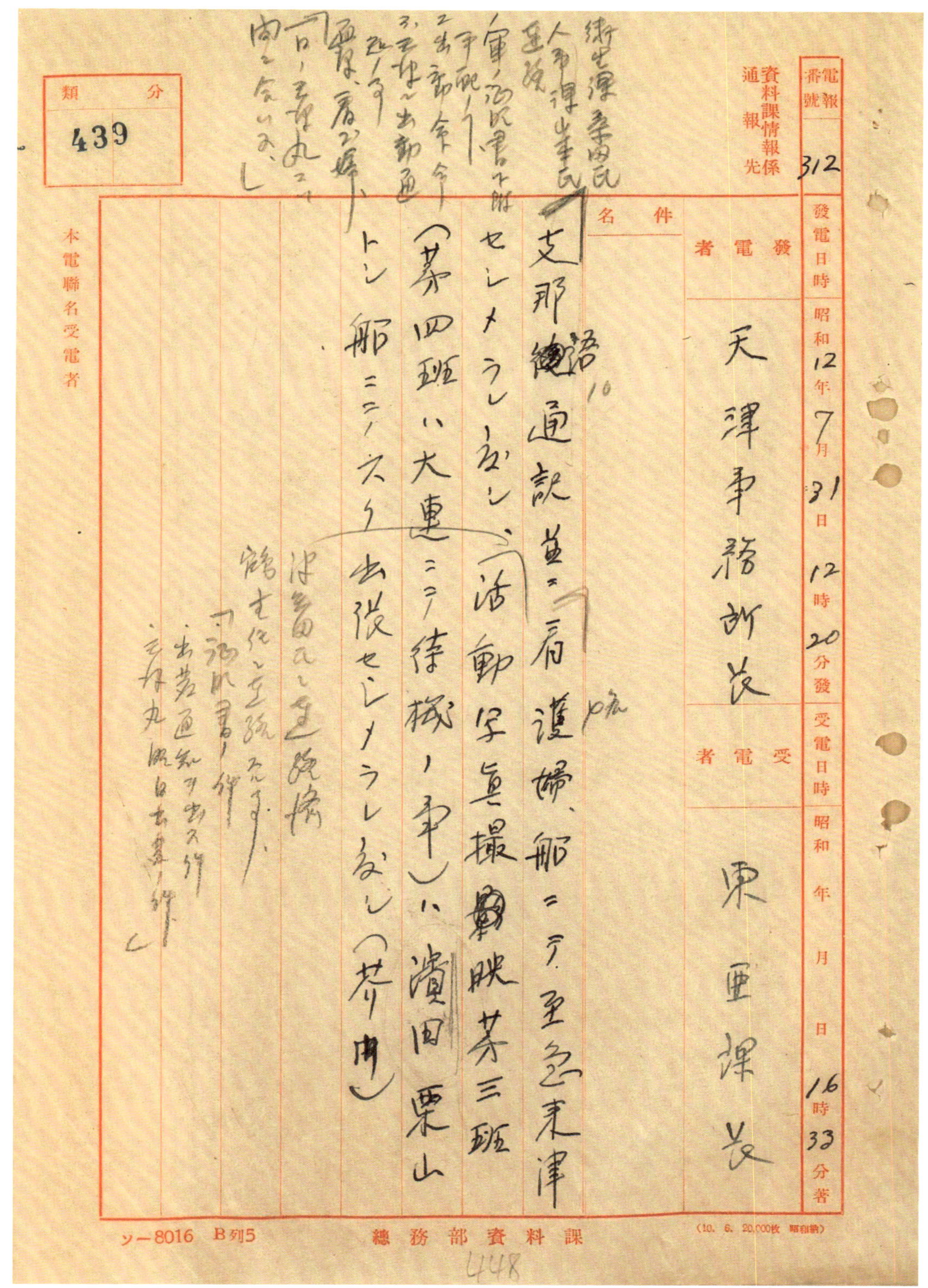

| 電報番號 | 312 |
|---|---|
| 發電日時 | 昭和12年7月31日12時20分發 |
| 受電日時 | 昭和　年　月　日16時33分著 |
| 發電者 | 天津事務所長 |
| 受電者 | 東亞課長 |
| 分類 | 439 |

資料課情報係通報先

本電聯名受電者

件名

支那語通訳並ニ看護婦、船ニテ至急来津セシメラレ度シ、活動写真撮影班茅三班（茅四班ハ大連ニテ待機ノ事）ハ濱田栗山トシ船ニテ出張セシメラレ度シ（茅内）

ソ−8016　B列5　總務部資料課　（10. 6. 20,000枚　昭和納）

448

# 天津事务所长关于转达商工课长永田的归任日期事致总裁室东亚课长的电文（一九三七年八月一日）

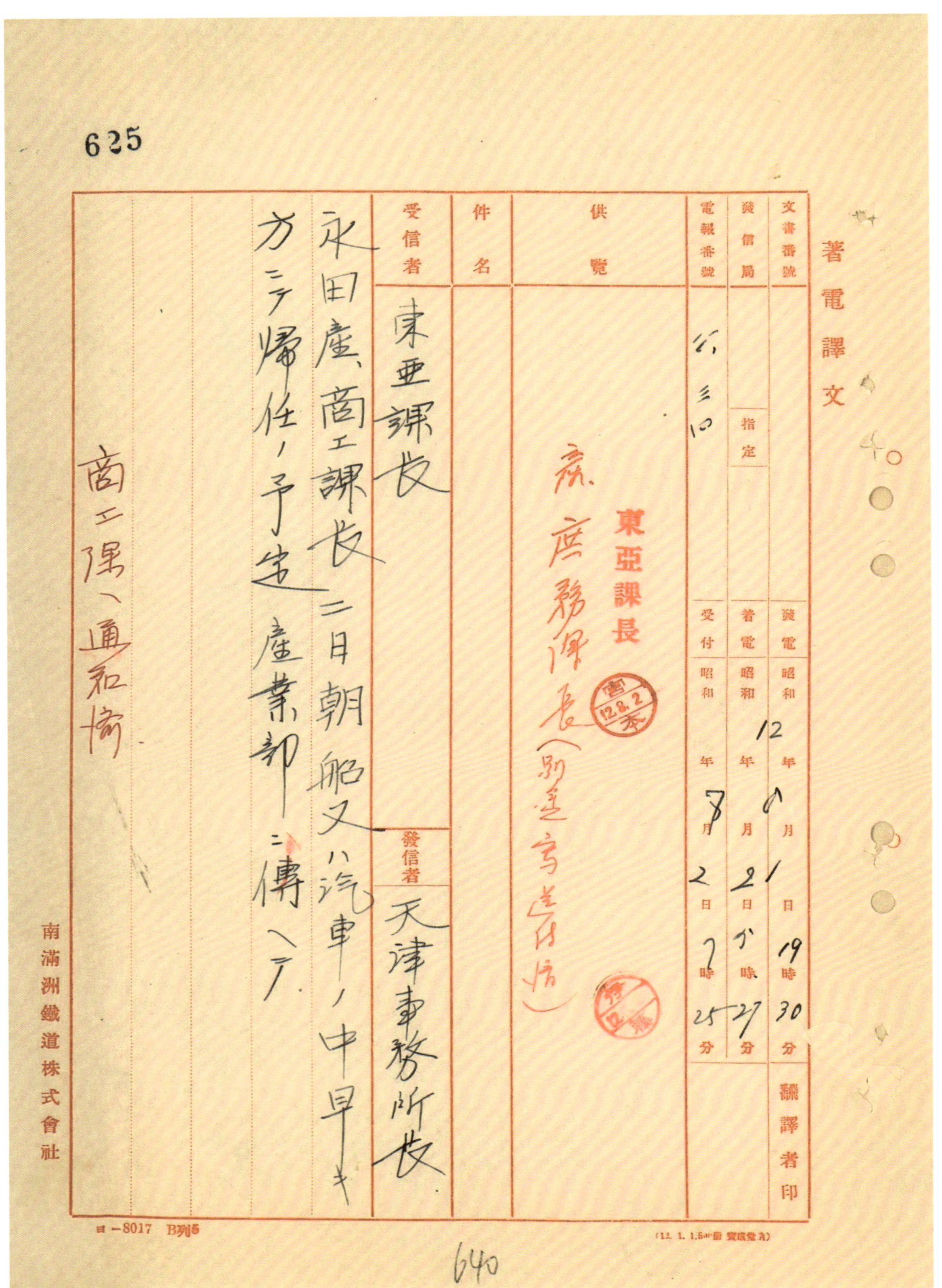
625

著電譯文

受信者：東亜課長

發信者：天津事務所長

發電 昭和12年8月1日19時30分
着電 昭和年8月2日〇時27分
受付 昭和年8月2日7時25分

永田産、商工課長二日朝船又ハ汽車ノ中早キ方ニテ帰任ノ予定産業部ニ傳ヘラレ度

東亜課長

商工課ヘ通知済

廣庶務課長（別送写差上候）

南滿洲鐵道株式會社

640

天津事务所长关于从天津对外邮寄事致总裁室东亚课长的电文（一九三七年八月一日）

203

著電譯文

| 文書番號 | 發信局 | 電報番號 |
| --- | --- | --- |
| | | 社二六 |

| 發電 | 着電 | 受付 |
| --- | --- | --- |
| 昭和12年8月1日11時30分 | 昭和年8月2日5時45分 | 昭和年月日7時25分 |

供覧：文書課長（別室字並付情）、東亜課長、総、庶務課長（別室字並付情）

受信者：東亜課長

發信者：天津事務所長

当地ヨリ外部ヘノ郵便杜絶シタルニヨリ右恢復マデ社員ノ別居家族其ノ他ニ対スル郵便ハ軍事郵便ノ例ニ倣ヒ当所ニテ取纒メ社用便ニテ大連ニ送付スルヲ以テ文書課ニテ一切手會社員擔ニテ貼布発送スルノ方法ヲ考慮願度至急返乞フ

南滿洲鐵道株式會社

210

# 天津事务所长关于报告时局情报事致总裁室弘报课长的电文（一九三七年八月一日）

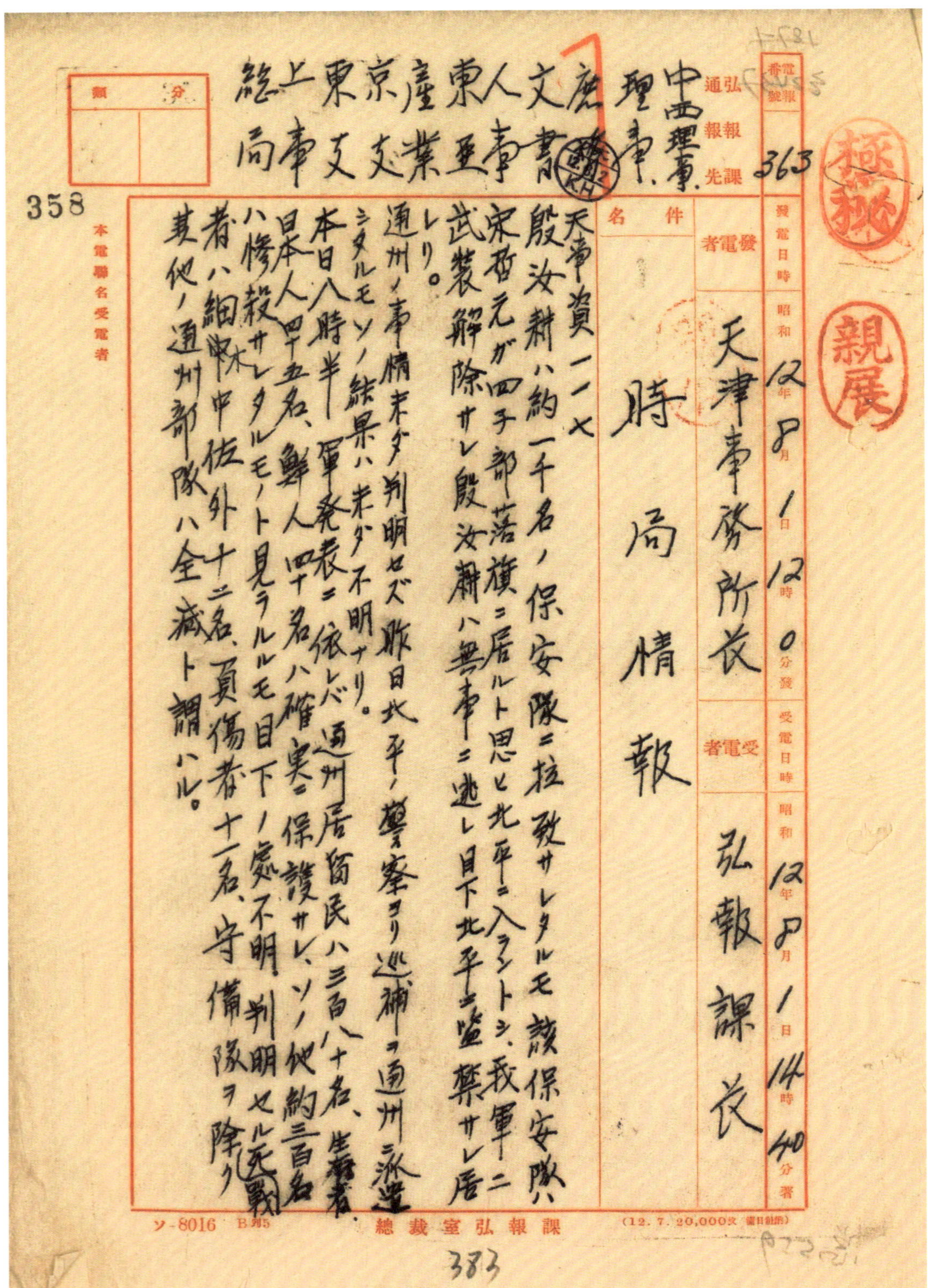
358

極秘　親展

中西理事、理事、庶務、文書、人事、東亞、産業、京支、東支、上事、総局

| 番號 | 電報 |
|---|---|
| 通報先課 | 弘報 363 |
| 件名 | 時局情報 |
| 發電者 | 天津事務所長 |
| 發電日時 | 昭和12年8月1日12時0分發 |
| 受電者 | 弘報課長 |
| 受電日時 | 昭和12年8月1日14時40分着 |

天事資一一七

殷汝耕ハ約一千名ノ保安隊ニ拉致サレタルモ該保安隊ハ宋哲元ガ四千部落旗ニ居ルト思ヒ北平ニ入ラントシ、我軍ニ武装解除サレ殷汝耕ハ無事ニ逃レ目下北平ニ監禁サレ居レリ。

通州ノ事情未ダ判明セズ昨日北平ノ警察ヨリ巡捕ヲ通州ニ派遣シタルモソノ結果ハ未ダ不明ナリ。

本日八時半軍発表ニ依レバ通州居留民ハ三百八十名、生存者日本人四十五名、鮮人四十名ハ確実ニ保護サレ、ソノ他約三百名ハ惨殺サレタルモノト見ラルルモ目下ノ處不明。判明セル死者ハ細木中佐外十二名、負傷者十一名、守備隊ヲ除ク其他ノ通州部隊ハ全滅ト謂ハル。

本電報名受電者

ソ-8016　B列5　總裁室弘報課　(12.7.20,000冊)

383

# 天津事务所长关于在天津烧毁机密文件事致总裁室东亚课长的电文（一九三七年八月一日）

206

**著電譯文**

| 文書番號 | 發信局 | 電報番號 |
|---|---|---|
| | | 社一 |

指定

| | 發電 | 着電 | 受付 |
|---|---|---|---|
| 昭和 年 | | 12 | |
| 月 | | 8 | |
| 日 | | 1 | |
| 時 | 12 | 14 | 16 |
| 分 | 1 | 20 | 40 |

翻譯者印 （譯 12.8.1）

供覽：文書課長　東亞課長（12.8.2）　別途写送付済ミ

件名：

受信者：東亜課長

發信者：天津事務所長

文書課長三十日七十六号電（紀七ノ一）照会ノ天津ニ於テ焼却セル機密文書ハ輸送班ノ暗号計画書其他ニシテ右ニ関シテハ輸送班ヨリ総局長並ニ文書課長ニ電スミナリ。

南滿洲鐵道株式會社

日－8017 B列5　　(12.1.1.5000冊 實成堂刊)

213

# 天津事务所长关于文件送达顺序事致总裁室东亚课长的电文（一九三七年八月一日）

207

著電譯文

| 文書番號 | 發信局 | 電報番號 |
| --- | --- | --- |
| | | 社二 |

| | 昭和 | 年 | 月 | 日 | 時 | 分 |
| --- | --- | --- | --- | --- | --- | --- |
| 發電 | 昭和 | | | | 12 | 1 |
| 着電 | 昭和 | 12 | 8 | 1 | 14 | 25 |
| 受付 | 昭和 | | | | 16 | 40 |

指定

供覽：文書課長 別途寫送付 東亞課長 別途寫送付 人事課長 弘報課長

件名：

受信者：東亞課長

發信者：天津事務所長

當方ニ對スル文書送達ハ左記順位ニ據ラレ度シ

一、無電利用ノコト 二、飛行機利用ノコト

三、大沽ニ廻スコト

列車目下見込立タズ 決定次第通知ス、社員ノ

飜譯者印

南滿洲鐵道株式會社

ヨ－8017 B列5

(12. 1. 1.5…冊 實業堂為)

214

208

来津モナ成可ク船便ヲ利用セシメラレ度シ。

南滿洲鐵道株式會社

ヨ-0003 B列5 (12.3.15,000冊 滿日社納)

215

# 天津事务所长关于补充天津居留民粮食事总裁室东亚课长的电文（一九三七年八月一日）

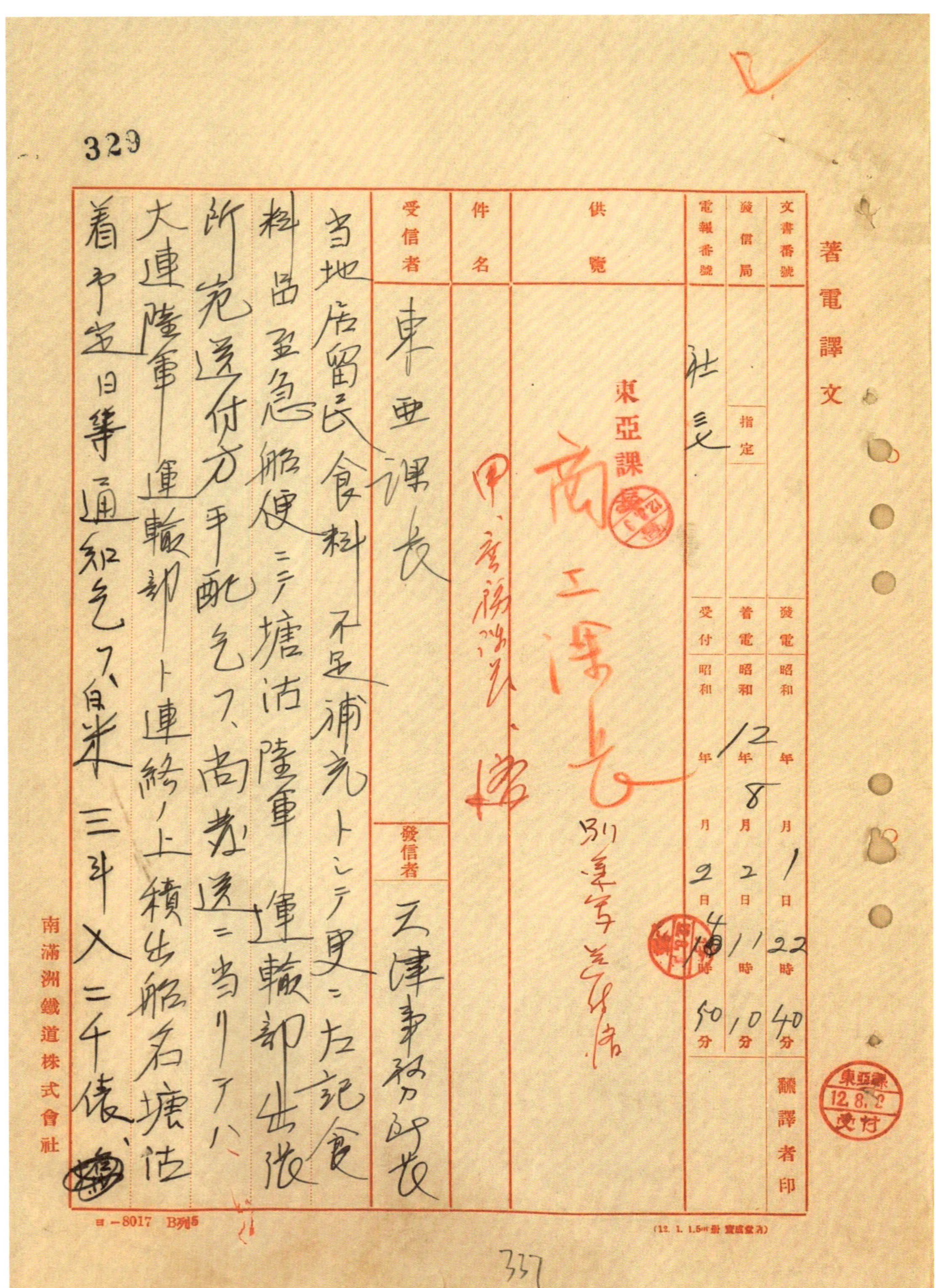

329

著電譯文

文書番號
發信局 社
電報番號

發電 昭和12年8月1日22時40分
着電 昭和 年8月2日11時10分
受付 昭和 年 月2日14時50分

供覽

件名

受信者 東亜課長

当地居留民食料不足補充トシテ更ニ左記食料品至急船便ニテ塘沽陸軍運輸部出張所宛送付方手配乞フ、尚発送ニ当リテハ大連陸軍運輸部ト連絡ノ上積出船名塘沽着予定日等通知乞フ、
白米三斗入二千俵

發信者 天津事務所長

南滿洲鐵道株式會社

337

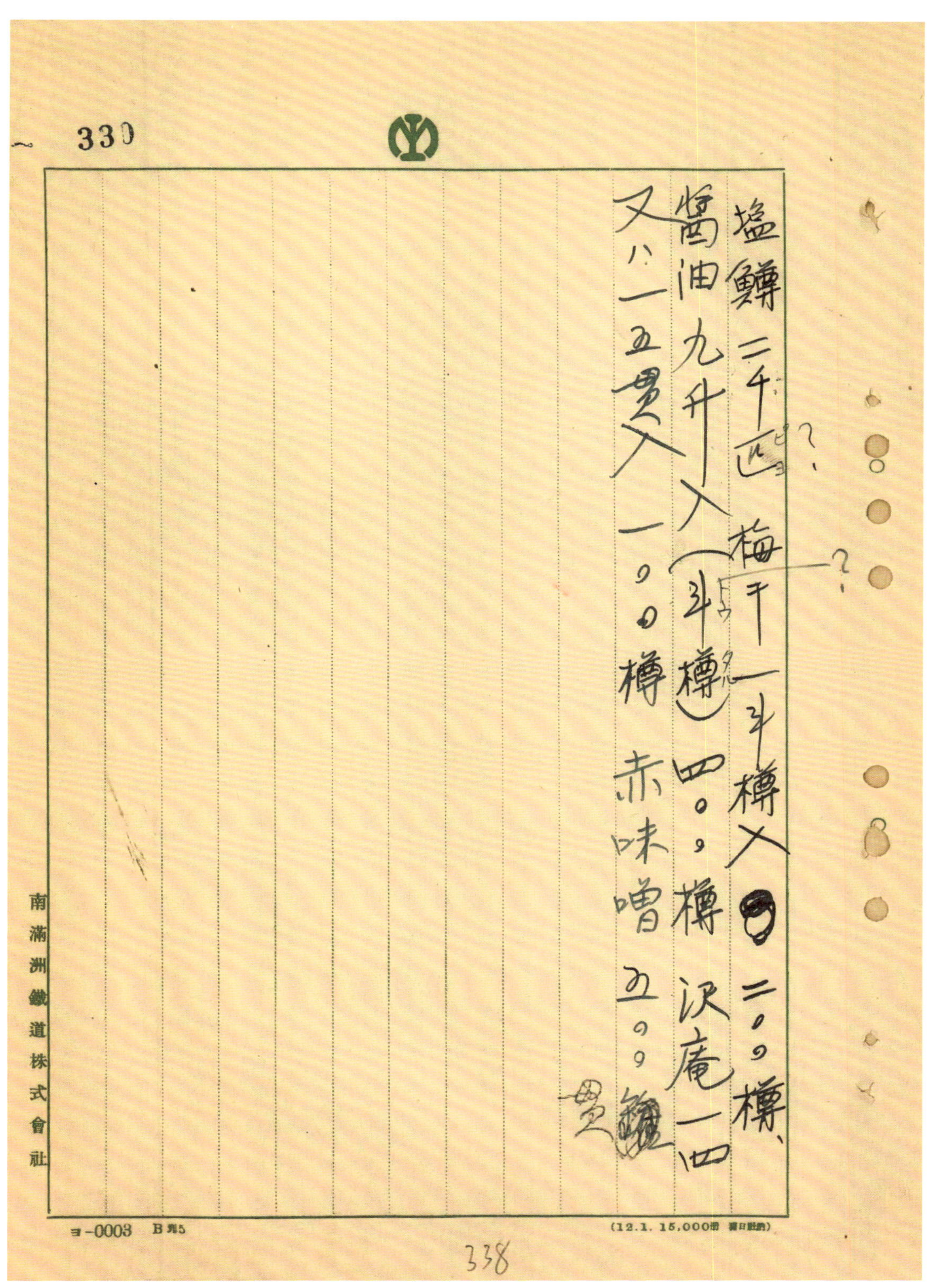

330

塩鱒二千匹（?） 梅干一斗樽入 二〇〇樽、
醤油九升入（斗樽）四〇〇樽 沢庵一四
又ハ一五貫入一〇〇樽 赤味噌五〇〇貫

南滿洲鐵道株式會社

ヨ-0003 B列5 (12.1. 15,000冊 濱日競納)

338

# 天津事务所长关于山口、芦泽二人之消息事致总裁室东亚课长的电文（一九三七年八月一日）

630

著電譯文

| 文書番號 | 發信局 | 電報番號 |
|---|---|---|
| | | 一八八 |

指定

發電 昭和12年8月1日15時40分

供覽：總務部長（宮崎代讀）　東亜課長　人事課長

件名：山口芦沢消息ニ関スル件

受信者：東亜課長

發信者：天津事務所長

曩ニ報セル映画班第一班山口芦澤ノ両名ハ豊台ニ在リテ部隊ト行動ヲ共ニシアリシ所芦澤ハ二十六日夜廣安門事变ノ際重傷ヲ負ヒタル説アリ目下行方不明、軍ニテモ連絡不能ノ為

645

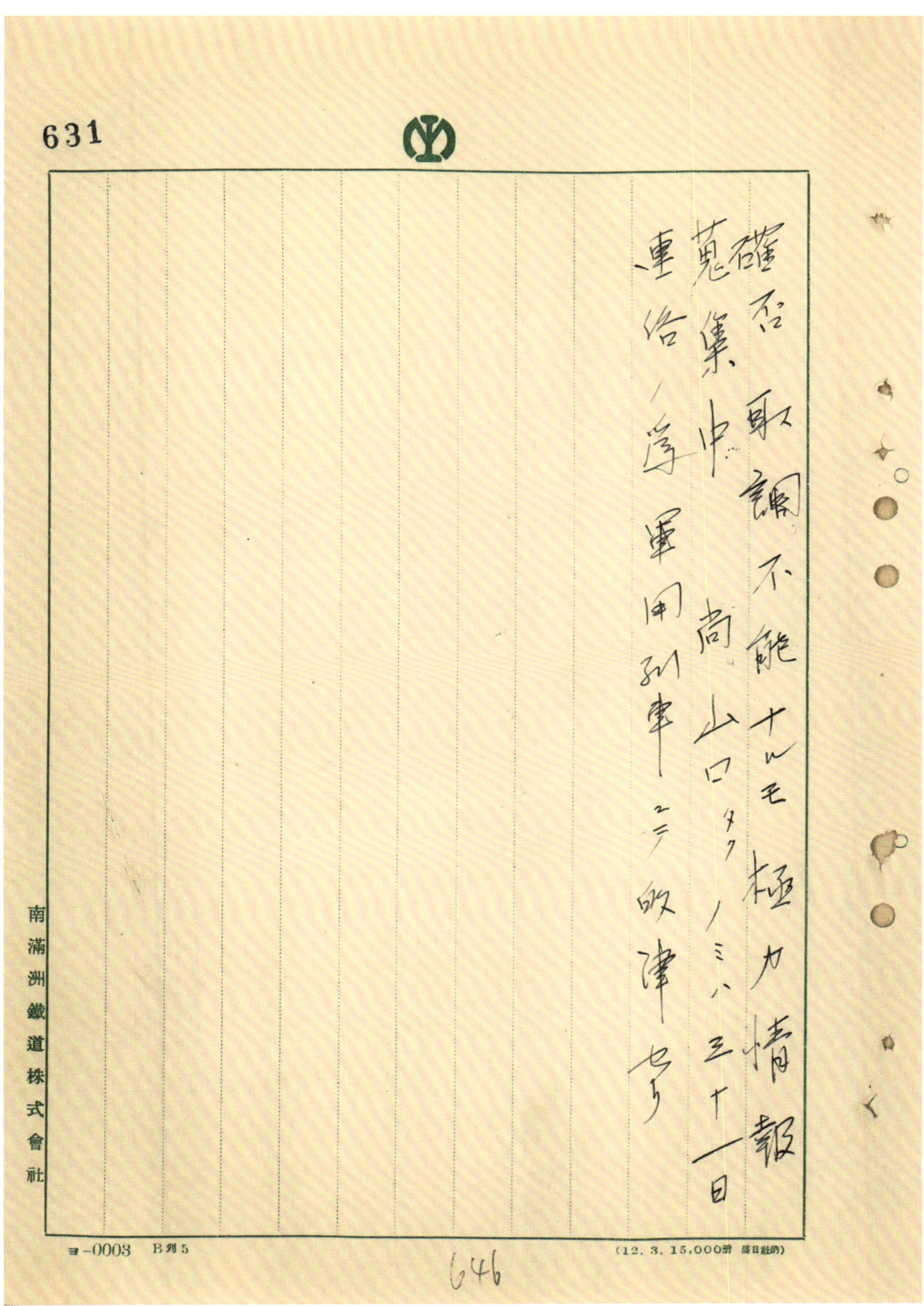

確否取調不能ナルモ極力情報蒐集中 尚山口タクノミハ三十一日連絡ノ為軍用列車ニテ赴津セリ

# 天津事务所长关于萱岛部队占领冀东政府，七名社员安否不详事致总裁室东亚课长的电文（一九三七年八月一日）

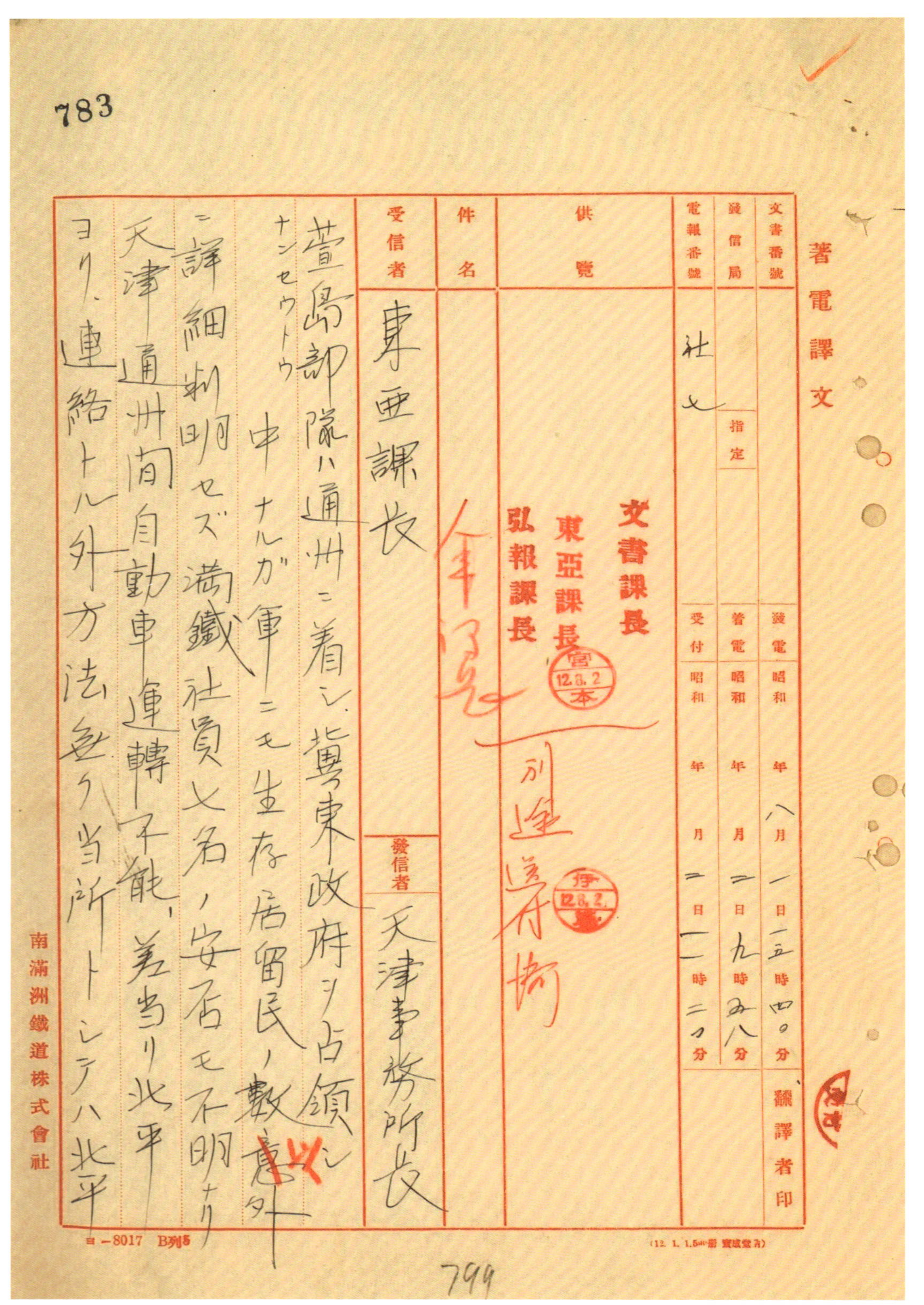
783

著電譯文

文書番號　發信局　電報番號　社七

發電　昭和　年　八月　一日　一三時　四〇分
着電　昭和　年　月　二日　九時　五八分
受付　昭和　年　月　二日　一一時　二〇分

受信者　東亜課長

供覧　文書課長　東亜課長　弘報課長

發信者　天津事務所長

萱島部隊ハ通州ニ着シ、冀東政府ヲ占領シ中ナルガ軍ニモ生存居留民ノ數意外ニ詳細判明セズ満鐵社員七名ノ安否モ不明ナリ天津通州間自動車運轉不能、差当リ北平ヨリ連絡トル外方法無ク当所トシテハ北平

南滿洲鐵道株式會社

日-8017 B列5

799

784

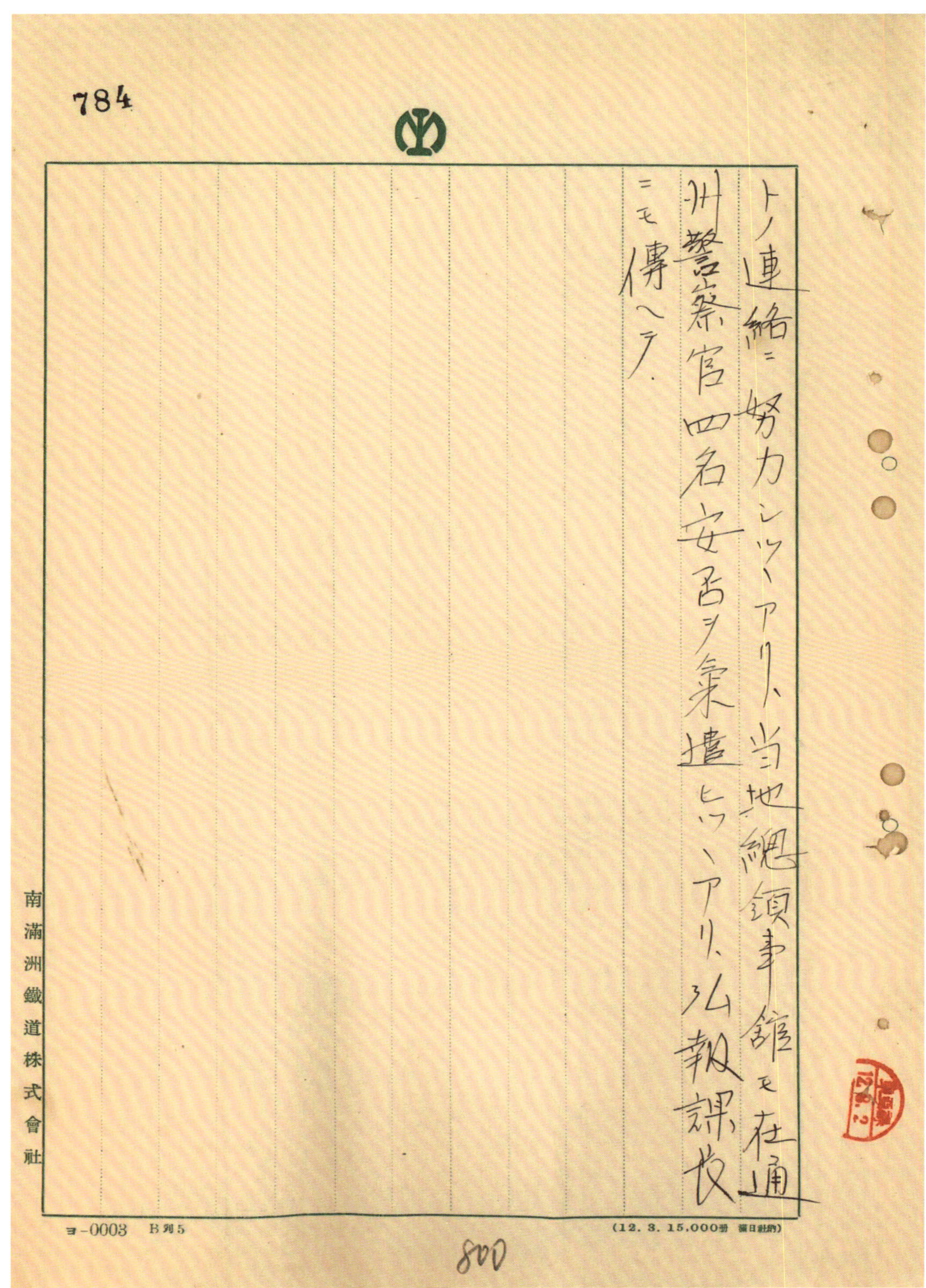

トノ連絡ニ努力シツヽアリ、当地總領事館モ在通

州警察官四名安否ヲ差遣シツヽアリ、弘報課長

ニモ傳ヘテ．

南滿洲鐵道株式會社

ヨ-0003　B列5　(12. 3. 15.000冊)

800

# 天津事务所长关于申请搭乘塘沽至天津间军用列车事致总裁室东亚课长的电文（一九三七年八月一日）

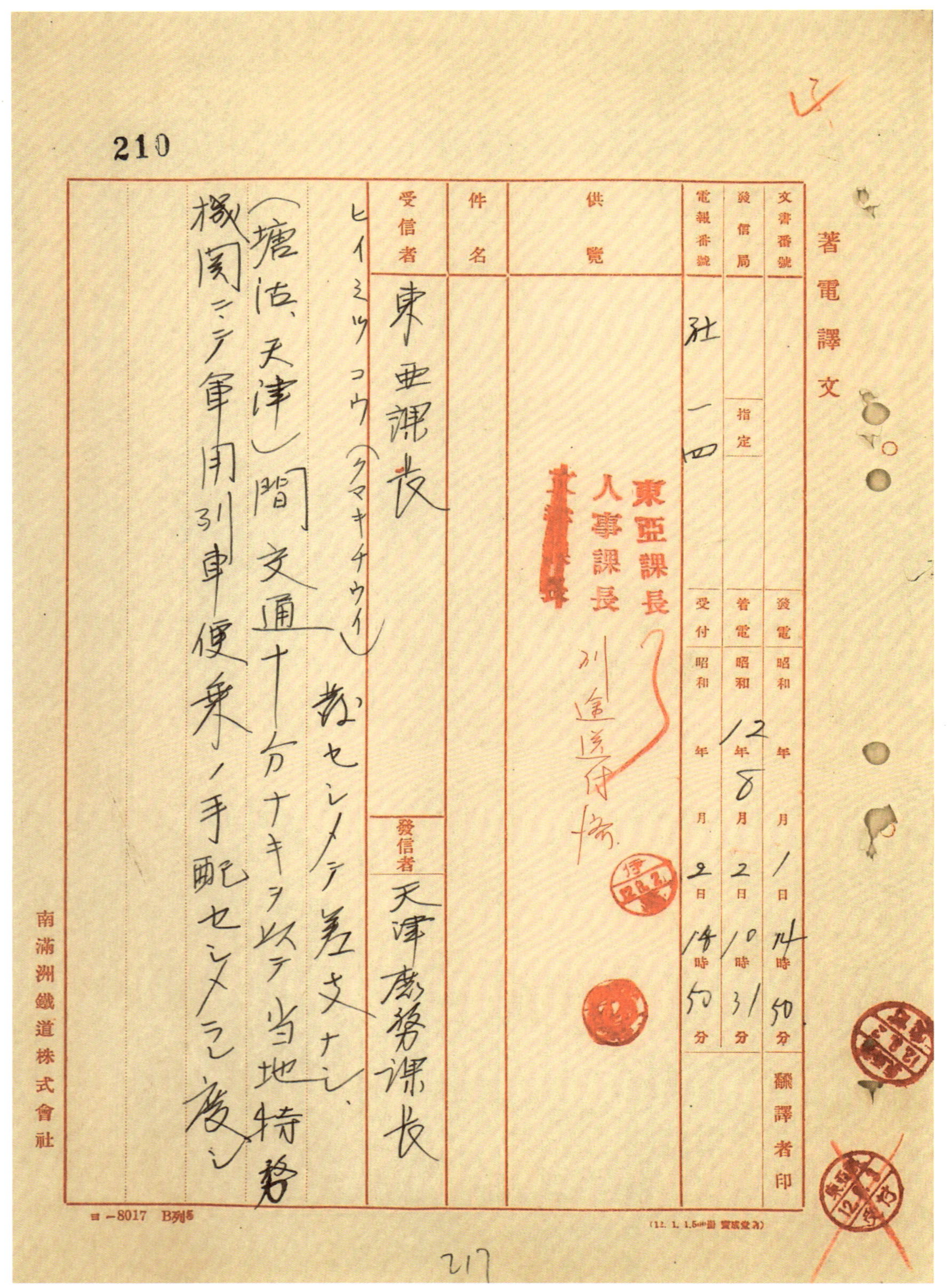

210

著電譯文

| 文書番號 | 發信局 | 電報番號 |
| --- | --- | --- |
| | | 社一四 |

指定

| 發電 | 着電 | 受付 |
| --- | --- | --- |
| 昭和12年8月1日14時50分 | 昭和12年8月2日10時31分 | 昭和年月2日14時50分 |

飜譯者印

供覽：東亜課長　人事課長

別途送付協

件名：

受信者：東亜課長

發信者：天津庶務課長

ヒイミツコウ（クマキチウイ）
（塘沽、天津）間交通十分ナキヲ以テ当地特務
機関ニテ軍用引車便乗ノ手配セシメ度シ

承認セシメテ差支ナシ、

南滿洲鐵道株式會社

217

天津事务所长关于天津至山海关间通车事致总裁室东亚课长的电文（一九三七年八月一日）

205

著電譯文

| 文書番號 | 發信局 | 電報番號 | 供覽 | 件名 | 受信者 |
|---|---|---|---|---|---|
| | 指定 | 社三三 | 文書課長 東亞課長 | | 東亞課長 |

| | 發電 | 着電 | 受付 |
|---|---|---|---|
| 昭和 | 12年 | 年 | 12年 |
| 月 | 8月 | 月 | 8月 |
| 日 | 1日 | 2日 | 2日 |
| 時 | 19時 | 下時 | 7時 |
| 分 | 30分 | 35分 | 25分 |

飜譯者印

發信者：天津事務所長

明二日ヨリ天津、山海関間通車（一列車天津八時發 四列車山海関九時發）開通ノ予定 運行時刻ハ大体從來通リノ見込

南滿洲鐵道株式會社

ヨ-8017 B列5

(12. 1. 1.5萬冊 實業堂納)

212

# 天津事务所长关于请派遣纯碱工业技术员充任工场监工事致总裁室东亚课长的电文（一九三七年八月一日）

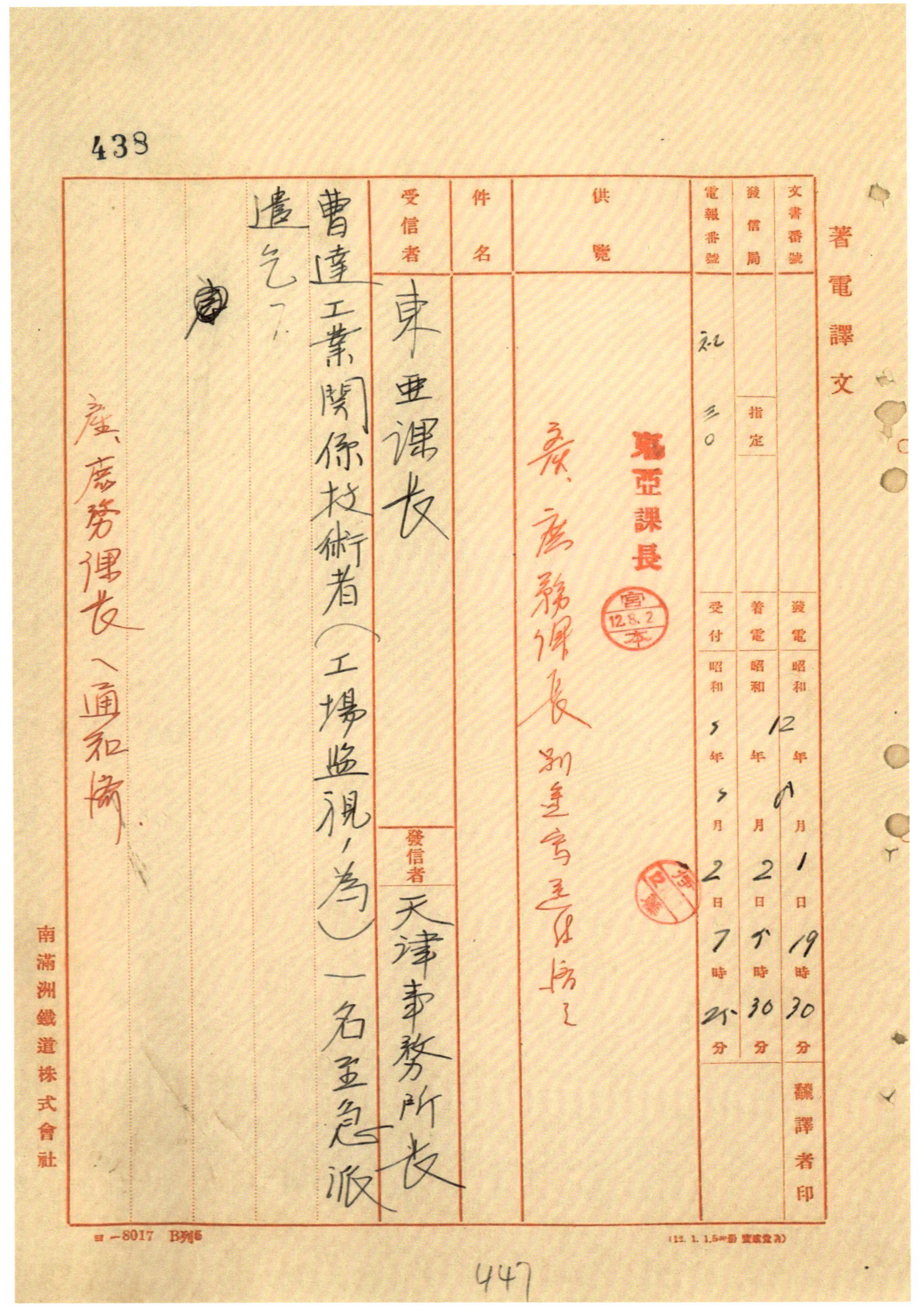

438

著電譯文

| 文書番號 | 發信局 | 電報番號 |
| --- | --- | --- |
| | | 社30 |

指定

| | 發電 | 著電 | 受付 |
| --- | --- | --- | --- |
| 昭和 | 12年8月1日19時30分 | 年月2日5時30分 | 8年8月2日7時25分 |

飜譯者印

供覽：東亜課長　總務課長　別途写送付済

受信者：東亜課長

發信者：天津事務所長

曹達工業関係技術者（工場監視ノ為）一名至急派遣乞フ

産業部長ヘ通知済

南滿洲鐵道株式會社

日-8017 B列5

447

# 天津事务所长关于汇报天津至山海关间列车明日恢复运行事致总裁室东亚课长的电文（一九三七年八月一日）

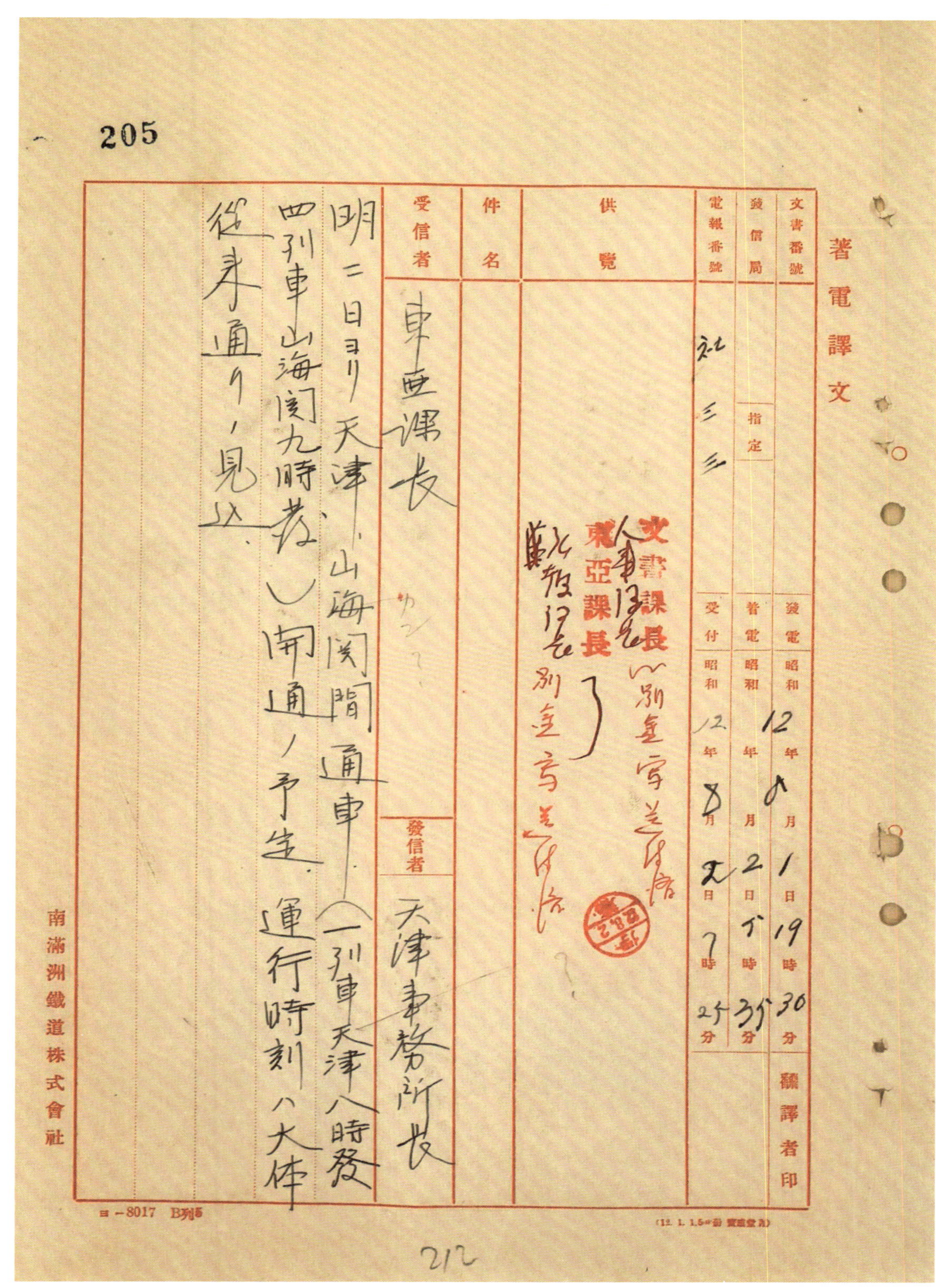

205

著電譯文

| 文書番號 | 發信局 | 電報番號 |
| --- | --- | --- |
| | | 社三三 |

| 發電 | 着電 | 受付 |
| --- | --- | --- |
| 昭和12年8月1日19時30分 | 昭和12年8月2日5時35分 | 昭和12年8月2日7時25分 |

受信者：東亜課長

件名：

供覽：

發信者：天津事務所長

明二日ヨリ天津・山海関間通車（一列車天津八時發　四列車山海関九時發）開通ノ予定　運行時刻ハ大体従来通リノ見込

文書課長　東亞課長

南滿洲鐵道株式會社

212

# 天津事务所长关于调查派往通州的员工情况事致总裁室东亚课长的电文（一九三七年八月一日）

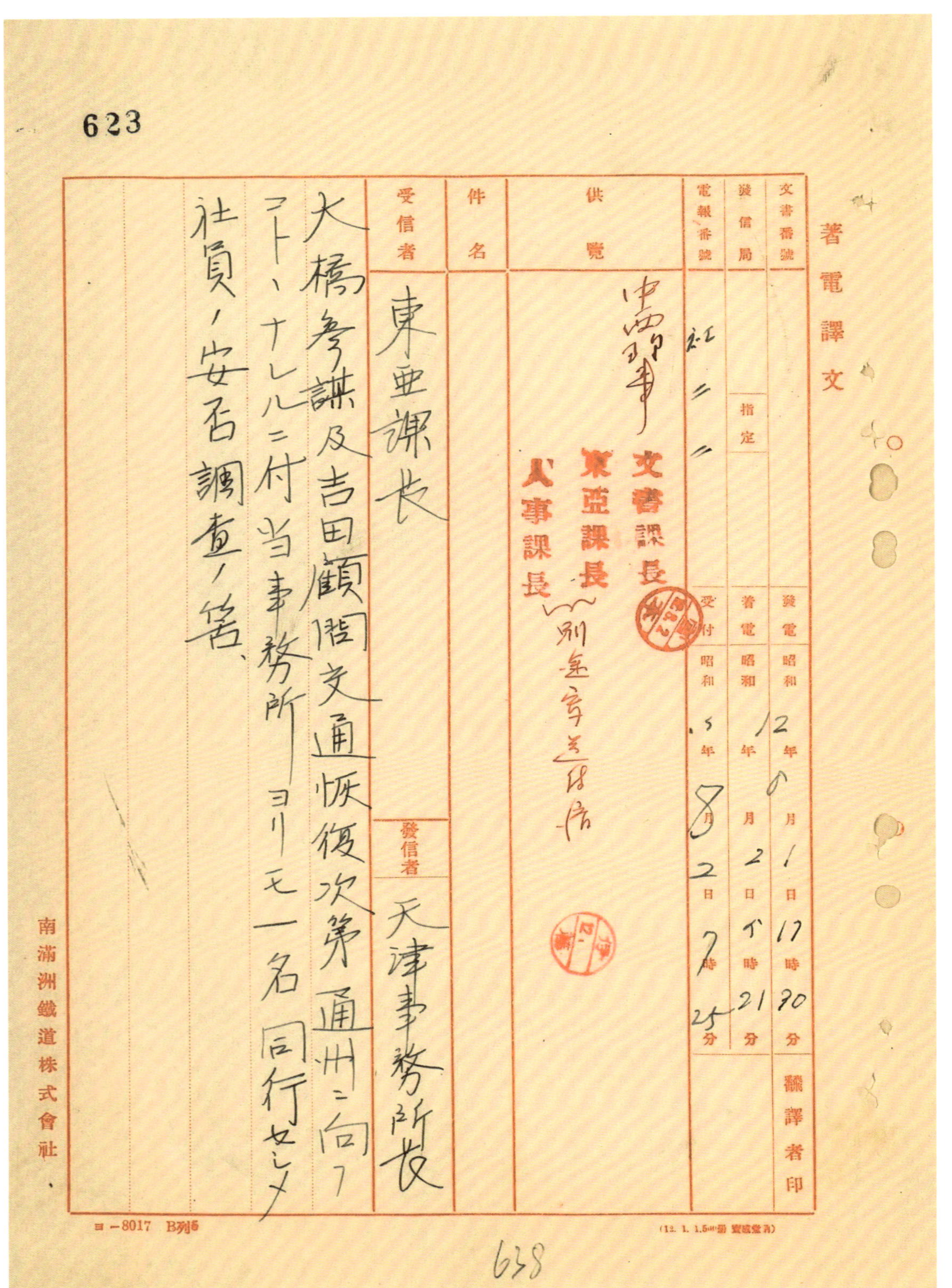

623

著電譯文

文書番號 | 發信局 | 電報番號 社二ノ一

中西理事

文書課長　東亞課長　人事課長

別途写送付済

受信者：東亞課長

發信者：天津事務所長

發電：昭和12年8月1日17時30分

着電：昭和　年　月2日　下時21分

受付：昭和　年8月2日7時25分

大橋參謀及吉田顧問交通恢復次第通州ニ向フコトヽナレルニ付当事務所ヨリモ一名同行セシメ社員ノ安否調査ノ筈

南滿洲鐵道株式會社

638

天津事务所长关于询问在通州社员安危事致总裁室东亚课长的电文（一九三七年八月一日）

627

著電譯文

| 文書番號 | 發信局 | 電報番號 | 供覽 | 件名 | 受信者 |
|---|---|---|---|---|---|
| | | 社一五 | 文書課長 東亞課長 人事課長 | 在通州社員安否 | 東亞課長 |
| | 指定 トク | 總裁室 | | | |

| 發電 | 着電 | 和 |
|---|---|---|
| 昭和12年8月1日15時40分 | 昭和12年8月2日0時55分 | 12年8月2日7時25分 |

別途写差上候

別途写差上候

發信者 天津事務所長

（特）在通州社員安否ハ弘報課長宛別電ノ如クニシテ活動寫眞班（芹川、山田、杉浦）ハ帰津シアリ 尚北平事務所ヨリ当所ヘハ何等ノ連絡無キカ 貴課三一日午前一〇時受付北平電ハ如何ナル經路ニヨリシモノナリヤ 当地電報局

南滿洲鐵道株式會社

ヨ－8017 B列5

642

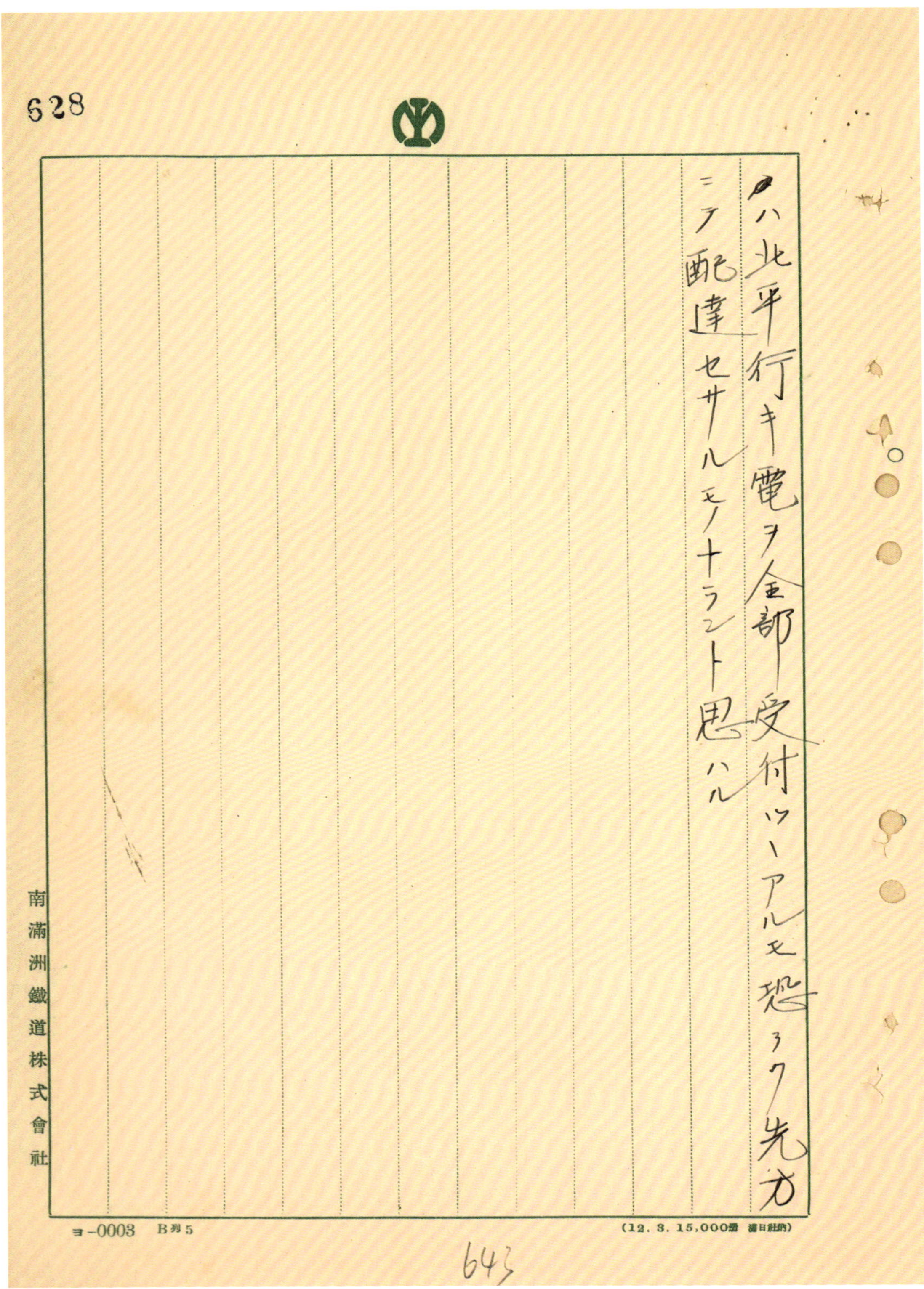
628

ハ北平行キ電ヲ全部受付ツヽアルモ恐ラク先方
ニテ配達セサルモノナラント思ハル

南滿洲鐵道株式會社

ヨ-0003　B列5　(12. 3. 15,000冊)

643

天津事务所长关于成立铁道运输班事务所事致总裁室东亚课长的函（一九三七年八月二日）

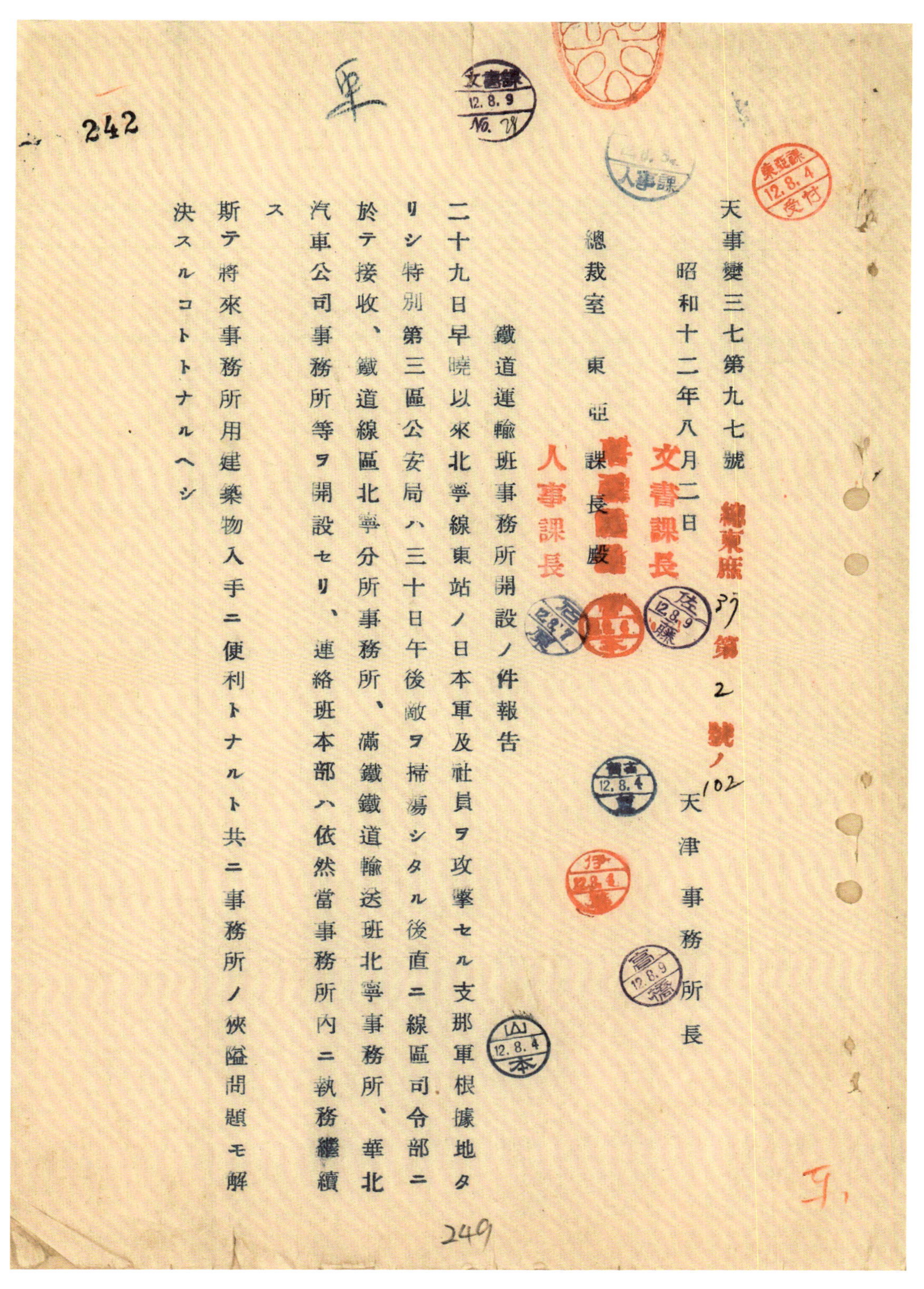

天事變三七第九七號

昭和十二年八月二日

天津事務所長

總裁室東亞課長殿

鐵道運輸班事務所開設ノ件報告

二十九日早暁以來北寧線東站ノ日本軍及社員ヲ攻撃セル支那軍根據地タリシ特別第三區公安局ハ三十日午後敵ヲ掃蕩シタル後直ニ線區司令部ニ於テ接收、鐵道線區北寧分所事務所、滿鐵鐵道輸送班北寧事務所、華北汽車公司事務所等ヲ開設セリ、連絡班本部ハ依然當事務所内ニ執務繼續ス

斯テ將來事務所用建築物入手ニ便利トナルト共ニ事務所ノ狹隘問題モ解決スルコトトナルヘシ

# 北平事务所长及相关出差人员驻留北京者名单（一九三七年八月二日）

376

滿鐵北平事務所竝關係出張者在平者名簿

| 氏名 | 年齢 | 氏名 | 年齢 |
|---|---|---|---|
| 有賀庫吉 | 四二 | 坂東昻 | 二五 |
| 横尾宗寛 | 四〇 | 氏原正太郎 | 二五 |
| 濱本一人 | 三三 | 小野榮一 | 二一 |
| 仲尾次彌善 | 三七 | 牛島吉郎 | 六二 |
| 田中鏊 | 三七 | 口田康信 | 四五 |
| 氷鉋貞一郎 | 三〇 | 八木沼丈夫 | 四三 |
| 飯田秀吉 | 二四 | 片山康貳 | 二五 |
| 田上末彥 | 二七 | 板屋猛 | 三〇 |
| 橋口政善 | 二三 | 菅野正司 | 四四 |
| 橋本弘 | 二七 | 川崎保城 | 四五 |
| 宮田良吉 | 三七 | 芦澤道男 | 二六 |
| 白築實 | 二五 | | |

384

377

滿鐵支那留學生

| 氏名 | 年齡 |
|---|---|
| 別所文吉 | 三一 |
| 酒井淳之 | 二九 |
| 森川守三 | 二六 |
| 村上正 | 三二 |
| 外山二郎 | 三三 |
| 石井俊之 | 三一 |
| 城戸四郎 | 二六 |
| 大木一郎 | 二四 |
| 西村淸太郎 | 三一 |
| 淺川貞次 | 二七 |

承平汽車公司

| 氏名 | 年齡 |
|---|---|
| 田邊武吉 | 三三 |
| 村岡昌吾 | 三二 |

滿鐵扶桑館

| 氏名 | 年齡 |
|---|---|
| 寺島要 | 四四 |
| 逑金新一 | 三八 |
| 島崎政治 | |
| 小林源與 | 三五 |
| 鈴木康正 | 二九 |
| 末吉巴 | 四〇 |
| 原田ミサノ | 二三 |
| 細川シゲ子 | 二八 |
| 細川ミツヱ | 二三 |
| 鎌田トミ子 | 二四 |
| 松尾初江 | 二四 |
| 川井千代子 | 三二 |
| 川井きよ子 | 二〇 |

385

378

豐臺（河邊部隊）派遣

| 氏名 | 年齡 |
|---|---|
| 留學生 | |
| 陶山邦夫 | 三二 |
| 石田七郎 | 二九 |
| 淀川忠行 | 三四 |
| 坂野保夫 | 二四 |
| 田村清昭 | 三〇 |
| 松本政治 | 二六 |
| 佐野强 | 二八 |
| 岡田明雄 | 二四 |
| 林正三 | 二八 |
| 堀敏夫 | 三〇 |

川岸部隊派遣

| 氏名 | 年齡 |
|---|---|
| 留學生 | |
| 山本平太郎 | 二六 |
| 河口勇之助 | 二七 |
| 松下恭平 | 二九 |
| 北平陸軍特務機關 | |
| 岡城堅造 | 三五 |
| 手島正毅 | 二五 |
| 伊能源太郎 | 三〇 |
| 北平大使官海軍武官室 | |
| 濱田健三 | 三〇 |

386

379

天津事務所助勤

| 氏名 | |
|---|---|
| 草柳英一 | 二九 |
| 大澤貞藏 | 二八 |
| 自宅 | |
| 鈴江言一 | |
| 古閑二夫 | |

387

# 天津事务所长关于时局日趋常态化需统一执行各项命令事致总裁室东亚课长的电文（一九三七年八月二日）

128

著電譯文

| 文書番號 | 發信局 | 電報番號 | 供覽 | 件名 | 受信者 |
|---|---|---|---|---|---|
| | 指定 | 69 | 文書課長 東亞課長 人事課長 | | 東亜課長 |

| 發電 | 着電 | 受付 |
|---|---|---|
| 昭和12年8月2日16時45分 | 昭和〃年〃月〃日21時59分 | 昭和〃年〃月〃日23時50分 |

飜譯者印

發信者 天津事務所長

時局ハ打之ホジキユウノ傾向アリ現下破壞後ノ復旧作業啟治ヲ要スルモノ多ク当地ニ於ケル社務遂行ヲ完全ニスル時宜ヲ得セシムル爲ニハ統一的執行ヲ要スルモノト信ズ可然善処乞フ

南滿洲鐵道株式會社

ヨ－8017 B列5

(12. 1. 1.5㎜冊 賢成堂刊)

133

天津事务所长关于员工乘坐飞机事宜事致总裁室东亚课长的电文（一九三七年八月二日）

201

著電譯文

文書番號：

發信局：

電報番號：社〇五

指定：

發電：昭和　年　月　日 11時 30分

著電：昭和 12年 8月 2日 21時 23分

受付：昭和　年　月　日 23時 40分

供覽：文書課長　東亞課長　人事課長　総務課長

受信者：東亞課長

發信者：天津事務所長

二日ヨリ飛行機復活スルコト社員往復利用セラレタシ、社員ノ用ニ関シテハ大連特務機関ト連絡セヨ

飜譯者印

南滿洲鐵道株式會社

ヨ－8017　B列5

(12. 1. 1.500冊 實成堂)

208

# 天津事务所长关于运送民团粮食事致总裁室东亚课长的电文（一九三七年八月二日）

327

著電譯文

| 文書番號 | 發信局 | 電報番號 | 指定 |
|---|---|---|---|
| | | 五四 | ウ二 |

發電 昭和一二年八月二日一五時三〇分
着電 昭和〃年〃月〃日二一時一二分
受付 昭和〃年〃月〃日二三時一五分

供覽：東亞課長

件名：

受信者：東亜課長

發信者：天津事務所長

一日三〇一電ニヨル民團食料品輸送ハ従前同様困難ニシテ輸送ニ難シキハ目下大汽及陸軍大連輸送部トモ連絡ノ上船便次第至急送附セヨ尚目下陸軍ライター五〇〇トン二隻五日大連発ノ予定ニ付参考迄ニ

335

南滿洲鐵道株式會社

# 天津事务所长关于川越大使到访大连事致总裁室东亚课长的电文（一九三七年八月二日）

620

著電譯文

| 文書番號 | 發信局 | 電報番號 | 供覽 | 件名 | 受信者 |
|---|---|---|---|---|---|
| | | 四九 | 東亞課長 | | 東亞課長 |

| 發電 | 着電 | 受付 |
|---|---|---|
| 昭和一二年八月二日一五時三〇分 | 昭和〃年〃月〃日二一時二九分 | 昭和〃年〃月〃日二三時四五分 |

發信者：天津事務所長

川越大使一行三名憲通飛機ニテ三日午前八時四〇分着連五日青島丸ニ乗ル予定ニツキ出迎自動車二台並ニ遼東ホテル留保方手配アリタク尚大使ハ総裁ノ都合ヨケレバ才目ニカヽリ度キ意向ニ付可然取計アリ度シ

南滿洲鐵道株式會社

## 天津事务所长、总裁室东亚课长关于垫付悬挂广告气球人员旅费事的文件
## 总裁室东亚课稿（一九三七年八月二日）

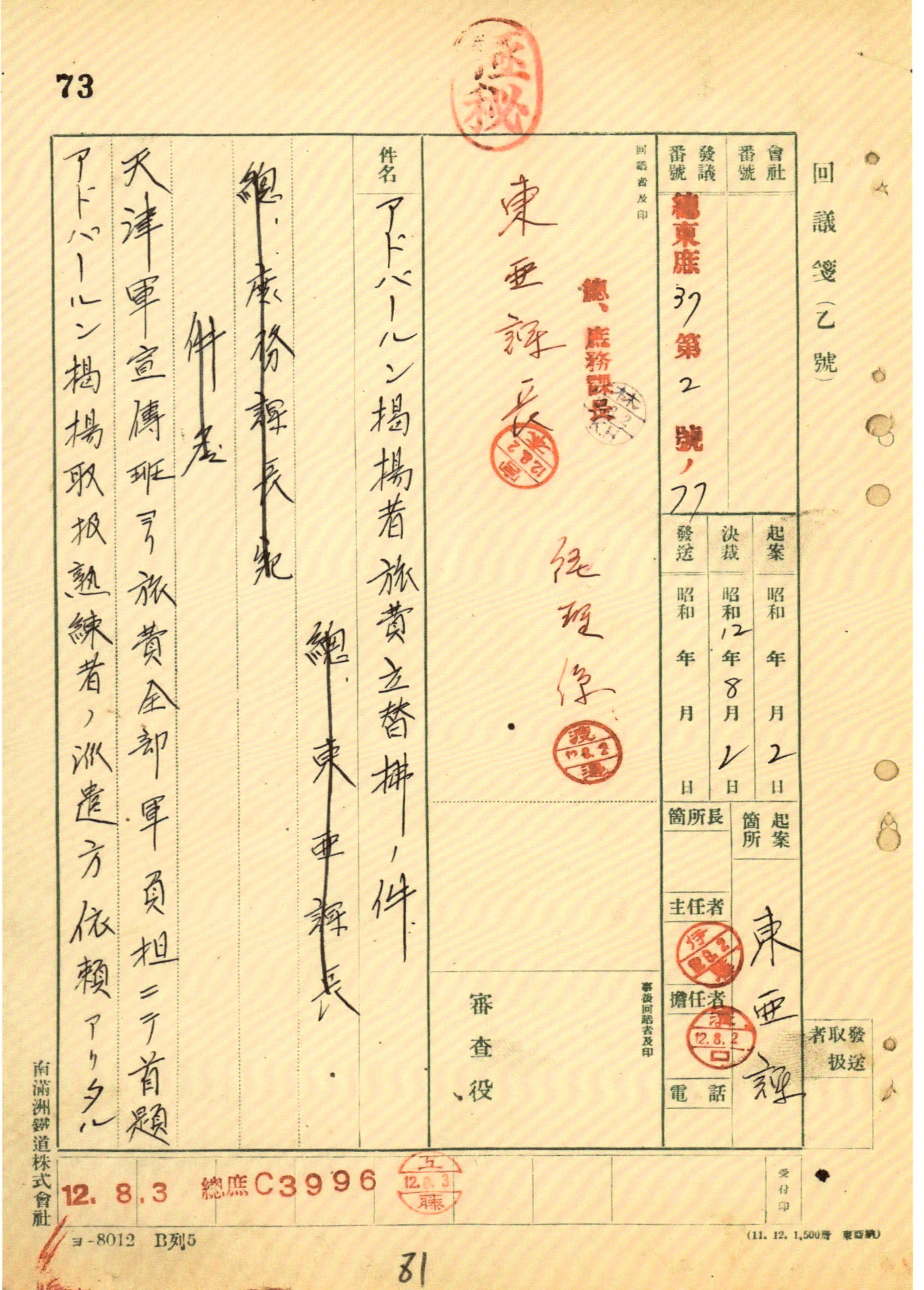

73

秘

回議箋（乙號）

會社番號

發議番號 總庶37第2號ノ77

起案 昭和12年8月2日

決裁 昭和12年8月2日

發送 昭和　年　月　日

東亜課長

總、庶務課長

經理係

件名 アドバルーン揚揚者旅費立替拂ノ件

總、東亜課長

總、庶務課長 殿

天津軍宣傳班ヨリ旅費全部軍負担ニテ首題アドバルーン揚揚取扱熟練者ノ派遣方依頼アリタル

審査役

箇所長

起案箇所 東亜課

主任者

擔任者

電話

發送取扱者

受付印

12. 8. 3 總庶C3996

南満洲鐵道株式會社

ヨ-8012 B列5

(11. 12. 1,500冊 東亞納)

81

為（添付一号）大連富士商會ヲ倉田金吾外五名ヲ二十九日二十二時発汽車ニテ出発セシメタ（添付二号）其ノ際應急ノ旅費トシテ一人当三十円計一八〇円ヲ立替拂シ置キタリ、然ルニ該人等ハ塘沽ニテ軍ヲ山海関ニテ待機セヨトノ命ニ依リ同地ヲ引返シ目下山海関ニテ待機中ナルカ當課ハ早速入津ノ便宜ヲ図ルベク天津ト連絡中ナリ（添付三号）山海関待機中ノ旅費トシテ三十一日二〇〇円ヲ追加立替拂ヒ（事務支拂依頼）ヲナシ置キタルニ付事後承認相成度可然

# 总裁室东亚课长致天津事务所长的函（一九三七年八月二日）

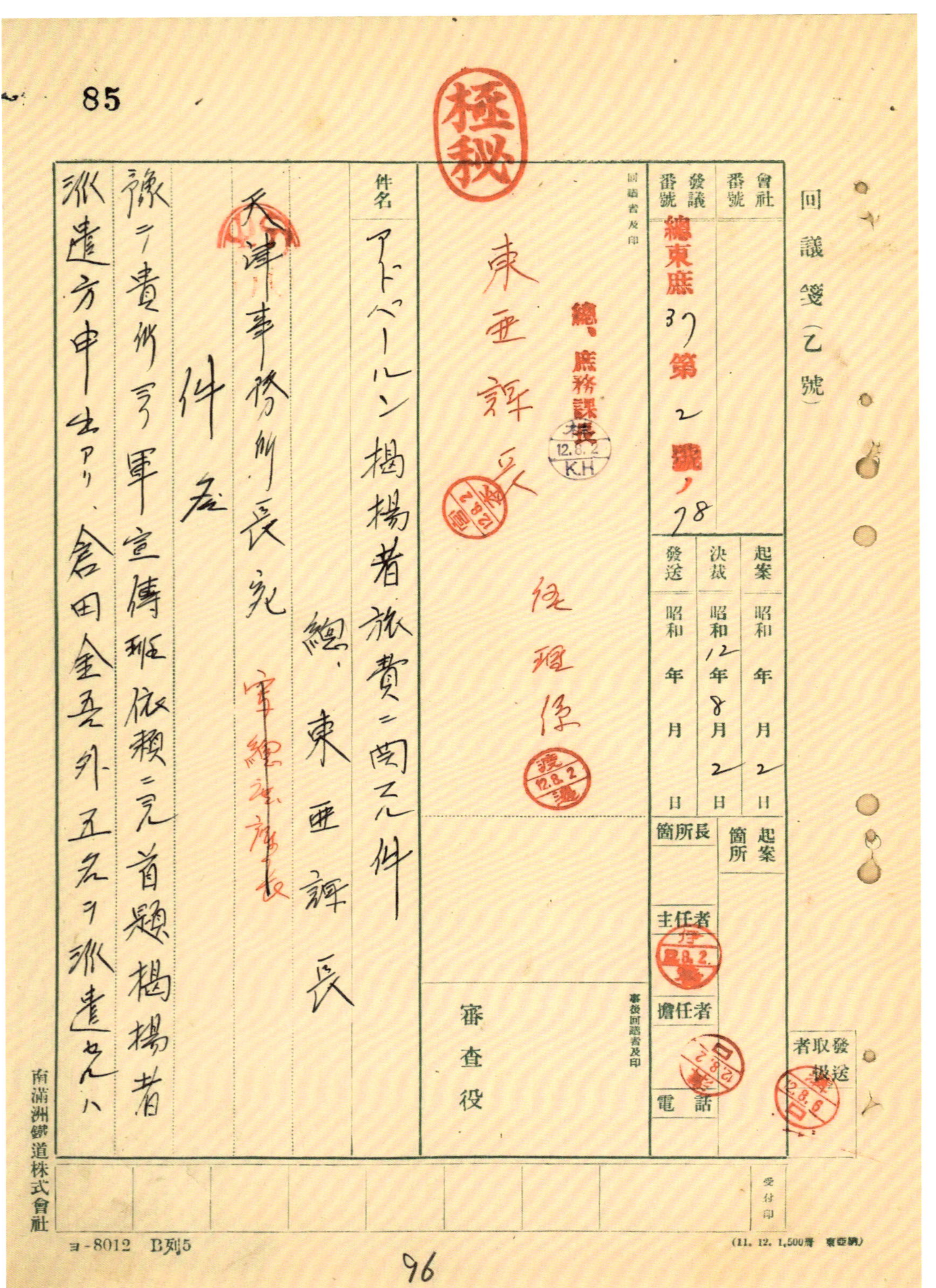
85

極秘

回議箋（乙號）

會社番號

發議番號 總東庶37第2號ノ78

回議者及印 東亜課長 總、庶務課長 經理係

起案 昭和 年 8 月 2 日

決裁 昭和12年8月2日

發送 昭和 年 月 日

件名 アドベールン掲揚者旅費ニ関スル件

總、東亜課長

天津事務所長宛

室總庶務課長

件名

豫テ貴所ヨリ軍宣傳班依頼ニ充ツ首題掲揚者

派遣方申出アリ、倉田金吾外五名ヲ派遣セルハ

箇所長　起案箇所　主任者　擔任者　電話

審査役

事務回議者及印

發送取扱者

受付印

南滿洲鐵道株式會社

ヨ-8012 B列5

(11.12.1,500冊 東亞納)

96

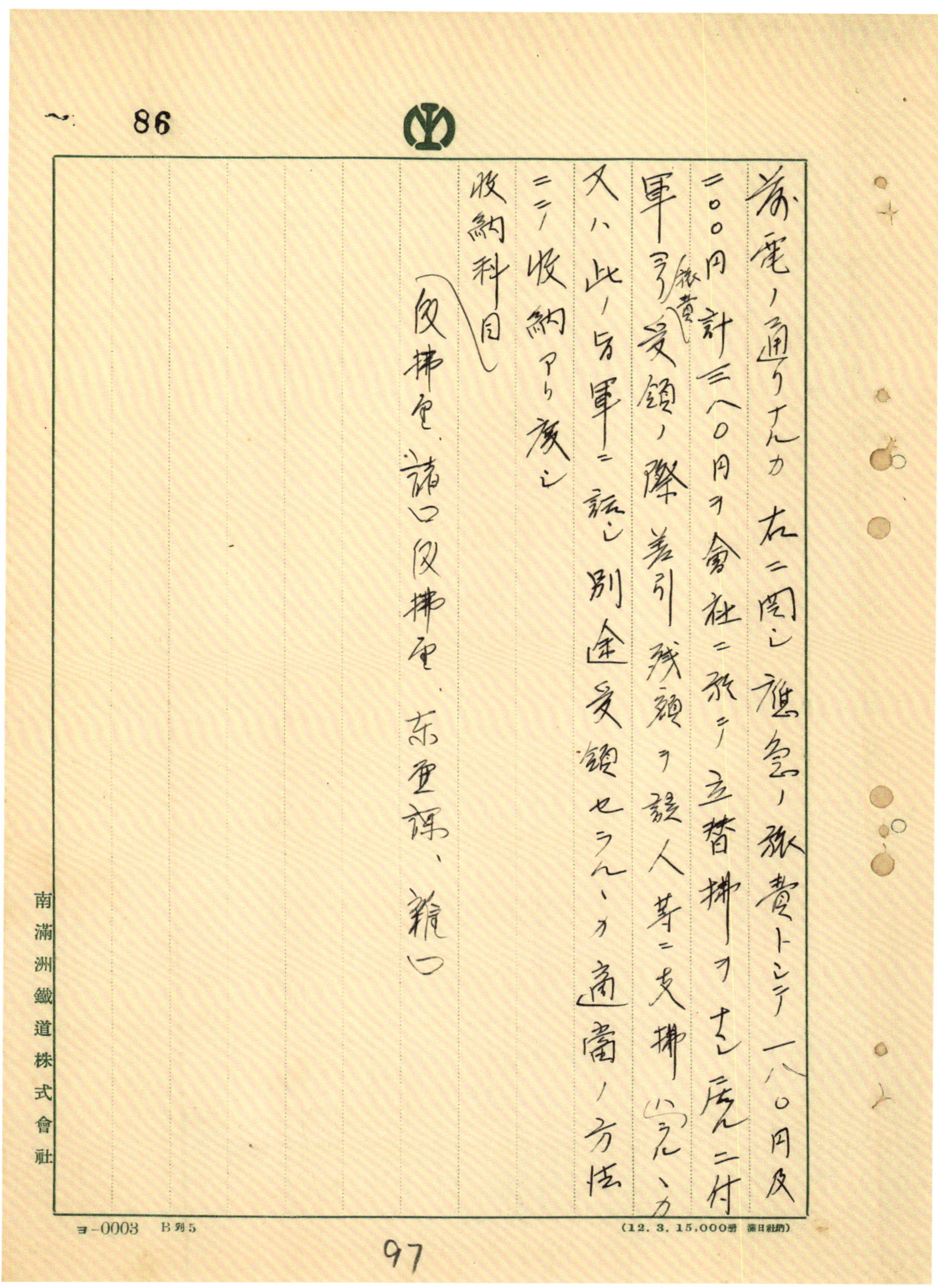



前電ノ通リナルカ右ニ関シ應急ノ旅費トシテ一八〇円及二〇〇円計三八〇円ヲ會社ニ於テ立替拂ヲナシ居ルニ付軍ヨリ旅費受領ノ際差引残額ヲ護人等ニ支拂ハシムルヽカ又ハ此ノ旨軍ニ話シ別途受領セラルヽカ適當ノ方法ニテ收納アリ度シ

收納科目

仮拂金、諸口仮拂金、東亜課、雑口

南滿洲鐵道株式會社

ヨ-0003 B列5 (12. 3. 15,000冊 滿日社納)

# 总裁室东亚课稿（一九三七年八月六日）

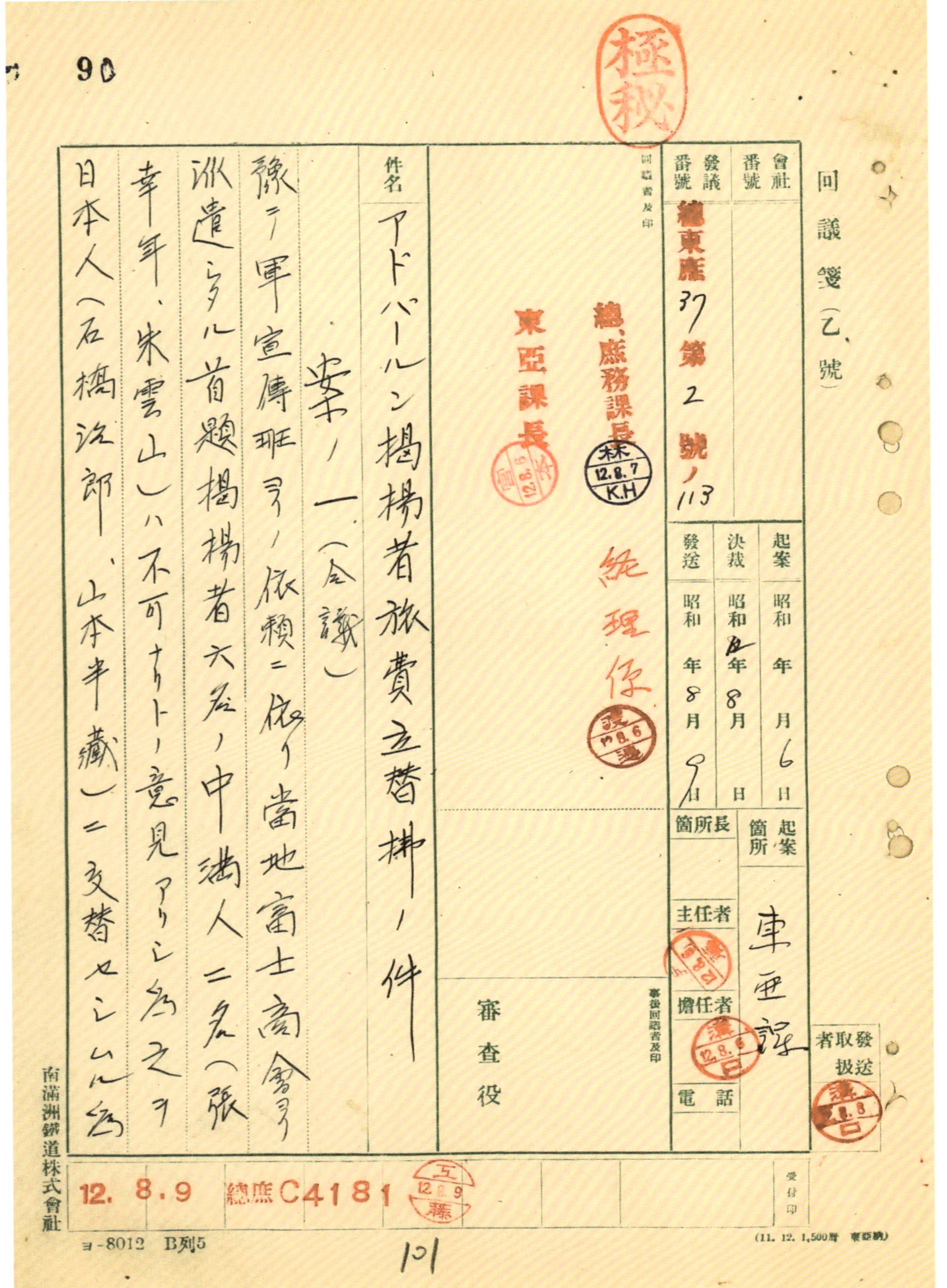

90

極秘

回議箋（乙號）

會社番號

發議番號 總東庶37第2號ノ113

回議者及印

總、庶務課長

東亞課長

經理係

起案 昭和 年8月6日

決裁 昭和 年8月 日

發送 昭和 年8月9日

起案箇所 東亞課

件名 アドバールン掲揚者旅費立替拂ノ件

案ノ一（合議）

豫テ軍宣傳班ヨリノ依頼ニ依リ當地富士商會ヨリ派遣シタル首題掲揚者六名ノ中滿人二名（張幸年、朱雲山）ハ不可ナリトノ意見アリシ為之ヲ日本人（石橋次郎、山本半藏）ニ交替セシムル為

審査役

12. 8. 9 總庶C4181

南滿洲鐵道株式會社

ヨ-8012 B列5

(11. 12. 1,500冊 東亞納)

101

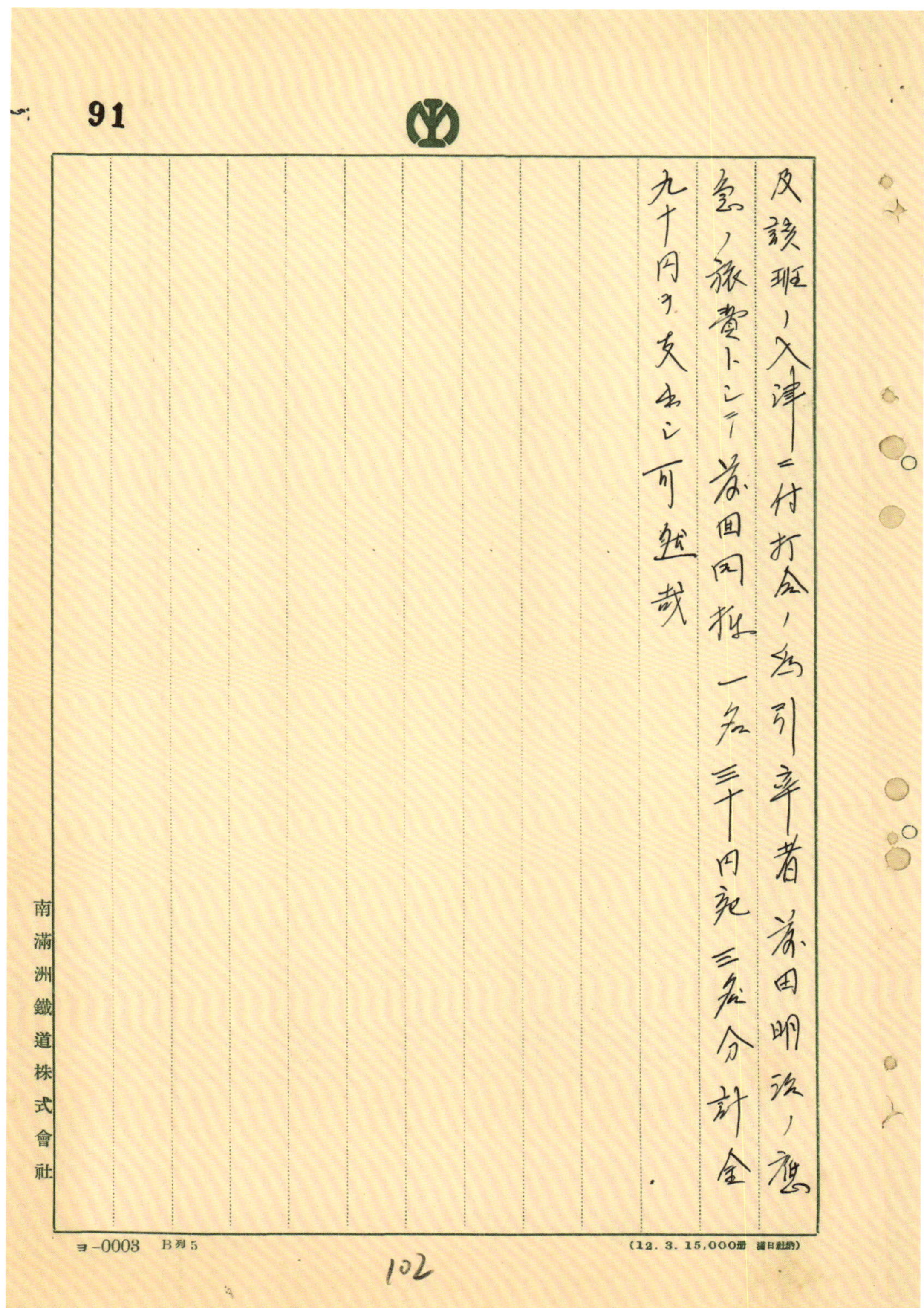

及該班ノ入津ニ付打合ノ為引率者藤田明治ノ應急ノ旅費トシテ藤田同様一名三十円宛三名分計金九十円ヲ支出シ可然哉

# 总裁室东亚课长致天津事务所长的函（一九三七年八月六日）

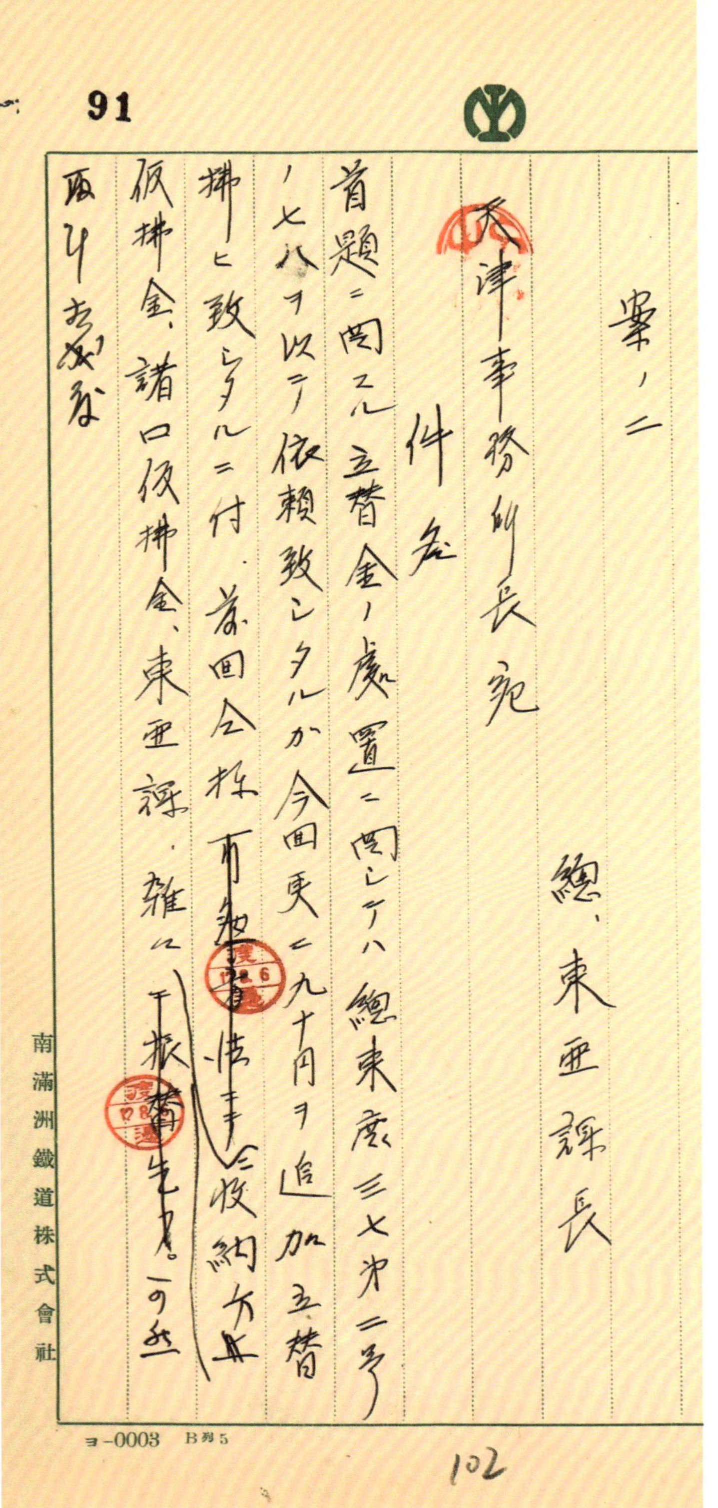

91

案ノ二

總、東亜課長

天津事務所長宛

件名

首題ニ関スル立替金ノ處置ニ関シテハ總東庶三七第二号ノ七八ヲ以テ依頼致シタルカ今回更ニ九十円ヲ追加立替払ヒ致シタルニ付、前回分共 [illegible] 收納方

仮払金、諸口仮払金、東亜課、雜ニ [illegible]

取計相成度

南滿洲鐵道株式會社

ヨ-0003 B列5

102

天津事务所长关于派遣铁路施工及财务负责人两名事致总裁室东亚课长的电文（一九三七年八月二日）

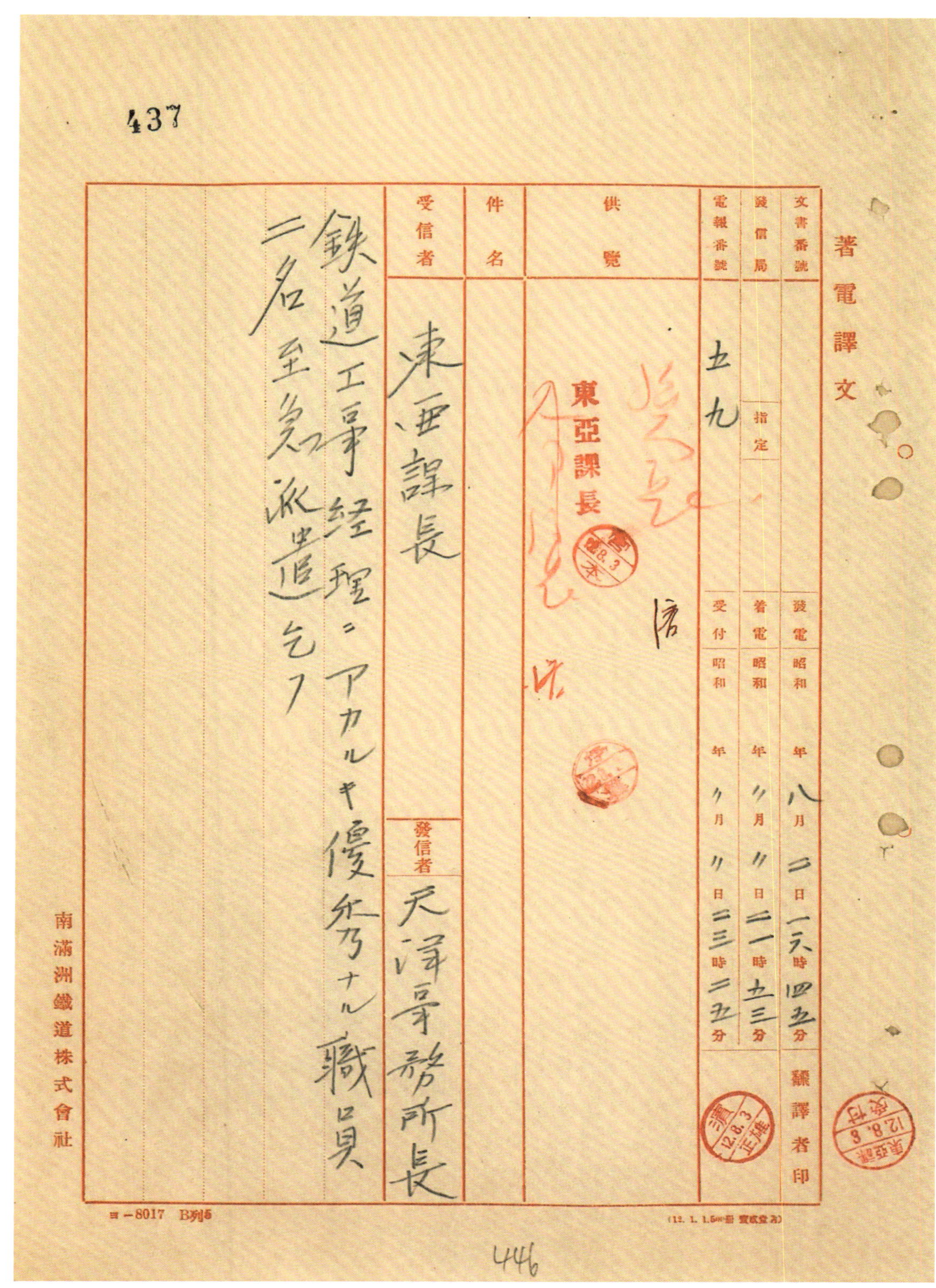

437

著電譯文

| 文書番號 | 發信局 | 電報番號 | 供覽 | 件名 | 受信者 |
|---|---|---|---|---|---|
| | | 五九 | 東亞課長 | | 東亞課長 |

指定

發電　昭和　年八月二日一六時四五分

着電　昭和　年〃月〃日二一時五三分

受付　昭和　年〃月〃日二三時二五分

飜譯者印

發信者　天津事務所長

鉄道工事経理ニアカルキ優秀ナル職員二名至急派遣乞フ

南滿洲鐵道株式會社

ヨ－8017　B列5

446

# 天津事务所长关于汇报所员近期工作及天津市内情况事致总裁室东亚课长的电文（一九三七年八月二日）

632

著電譯文

文書番號 廿
發信局
電報番號 二九
指定

發電 昭和12年8月2日11時5?分
着電 昭和年月日19時30分
受付 昭和年月日15時10分

飜譯者印

受信者 東亜課長

供覧 文書課長 東亜課長 產業二課長 殿 用度、庶務課長 殿

發信者 天津事務所長

(一)廿九日事件ニテ情況不明ナリシ總站派遣員九名ハ鉄道部隊トトモニ無事鉄道部隊列車隊ニアリタルコト卅一日連絡トレ判明一同衰弱甚ダシキモ引續キ總站ニアリ勤務中

(二)三〇日以来總区派出所、輸送便列車班ハ東站前、元特別第三区公所(二七日事変ノ際敵本據)ニ移轉シ路警隊モ引越ノ筈

南滿洲鐵道株式會社

ヨ―8017 B列5

647

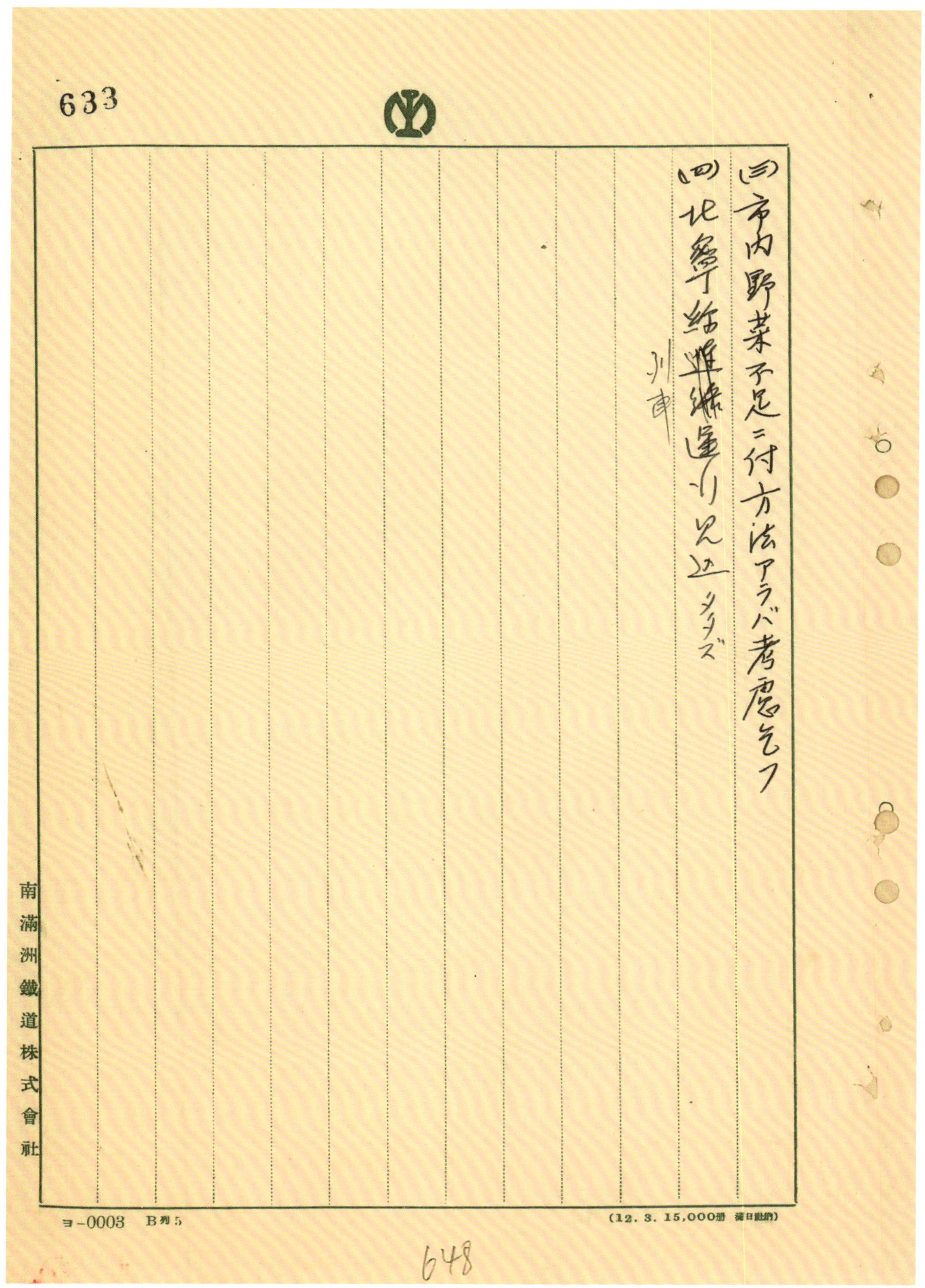

(三)市内野菜不足ニ付方法アラバ考慮乞フ

(四)北寧給~~維~~繼運リ見込タタズ

川申

南滿洲鐵道株式會社

ヨ-0003　B列5　(12.3.15,000册)

648

# 天津事务所长关于汇报二十九日事件中路警队员死伤情况事致总裁室东亚课长的电文（一九三七年八月二日）

618

著電譯文

| 文書番號 | 發信局 | 電報番號 |
| --- | --- | --- |
| | | 社四七 |

指定

| 發電 | 着電 | 受付 |
| --- | --- | --- |
| 昭和　年　月　日 11時40分 | 昭和12年8月2日 21時20分 | 昭和　年　月　日 23時55分 |

飜譯者印

供覧：人事課長　東亞課！

件名

受信者：東亞課長

發信者：天津事務所長

二九日事件ニテ死亡セル下記藤久（孰レモ路警隊員）

満人 チヨウ シゾウ（二九日午前二時三〇分）大渕秀夫

（重傷三一日午前六時三〇分死去）三〇日二五八號ニテ

電セル輸送班行衛不明満人二名ハ歸來 其ノ他ノ負

傷者ハ全快シツヽアリ、

南滿洲鐵道株式會社

日-8017 B列5

633

天津事务所长关于阪谷理事、古山交通课长明日归连事致总裁室东亚课长的电文（一九三七年八月二日）

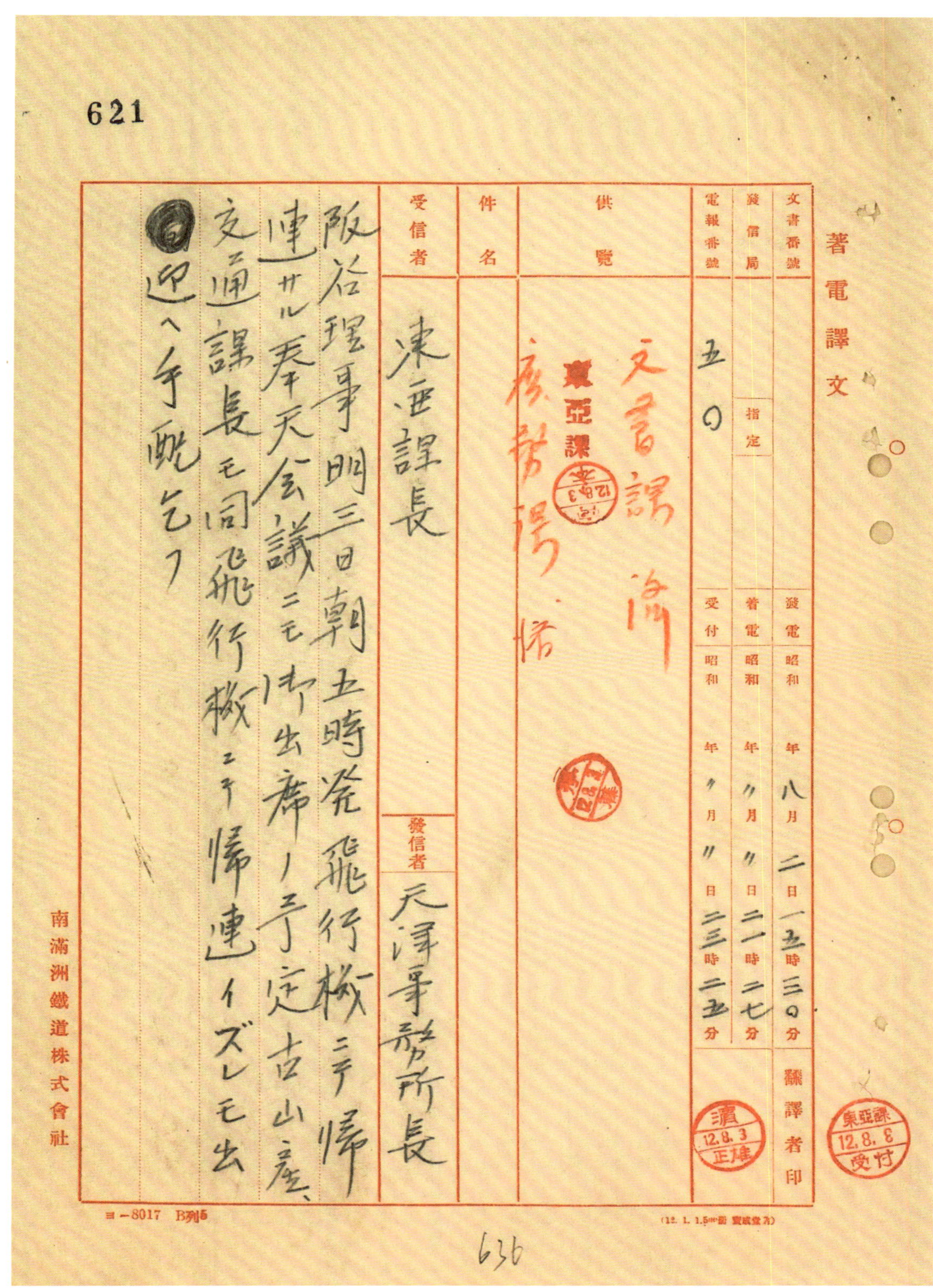
621

著電譯文

| 文書番號 | 發信局 | 電報番號 | 供覽 | 件名 | 受信者 |
| --- | --- | --- | --- | --- | --- |
| | | 五〇 | 文書課 滿 / 庶務課 係 | | 東亜課長 |

| 發電 | 着電 | 受付 |
| --- | --- | --- |
| 昭和 年 八月 二日 一五時 三〇分 | 昭和 年 〃月 〃日 二一時 二七分 | 昭和 年 〃月 〃日 二三時 二五分 |

發信者 天津事務所長

阪谷理事明三日朝五時発飛行機ニテ帰連サル奉天会議ニモ御出席ノ予定古山交通課長モ同飛行機ニテ帰連イズレモ出迎ヘ手配乞フ

飜譯者印

南滿洲鐵道株式會社

ヨ－8017 B列5

(12. 1. 1.5萬冊 豐成堂)

636

# 天津事务所长关于请在塘沽配备无线电装置事致总裁室东亚课长的电文（一九三七年八月三日）

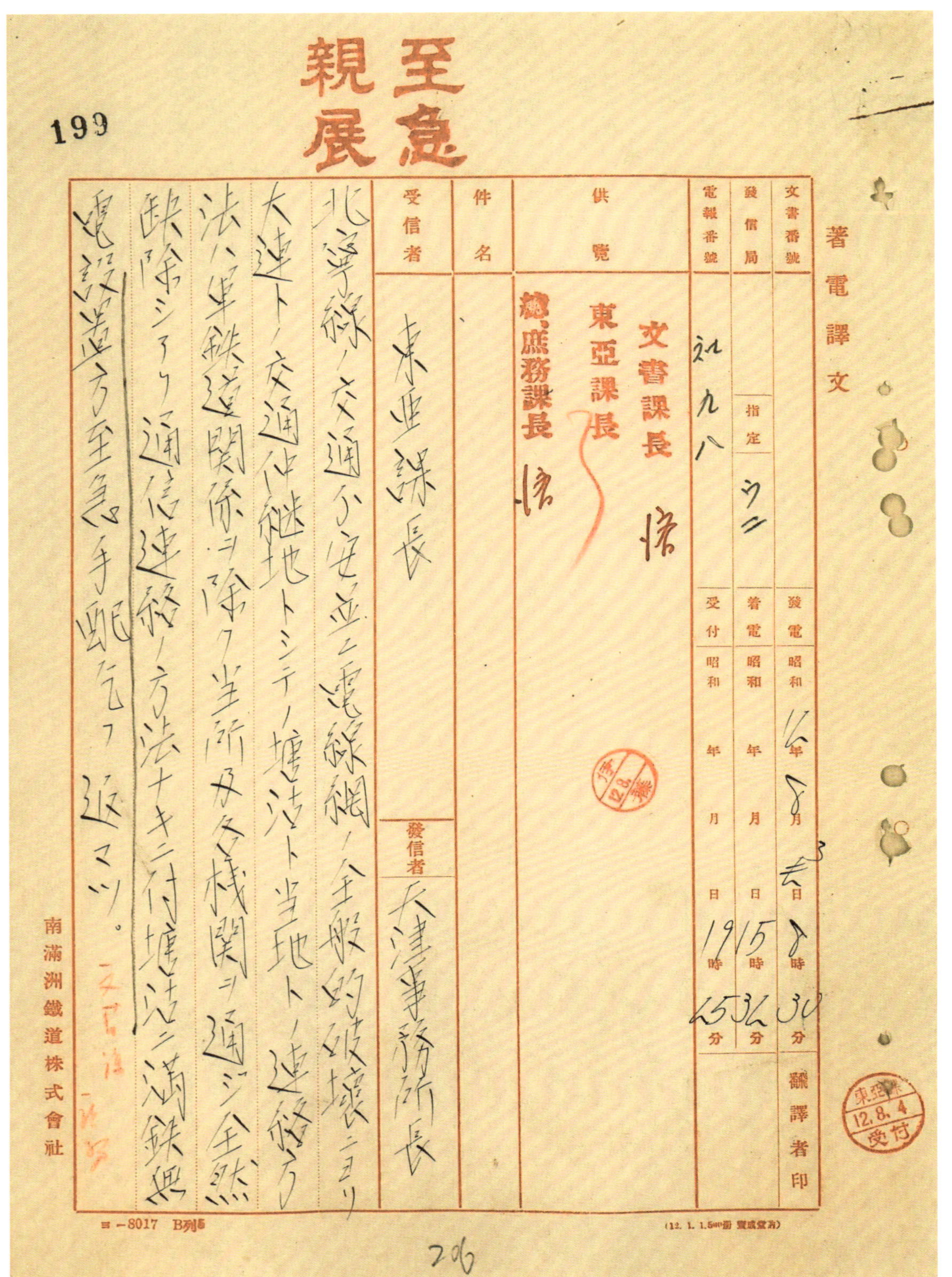

至急
親展

199

著電譯文

文書番號
發信局
電報番號 社九八
指定 ヲニ

供覽：文書課長 東亞課長 總庶務課長

件名

受信者 東亞課長

發信者 天津事務所長

發電 昭和12年8月3日8時30分
着電 昭和年月日15時34分
受付 昭和年月日19時45分

北寧線ノ交通不安並ニ電線網ノ全般的破壊ニヨリ大連トノ交通仲継地トシテノ塘沽ト当地トノ連絡方法ハ単ニ鉄道関係ヲ除ク外当所及各機関ニ通ジ全然欠除シアリ通信連絡ノ方法ナキニ付塘沽ニ満鉄無電設置方至急手配乞フ 返マツ。

飜譯者印

東亞課 12.8.4 受付

南滿洲鐵道株式會社

ヨ-8017 B列5

26

天津事务所长关于向在北平居住的日本人分配粮食事致总裁室东亚课长的电文（一九三七年八月三日）

324

著電譯文

文書番號

發信局 北

電報番號 一〇五

指定

發電 昭和12年8月3日21時 分

着電 昭和 年8月4日9時32分

受付 昭和 年 月 日10時0分

飜譯者印

供覽 商工課長、庶務課長

東亞課長

文書課長

件名

受信者 東亞課長

發信者 天津事務所長

北平在留國人ノ食糧品配給ノ為天津居留民團ヨリ引續キ左記ノ如キ物資ノ購入斡旋方依頼アリタルニ付從前同様國際扱軍用品トシテ至急運附方手配願ヒ度シ。船積予定日及購入品不能品アル場合ハ其品名至急回報乞フ尚六、七、八日ニ興中ノライターズーガ貴地出航ノ由含

南滿洲鐵道株式會社

332

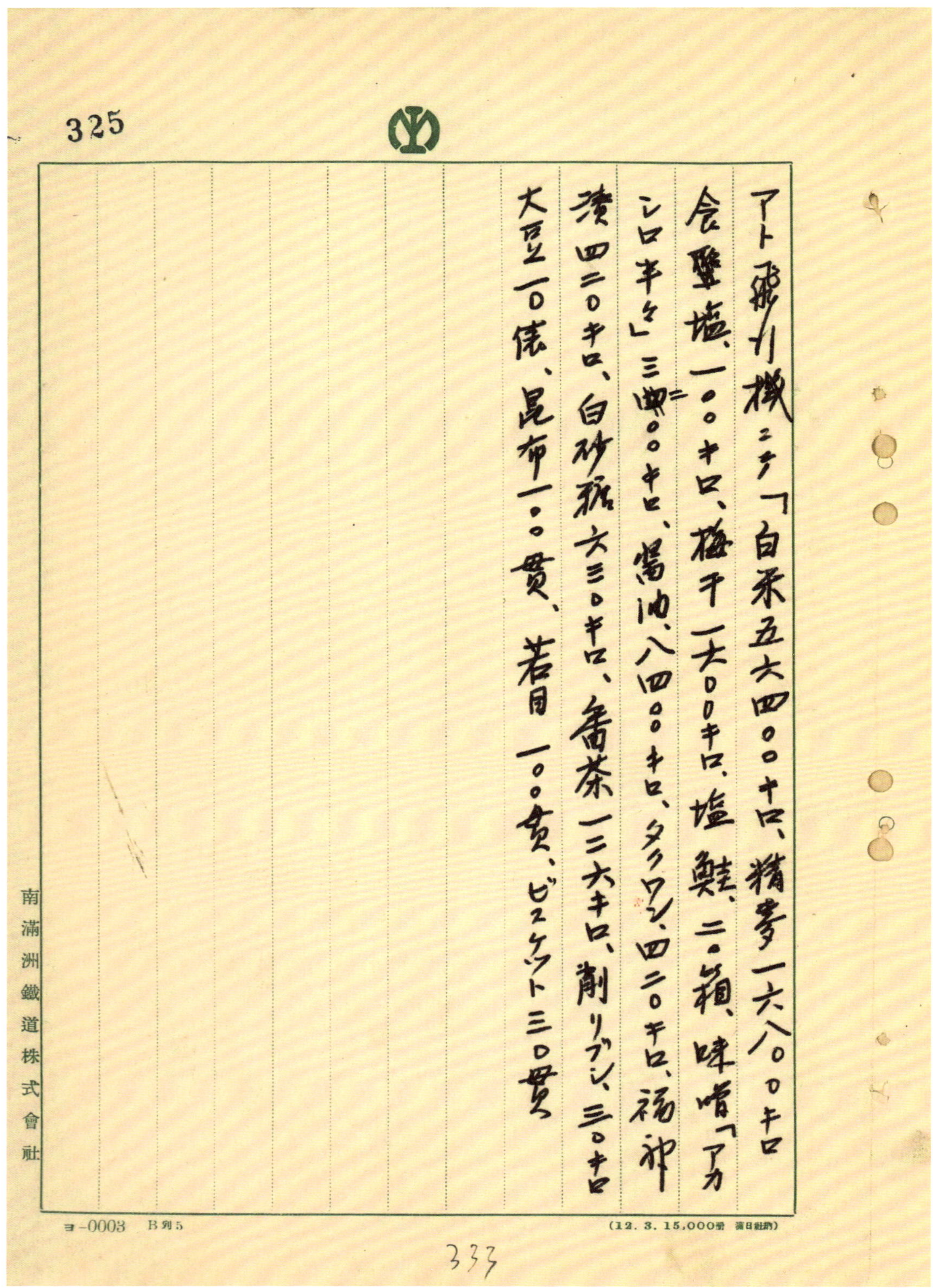
325

アト飛行機ニテ「白米五六四〇〇キロ、精麦一六八〇〇キロ
食塩一〇〇キロ、梅干一六〇〇キロ、塩鮭二〇箱、味噌「アカ
ミロ辛々」三四〇〇キロ、醤油八四〇〇キロ、タクワン四二〇キロ、福神
漬四二〇キロ、白砂糖六三〇キロ、番茶一三六キロ、削リブシ三〇キロ
大豆一〇〇俵、昆布一〇〇貫、若目一〇〇貫、ビスケット三〇貫

南滿洲鐵道株式會社

ヨ-0003 B列5 (12. 3. 15,000册 滿日社納)

333

# 天津事务所长关于天津粮食缺乏请安排配送事致总裁室东亚课长的电文（一九三七年八月三日）

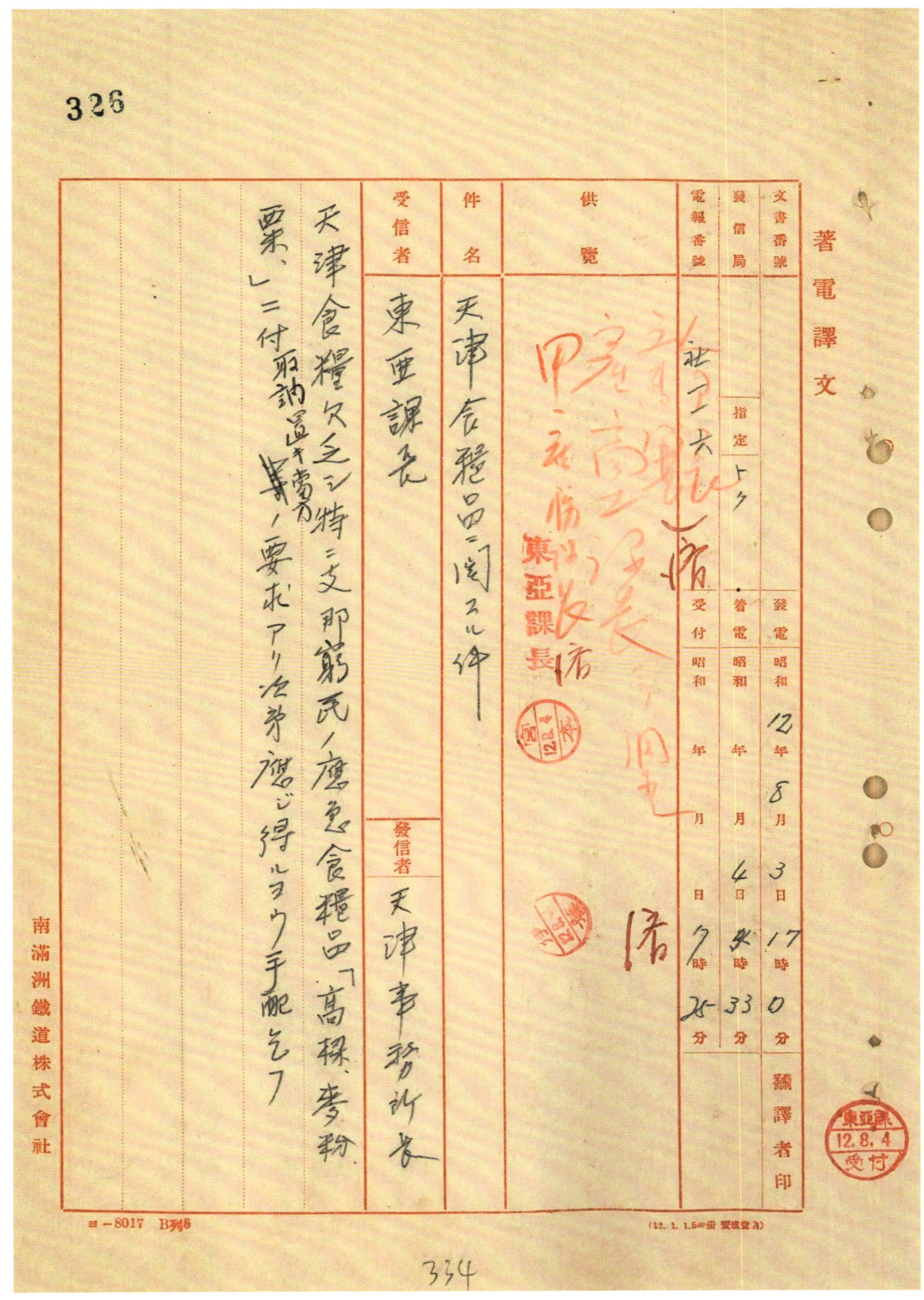

326

著電譯文

| 文書番號 | 發信局 | 電報番號 |
| --- | --- | --- |
| 社一六 | | |

指定：上タ

| | 發電 | 著電 | 受付 |
| --- | --- | --- | --- |
| 昭和 | 12年8月3日 | 年 月4日 | 年 月 日 |
| 時分 | 17時0分 | 9時33分 | 7時25分 |

供覽：東亞課長

件名：天津食糧品ニ関スル件

受信者：東亜課長

發信者：天津事務所長

天津食糧欠乏シ特ニ支那窮民ノ應急食糧品「高粱、麦粉、粟、」ニ付取納置キ當方ノ要求アリ右御應ジ得ルヨウ手配乞フ

東亞課 12.8.4 受付

南滿洲鐵道株式會社

ヨ－8017 B列5

334

# 天津事务所长关于与部队第四课开会讨论经济及应急办法事致总裁室东亚课长的电文（一九三七年八月三日）

~~121~~
122

著電譯文

| 文書番號 | 發信局 | 電報番號 | 供覽 | 件名 | 受信者 |
|---|---|---|---|---|---|
| | | 社一一七 | | | 東亜課長 |

指定 ト1

發電 昭和12年8月3日17時0分
着電 昭和 年 月4日4時43分
受付 昭和 年 月 日7時30分

飜譯者印

發信者 天津事務所長

事变発生以来経済對策應急對策ヲ建ツル為顧問部ノ実施規定拡大ヲ計畫中ノ處昨日ヨリ成立「十河信二、阪谷希一、斎藤良衛、田所耕耘」軍顧問等十名ヲモツテ成立、本日午后四時第一回集合ヲ開キ軍第四課ト共ニ會議スル筈、

東亜課長

南滿洲鐵道株式會社

ヨ－8017 B列5

(12. 1. 1.5万部 實業堂刊)

127

天津事务所长关于济南驻在员撤离事致总裁室东亚课长的电文（一九三七年八月三日）

780

著電譯文

文書番號

發信局

電報番號 北九七

指定 ウ

發電 昭和12年8月3日8時30分

着電 昭和 年 月 日11時35分

受付 昭和 年 月 日14時50分

供覽 人事課長 總、庶務課長 東亞課長 文書係長

件名 濟南駐在員引揚ノ件

受信者 東亜課長

發信者 天津事務所長

情勢緊迫ニヨリ濟南駐在員石橋参事外三名（内一名ハ助勤出張中ノ横山参事）二日十三時發青島ニ引揚濟

南滿洲鐵道株式會社

796

# 天津事务所内山本关于报乘当日第一趟列车顺利抵达天津事致总裁室东亚课长的电文（一九三七年八月三日）

622

著電譯文

文書番號

發信局

電報番號 ㅈ九九

指定 至急

發電 昭和12年8月3日8時30分

着電 昭和年月日11時40分

受付 昭和年月日14時55分

飜譯者印

受信者 東亜課長

件名

供覽

發信者 天津事務所ニテ 山本

今朝七時開通才一回ノ通車ニテ無事着津ス、阪谷理事ハ本日飛行機ニテ重役會議出席ノ為帰連セラレタル為會ヘズ貴地ニテ連絡還キ乞フ

南滿洲鐵道株式會社

637

天津事务所长关于军方使用密码电报请求派员协助工作事致总裁室东亚课长、文书课长的电文（一九三七年八月三日）

極秘

著電譯文

受信者：東亞課長、文書課長

發信者：天津事務所長

電報番號：社一二

發電：昭和年8月3日18時30分
著電：昭和12年8月4日8時40分
受付：昭和年月日9時50分

會社軍事関係暗号電報（伊勢一）ニ関スル業務多忙ニ付右使用者二名派遣方取計ヒ相煩ス

南滿洲鐵道株式會社

# 天津事务所长关于汇报天津、奉天间列车明日恢复运行事致总裁室东亚课长的电文（一九三七年八月三日）

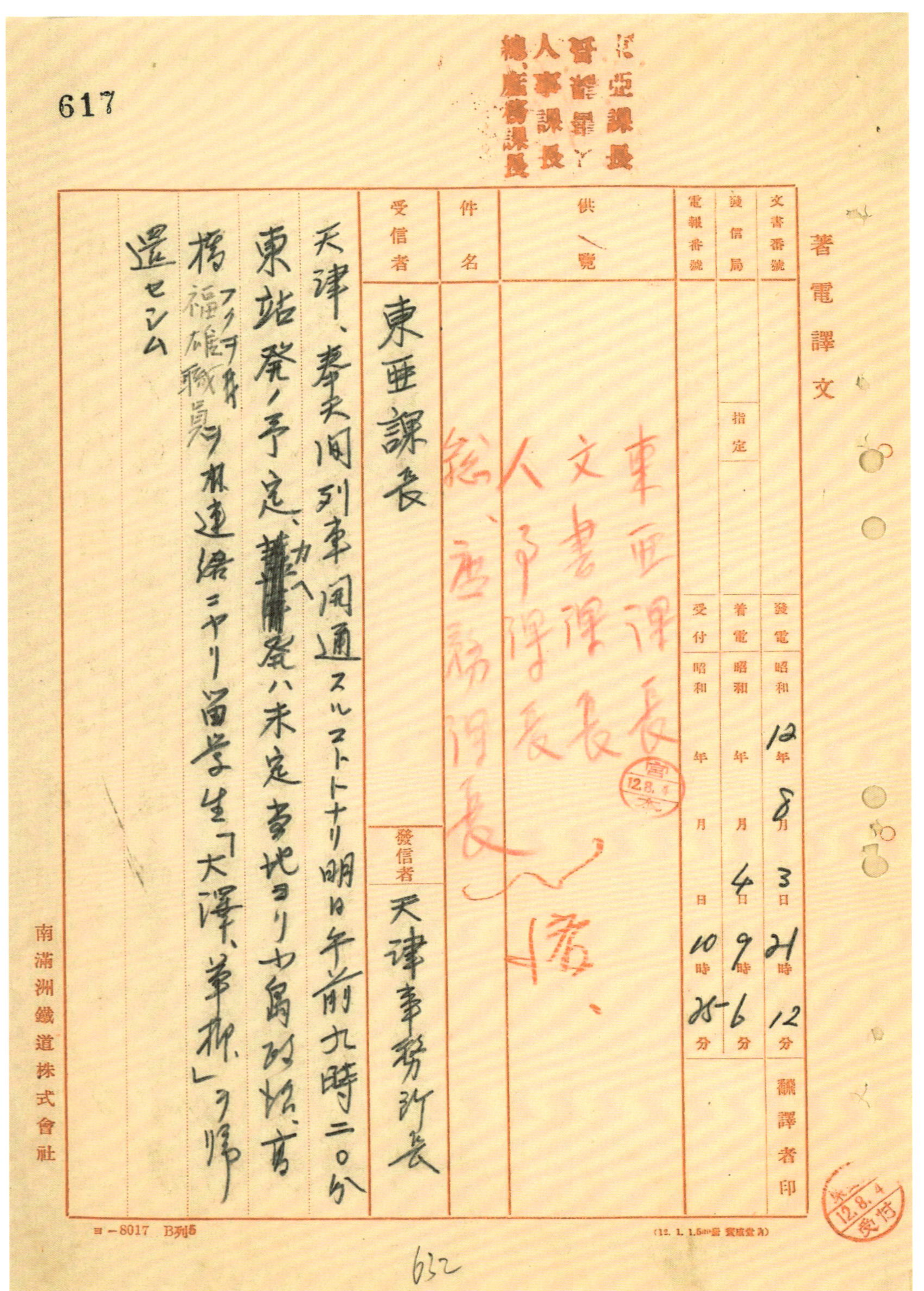

617

東亞課長
醫務課長
人事課長
總裁室庶務課長

著電譯文

| 文書番號 | 發信局 | 電報番號 |
|---|---|---|
| | | |

指定

| 發電 | 着電 | 受付 |
|---|---|---|
| 昭和12年8月3日21時12分 | 昭和 年 月4日9時6分 | 昭和 年 月 日10時25分 |

飜譯者印

受信者：東亞課長

件名：

供覧

發信者：天津事務所長

天津、奉天間列車開通スルコトトナリ明日午前九時二〇分東站発ノ予定、[illegible]發ハ未定当地ヨリ中島、村松、高橋福雄（フクヲ）職員ヲ相連絡ニヤリ留学生「大澤、草柳」ヲ帰還セシム

南滿洲鐵道株式會社

ヨ－8017 B列5

632

# 天津事务所长关于因物资购买困难请派遣合作社员工事致总裁室东亚课长的电文（一九三七年八月三日）

323

著電譯文

| 文書番號 | 發信局 | 電報番號 |
| --- | --- | --- |
| 社一一 | | |

指定 シナヨイ

| | 發電 | 着電 | 受付 |
| --- | --- | --- | --- |
| 昭和 | 12年8月3日14時30分 | 年月4日4時20分 | 年月日8時5分 |

飜譯者印

供覧：文書課長、東亜課長

件名：組合員派遣方御依頼ノ件

受信者：東亜課長

發信者：天津事務所長

天津事変ト共ニ物既地ノ物資購入困難トナリタルニ付適当量ノ罐詰類持参ノ上貴組合員二名至急派遣方手配乞フ電返待

組員ハ本稿ニ於テ一五〇〇円分持参梅井以下四名ハ八月六日天津丸ニテ赴津

右ハ商工課ヲ経テ天津ニ返電済

南滿洲鐵道株式會社

331

# 天津事务所庶务课长关于矿业课森井、小田，农林课春原等人抵津事致总裁室东亚课长的电文（一九三七年八月三日）

615

著電譯文

| 文書番號 | 發信局 | 電報番號 | 供覽 | 件名 | 受信者 |
|---|---|---|---|---|---|
| | | 社一〇〇 | | | 東亜課長 |

發電 昭和12年8月3日12時40分
着電 昭和 年 月 日15時27分
受付 昭和 年 月 日19時35分

發信者 天津事務所庶務課長

當地派遣ノ鉱業課森井、小田、農林課春原、総務課映畫班栗山、星野八三日夜東亜課山本主任錦州鉄路局宇佐美副局長三日朝着津

東亜課 12.8.4 受付

南滿洲鐵道株式會社

630

天津事务所长关于大连铁道工场桑木等十六人平安抵达事致总裁室东亚课长的电文（一九三七年八月三日）

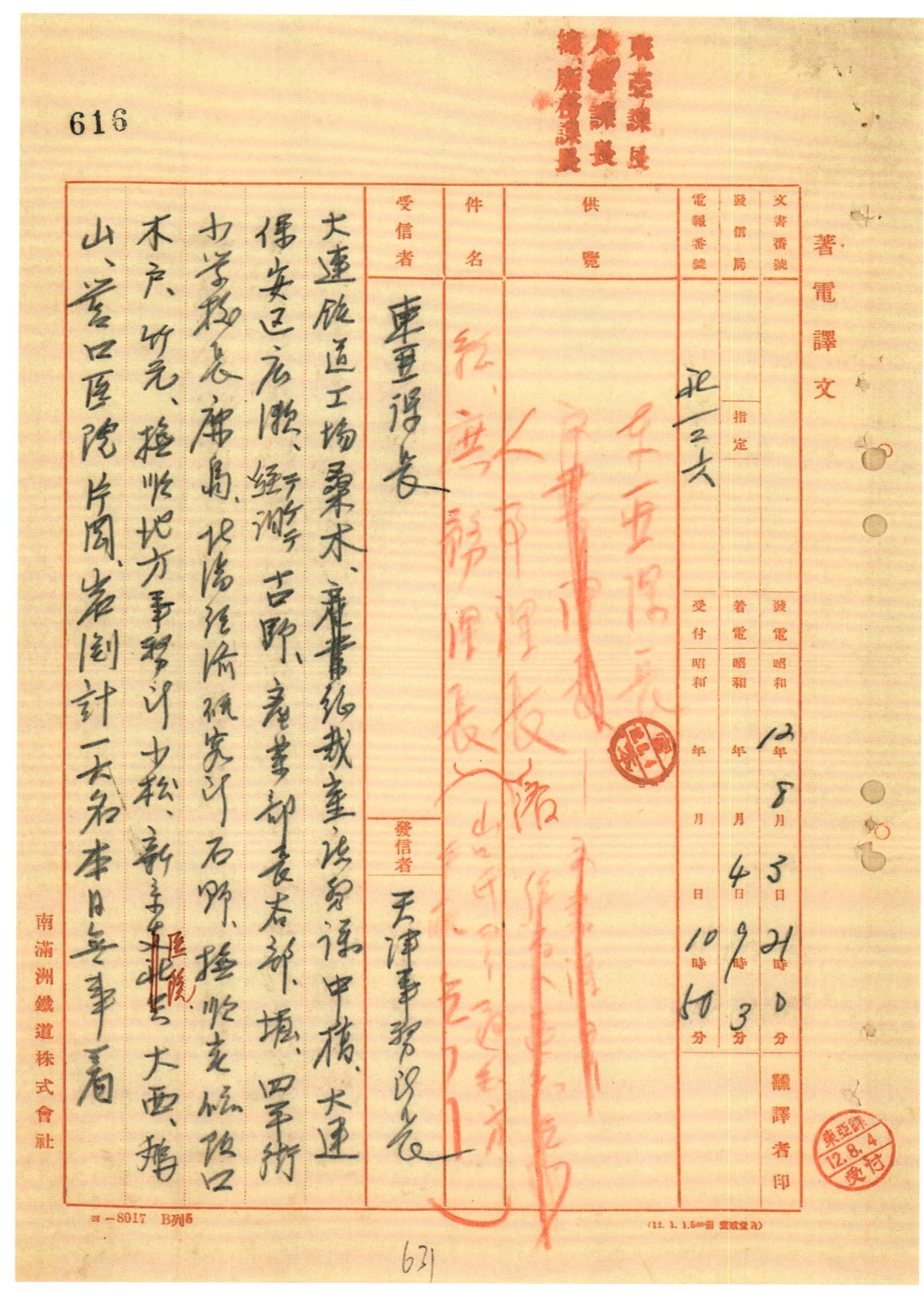
616

著電譯文

受信者：東亜課長

發信者：天津事務所長

發電 昭和12年8月3日21時0分
著電 昭和 年8月4日9時3分
受付 昭和 年 月 日10時50分

大連鉄道工場桑木、齋藤、総裁室張、中積、大連保安区広瀬、縫沼、古野、産業部長谷部、堀、四平街小学校長廣島、北満経済調査所石野、撫順炭砿江口、木戸、竹元、撫順地方事務所小松、新京地方事務所大西、鞍山、営口医院片岡、岩渕計一六名本日無事着

南滿洲鐵道株式會社

631

# 天津事务所长关于报告在通州员工安危情况事致总裁室东亚课长的电文（一九三七年八月三日）

353

寫

總務課長 文書課長 人事課長

著電譯文

文書番號

發信局

電報番號 社一八八

指定 ジハ

發電 昭和12年8月3日21時0分

著電 昭和 年 月4日4時55分

受付 昭和 年 月 日7時50分

飜譯者印

供覽 總、庶務課長

件名 通州駐在社員安否ノ件

受信者 東亜課長

發信者 天津事務所長

本日軍吉田顧問、大橋参謀通州ニテ調査帰来ノ結果下記戦死セルコト判明ス、高橋駐在員ニ関シテハ華北汽車公司員ノ報告（「別途興中宛電参照」）ニテモ判明セリ

(イ)会社関係一、駐在員高橋餘慶（ヨケイ）及妻女二名、

二、北寧線苑試作所派遣員岩崎（ゲンジ）元次、

南滿洲鐵道株式會社

ロ－8017 B列5

377

尾山万代（マンダイ）、十川信行（シンコウ）、今井義勝（ヨシカツ）、

尚華北汽車公司員上屋（カミヤ）光（ヒカル）、ハ無事支那人二名ハ

不明ナルモ無事ノ如シ「戦死者ハ吉田顧問死体確認セ

リ」

（ロ）水利委員会関（カイチ）、土井（テイリヨ）氏ハ戦死、

報告　報告

報告

明

明

南滿洲鐵道株式會社

ヨ-0003　B列5　（12. 3. 15,000冊）

# 天津事务所长关于已转达总裁探望电报事致总裁室东亚课长的电文（一九三七年八月三日）

123

著電課文

| 文書番號 | 發信局 | 電報番號 |
|---|---|---|
| | | 北一〇六一 |

| 發電 | 着電 | 受付 |
|---|---|---|
| 昭和12年8月3日12時40分 | 昭和 年 月 日15時45分 | 昭和 年 月 日19時25分 |

受信者：東亜課長

件名：

供覧：總庶務課長

發信者：天津事務所長

一日発総裁ヨリ阪谷理事宛見舞電報受本日在津社員ヲ集メ理事ニ代リ小職ヨリ総裁ノ御懇情（オンボウジョウ）ヲ傳達シ労ヲネギラヒ将来ノ注意ヲ與ヘ置キタリ右総裁迄傳ヘ乞フ

東亜課長

飜譯者印

南満洲鐵道株式會社

日-8017 B列5

(12. 1. 1.5千冊 實業堂為)

128

天津事务所长关于请向天津特务机关派遣金融负责人事致总裁室东亚课长的电文（一九三七年八月四日）

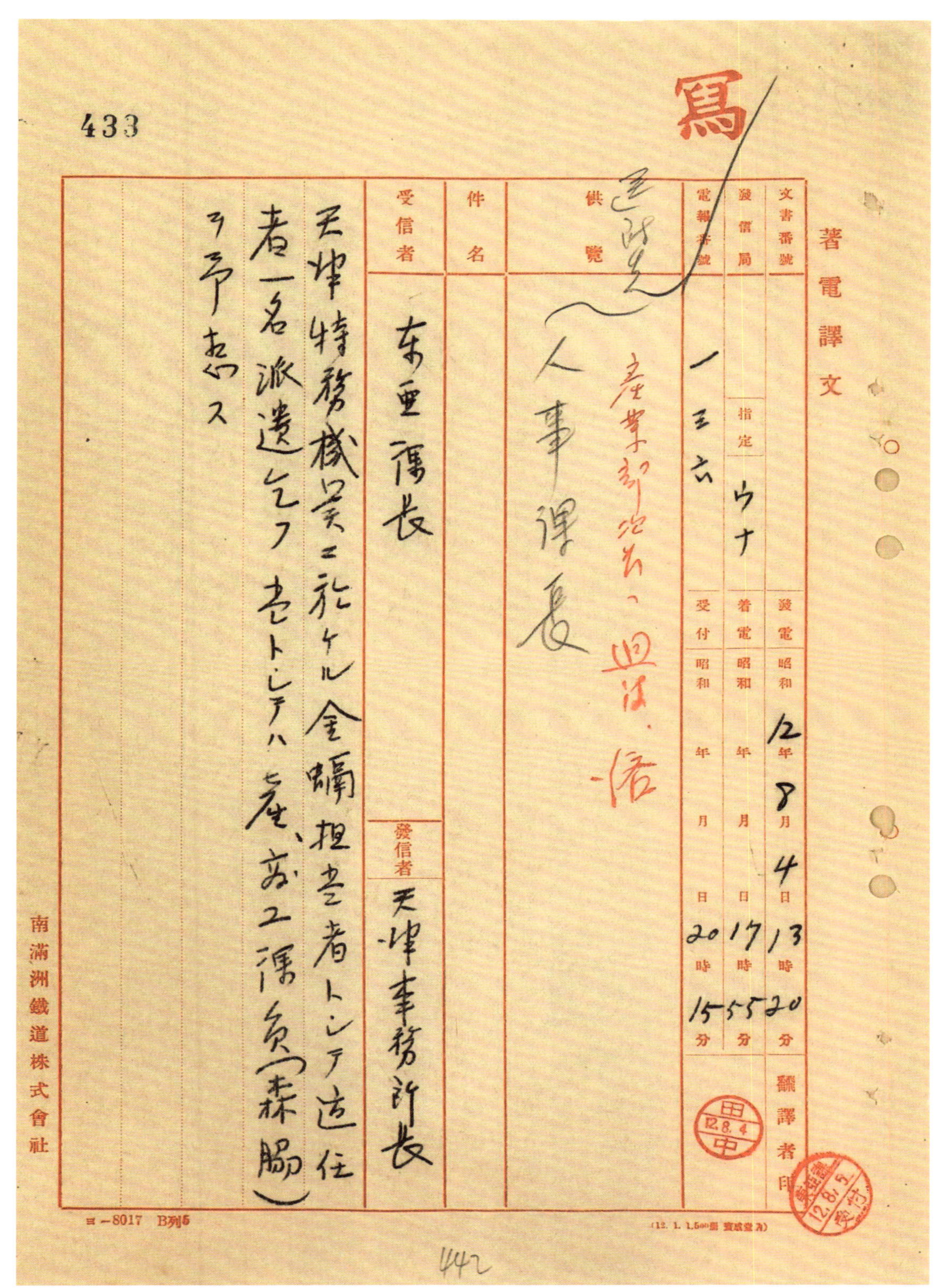
寫

433

著電譯文

文書番號 | 發信局 | 電報番號 一三六 | 指定 ウナ

發電 昭和12年8月4日13時20分
着電 昭和 年 月 日17時55分
受付 昭和 年 月 日20時15分

供覽 産業部次長ヘ回付一ノ倍

人事課長

件名

受信者 東亞課長

發信者 天津事務所長

天津特務機関ニ於ケル金融担当者トシテ適任者一名派遣乞フ　適任者トシテハ産、商工課員（森脇）ヲ希望ス

南滿洲鐵道株式會社

# 天津事务所长关于长岭机关长回复社员中与机关有关人员事致总裁室东亚课长的电文（一九三七年八月四日）

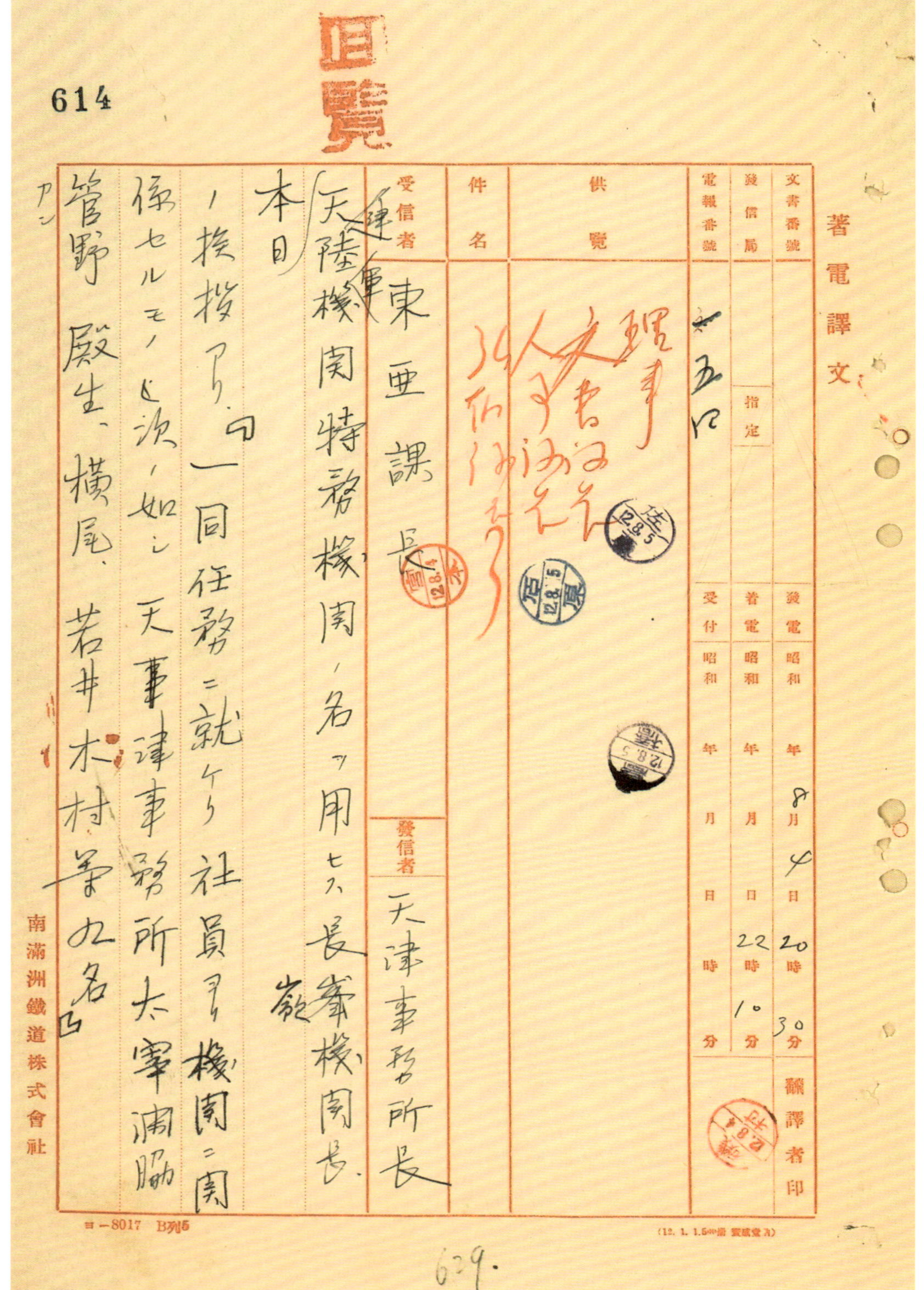
614

回覽

著電譯文

受信者：東亜課長
發信者：天津事務所長
電報番號：一五〇
發電：昭和 年8月4日20時30分
着電：昭和 年 月 日22時10分

天陸機関特務機関ノ名ヲ用ヒ長嶺機関長

本日

ノ挨拶アリ一同任務ニ就ケリ社員ヨリ機関ニ関係セルモノ左ノ如シ天津事務所太宰満勝管野殿生、横尾、若井木村等九名

南滿洲鐵道株式會社

天津事务所长关于请派外科医生和技术助手各一名事致总裁室东亚课长的电文（一九三七年八月四日）

434

寫

著電譯文

| 文書番號 | 發信局 | 電報番號 | 供覽 | 件名 | 受信者 |
|---|---|---|---|---|---|
| | 指定 ウ二 | 一五一 | 衛生課長・四付・保 / 第一人事課長 | | 東亞課長 |

| 發電 | 着電 | 受付 |
|---|---|---|
| 昭和 年 8 月 4 日 20 時 30 分 | 昭和 年 月 日 23 時 25 分 | 昭和 年 月 日 時 分 |

發信者：天津事務所長

救護班医師ハ助手ヲ含メ四名ナルガ收容患者ハ内科十名外科六名ソノ他來診者毎日二十名乃至三十名アリ、医療ニ手不足ヲ来シ居ルニ付本日九三電ニテ督促セル外科一名及技術助手一名至急派遣乞フ

飜譯者印

東亞課 12.8.5 受付

南滿洲鐵道株式會社

日－8017 B列5

（12.1.1.5㎝冊 實業堂刃）

443

# 天津事务所长关于请速派遣抚顺医院医生宫尾及助手矢板事致总裁室东亚课长的电文（一九三七年八月四日）

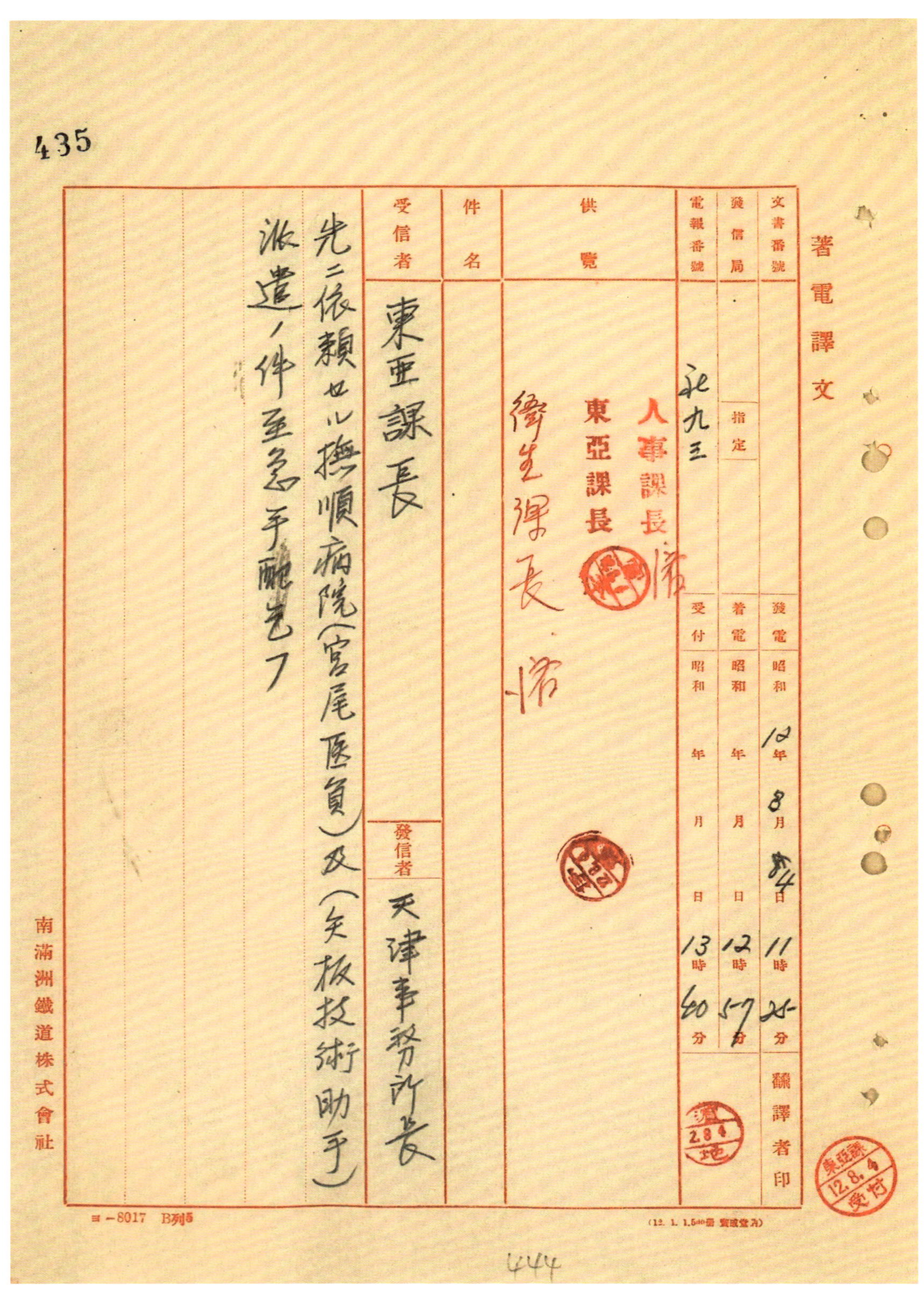

435

著電譯文

文書番號
發信局
電報番號 永九三
指定
發電 昭和12年8月4日11時25分
着電 昭和 年 月 日12時57分
受付 昭和 年 月 日13時40分
飜譯者印

供覽 人事課長 東亞課長 衛生課長

件名

受信者 東亞課長

發信者 天津事務所長

先ニ依頼セル撫順病院（宮尾醫員）及（矢板技術助手）派遣ノ件至急手配乞フ

南滿洲鐵道株式會社

444

天津事务所长关于特别派遣雇员清水明患病请派员接替工作事致总裁室东亚课长的电文（一九三七年八月四日）

432

寫

著電譯文

| 文書番號 | 發信局 | 電報番號 | 供覽 | 件名 | 受信者 |
|---|---|---|---|---|---|
| | | 一三八 | 人事課長へ回送 済 | | 東亜課長 |

發電 昭和12年8月4日13時20分
著電 昭和 年 月 日17時56分
受付 昭和 年 月 日20時15分

發信者 天津事務所長

特種派遣ニ於ケル（清水明）病ニ付交替者（至急担当）至急派遣乞フ清水ハ交替者到着次第帰任セシム

飜譯者印（田中 12.8.4）

（東亜課 12.8.5 受付）

南滿洲鐵道株式會社

ヨ－8017 B列5

441

# 天津事务所长关于报告第一次顾问部扩大会议内容概要事致总裁室东亚课长的函（一九三七年八月四日）

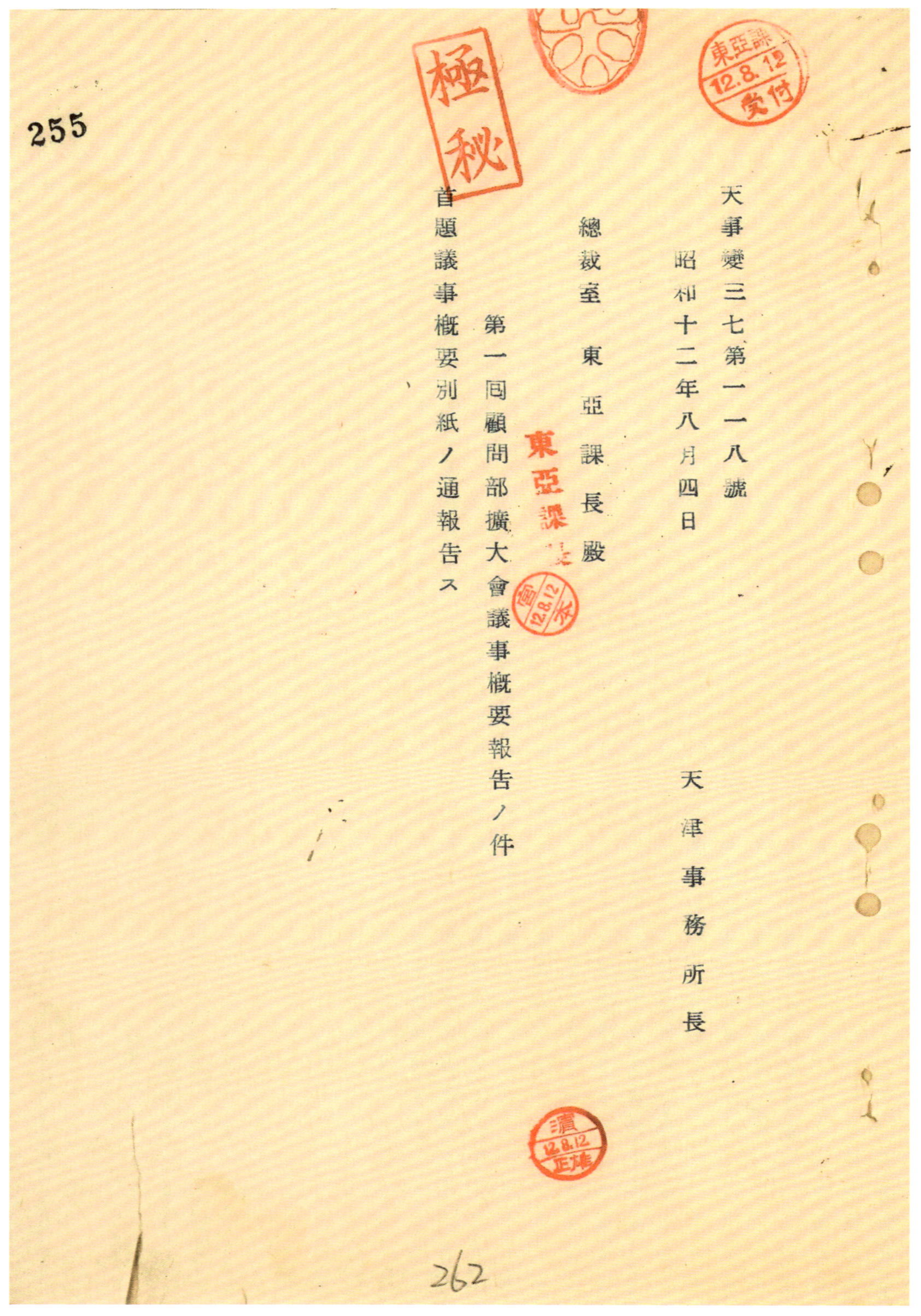
255

極秘

東亞課 12.8.12 受付

天事變三七第一一八號
昭和十二年八月四日

天津事務所長

總裁室 東亞課長殿

第一回顧問部擴大會議事概要報告ノ件

首題議事概要別紙ノ通報告ス

262

256

顧問部擴大會議

八月三日午後四時ー七時

日界　公會堂會議室

出席者

| | |
|---|---|
| 軍 | 大城戸大佐 |
| 〃 | 長嶺中佐 |
| 〃 | 井土垣少佐 |
| 滿鐵 | 伊藤所長 |
| 〃 | 齋藤良衞 |
| 〃 | 田所耕耘 |
| 顧問部 | 毛里顧問 |
| 學者 | 山崎靖純 |
| 三井 | 神村支店長 |
| 三菱 | 鵜飼次長 |
| 民團 | 臼井民團長 |

263

257

正金　　堀江支店長
鮮銀　　齋藤支店長
　　　　武藤冀東銀行顧問
　　　　大沼軍囑託
　　　　（吉田顧問缺席）

會議經過概要

大　南京迄及フヤ否ヤハ不明ナレト事件ハ北支ニ關スル限リ必然的ニ擴大、純然タル戰爭ニ入ルヤモ知レス茲ニ平津ノ治安ヲ維持シ戰後ノ經營ノ要大、一日ノ猶豫尚憂慮スヘキ事態招致ノ虞アリ別紙問題ニ付各人ノ腹臟ナキ意見ノ交換ヲ希望

264

井　金票ハ豊台通州等ニテハ明ニ流通
天津ニテハ南京ヨリノ密令等ニ由ルモノカ一般ニ流通ヲ悦ハス外
商ハ日本ヘノ反感モアラム又爲替變動ノ危險負擔回避ノ爲カガソ
リン等ノ決濟ハ依然銀ニ依ル
軍ハ金票ノ強制的流通ヲ企圖スルニ非ス

山　金票ハ下落シテ流通スルノテハ意味ナシ妥當ナ相場ヲ決定シテ流
通サセ度

神　軍ノ撒ク發行高ニ依リ影響

毛　一、軍ノ方針テ現地調便ハ最小限度ニ止ム
二、金圓ハ可成流通サセル但シ下落サセスニ流通セシム
此ノ二前提ノ下ニ實際問題トシテ動キノ附カナクナツタ問題ヲ如
何ニ捌クカヲ考慮

山　金圓ヲ下落サセス流通サセルニハ在外資金ヲ有スル正金銀行ノ協
力ヲ仰カネハナラス之ニハ更ニ政府ノ支持カ必要

毛　金融、各種經費、關稅、鹽稅等モ總テ物資ノ問題ト關聯此ノ際一

265

神

括シテ慎重考慮ノコト

日本人ニ於ケル米ニ比スヘキハ支那人ニ於ケル小麦粉、麦粉一人

一月一袋トシテ大約一月百萬袋

天津在庫ハ五、六萬袋、引渡未了分約七萬袋（日本側カ？）小賣

商ノ手許ニ大約四、五十萬袋、半月ハ持ツ

物資ヲ豐富ニスルニハ先ツ㈠交通ノ恢復（塘沽－天津間）カ緊要

㈡當分無税ニスルコト（軍事輸送トスルモ可）四圓八十錢見當ニ

テ天津ニ供給シ得ル見込（塘沽沖著四圓、四、五十錢見當、先々

月四圓搦）

治安囘復次第普通商人ニ營業サセルコト

260

伊　目下大連相場三圓八十錢

井　支那人ノ現實ノ購入値段ハ平時ノ三倍位

大　天津ノ治安ハ昨二日ヲ以テ全ク回復セリ

神　ライターノ不足ヲ如何スルヤ

長　今月中旬カ下旬迄（軍事輸送ノ爲徵發ノ期間）

大　大連ヨリライターヲ持ツテ來タラ如何

毛　鹽ハ現物ヲ差押ヘ之ヲ擔保トシテ支那側銀行ヨリ融資サセル

伊　俸給費　月一五〇萬弗

北寧　月六〇萬弗

井　期限附無税通關ハ如何

臼　差當リ百萬圓見當換銀ノ要、ガソリン等ノ決濟

堀　一、正金ハ金票流通ニ關シ國策通ニ從フ

二、十萬見當ナラ何時テモ弗ニ換ヘル方針、一億トナルト爲替關係モアリ獨斷テハ行カヌ

267

261

武　在外資金ノ節約ノ為ニ金圓ヲ流通サセル、金圓ヲ使フカラ在外資
　　金不要トスルハ不可、或程度金圓銀圓併用ヲ希望

伊　金票流通ノ際支那側銀行デオペレイションヲヤルノ懸念ナキヤ

神　日支紙幣共ニ不換、金票銀票ト謂フモ可笑シイ

毛　滿洲中央銀行——銀準備三〇〇萬元之ヲ河北省銀行ニ置イテ法幣
　　ノ兌換ニ應ス

齋　現地調便ハ全軍費ノ一割五—八分
　　滿洲事變ノ例ニ依レハ一割—一割五分

毛　銅子兒ノ公定相場ヲ治安維持會テ立テル要

大　一日モ早ク平時ノ操業狀態ニ復歸ヲ希望
　　支那側ト租界ノ交通不便ハ當分續ク（便衣隊警戒）救民ノ為軍ハ
　　十萬圓出シ救濟ヲ開始

鵜　小麥税金七三仙、統税一〇仙、計八三仙、一袋當リ税金込一元見
　　當、但シ應急對策トシテノ輸入ハ無税希望

268

262

井　百萬袋（二萬五千噸）ノ無稅通關ヲ考慮スルカ

大　尙研究ノ結果善處セム

269

263

# 諸問要綱（金融）

一、銀票不足ニ對スル方策

二、支那側銀行開業促進ニ關スル事項

三、金融疎通ニ關スル其ノ他ノ對案

270

264

諸問事項（物資）

一、食糧不足ニ對スル處置

二、輸送ニ關スル方策

三、配給ニ關スル對策

271

# 天津事务所长关于民团缴纳粮食事致总裁室东亚课长的电文（一九三七年八月四日）

319

寫

著電譯文

| 文書番號 | 發信局 | 電報番號 | 供覽 | 件名 | 受信者 |
|---|---|---|---|---|---|
| | | 一〇二 | 商工课长 文書课长 迴付、借 | | 東亜課長 |
| | 指定 3 ２ | | | | |

| 發電 | 着電 | 受付 |
|---|---|---|
| 昭和 年 月 4 日 15 時 1 分 | 昭和 年 8 月 5 日 3 時 48 分 | 昭和 年 月 日 時 分 |

發信者：天津事務所長

三日飛行機発六一電見 民團納入食糧品民團ヨリ当所依頼アリタルモ、滿鉄ハ直接納入不可納ニ就キ当社幹旋ニテ消費組合ヲシテ國際ニ販売セシメ國際ガ民團ニ納入スル形式ヲ執リ代金決済及ビ運輸ソノ他一切ノ責任ハ國際負担ノ事トシ

飜譯者印

東亜課 12.8.5 受付

南滿洲鐵道株式會社

ヨ-8017 B列5

(11. 1. 1.5000冊 小林納)

327

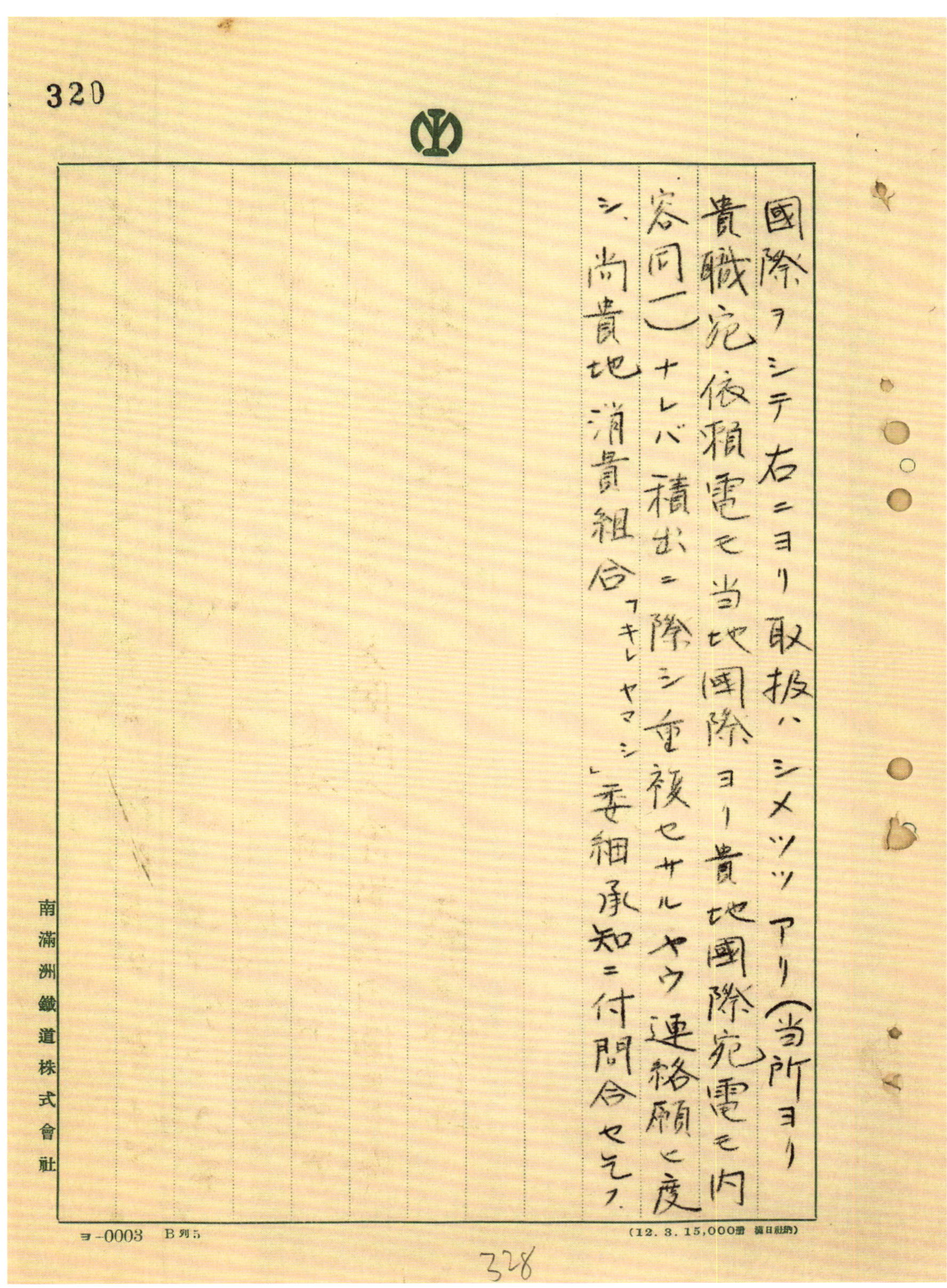

320

國際ヲシテ右ニヨリ取扱ハシメツツアリ（当所ヨリ貴職宛依頼電モ当地國際ヨリ貴地國際宛電モ内容同一）ナレバ積出ニ際シ重複セサルヤウ連絡願ヒ度シ、尚貴地消費組合「ニキレヤマシ」委細承知ニ付問合セ乞フ。

南滿洲鐵道株式會社

ヨ-0003　B列5　　(12.3.15,000冊 濱日紙納)

328

# 天津事务所长关于拟从大连购买氢气瓦斯事致总裁室东亚课长的电文（一九三七年八月五日）

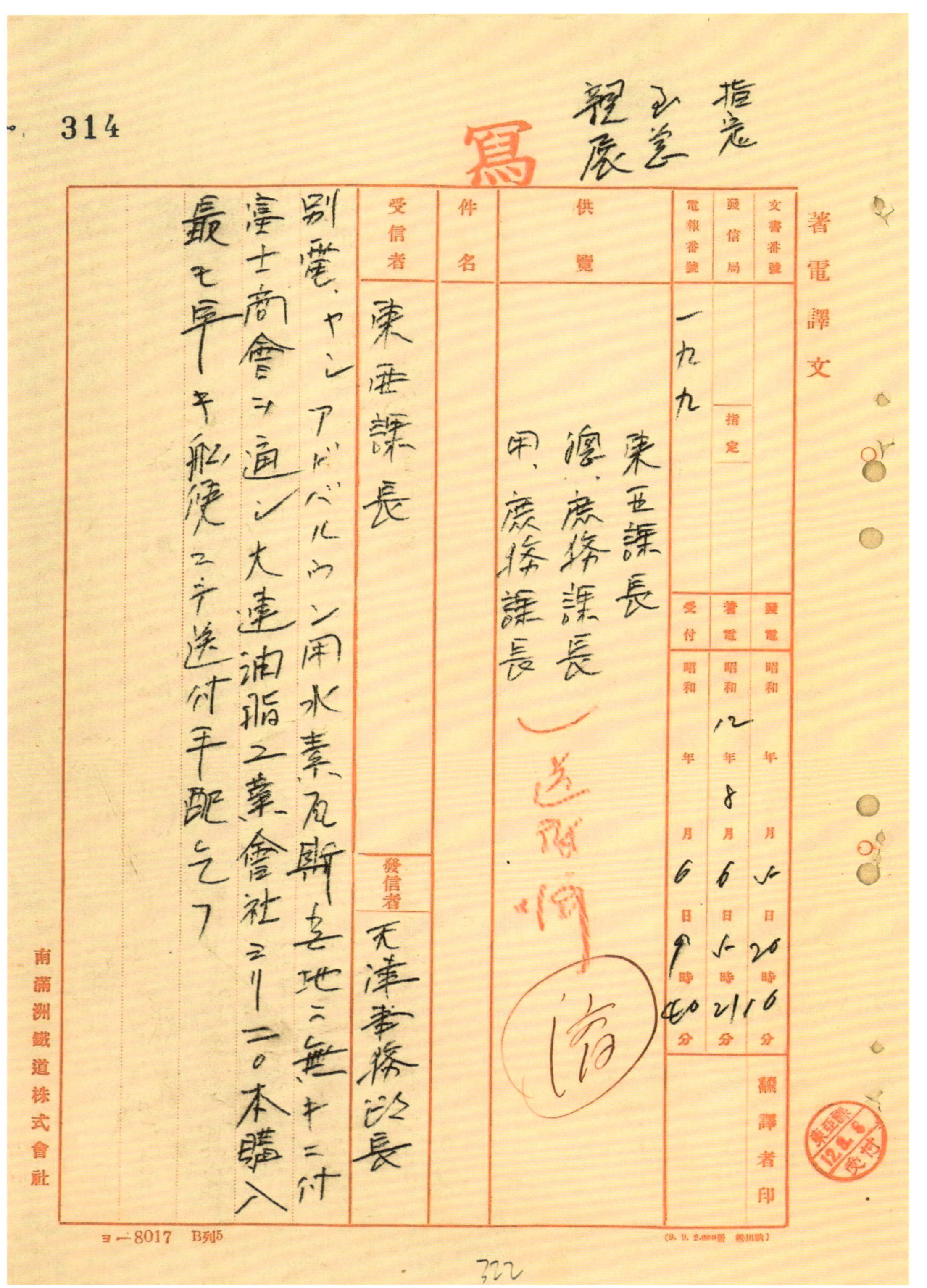

314

寫

著電譯文

| 文書番號 | 發信局 | 電報番號 |
| --- | --- | --- |
| | | 一九九 |

指定

供覧：東亜課長　總、庶務課長　甲、庶務課長

受信者：東亜課長

件名：

發信者：天津事務所長

別電ヤンアドバルーン用水素瓦斯當地ニ無キニ付臺士商會ヲ通シ大連油脂工業會社ヨリ二〇本購入最モ早キ船便ニテ送付手配乞フ

| | 發電 | 著電 | 受付 |
| --- | --- | --- | --- |
| 昭和 年 | | 12 | |
| 月 | 8 | 8 | 6 |
| 日 | 5 | 6 | 6 |
| 時 | 20 | 5 | 9 |
| 分 | 10 | 21 | 40 |

飜譯者印

南滿洲鐵道株式會社

ヨ—8017　B列5

天津事务所长关于北平、通州新情况的调查事致总裁室东亚课长的电文（一九三七年八月五日）

603

回覧

著電譯文

文書番號 社一六八

受信者 東亜課長

發信者 天津事務所長

東亜課長 文書課長 人事課長 弘報課長

發電 昭和12年8月5日13時40分
著電 昭和12年8月5日16時18分

（一）本日満州日々七月二八日夕刊着セルノミ一切ノ詳報知リ得ス本日以後徐々ニ回復ノ見込

（二）北平トノ連絡トシテ四日小島高橋ノ連絡員ヲ張遣北平ヨリ留学生弘報課員

南満洲鐵道株式會社

618

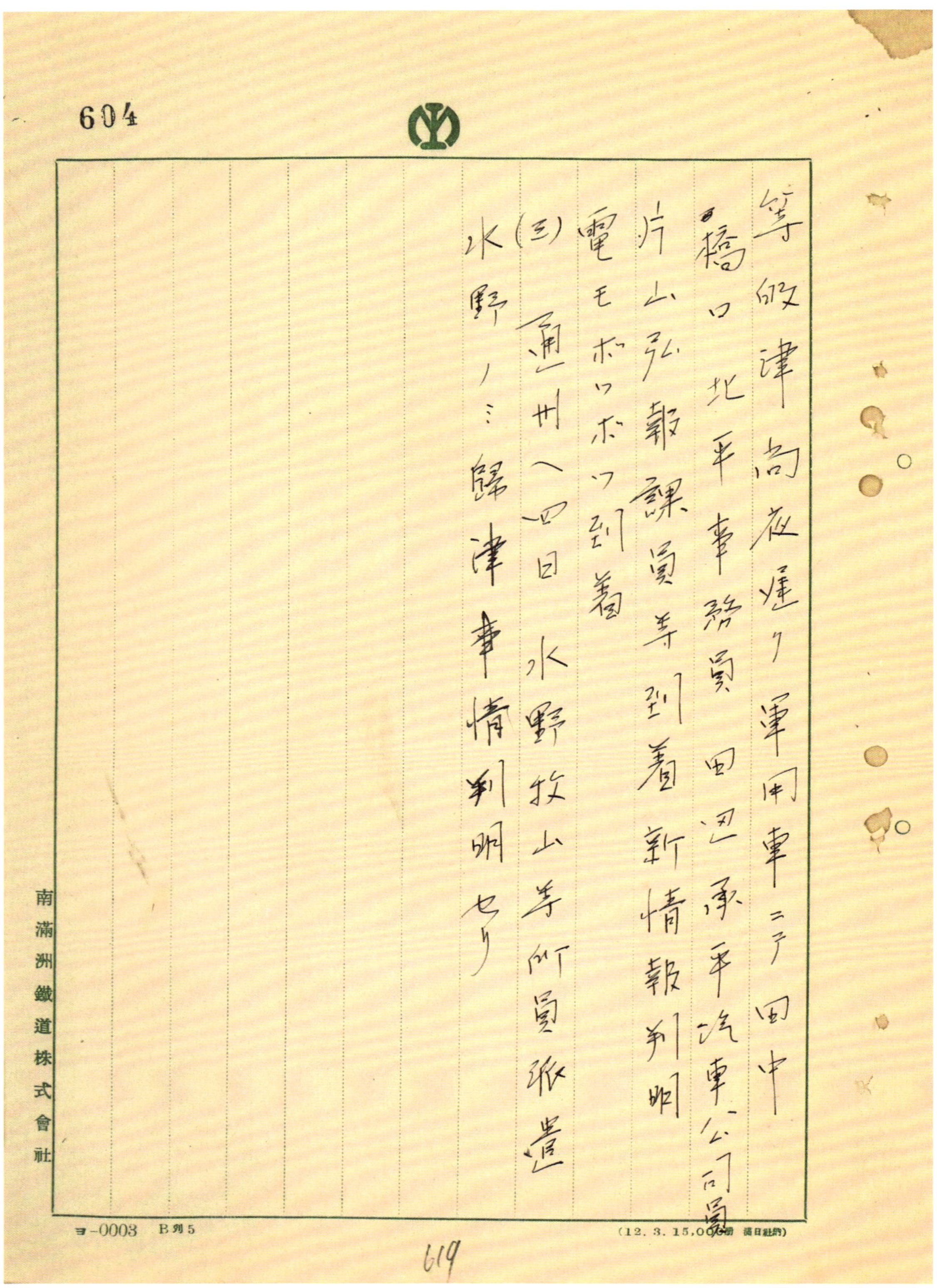
604

等級津向夜遲ク軍用車ニテ田中
橋口北平事務員田辺承平汽車公司員
片山弘報課員等到着新情報判明
電モポツポツ到着
(三)通州ヘ四日水野技山等所員派遣
水野ノミ歸津事情判明セリ

南滿洲鐵道株式會社

ヨ-0003 B列5 (12. 3. 15,000冊 滿日印刷)

619

# 天津事务所长与总裁室东亚课长关于请求收购粮食并向北宁铁路局运送的相关文件

## 天津事务所长致总裁室东亚课长电（一九三七年八月五日）

寫

311

著電譯文

| 文書番號 | 發信局 | 電報番號 | 供覽 | 件名 | 受信者 |
|---|---|---|---|---|---|
| | | 一七〇 | 東亞課長　文書課長　済了 | | 東亞課長 |

指定：ヒ二

發電：昭和12年8月5日13時40分

受付：昭和　年　月　日14時25分

翻譯者印

發信者：天事長

北寧社員ノ食糧品欠乏ノ為麦粉四〇〇〇袋至急購入斡旋方北寧鉄路局長ヨリ願出アリタルニ付奉天ニテ購入シ連日通車ニ依リ送付方至急手配乞フ尚輸送ニ関シテハ宇佐美錦鉄副局長ヨリ鉄路総局長宛手配済ニ付遠藤輸送委員会

（済）

東亞課 12.8.6 受付

南滿洲鐵道株式會社

ヨ-8017 B列5

319

312

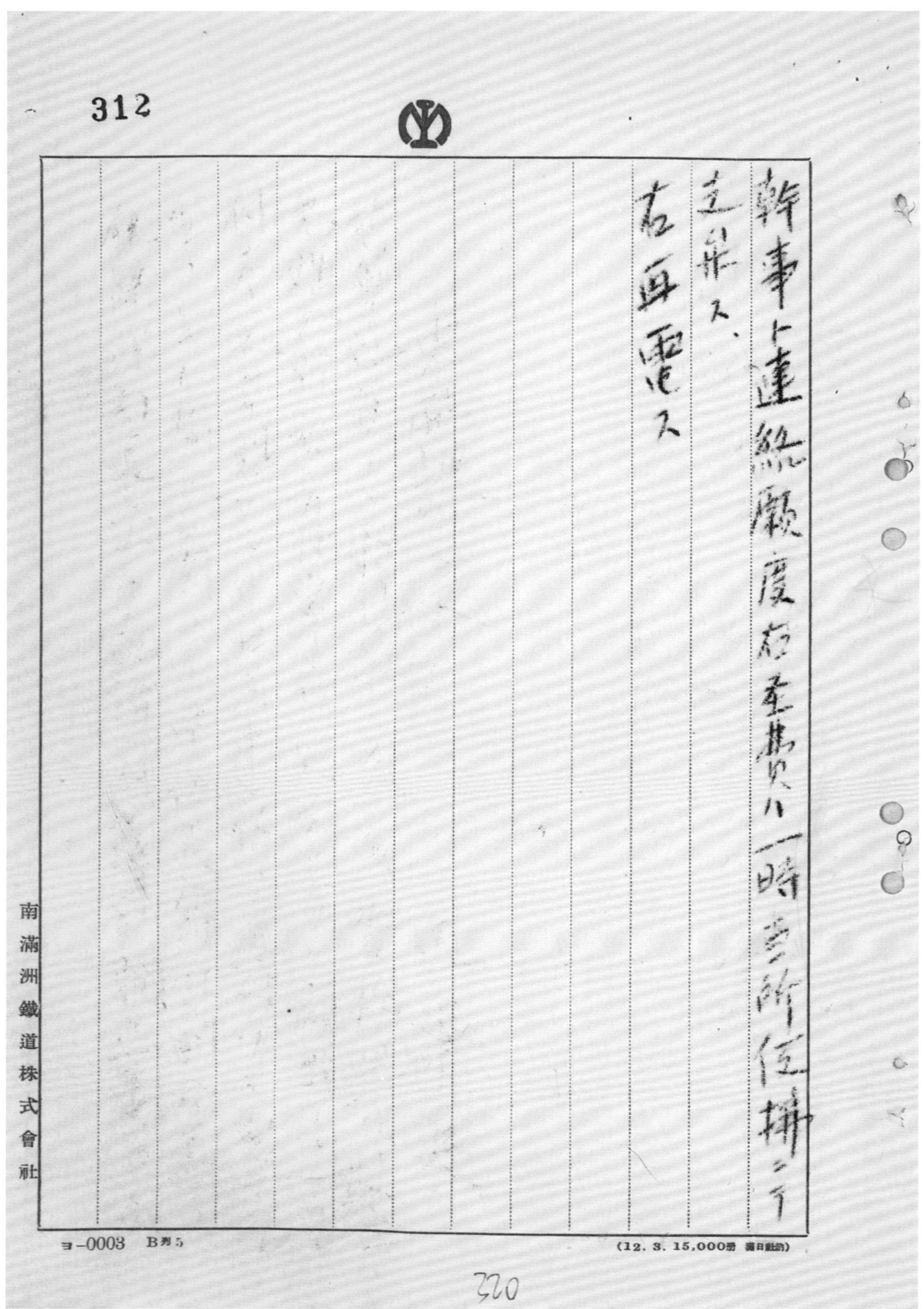

幹事ト連絡願度右要費ハ一時當所仮掛ニテ立辨ス、
右再電ス

南滿洲鐵道株式會社

ヨ-0003　B列5　(12. 3. 15,000冊 滿日社印)

320

# 天津事务所长致总裁室东亚课长电（一九三七年八月五日）

313

寫

著電譯文

| 文書番號 | 發信局 | 電報番號 | 供覽 | 件名 | 受信者 |
|---|---|---|---|---|---|
| | | 一三九 | 東亞課長<br>文書課長<br>文書課ニ聯絡済 | | 東亞課長 |

指定 ウニ

發信者 天津事務所長

| | 昭和 年 | 月 | 日 | 時 | 分 |
|---|---|---|---|---|---|
| 發電 | | 8 | 5 | 13 | 40 |
| 着電 | | 8 | 5 | 17 | 42 |
| 受付 | | | | 19 | 42 |

飜譯者印 東亞課 12.8.6 受付

昨日当方発天一四一号電ニ記ル北寧社員配給ノ小麦粉四万袋購入送付方依頼ノ件鉄道総局ニテ八般ニ配車準備ヲ了リ貴職ノ手配ヲ待チオル旨電話アリタルニ付至急奉天ニ於ケル仕丈其他ニ関シ手配乞フ尚高粱三千袋ノ追加申込アリタルニ付併セテ手配ノ上願度念ノタメ天一四一号再電ス

南滿洲鐵道株式會社

ヨ－8017 B列5　（12. 1. 1.5㍾冊 大阪屋號）

321

# 天津事务所长关于请安排天津社员购买面粉事致总裁室东亚课长的电文（一九三七年八月五日）

315

寫

著電譯文

| 文書番號 | 發信局 | 電報番號 | 供覽 | 件名 | 受信者 |
| --- | --- | --- | --- | --- | --- |
| | | 一九六 | 東亞課長<br>產、庶務課長<br>~~總、庶務課長~~<br>產、商工課長 | | 東亞課長 |
| | 指定 | | | | 發信者 |
| | | | | | 天津事務所長 |

| | 昭和 | 年 | 月 | 日 | 時 | 分 |
| --- | --- | --- | --- | --- | --- | --- |
| 發電 | 昭和 | 12 | 8 | 5 | 19 | 30 |
| 着電 | 昭和 | | | 6 | 4 | 54 |
| 受付 | 昭和 | | | | 9 | 30 |

飜譯者印

当地民団ヨリ日界在住（華人）食用ノ麦粉二万袋ヲ天津[illegible]ニ四角五十銭ノ鶴印級ノ又ハ其品）ヲ限度トシテ貴地ヨリ購入致シタク申出当所ヲ通ジ当地[illegible]注文アリタルニ付イテハ至急送付相成様該社ト連絡シ斡旋乞フ

（東亞課 12.8.6 受付）

南滿洲鐵道株式會社

ヨ－8017 B列5　（12.1.1.5[illegible]冊 ……）

323

# 天津事务所长关于告知民团粮食已抵达天津事致总裁室东亚课长的电文（一九三七年八月五日）

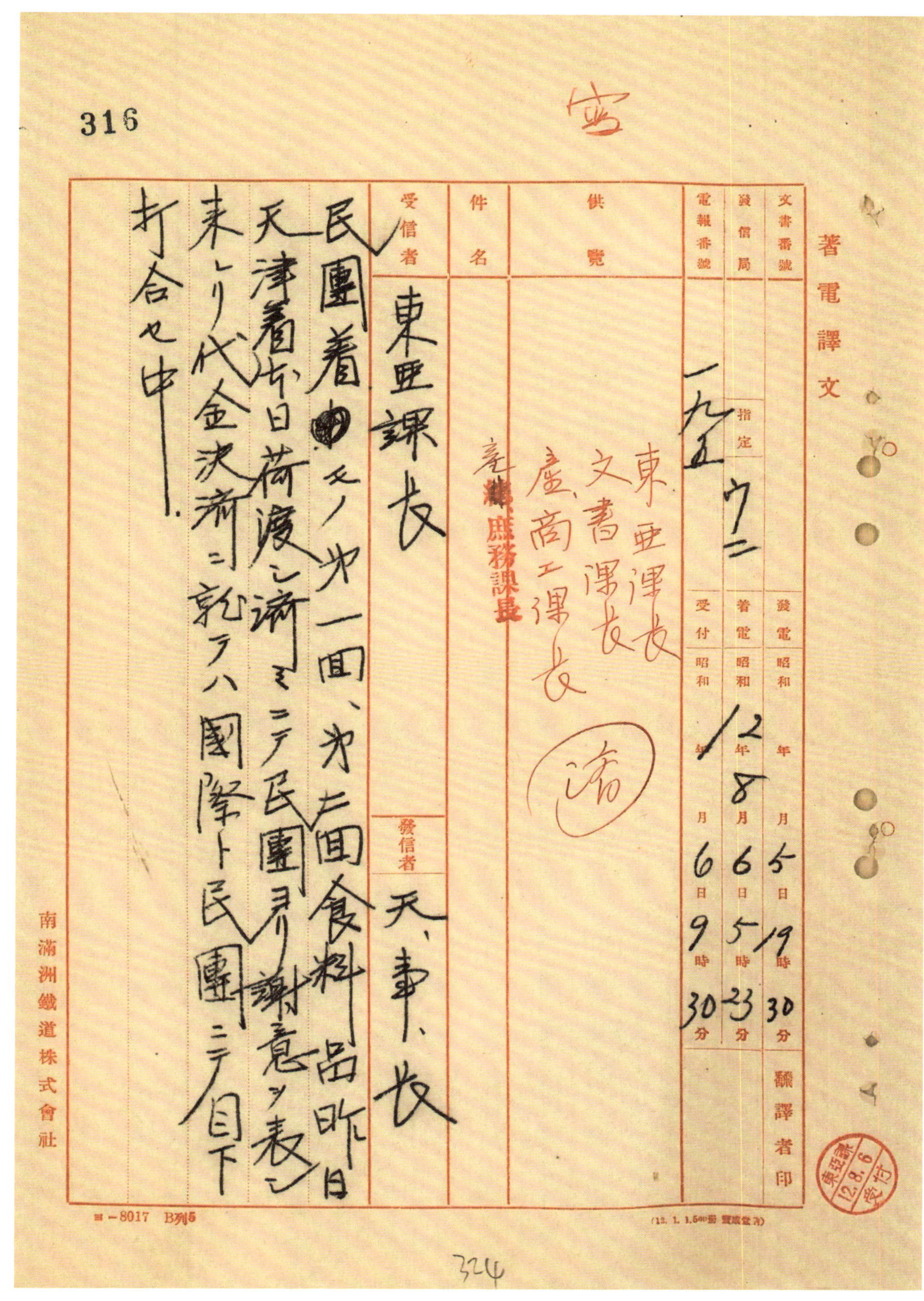

316

密

著電譯文

| 文書番號 | 發信局 | 電報番號 |
|---|---|---|
| | | 一九五ウ二 |

| 發電 | 著電 | 受付 |
|---|---|---|
| 昭和12年8月5日19時30分 | 昭和12年8月6日5時23分 | 昭和12年8月6日9時30分 |

供覧：東亜課長　文書課長　庶、商工課長

總庶務課長

受信者：東亜課長

發信者：天、事、長

民團着ノ第一回、第二回食料品昨日天津着本日荷渡シ済ミニテ民團ヨリ謝意ヲ表シ来レリ代金決済ニ就テハ國際ト民團ニテ目下打合セ中

南滿洲鐵道株式會社

東亜課 12.8.6 受付

324

# 天津事务所长关于请告知高粱、小米、大米的市场售价事致总裁室东亚课长的电文（一九三七年八月五日）

318

寫

著電譯文

| 文書番號 | 發信局 | 電報番號 | 供覽 | 件名 | 受信者 |
| --- | --- | --- | --- | --- | --- |
| | | 一二〇 | 商工課長、迴付、潜 | | 東亜課長 |

指定

發電 昭和　年　月　日　時　分

着電 昭和　年8月5日3時37分

受付 昭和　年　月　日　時　分

飜譯者印

發信者 天津事務所長

高粱、粟、白米ノ二日ノ相場至急知ラセラレ度、猶泰東興信所日報ノ如キ各種商品相場ヲ記セルモノアラハ數日分飛機ニテ送付セラレ度

商工課ニ於テ回答済　知

（印：瀬 12.8. 正雄）

（印：東亜課 12.8.5 受付）

南滿洲鐵道株式會社

三－8017　B列5

（12. 1. 1.5ｍ册 實線堂刷）

326

天津事务所长关于部队特派人员薪金问题事致总裁室人事课长的电文（一九三七年八月五日）

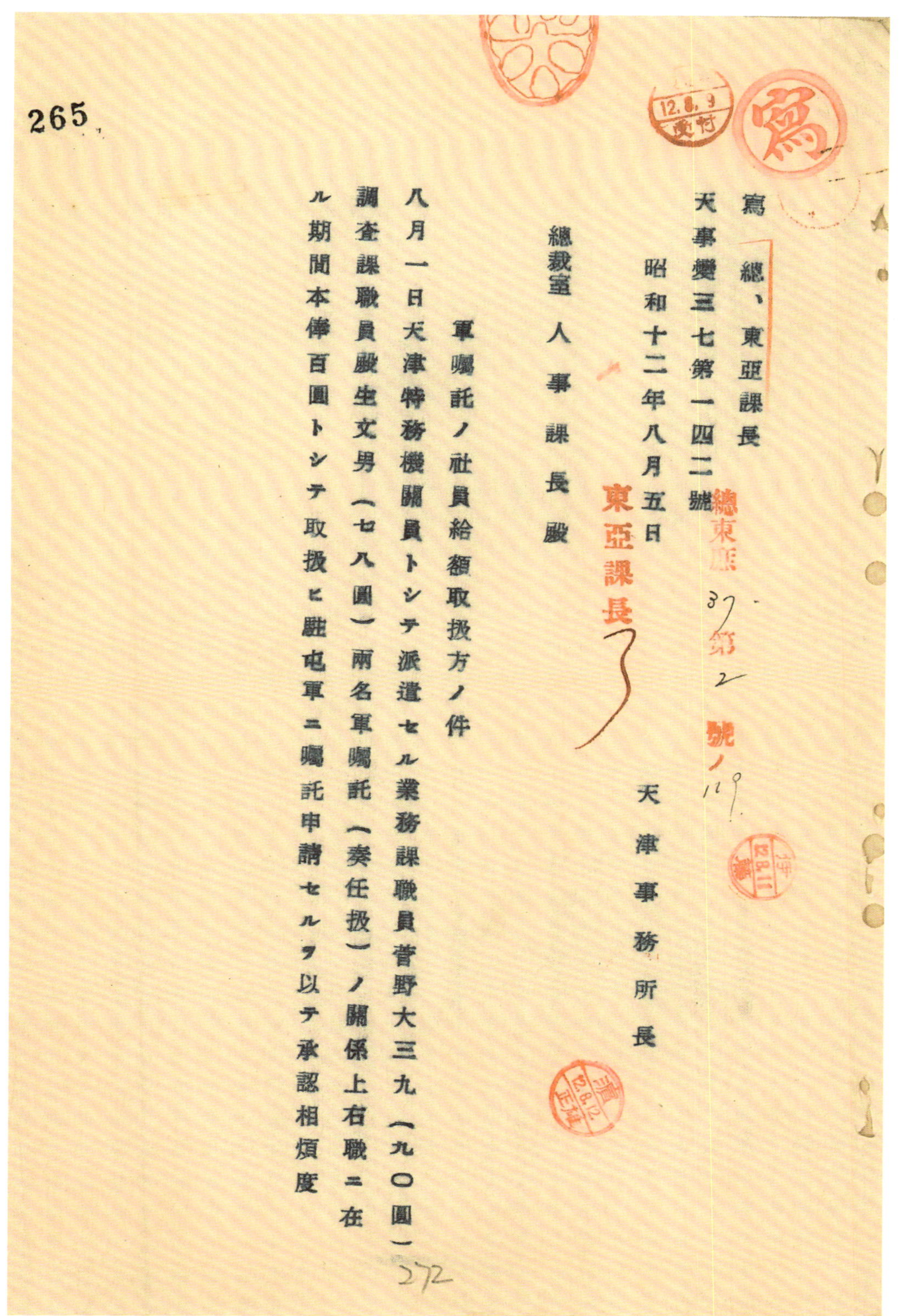

265

寫

總、東亞課長

天事變三七第一四二號

昭和十二年八月五日

天津事務所長

總裁室人事課長殿

軍囑託ノ社員給額取扱方ノ件

八月一日天津特務機關員トシテ派遣セル業務課職員菅野大三九（九〇圓）調査課職員殿生文男（七八圓）兩名軍囑託（奏任扱）ノ關係上右職ニ在ル期間本俸百圓トシテ取扱ヒ駐屯軍ニ囑託申請セルヲ以テ承認相煩度

272

# 天津事务所长关于请派无线电通信员六名事致总裁室东亚课长的电文（一九三七年八月五日）

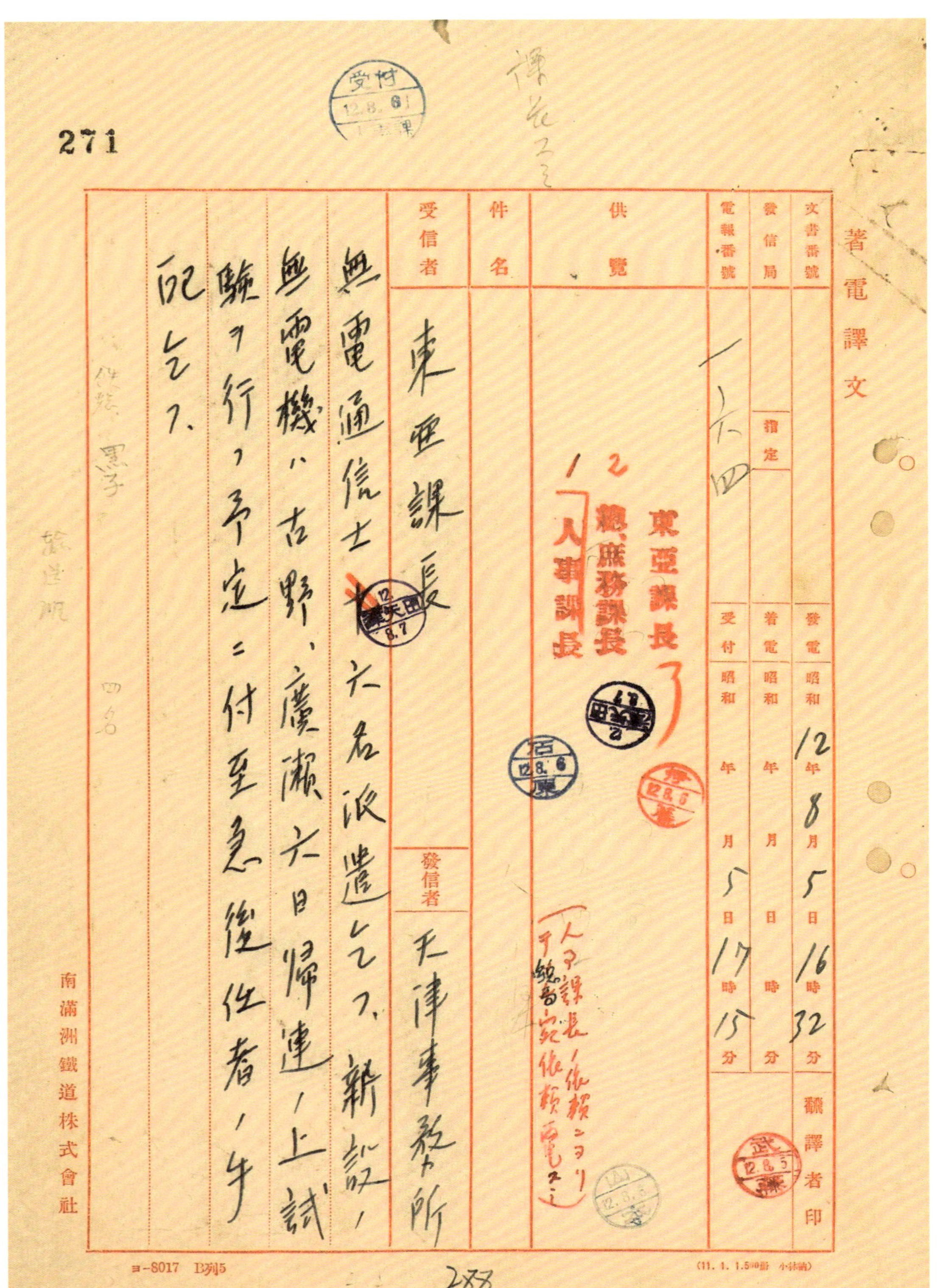

271

著電譯文

| 文書番號 | 發信局 | 電報番號 | 供覽 | 件名 | 受信者 |
|---|---|---|---|---|---|
| | | 一六四 | 東亞課長 總、庶務課長 人事課長 | | 東亞課長 |

發電 昭和12年8月5日16時32分
受付 昭和年8月5日17時15分

發信者 天津事務所

無電通信士六名派遣セラレ新設ノ無電機ハ古野、廣瀨六日帰連ノ上試験ヲ行フ予定ニ付至急後任者ノ手配セラレ

（人事課長ノ依頼ニヨリ總局宛依頼済ミ）

南滿洲鐵道株式會社

ヨ-8017 B列5

288

天津事务所长关于通州殉职在职社员高桥余庆等四人葬礼拟于大连举行事致总裁室东亚课长、人事课长的电文（一九三七年八月五日）

752

著電譯文

文書番號

發信局 ハ二三イ

電報番號 一七六

指定

發電 昭和 12 年 8 月 5 日 15 時 0 分

着電 昭和 〃 年 〃 月 〃 日 16 時 24 分

受付 昭和 年 月 日 時 分

供覽 寫 東亞課長 文書課長 人事課長 總、庶務課長

件名

受信者 東亞課長 人事課長

發信者 天津事務所長

殉職シタル通州在勤社員高橋余慶以下四名遺髪ハ通州ノ交通恢復次第天津ニ送ラルルニツキ大連ニテ社葬執行致度ニ付御含ミ乞フ

翻譯者印

南滿洲鐵道株式會社

ヨ-8017 B列5

（11. 1. 1.500冊 小林納）

768

# 天津事务所长关于北平事务所长汇报派遣部队留学生全部安全并向人事课学务课转达事致总裁室东亚课长的电文（一九三七年八月五日）

605

著電譯文

文書番號 一七一
發信局 二カ
電報番號
指定

發電 昭和一二年八月五日一三時四〇分
着電 昭和〃年〃月〃日一六時八分
受付 昭和 年 月 日 時 分

供覽 東亞課長 人事 總、庶務課長

受信者 东亚課長

發信者 天津事務所長

北平事務所長ヨリノ電下記轉電ス「川岸部隊通譯トシテ二日留学生川口、山松、松下三名派遣三日奈良部隊通譯トシテ白瀬、森川、小垣、西村、浅川計五名派遣セリ、尚豐台派遣中ノ留学生十名ハ全部無事ナル由人事課長学務課長ヘモ傳ヘラレ度」

南滿洲鐵道株式會社

ヨ-8017 B列5

天津事务所长关于催促负责悬挂宣传热气球人员火速来津事致总裁室东亚课长的电文（一九三七年八月五日）

430

寫

著電譯文

| 文書番號 | 發信局 | 電報番號 | 供覽 | 件名 | 受信者 |
|---|---|---|---|---|---|
| | | 一六五 | 東亞課長<br>人事課長<br>文書課長<br>了<br>總務課長 | | 東亞課長 |

| 發電 | 着電 | 受付 |
|---|---|---|
| 昭和 年 8月 5日 16時 30分 | 昭和 年 月 11日 17時 15分 | 昭和 年 月 日 時 分 |

濟

發信者 天津事務所長

アドバルン関係者未ダ着カス、貴方ヨリ連絡ノ上至急来津方手配乞フ

文書係、庶務課電報ス
山海関駅長ニ此ノ命令伝達方依頼ス

南滿洲鐵道株式會社

東亞課 12.8.6 受付

ヨ-8017 B列5　(11. 1. 1.500 冊 小林納)

434

天津事务所长关于报告社员高桥余庆等五人在通州七七事变后通州事件中殉职事致总裁室东亚课长、人事课长的电文（一九三七年八月五日）

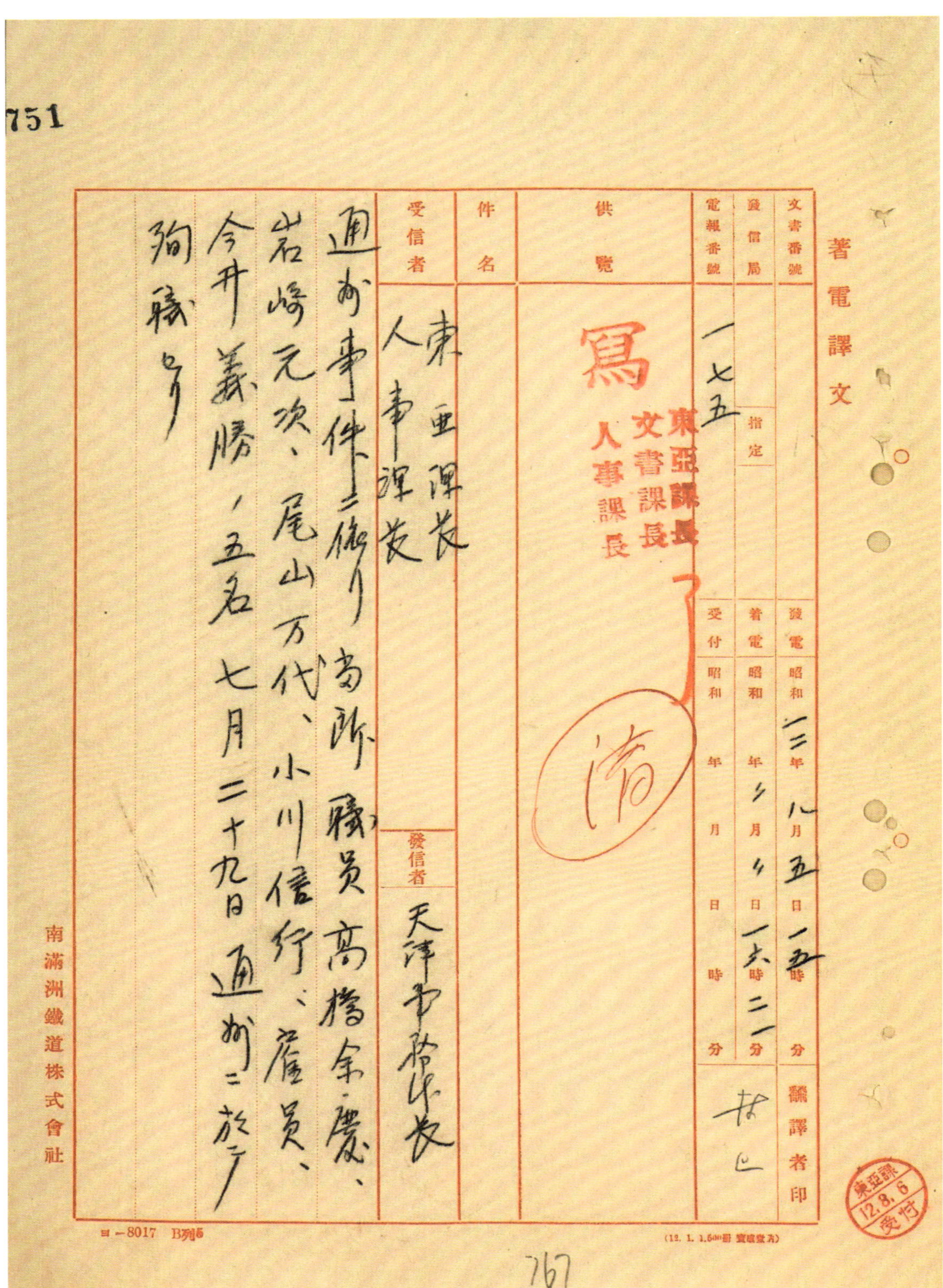
751

著電譯文

文書番號 一七五

東亞課長
文書課長
人事課長

寫

發電 昭和一二年八月五日一五時 分
着電 昭和 年八月八日一六時二一分

受信者 東亜課長 人事課長
發信者 天津事務所長

通州事件ニ依リ當所職員高橋余慶、岩崎元次、尾山万代、小川信行、雇員今井義勝ノ五名七月二十九日通州ニ於テ殉職セリ

南滿洲鐵道株式會社

767

天津事务所长关于济南驻在员请派遣通晓计划经济人员及翻译事致总裁室东亚课长的电文（一九三七年八月六日）

極秘

寫

著電譯文

文書番號 社二〇八

指定

人事課長

東亞課長 文書課長 人事課長

發電 昭和　年　月　日 16時　分

着電 昭和 12年 8月 6日 22時 52分

受付 昭和　年　月　日 23時 20分

受信者 東亞課長

發信者 天、事、長

濟南駐在員ヨリ計畫經濟ニ通ズル者及支那語通譯各一名至急派遣方依頼アリ、當所目下人員不足ノ状態ナル上、北寧線不通ナルヲ以テ本社ニ於テ適任者物色ノ上青島經由派遣方配慮乞フ。

南滿洲鐵道株式會社

438

# 天津事务所长与总裁室东亚课长关于殉职社员高桥余庆之牌位被送达天津的相关文件

## 天津事务所长致总裁室东亚课长电（一九三七年八月六日）

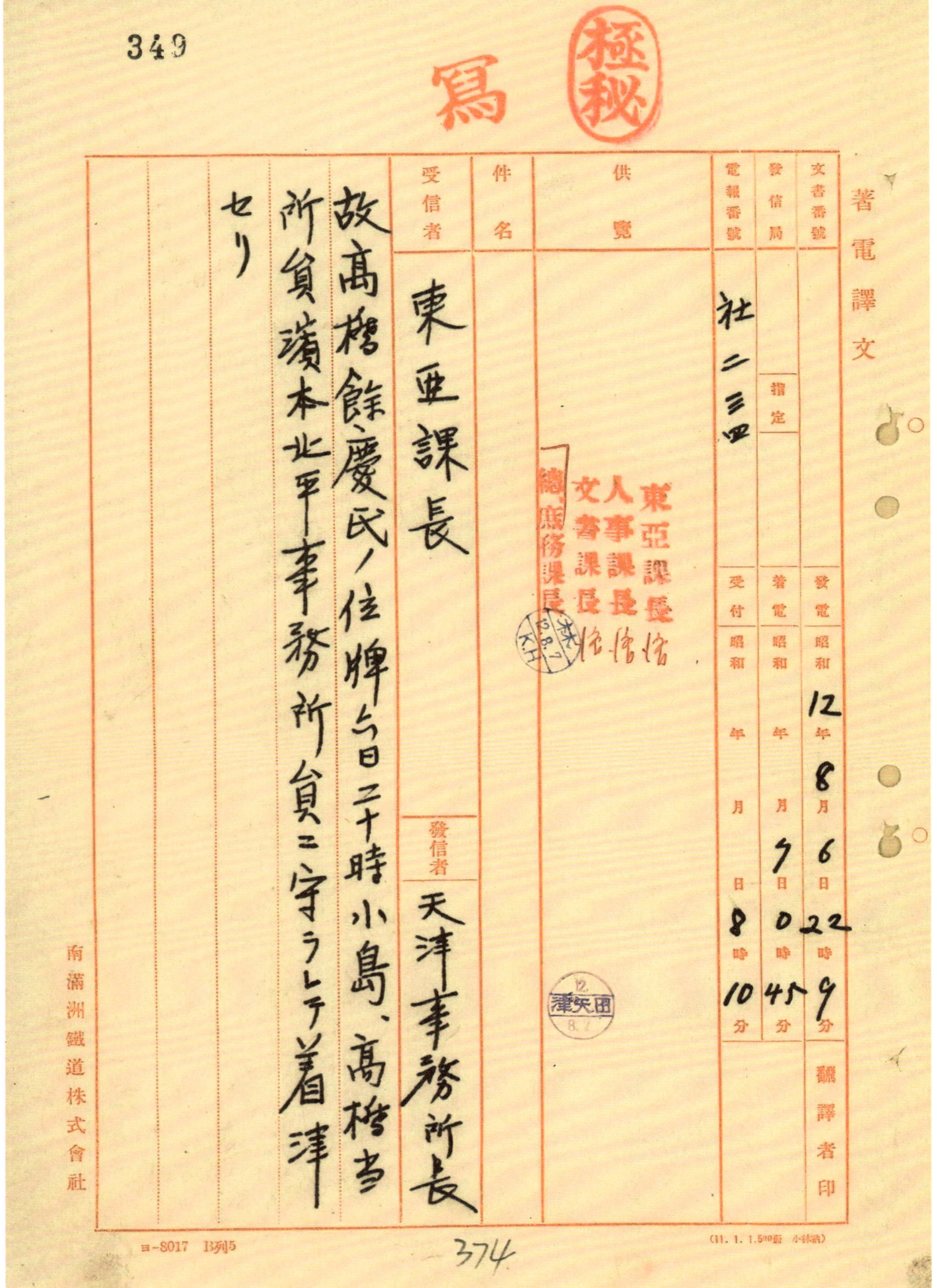

349

極秘

寫

著電譯文

| 文書番號 | 發信局 | 電報番號 |
|---|---|---|
| 社二三四 | | |

指定

| | 發電 | 着電 | 受付 |
|---|---|---|---|
| 昭和 | 12年 | 年 | 年 |
| 月 | 8月 | 月 | 月 |
| 日 | 6日 | 9日 | 日 |
| 時 | 22時 | 0時 | 8時 |
| 分 | 9分 | 45分 | 10分 |

供覽：東亜課長 人事課長 文書課長 總、庶務課長

件名：

受信者：東亜課長

發信者：天津事務所長

故高橋餘慶氏ノ位牌今日二十時小島、高橋当所員續本北平事務所員ニ守ラレテ着津セリ

飜譯者印

南滿洲鐵道株式會社

374

天津事务所长致总裁室东亚课长电（一九三七年八月六日）

746

寫

極秘

著電譯文

| 文書番號 | 發信局 | 電報番號 | 供覽 | 件名 | 受信者 |
|---|---|---|---|---|---|
| | 二カ | 社二一二 | 人事課長<br>東亞課長<br>文書課長<br>總務課長 | | 東亜課長 |

發電 昭和一二年八月六日二三時五四分
着電 昭和一二年八月七日〇時三五分
受付 昭和　年　月　日　時　分

飜譯者印

發信者 天事長

通州殉職社員高橋職員遺髮ハ本日北平ヨリ當地着ノ筈　岩崎職員以下四名分ハ明日當方ヨリ職員二名派遣受領ノ筈

尚殉職社員ノ遺族ニ対スル死去ノ報告ハ小職ヨリ電セルモ鄭重ニ再報願度

南滿洲鐵道株式會社

ヨ－8017 B列5

(12. 1. 1.50冊 實成堂刷)

東亞課 12.8.7 受付

762

# 天津事务所长致总裁室东亚课长电（一九三七年八月六日）

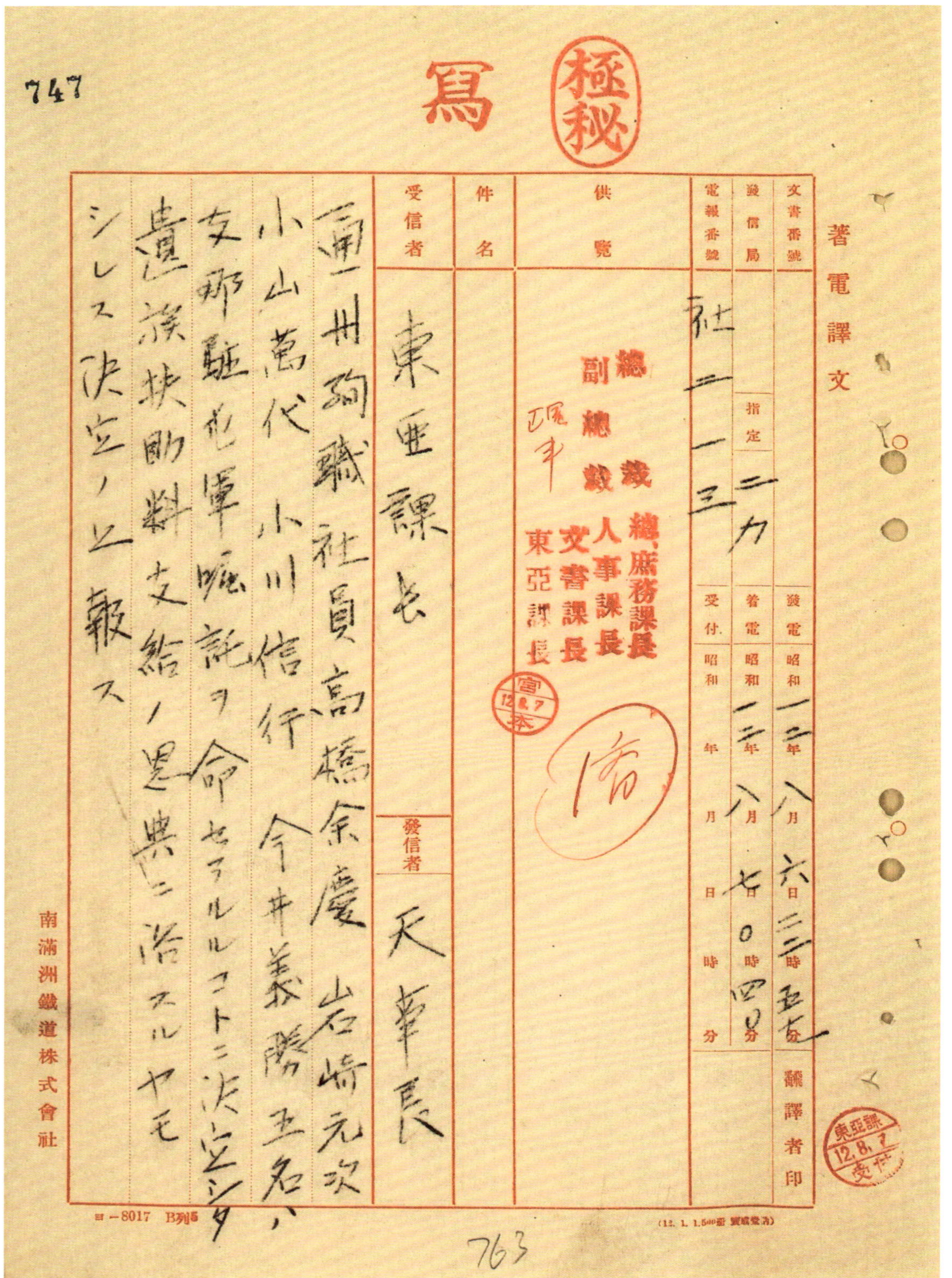
747

極秘 寫

著電譯文

文書番號 社二一三
發信局
電報番號
指定 二九

發電 昭和一二年八月六日二三時五五分
着電 昭和一二年八月七日〇時四〇分
受付 昭和 年 月 日 時 分

供覽 總裁 副總裁 總、庶務課長 人事課長 文書課長 東亞課長

件名

受信者 東亞課長

發信者 天津長

通州殉職社員高橋余慶、岩崎元次、小山萬代、小川信行、今井義勝五名ハ支那駐屯軍嘱託ヲ命セラルルコトニ決定シ遺族扶助料支給ノ恩典ニ浴スルヤモシレス決定ノ上報ス

飜譯者印

南滿洲鐵道株式會社

763

天津事务所长关于请在北平设立无线电所事致总裁室东亚课长的电文（一九三七年八月六日）

極秘

198

著電譯文

文書番號：社二〇一

受信者：東亜課長

發信者：天津事務所長

發電：昭和12年8月6日15時43分

東亞課長
總、庶務課長
文書課長

沽

無電所ヲ天津增設塘沽新設（ハ孰レモ大連保安区廣瀬助役詳細報告ノ筈）器械及人員ニ就テハ昨電ニテ依頼ス）ノ外北平ニモ新設致度能力（塘沽程度ノモノ）及人員ニ関シテハ廣瀬助役ト打合ノ上至急新設手配乞フ

南滿洲鐵道株式會社

205

# 天津事务所长与总裁室东亚课长关于请求寄送广告用气球及附属品的相关电文

## 天津事务所长致总裁室东亚课长电（一九三七年八月六日）

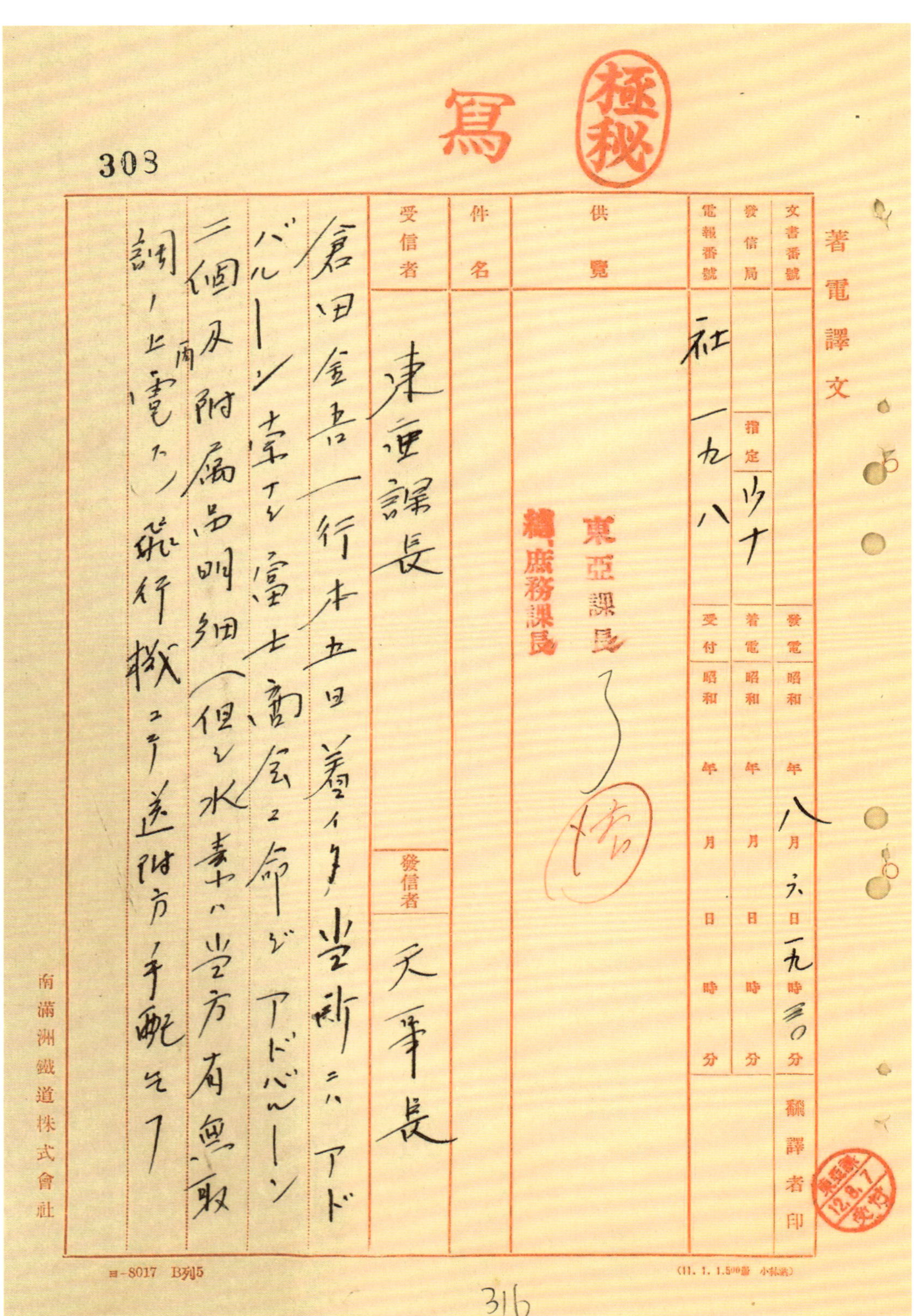

303

寫　極秘

著電譯文

文書番號：社一九八　發信局：　指定：ウナ　電報番號：

發電 昭和　年八月六日一九時三〇分
着電 昭和　年　月　日　時　分
受付 昭和　年　月　日　時　分

供覽：東亞課長　總務、庶務課長

件名：

受信者：東亞課長

發信者：天事長

倉田金吾一行本五日着イタ当所ニハアドバルーン索ナシ富士商会ニ命ジアドバルーン二個及附属品明細（但シ水素ハ当方有無取調ノ上電ス）飛行機ニテ送附方手配乞フ

飜譯者印

南滿洲鐵道株式會社

ヨ-8017　B列5　（11.1.1.5000冊 小林納）

316

天津事务所长致总裁室东亚课长电（一九三七年八月六日）

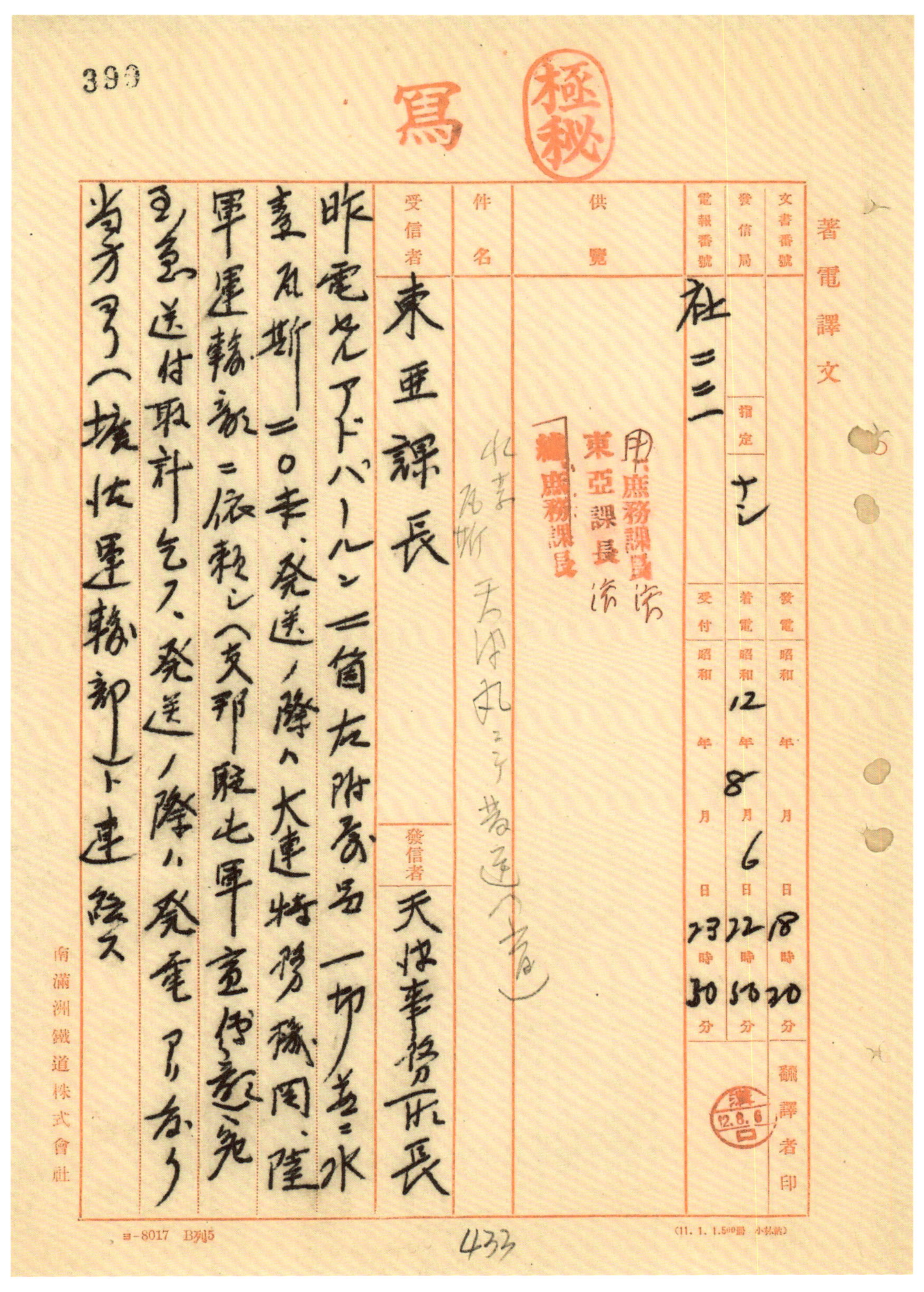

399

極秘

寫

著電譯文

| 文書番號 | 發信局 | 電報番號 |
| --- | --- | --- |
| | | 社二二一 |

指定：ナシ

| | 昭和 年 月 日 時 分 |
| --- | --- |
| 發電 | 18時20分 |
| 着電 | 昭和12年8月6日22時50分 |
| 受付 | 23時30分 |

供覽：庶務課長 済　東亞課長 済　總庶務課長

件名：水素瓦斯天津丸ニテ發送ノ件

受信者：東亞課長

發信者：天津事務所長

昨電ノアドバールン二箇右附屬品一切並ニ水素瓦斯二〇本、發送ノ際ハ大連特務機關、陸軍運輸部ニ依頼シ（支那駐屯軍宣傳部気付）宛至急送付取計乞フ、發送ノ際ハ發電アリ度シ当方ヨリ（塘沽運輸部）ヘト連絡ス

翻譯者印：濱口 12.8.6

南滿洲鐵道株式會社

ヨ-8017 B列5　433　(11.1.1.500冊 小松納)

# 天津事务所长关于天津特务机关工作事宜事致总裁室东亚课长、弘报课长、产业部庶务课长的函（一九三七年八月六日）

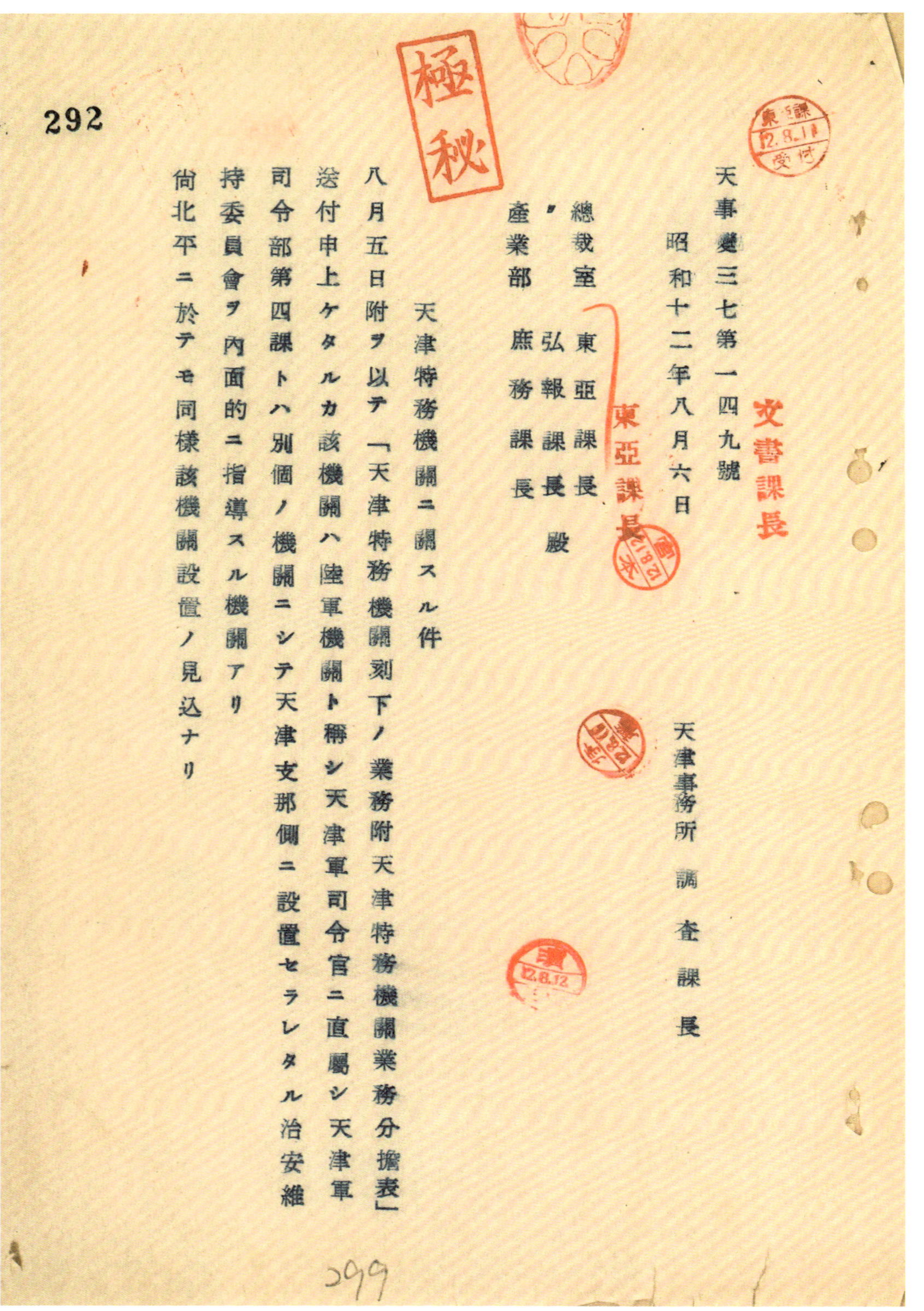

292

極秘

文書課長

東亞課長

天事處三七第一四九號

昭和十二年八月六日

天津事務所 調査課長

總裁室 東亞課長

〃 弘報課長 殿

產業部 庶務課長

天津特務機關ニ關スル件

八月五日附ヲ以テ「天津特務機關刻下ノ業務附天津特務機關業務分擔表」送付申上ケタルカ該機關ハ陸軍機關ト稱シ天津軍司令官ニ直屬シ天津軍司令部第四課トハ別個ノ機關ニシテ天津支那側ニ設置セラレタル治安維持委員會ヲ内面的ニ指導スル機關アリ

尚北平ニ於テモ同樣該機關設置ノ見込ナリ

299

# 天津事务所山本关于天津陆军机关由军司令官直接管辖事致总裁室东亚课长的电文（一九三七年八月七日）

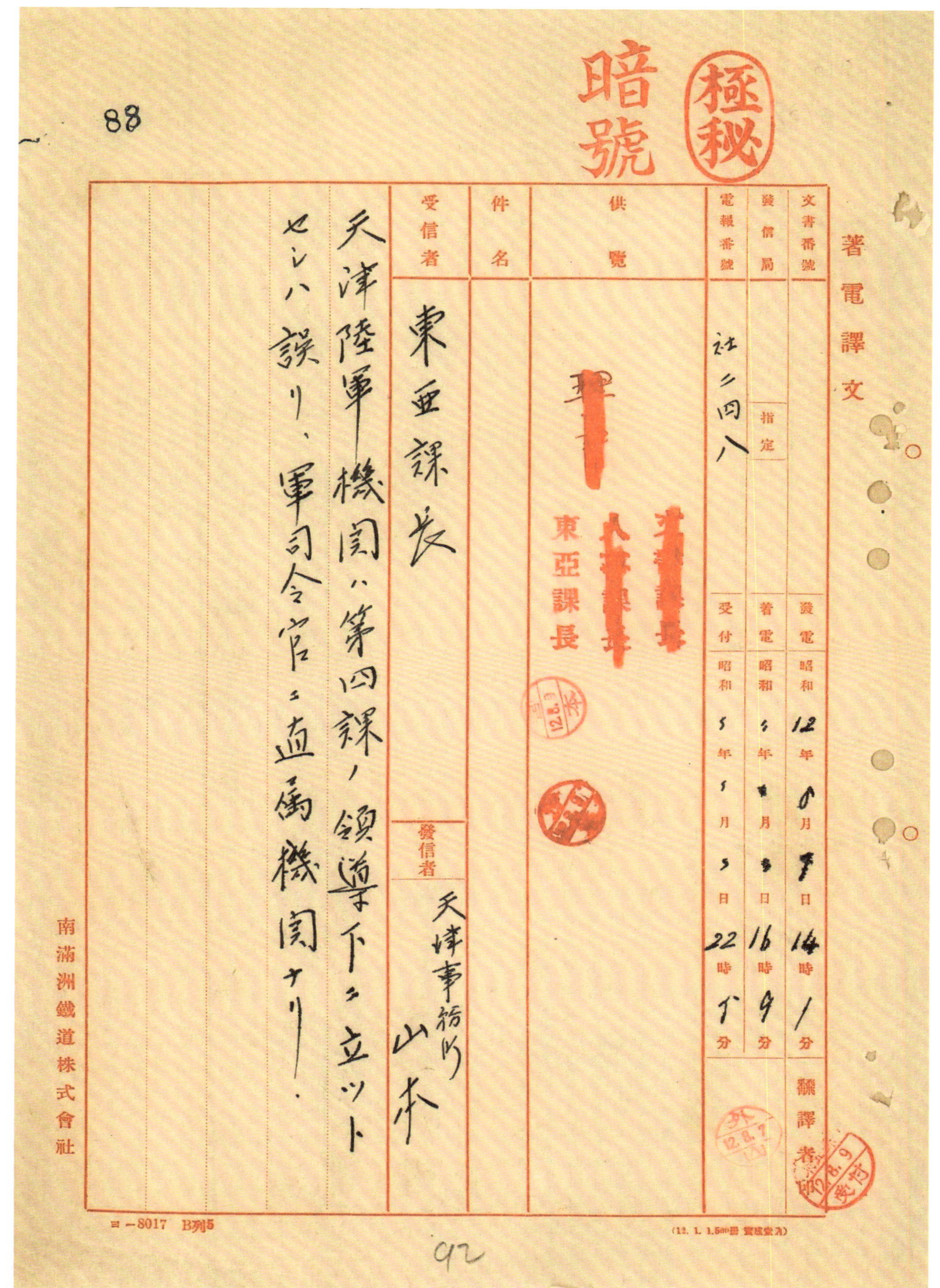

88

暗號　極秘

著電譯文

| 文書番號 | 發信局 | 電報番號 | 供覽 | 件名 | 受信者 |
|---|---|---|---|---|---|
| | | 社二四八 | 東亞課長 | | 東亞課長 |

指定

發電　昭和12年8月7日14時1分

著電　昭和〃年〃月〃日16時9分

受付　昭和〃年〃月〃日22時5分

飜譯者

發信者　天津事務所　山本

天津陸軍機関ハ第四課ノ領導下ニ立ツトセシハ誤リ、軍司令官ニ直属機関ナリ。

南滿洲鐵道株式會社

ニ－8017　B列5

92

天津事务所长关于回复北平、天津间并无通信机关事致总裁室东亚课长的电文（一九三七年八月七日）

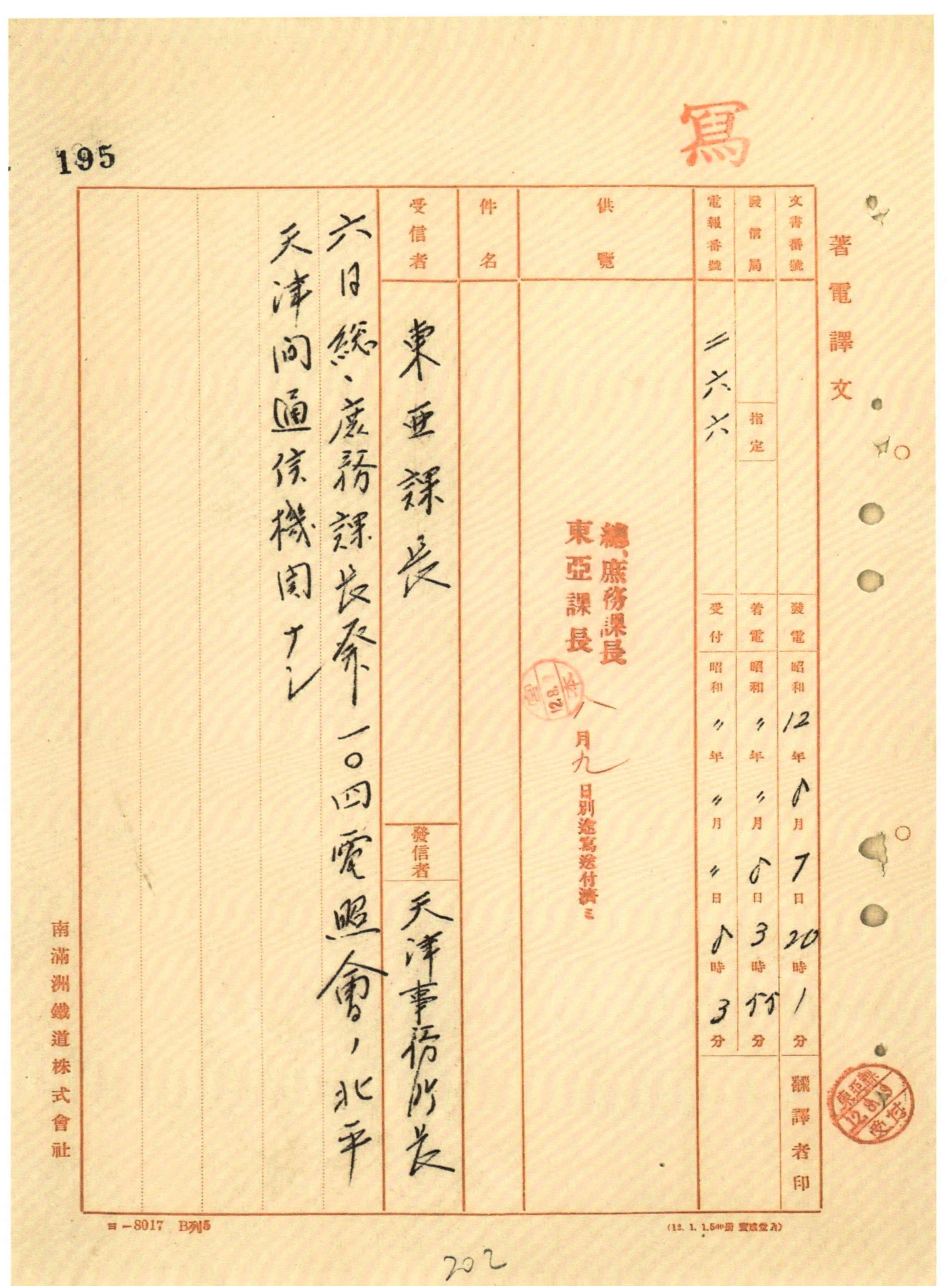

195

寫

著電譯文

| 文書番號 | 發信局 | 電報番號 |
| --- | --- | --- |
| | | 二六六 |

指定

| 發電 | 着電 | 受付 |
| --- | --- | --- |
| 昭和12年8月7日20時1分 | 昭和〃年〃月8日3時55分 | 昭和〃年〃月〃日8時3分 |

譯者印

供覽：總、庶務課長　東亞課長

八月九日別途寫送付濟

件名：

受信者：東亜課長

發信者：天津事務所長

六日總、庶務課長発一〇四電照會ノ北平天津間通信機関ナシ

南滿洲鐵道株式會社

202

昭和十二年八月七日

第二回物資對策委員會議事要錄

第二回物資對策委員會議事要錄

一、日時　八月七日自午後五時至七時

一、場所　民團會議室

一、出席者　總領事館（荻原、大原）

海軍武官（久保田）

參謀部（石川）

民團（臼井）

商工會議所（堀江）

滿鐵（神崎）

三井（神村－共益會理事）

大汽（三角）

商船（矢彦澤）

日清（　　）

近郵（中村）

三昌（岡本）

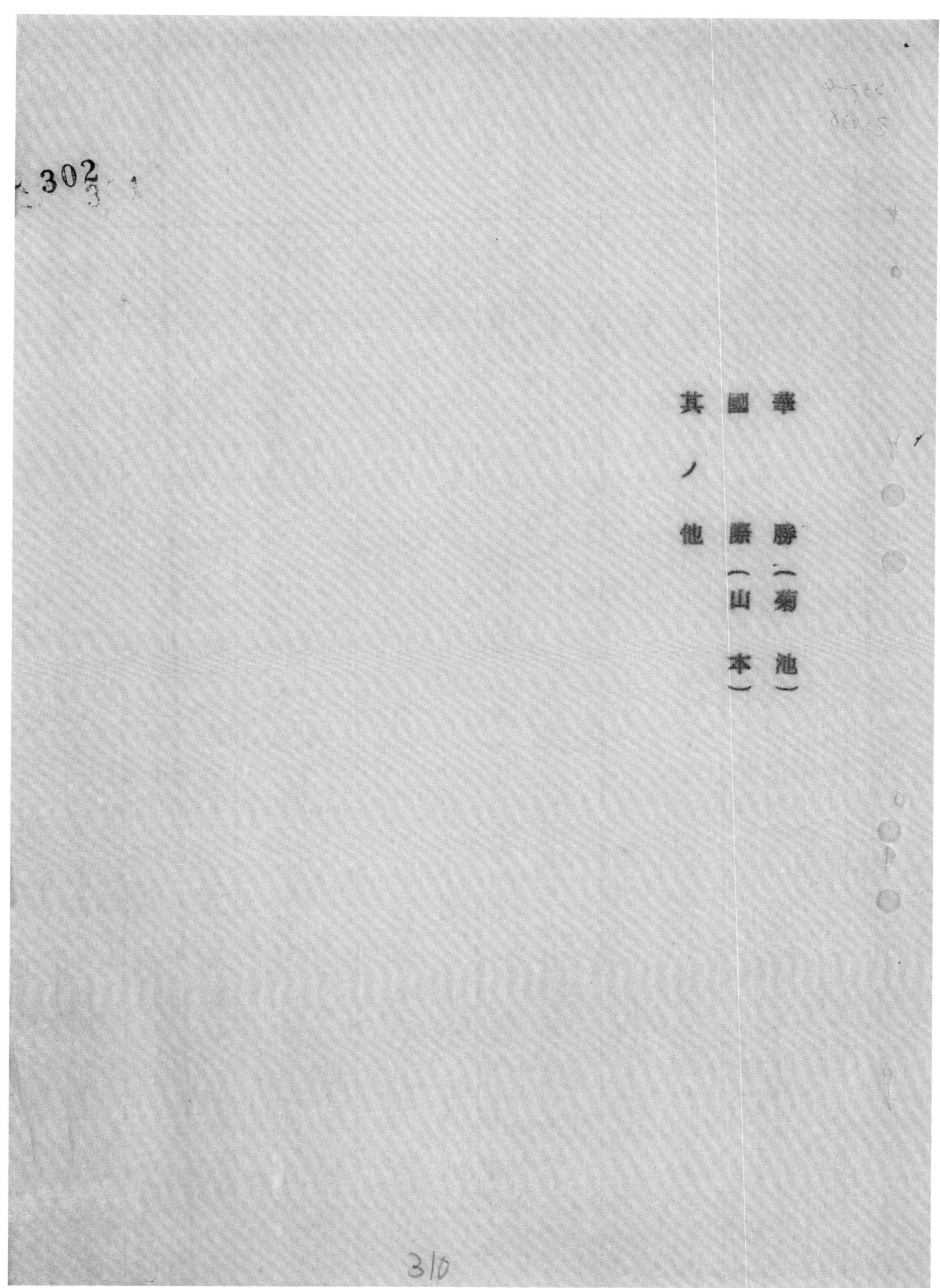
302

華勝（菊池）

國際（山本）

其ノ他

310

麥粉

㈠今月九日、十日頃麥粉二萬袋著荷ノ豫定
三井荷－民國依頼ノモノ、約定當時ノ値段ヨリ少シ高イノテ民國キヤンセルセルモノ
價格－天津渡四圓八一錢位（一等品）
右二萬袋ニ付
軍一萬袋（治安維持會關係二〇萬袋ノ一部トシテ）及天津紡、東洋紡計二千袋ノ話進行中
殘高－八千袋

㈡少シ安イモノ（二等品四圓五五錢位）八萬袋カ二十日前後ニ塘沽ニ著ク豫定
三井荷－治安維持會關係二〇萬袋中ノ初荷

㈢其ノ頃軍事輸送ノ最盛期テ貨車繰ツカネハ麥粉ハ野積不可ナルヲ以テライター及天津ニ於ケル倉庫ノ手配必要
ライター　七百屯位ノモノ手配出來ル（大汽）

倉　庫　特一區日清汽船倉庫ハ空イテ居ル。其ノ他支那側ノ押收倉庫ヲ利用

(四)治維會關係及日本側所要數量取纒メ發註アレハ荷繰モ船腹手配モ比較的圓滑ニ出來ル

支那側所要數量ニ對スル連絡ヲ特務機關ヲ通シテ行フコト（三井希望）

石川少佐特務機關ニ連絡スル

305

ガソリン

(一)現在天津在荷高

亜細亜石油　五〇〇箱（塘沽ニ三〇萬箱）

スタンダード　一、〇〇〇箱（八月末塘沽着九〇萬ガロン）

テキサス　二〇萬ガロン

(二)至急塘沽天津間ノ輸送ヲ考慮スル必要アリ

石油

(一)潤沢ニアリ

石炭

総領事館ヨリ開灤ニ対シ供給状態ニ就キ照会シタトコロ書面ヲ以テ
大略左ノ通返答アリタリ

(一)開灤ノ天津手持量ハ第三埠頭ニ六萬屯アリ
之ハ各個ノ契約トハ別ナプールナリ
普通ノ供給量ナラ賣應ス、買占ハ不可

(二)天津ストツク不足ヲ告ゲレハ秦皇島ヨリ廻送ス

313

(三)輸送ハ汽車カ不可能ナラ開灤自身チヤーターシテ輸送ス

(四)當面ノ問題トシテハ天津ニ於ケル開灤所有運炭トラツクカ日本軍ニ徴發セラレシ事實アリ、今後斯ルコトナキ樣希望ス

米

(一)日本政府米ノ拂下ニ關シ總領事館ヨリ大藏省ニ問合スコトトナル

(二)民國注文ノ二千噸ハ八月八日特三區ニ到着ノ豫定

(三)現在來月一杯充分ナリ

魚類

(一)目下日滿漁業ノ收メタモノヲ販賣ス

(二)門司ノ冷凍船（一百隻位）ノ利用モ考ヘラル—海軍

但シ免稅ヲ前提トスル

肉類

(一)現在手當中ノモノヲ加ヘテ約八〇頭、冷凍肉一〇〇〇頭分アリ、後者ハ輸出用ノモノ價格高シ

(二)日本租界一日ノ消費量牛一〇頭、豚三五頭ナルヲ以テ約半月分アリ

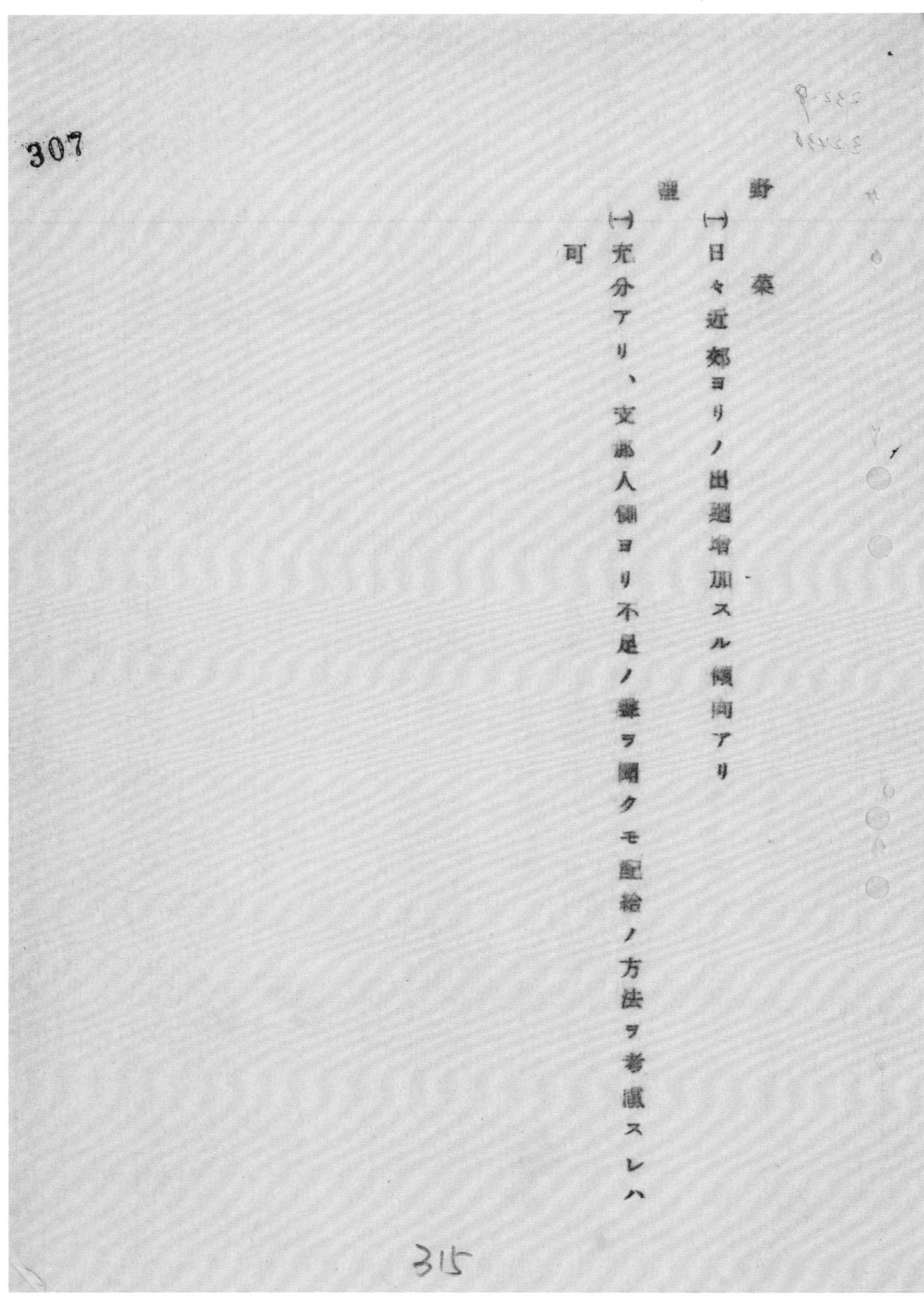

307

野菜

㈠日々近郊ヨリノ出廻増加スル傾向アリ

鹽

㈠充分アリ、支那人側ヨリ不足ノ聲ヲ聞クモ配給ノ方法ヲ考慮スレハ可

315

天津－塘沽間輸送問題

(一)今ヨリ發注スル貨物ノ入荷スル八月二十日前後ハ軍需輸送ノ最モ錯雜スル時期ニシテ汽車輸送ハ全然期待出來ヌ

(二)(イ)大連汽船テ七百噸位ノモノ都合ツク筈

(ロ)T、T、Lノランチノ利用ハ軍需品扱ノモノハ不可能

(三)トラツク輸送ニ付テハ滿鐵ニ於テ四五臺準備セリ、天候囘復ト共ニ運行スル豫定

通關問題

(一)救濟用物資免税扱ニ關シ

(イ)期限及物資ノ種類ヲ限ル臨時的ノモノトスルカ可

期　限－九月、十月ノ二月カ適當

物　資－麥粉、米、其ノ他

(ロ)之カ實施ニ關シテハ

海關ニ對シ－支那側治安維持會、紅卍會ヨリ英國總領事ニ對シ－

日本總領事ヨリ各諒解ヲ求ムルコトニ決ス

(二)天津ニ於テ軍ニ納入スル目的ヲ以テ輸入サルル個人名義貨物ノ免税扱ハ一般貨物ト混同シテ問題ヲ惹起シ易シ證明書ノ發行等、軍ニ於テ適當ナル處置ヲ厳重ニ講セラレ度ー大汽ヨリノ希望

又出來レハナルヘク此ノ種ノ品物ハ運輸部邊ニ統制スルヲ可トス。

(三)税率ニ關シ兎角ノ風評アリ、輸出入業方面ニ於テハ税率ノ急激ナル低下ヲ恐レテ商取引見合ノ傾向ヲ生スルヤモ知レス、之ニ付テ三井側ヨリ質問シタルニ對軍（石川少佐）ヨリ現在係ルコトハ絶對ニ考慮シ居ラストノ斷言アリ

尚將來天津ヲ自由港トスルモ一案ナリトノ説アリタリー海軍、三井、其ノ他

倉庫

(一)現在塘沽ニハ倉庫ナク雜粉ノ如キ野積不可能ノモノハ塘沽着ト同時ニ直ニランチニ積換ヘル必要アリ

(二)天津ニ於テハ特一區ノ日清汽船倉庫、其ノ他支那側ノ倉庫アリ

支那側倉庫ニ付テハ大東亞省ト連絡實狀ヲ調査スルコト

外國租界ヨリノ物資搬出問題ニ付キテノ日本總領事館トノ諒解

(一)英租界當局ハ現在租界内在庫品ニ付一日麥粉四〇〇〇袋ヲ限度トシテ搬出差支ナシトノ意向ナク但シ豫メ通告ヲ要ス

佛租界當局ハ此ノ問題ニ付一般的ナ規定ナシ

(二)佛租界當局ハ佛租界ニ新ニ船卸シタル物資ノ佛租界外搬出差支ナシトノ意向ヲ有ス

英租界モ同様。但シ何レモ豫メ領事ノ證明通告ヲ要ス

總領事館側ノ希望トシテ外國租界ニ荷卸シタル物資ノ種類、數量ニ付連絡アレハ外國租界局宛ノ證明書ヲ發ス

又外國租界ニ配給シタル場合ハ其ノ數量、等等總領事館側ニ通知アリ度シト

醫療問題

(一)日本租界ノ醫療設備不足セルニ付關東州及滿洲ノ赤十字社ヘ然ルヘキ筋ヨリ來援ヲ請願シテハ如何トノ意見出ツ

之ニ對シ民團側ヨリ軍ノ方ノ醫療設備カ充實シテ現在應援ニ赴ケル民間醫師カ民間ノ治療ニ專念シ得ル場合ハ赤十字ノ應援ノ必要少シト

(二)(イ)軍關係醫療設備ノ擴大(ロ)治維會關係救濟及施療事業ノ實施(ハ)防疫事業ノ着手(野菜消毒等モヤル)等差當リ緊急ヲ要スル問題テアル

赤十字社ノ動員ト並ンテ藥品補給ヲ考慮スヘシ

(三)治維會關係救濟施療及防疫事業ニ動員スヘキ日本側醫療班ノ規模ニ付天津機關ヲ通シテ大體ノ見透ヲツケテ連絡サレ度(石川少佐)

(四)赤十字社ヘノ交渉ニ就キテモ軍ニテ考慮セラレ度(石川少佐ヘ)

(五)滿鐵側トシテ日本側支部側何レモ醫師其ノ他設備不足ノ現狀ヨリ緩和策トシテ滿鐵從業員千名北寧關係從業員四千名ニ對シ北寧管理局前ノ新シイ建物、東站前ノ北寧診療所等カ使用可能ナレハ滿鐵醫療

班ノ進出ヲ考慮スルモ一方法ナリト思料ス（神崎委員私見）

洪水對策

(一)本年降雨量相當多ク現在増水三尺位ナルモ秋口ノ洪水ヲ豫想シテ準備スルヲ要ス

(二)支那側港務局ヨリモ警告アリタルニ付治維會内ニ「防水部」（假稱）ヲ設ケ水災豫防準備ヲセシムルコト必要ナルモ實力ナキ爲日本側發言シテ各租界局カ共同シテ之ヲ援助スル如ク工作スルヲ可トス

事務分擔ニ就キテ

(一)「物資對策委員會カ事務局ヲモツ必要アリヤ否ヤ」ニツキ日本租界關係ノ問題ハ當分ノコトハ一段落ツキタル狀態テアリ、治維會關係ノ問題モ軍（天津機關）ヲ通シテ總領事館、大原囑託ニ連絡トラルレハ本委員會ニ報告サレル筈

(二)(イ)從來通リ大原囑託ヲ庶務幹事トシテ連絡

特別ニ事務局設置ノ必要ナシト

(ロ)日本租界關係ハ民團（臼井氏）擔當

(ハ)外國租界關係ハ武原領事擔當

(ニ)治維會關係ハ天津機關トノ連絡ニ依リ大原氏擔當

次回召集ニ就キ

日本租界關係ノ物資問題ハ本月一杯ノ手配ツイテ居ルカラ次回ハ二十日頃本委員會ヲ開催狀勢ニ對應セル次ノ對策ヲ協議スル

天津事务所长关于北宁铁路局局长陈觉生与军方会面延期事致总裁室东亚课长的电文（一九三七年八月七日）

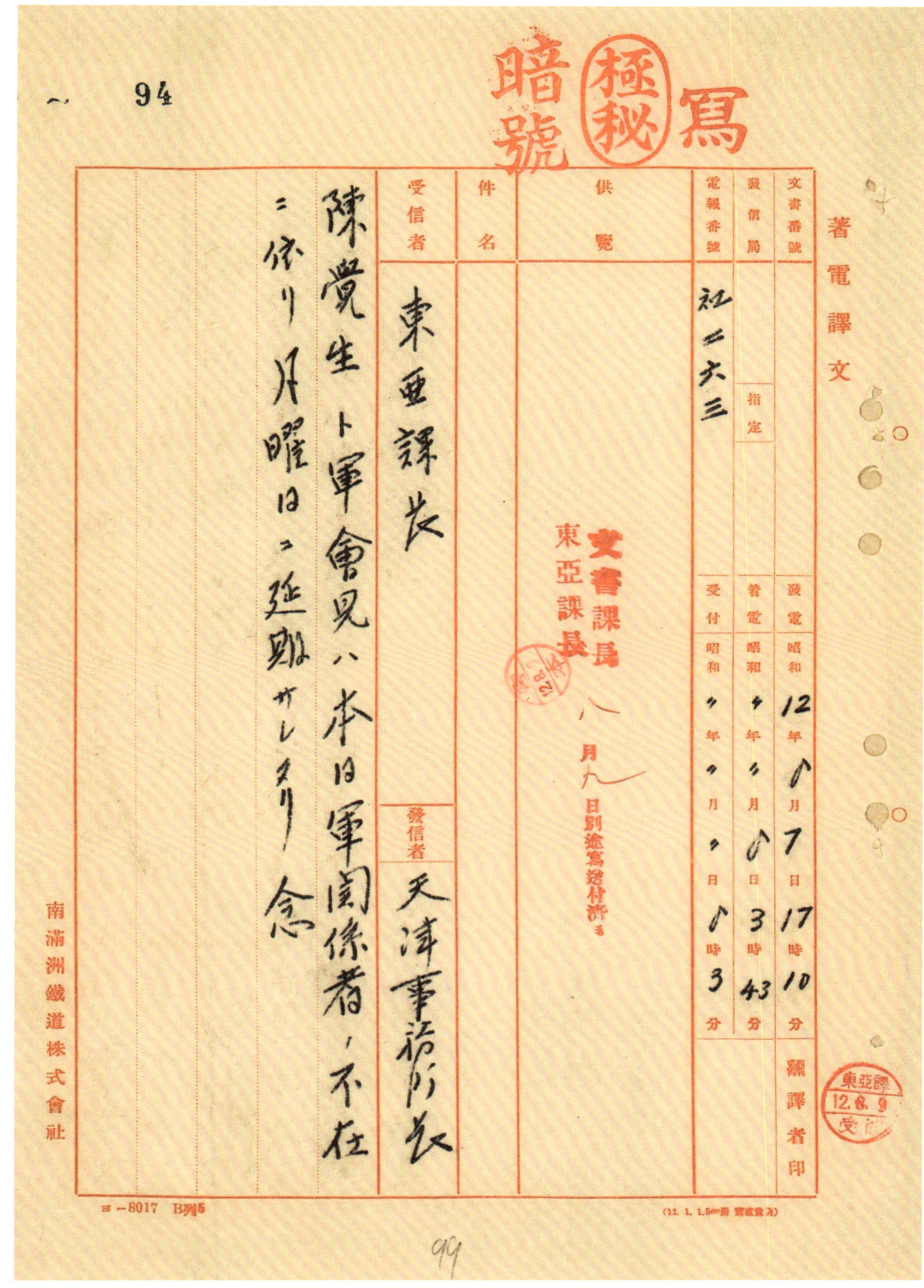

暗號　極秘　寫

94

著電譯文

| 文書番號 | 發信局 | 電報番號 | 供覧 | 件名 | 受信者 |
|---|---|---|---|---|---|
| | | 社二六三 | | | 東亞課長 |

指定

發電 昭和12年8月7日17時10分
着電 昭和〃年〃月8日3時43分
受付 昭和〃年〃月〃日8時3分

飜譯者印

文書課長
東亞課長
八月九日別途寫送付済

發信者 天津事務所長

陳覺生ト軍會見ハ本日軍関係者ノ不在ニ依リ月曜日ニ延期サレタリ　念

南滿洲鐵道株式會社

99

# 天津事务所长关于请派遣厨师事致总裁室东亚课长、铁道总局长的电文（一九三七年八月七日）

寫

306

著電譯文

文書番號

發信局

電報番號 社二三七

指定 ロイ

發電 昭和12年8月9日10時40分

着電 昭和 年 月 日11時35分

受付 昭和 年 月 日14時55分

飜譯者印

供覽

人事課長 東亞課長

八月七日別途寫送付済

件名 料理人派遣方依頼ノ件

受信者 東亜課長 鉄道総局長

發信者 天津事務所長

天津事変以来物資欠乏料理人不足ニヨリ食事ノ現地調便不可能ナリシ為去ル四日ヨリ食事ノ社給ヲ為セルガ料理人ノ現地雇入レ不可能ニ付北支ニ輸送班ヲ派出セル料理人五名並ニ追加トシテヲ四名至急派遣方手配乞フ

南滿洲鐵道株式會社

ヨ-8017 B列5

(11. 1. 1.500部 小林納)

314

天津事务所调查课长关于寻找在通州遇难之同事遗骨事致满铁总裁、总裁室东亚课长、人事课长函（一九三七年八月七日）

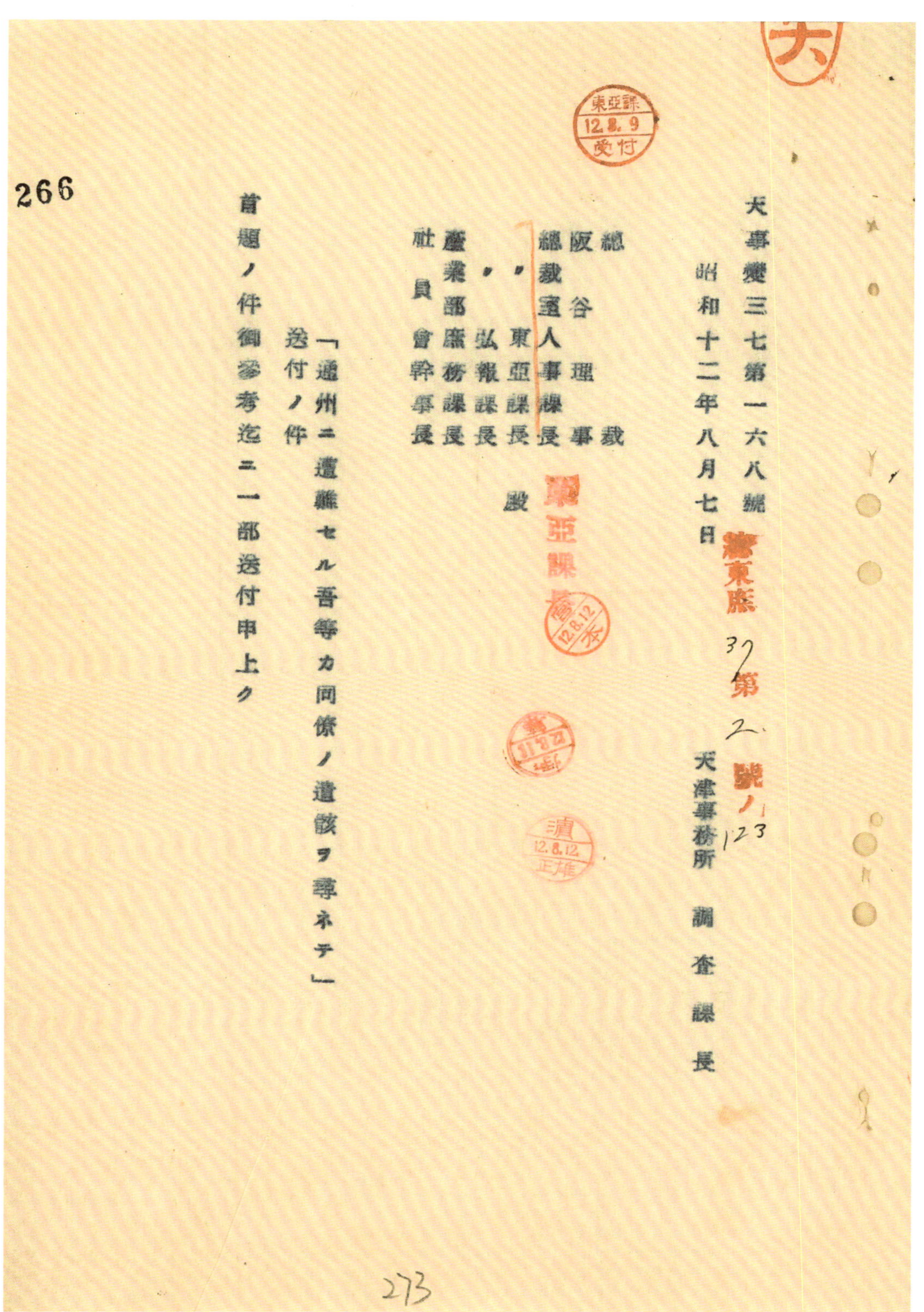

266

天事變三七第一六八號

昭和十二年八月七日

天津事務所　調査課長

總　裁
阪谷理事
總裁室人事課長
〃　東亞課長　殿
〃　弘報課長
産業部庶務課長
社員會幹事長

「通州ニ遭難セル吾等カ同僚ノ遺骸ヲ尋ネテ」送付ノ件

首題ノ件御參考迄ニ一部送付申上ク

273

267

## 通州ニ遭難セル吾等カ同僚ノ遺骸ヲ尋ネテ

天津事務所 水野薫

二十九日未明突如反亂セル保安隊ニ依リテ行ハレタル通州在留日本人ノ虐殺ノ悲報ハ天津ノ襲撃時件ト共ニ北支在留民ヲ震駭セシメタ。續イテ日ト共ニ新ナル眞相ハ餘リニモ殘虐極マルモノテアツタ。

當時通州ニ駐在セル滿鐵社員ハ高橋餘慶君（夫妻）、岩崎元次君、尾山万代君、小川信行君、今井義勝君、神谷光君ノ六名カアツタノテアルカ其ノ生死カ月末ニ至ルモ判明セス未タ通州ノ不安ト交通杜絶ノ遮斷トハ只手ヲ拱イテ重大ナル明日ノ悲報ヲ待ツヨリ外ハナカツタノテアル。

八月三日吉田博士ノ一行ハ通州行キヲ敢行サレ同日夕刻歸津、氏ノ報告ニ依レハ通州ハ未タ不安テアツテ、二、三人連テハ危險テアルコト、死體ヲ處分スルニモ人夫カ雇ヘナイコト、夫レヨリモ守備隊ニ收容セル在留民負傷者ハ未タ充分ナル手當カ屆カス着ノミ着ノ儘横タハツテ居ルカ之ヲ早ク何ントカシナクテハナラヌト謂フノテアル。

實ハ明朝天津事務所テハ水野、牧山ノ二人カ、モス機テ社員ノ一番乘リトシテ通州ニ飛ヒ、吉田博士ニ依リテモタラサレタ滿鐵社員六名（内高橋

274

夫人一名）ノ死體ヲ處分シテ來ヤウト豫定シテ居タカ吉田博士ノ御注意モアリ先ツ生殘リノ負傷者ノ飛機救出ヲ考慮スルコトトナリ夜十一時所長宛此ノ旨ヲ電話スル

ソコテ所長ノ贊成ヲ得庶務課長ニ相談スルト飛行機カ工面カツカナイト謂フコト、夫レテハ豫定通モス機テ二人カ出發シ通州署ノ上何分ノ善處ヲ爲スヘク約シテ寢ニ就ク

明クレハ四日卽チ二十九日遭難當日ヨリハ實ニ七日目テアル

午前十時五十五分モス機ニテ天津發、同十一時三十五分通州飛行場着、直ニ飛行場警備ノ准尉ヲ介シテ城內守備隊ニ連絡シ取敢ス重傷者三名（モス機ニ二名他ノ一名ハ來合シタル軍用機ニ便乘）ヲ天津ヘ輸送スル

夫レヨリ城內守備隊ヲ訪ヒ隊長ニ面接シテ挨拶ヲ申述ヘ部屋ニ安置サレタル今次事件ノ藤尾中尉以下十一名、別ニ輜重兵八名ノ遺骨ニ額ツク

兵士ヨリ當日來襲ノ模樣、苦戰ノ有樣ヲ聞キ指ササレタル兵舍ノ彈丸ノ跡、燒却サレタルトラツクノ殘骸、寡兵ヨク勇敢ニ數千ノ敵ヲ支ヘタル日本軍ノ奮鬪振ヲ偲フ

兵舍ノ一角ニ收容サレタル居留民ヲ訪ヘハスシ詰ニ横タハル負傷者達、女、子供、偖テハ母ノ乳ニ眠ル赤ン坊、交ス言葉モナク只頭ヲ垂レテ枕頭ヲ一巡スル

壯年ノ男子カ餘リ見當ラナイノテ尋ネテ見ルト夜ヲ日ニ掛ケテ死體ノ收容ニ奮鬪サレテ居ルト謂フ

一度街ニ足ヲ入ルレハ此處彼處ニ未タ取リ片附ケラレヌ死骸カ横タハツテ居テ死臭カ街路ニ充滿シテ居ル。然シ最早大方ノ死體ハ街ノトアル廣場ニ集メラレ二、三十人ノ苦力カ墓穴ヲ掘ツテ居ル

廣場ノ叢ニ並ヘラレタ百餘リノ死骸、大半ハ著物ヲ剝キ取ラレテ炎天ノ下ニ暴サレタ露ハナル肌ハ既ニ腐爛シ今ハ顏形ノ區別ハ勿論、男女ノ極メモツカヌモノカ多タ凡ソ此ノ世ノモノトハ思ハレナイ

276

27069

聽テ六、七尺ノ深サ、六、七間ハカリノ長サニ穿タレタ四本ノ穴ニ十人ハカリ居留民カ苦力ヲ指圖シテ死體ヲ溝ニ運ハス死臭ハ更ニ邊リノ空氣ヲドヨメカシテ鬼氣胸ニ迫ル、

幾人カノ女性カ浴衣カケノ遭難其ノ儘ノ姿テ土ヲ手ニ掬ツテ念佛ヲ唱ヘツツ昨日ノ友ヲ弔ツテ居ル、六尺豊カナル體軀、尺餘ノ幼兒、唯投入レル死體ノ地響カドサンドサント無氣味ニ人々ノ心ヲ打ツノミ今ハ誰ニモ泣ク聲ハ出ナイ。イヤ涙サヘ出ナイ悽惨サテアル。

我等カ同僚高橋餘慶君以下五名ノ死體（高橋夫人ノ死體ハ不詳）我々カ到著スル迄ニ既ニ埋沒サレ、殘念乍ラ最後ノ顏ヲ拜メナカツタカ、セメテモ僅ニ藤原氏（冀東政府棉作指導所員）ト神谷氏ノ好意ニ依リ遺髪カ殘サレテ居タコトハ遺族カトンナニカ喜フコトテアラウ、百五十幾ツノ死體ノ内姓名ノ判別カツイタノハ僅カ二、三十名タト聞ク

三時過キ心ハカリノ埋葬式カ擧ケラレル。誰カ捧ケシソ眞紅ノカンナ二タ本瓶詰ノサイダー、サテモ戰場ノ悲シサ、百五十幾ツノ靈ヲ慰メルヘクアマリニ淋シキ此ノ手向テハアル。斯クテ永久ニ通州ノ土ト化ス昨日

271

ノ雄々シキ若人、昨日ノ團欒ノ家族、第一線ニ奮死セル我等カ同僚六名

嗚呼靈ヨ今何處ニ。

×　×　×

之ヨリ更ニ兵舍ニ引返シ牧山氏ト滿鐵社員ノ遭難事情ヲ聞キ遺髮ヲ受ケ取ラムモノト神谷、藤原兩氏ヲ探セト未タ多忙ナルモノカ見當ラス私ハ先程折返シ來タレルモス機ニセキ立テラレ已ムナク牧山氏ニ今後ノコトヲ託シ重傷ノ朝鮮ノ一婦人（彼女ハ七人家族ノ内僅ニ一人生殘リタルモノ）ヲ伴ヒテ恨深キ通州ヲ立ツ時ニ五時半、空ニワカニ低雲垂レ込メ飛機ノ窓ニ小雨ケフリ來ル。

278

天津事务所长关于请派遣产业部庶务课业务系主任大上末广事致总裁室东亚课长的电文（一九三七年八月八日）

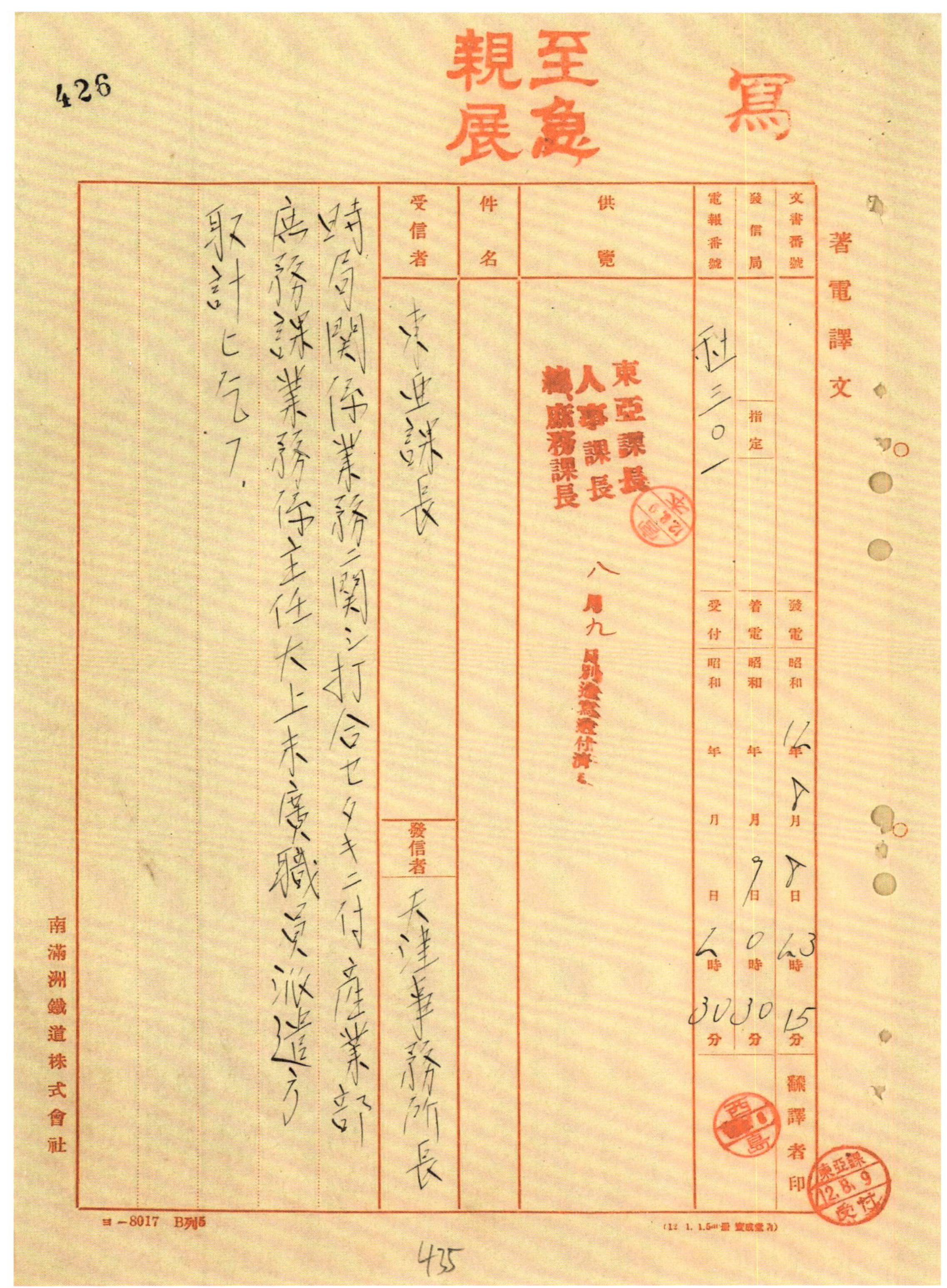

426

親展　至急　寫

著電譯文

文書番號
發信局
電報番號　私三〇一
指定

供覽　東亞課長　人事課長　總庶務課長

八月九日別途寫送付濟

件名

受信者　東亞課長

發信者　天津事務所長

時局關係業務ニ關シ打合セタキニ付産業部庶務課業務係主任大上末廣職員派遣方取計ヒ乞フ

發電　昭和12年8月8日6時15分
着電　昭和　年　月9日10時30分
受付　昭和　年　月　日6時30分

飜譯者印

南滿洲鐵道株式會社

ヨ－8017　B列5

435

# 天津事务所长关于请速派唐山—通州线施工人员携带相关资料赴津事致总裁室东亚课长、铁道总局长的电文（一九三七年八月八日）

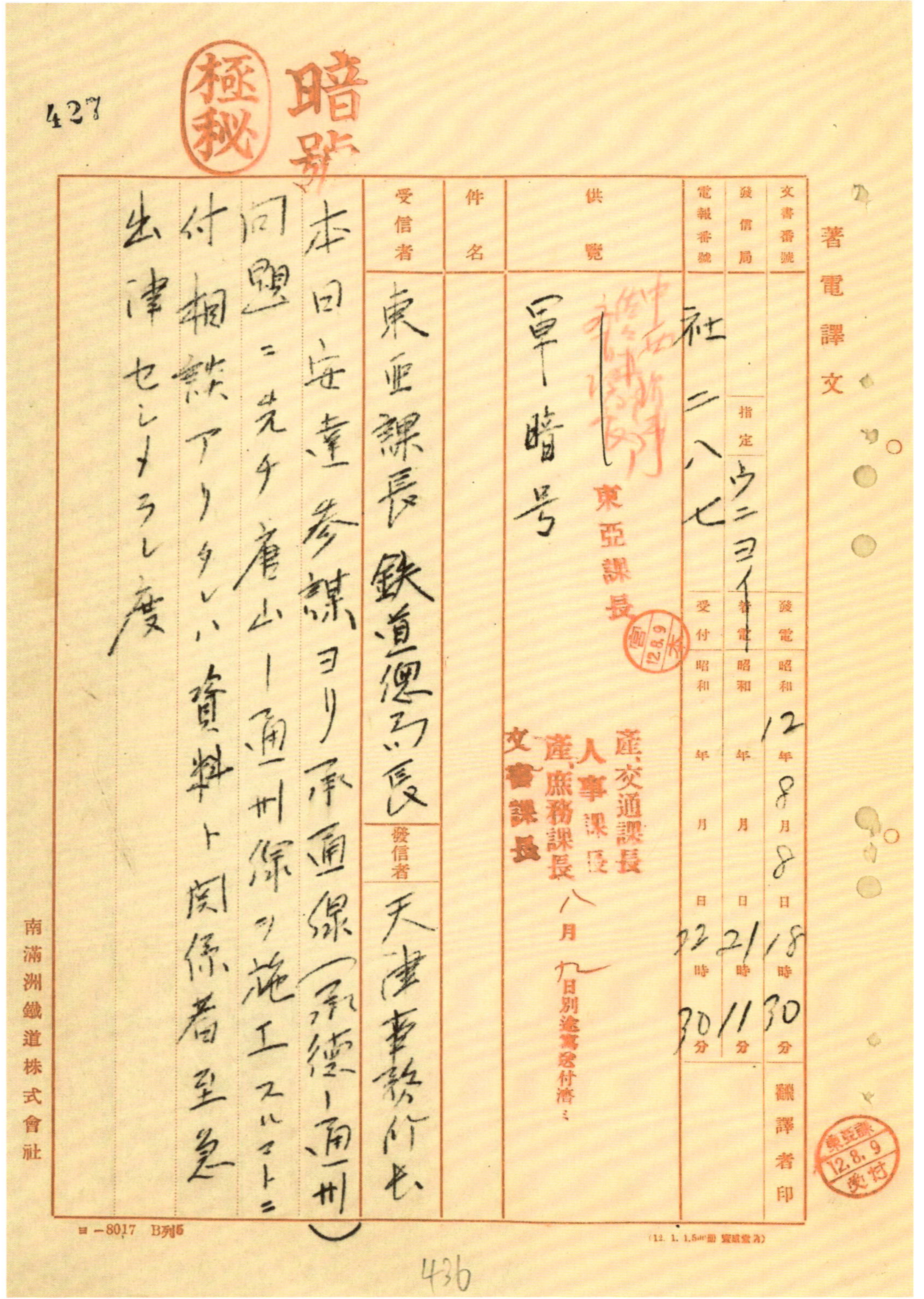

427

極秘　暗號

著電譯文

文書番號：社二八七
發信局：
電報番號：
指定：ウニヨイ
發電：昭和12年8月8日18時30分
着電：昭和　年　月　日21時11分
受付：昭和　年　月　日22時30分

供覧：軍暗号

東亞課長
産、交通課長
人事課長
産、庶務課長
文書課長
八月九日別途写送付済ミ

受信者：東亜課長　鉄道總局長

發信者：天津事務所長

本日安達参謀ヨリ承通線（承徳ー通州）
問題ニ先チ唐山ー通州線ノ施工スルコトニ
付相談アリタルハ資料ト関係者至急
出津セシメラレ度

飜譯者印

南滿洲鐵道株式會社

436

天津事务所长与总裁室东亚课长、人事课长关于司机末永熊太郎派往军方工作不幸殉职的相关文件

天津事务所长致总裁室东亚课长电（一九三七年八月八日）

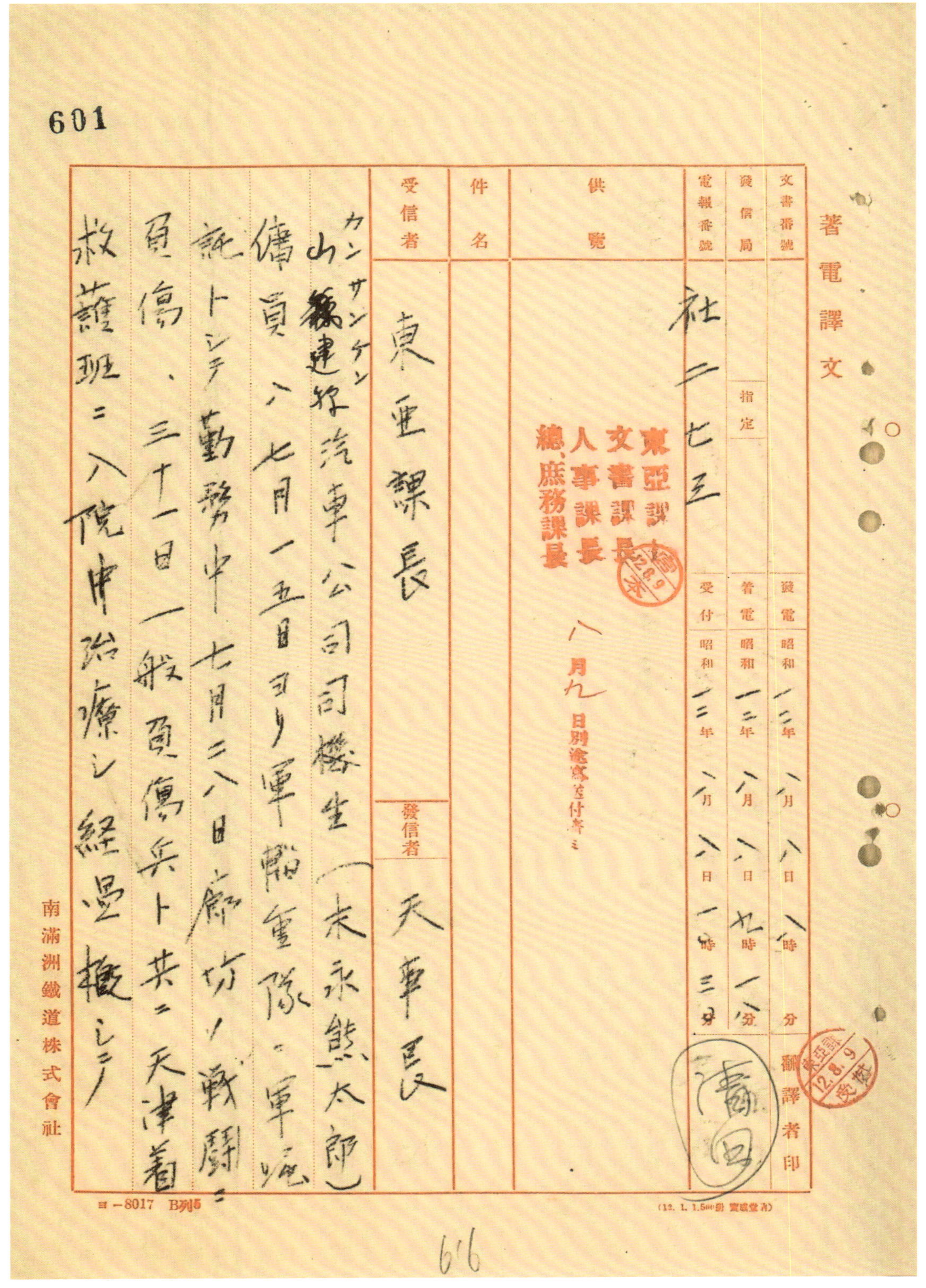
601

著電譯文

| 文書番號 | 發信局 | 電報番號 | 供覧 | 件名 | 受信者 |
|---|---|---|---|---|---|
| 社二七三 | | | 東亞課 文書課長 人事課長 總、庶務課長 | | 東亞課長 |

指定

八月九日別途寫送付済ミ

| | 昭和 | 年 | 月 | 日 | 時 | 分 |
|---|---|---|---|---|---|---|
| 發電 | 一二 | | 八 | 八 | 八 | |
| 着電 | 一二 | | 八 | 八 | 九 | 一八 |
| 受付 | 一二 | | 八 | 八 | 一〇 | 三〇 |

發信者 天事長

山線建設汽車公司司機生（末永熊太郎）傭員ハ七月一五日ヨリ軍輜重隊ニ軍囑託トシテ勤務中七月二八日廊坊ノ戰鬪ニ負傷、三十一日一般負傷兵ト共ニ天津着救護班ニ入院中治療シ經過概シテ

飜譯者印

南滿洲鐵道株式會社

616

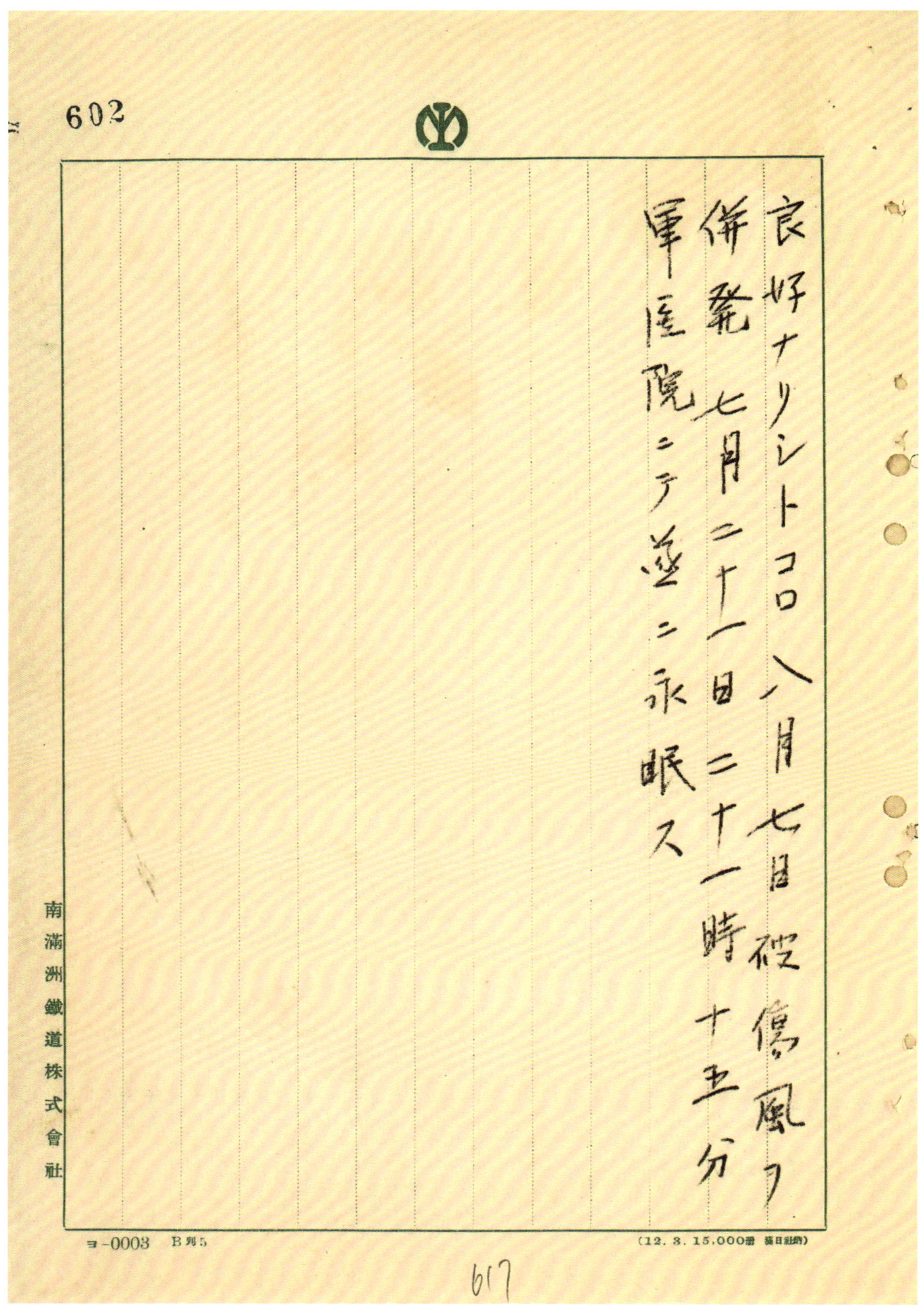
602

良好ナリシトコロ八月七日破傷風ヲ
併発七月二十一日二十一時十五分
軍医院ニテ遂ニ永眠ス

南滿洲鐵道株式會社

ヨ-0003 B列5 (12. 3. 15,000冊 箱日組納)

617

天津事务所长致总裁室东亚课长、人事课长电（一九三七年八月八日）

739

著電譯文

文書番號 社二七八

發電 昭和12年8月8日15時0分
着電 昭和年月日17時0分
受付 昭和年月日20時15分

受信者 東亜課長 人事課長

發信者 天津事務所長

八月七日職務死亡セル傭員末永熊太郎ヲ雇員ニ登格申請セルニツキ配慮乞フ

人事課長
東亞課長

八月九日別途寫送付済ミ

東亞課 12.8.9 受付

南滿洲鐵道株式會社

日－8017 B列5

755

# 天津事务所长关于驻在员高桥余庆材料已由通州事件幸存社员华北汽车公司办事员神谷光带回事致总裁室东亚课长的电文（一九三七年八月八日）

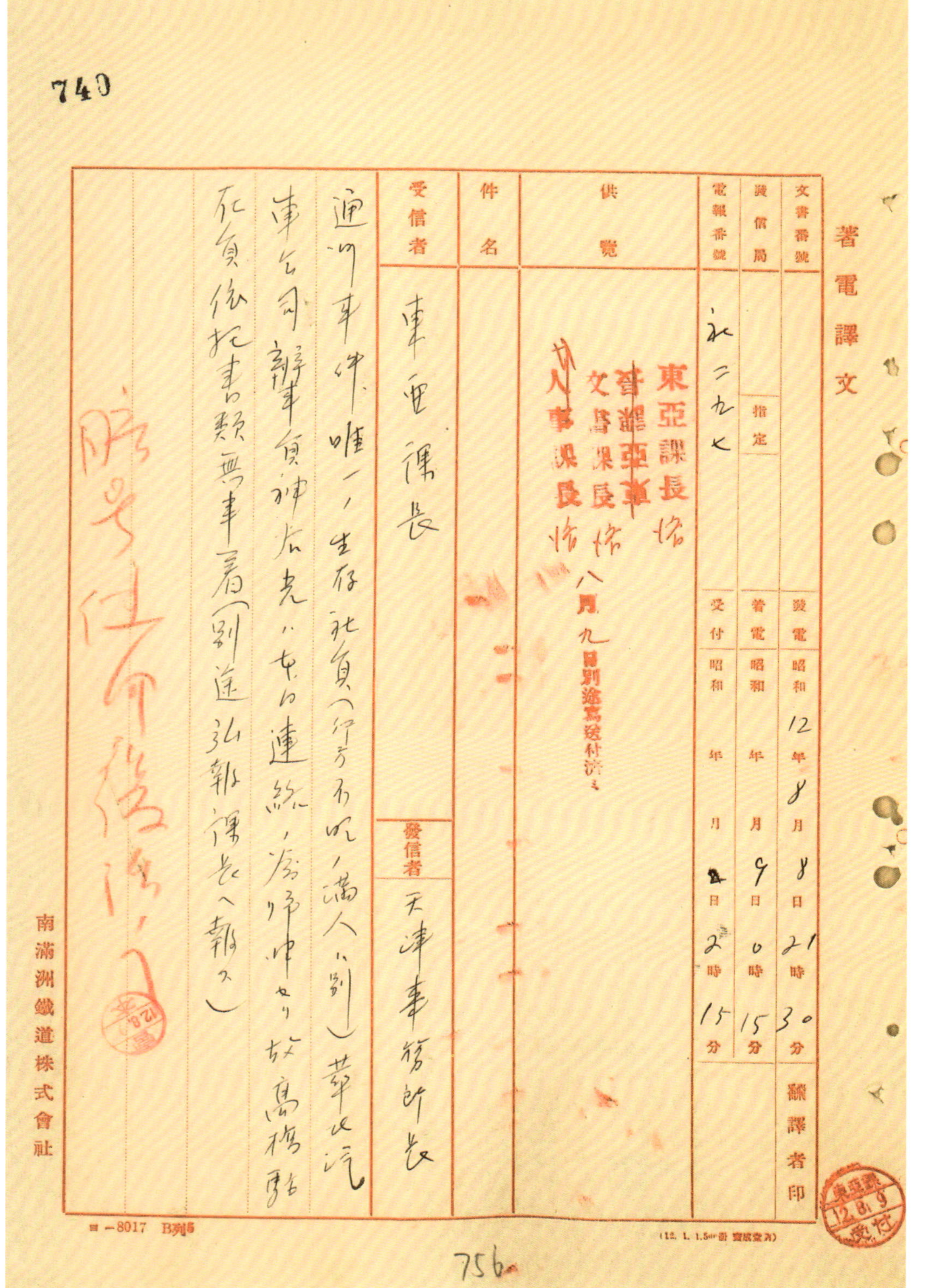

著電譯文

| 文書番號 | 發信局 | 電報番號 |
| --- | --- | --- |
| | | 永二九七 |

| 發電 | 着電 | 受付 |
| --- | --- | --- |
| 昭和12年8月8日21時30分 | 昭和 年 月9日0時15分 | 昭和 年 月9日2時15分 |

供覧：東亞課長 總裁室文書課長 人事課長

八月九日 別途寫送付済

件名：

受信者：東亞課長

發信者：天津事務所長

通州事件ノ生存社員（行方不明ノ満人ハ別）華北汽車公司辦事員神谷光ハ本日連絡ノ為帰津セリ故高橋駐在員依託書類無事届ク（別途弘報課長ヘ報ス）

南滿洲鐵道株式會社

天津事务所长关于殉职人员应予表彰事致总裁室东亚课长的电文（一九三七年八月八日）

743

寫

著電譯文

文書番號
發信局
電報番號 社二八〇
指定

發電 昭和12年8月8日15時1分
着電 昭和 年 月 日17時7分
受付 昭和 年 月 日20時5分

供覽 人事課長 東亞課長

八月九日別途寫送付濟ミ

件名

受信者 人事課長、東亞課長

發信者 天津事務所長

職務死亡セル職員高橋八千慶、毛山萬代、小川信行、岩崎元治、傭員今井義勝、傭員木永熊太郎ノ表彰並ニ功績章授與方等東亞課ニテ配慮乞フ

飜譯者印

南滿洲鐵道株式會社

日－8017 B列5

（12.1.1.5千冊 實康發行）

758

# 天津事务所长关于殉职人员应予追认职位事致人事课长、总裁室东亚课长的电文（一九三七年八月八日）

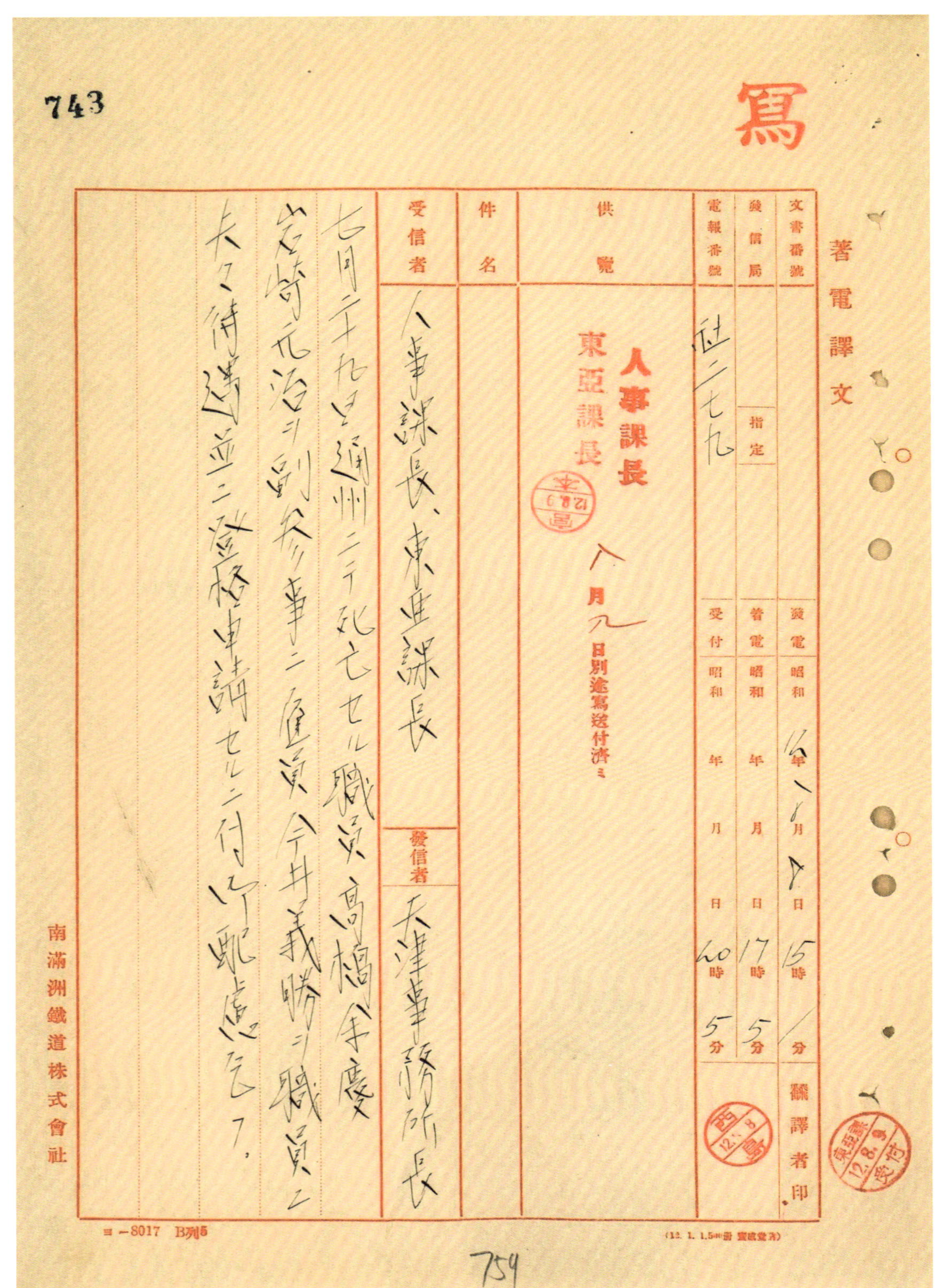
743

寫

著電譯文

文書番號

發信局

電報番號 社二七九

指定

發電 昭和12年8月8日15時 分

著電 昭和 年 月 日17時5分

受付 昭和 年 月 日20時5分

飜譯者印

供覧 人事課長 東亜課長

8月9日別途寫送付済ミ

件名

受信者 人事課長、東亜課長

發信者 天津事務所長

七月二十九日通州ニテ死亡セル職員高橋修慶、岩崎元治ヲ副参事ニ、准員今井義勝ヲ職員ニ夫々待遇並ニ登格申請セルニ付御配慮乞フ。

南滿洲鐵道株式會社

ヨ－8017 B列5

754

天津事务所长关于电影制作所胶片到后送往军宣传部请转告总裁室庶务课事致总裁室东亚课长的电文
（一九三七年八月八日）

寫

424

著電譯文

| 文書番號 | 發信局 | 電報番號 | 供覽 | 件名 | 受信者 |
|---|---|---|---|---|---|
| | | 社二八九 | 總、庶務課長<br>東亞課長<br>八月九日別途寫送付濟 | | 東亜課長 |

| 發電 | 昭和12年8月8日18時40分 |
|---|---|
| 着電 | 昭和 年 月 日21時17分 |
| 受付 | 昭和 年 月 日22時45分 |

指定

發信者 天津事務所長

下記總裁室庶務課映画製作所ニ傳ヘテ
「ネガ着次第スグ軍宣傳部宛送付シテ、
一行無事、茨川」
尚茨川ハ本日北平豐台ニ行キタリ
十日帰津ノ豫定

飜譯者印

南滿洲鐵道株式會社

ヨ-8017 B列5

433

# 天津事务所庶务课长关于运送民团所需粮食事致总裁室东亚课长的电文（一九三七年八月八日）

至急
親展

301

著電譯文

文書番號
發信局
電報番號 北二九三
指定 ウニ

供覽
東亞課長
產、商工課長
產、庶務課長

八月九日別途寫送付濟ミ

國際運輸ニハ電話ニテ連絡済

發電 昭和12年8月8日18時40分
著電 昭和年月日21時51分
受付 昭和年月日23時25分

飜譯者印

受信者 東亜課長

發信者 天津庶務課長

左記同隆附業課長ニ傳ヘテ、民團依頼食糧品一回二回共全額入金シタ、此ノ處民團ハ有料ニテ市民ニ販賣シ居ルニ付キ代金決濟不安ナシ、次回発送麥粉二万袋及北平民團入食糧長山丸積ミ手配アレ、一三日迄塘沽着ノ船アラバ大沽ニテモ差支ヘナシ 一五日以後ハ軍需品輸送ノ為 ライター 列車共

南滿洲鐵道株式會社

ヨ－8017 B列5

309

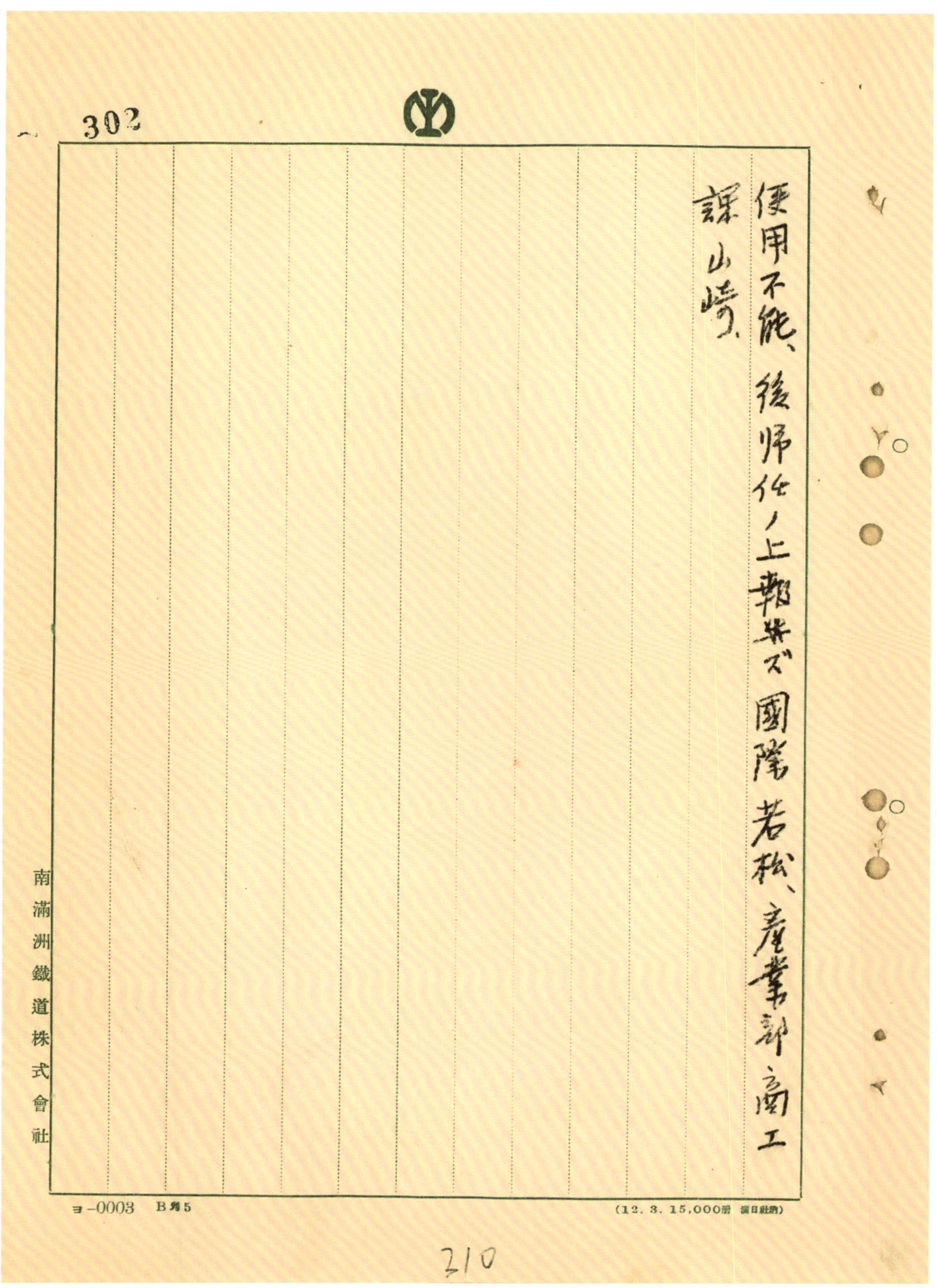

302

使用不能、後帰任ノ上報告ス國際若松、産業部商工課山崎、

南滿洲鐵道株式會社

ヨ-0003 B判5 (12. 3. 15,000冊 滿日社納)

210

# 天津事务所长关于天津民团的信用程度事致总裁室东亚课长的电文（一九三七年八月八日）

299

寫

至急
親展

著電譯文

| 文書番號 | 發信局 | 電報番號 | 供覽 | 件名 | 受信者 |
|---|---|---|---|---|---|
| | | 二九六 | 文書課長<br>東亞課<br>產、商工課長<br>產、庶務課長<br>八月九日別途寫送付済 | | 東亞課長 |

指定

發電 昭和12年8月8日18時40分
著電 昭和　年　月　日21時39分
受付 昭和　年　月　日23時34分

飜譯者印

發信者 天津事務所長

昨日國際並ニ産業部商工課ニ於テ当地民團ノ信用程度ニ付疑問アルヤニ聞キ及ベルガ民團ノ十二年度豫算額七十九萬弗、其事業團体タル財團法人共益會ハ電氣事業経営シ其年度豫算額二百七十萬圓ナレバ信用ハ心配ナキヤウ各関係者ニ御傳ヘ相成度

南滿洲鐵道株式會社

307

天津事务所长关于北宁铁路局局长陈觉生与参谋长会面事致总裁室东亚课长的电文（一九三七年八月八日）

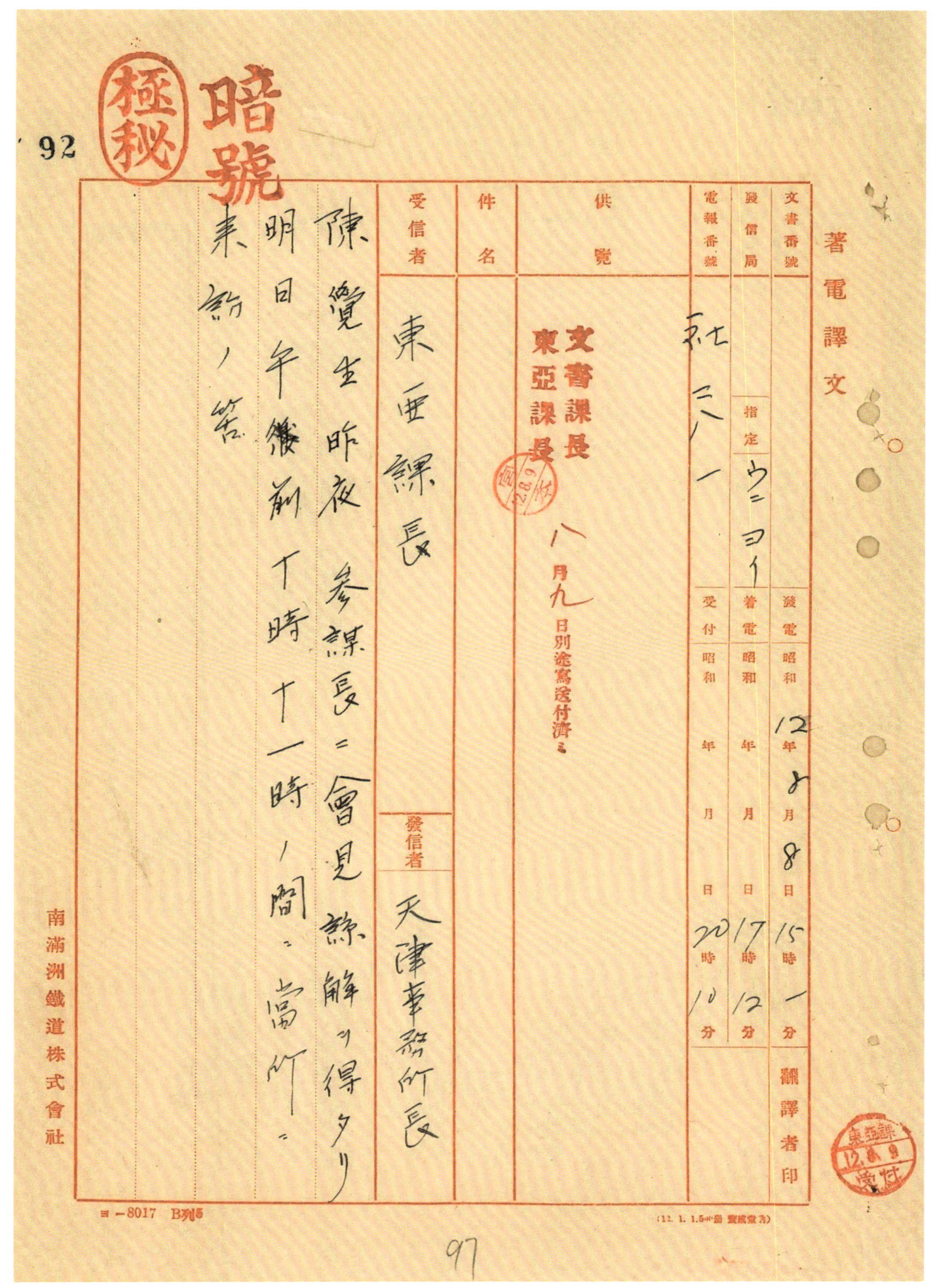
極秘 暗號

92

著電譯文

文書番號：社二八一

發信局：

電報番號：

指定：ウニヨイ

供覧：文書課長 東亞課長

八月九日別途寫送付濟ミ

件名：

受信者：東亞課長

發信者：天津事務所長

發電：昭和12年8月8日15時1分

着電：昭和　年　月　日17時12分

受付：昭和　年　月　日20時10分

陳覺生昨夜參謀長ニ會見諒解ヲ得タリ明日午前十時十一時ノ間ニ當所ニ來訪ノ筈

飜譯者印

南滿洲鐵道株式會社

日-8017 B列5

97

# 天津事务所长关于应对时局变化商谈人事调整事致总裁室东亚课长的电文（一九三七年八月九日）

3.7

著電譯文

| 文書番號 | 發信局 | 電報番號 | 供覽 | 件名 | 受信者 |
|---|---|---|---|---|---|
| 日、七 | | 三一四 | | | 東亜課長 |

| 發電 | 着電 | 受付 |
|---|---|---|
| 昭和12年8月9日14時30分 | 昭和 年 月 日17時20分 | 昭和 年 月 日20時30分 |

指定

飜譯者印

發信者：天津ニテ [illegible]

時局永引ク傾向アルヲ以テ之ニ對應スベキ確定的組織ヲ形成セシムル為メ、大上氏ヲ呼寄セ中ナルガ東亜課ニ於テモ本社トノ関係ヲ[illegible]へ至急意向伺ヘシモノ、所長ノ私見ハ過般ノ事[illegible]ヲ大ニシテ要望スル要ヲ認メズ只企画関係ヲ大ニ書ヲバトノ事ナリ、十河氏ノ病氣心配ナシ

南滿洲鐵道株式會社

（12. 8. 500册 [illegible]）

8

天津事务所长关于调查冀东贸易船舶事致总裁室东亚课长的电文（一九三七年八月九日）

親展

暗號

77

著電譯文

| 文書番號 | 發信局 | 電報番號 | 供覽 | 件名 | 受信者 |
|---|---|---|---|---|---|
| 日二〇 | | 社三四三 | 產業課長 庶務課長 東亞課長 | | 東亞課長 |

發電 昭和12年8月9日21時1分
着電 昭和　年　月　日13時30分
受付 昭和　年　月10日7時1分

八月10日別途寫送付濟ミ

發信者 天事長

天津事務所調査課五四第一八七号電紹介ノ冀東貿易船舶取調ノ件ハ單ニ現在塘沽天津間ハ区間輸送能力ナキタメ之ガ対策請求上必要アルヨリ生ジトシ依頼セルモノナルガ一部ニ於テハ之ヨリ以テ冀東貿易ソノモノト

南滿洲鐵道株式會社

(12. 8. 500冊 濱日印刷)

79

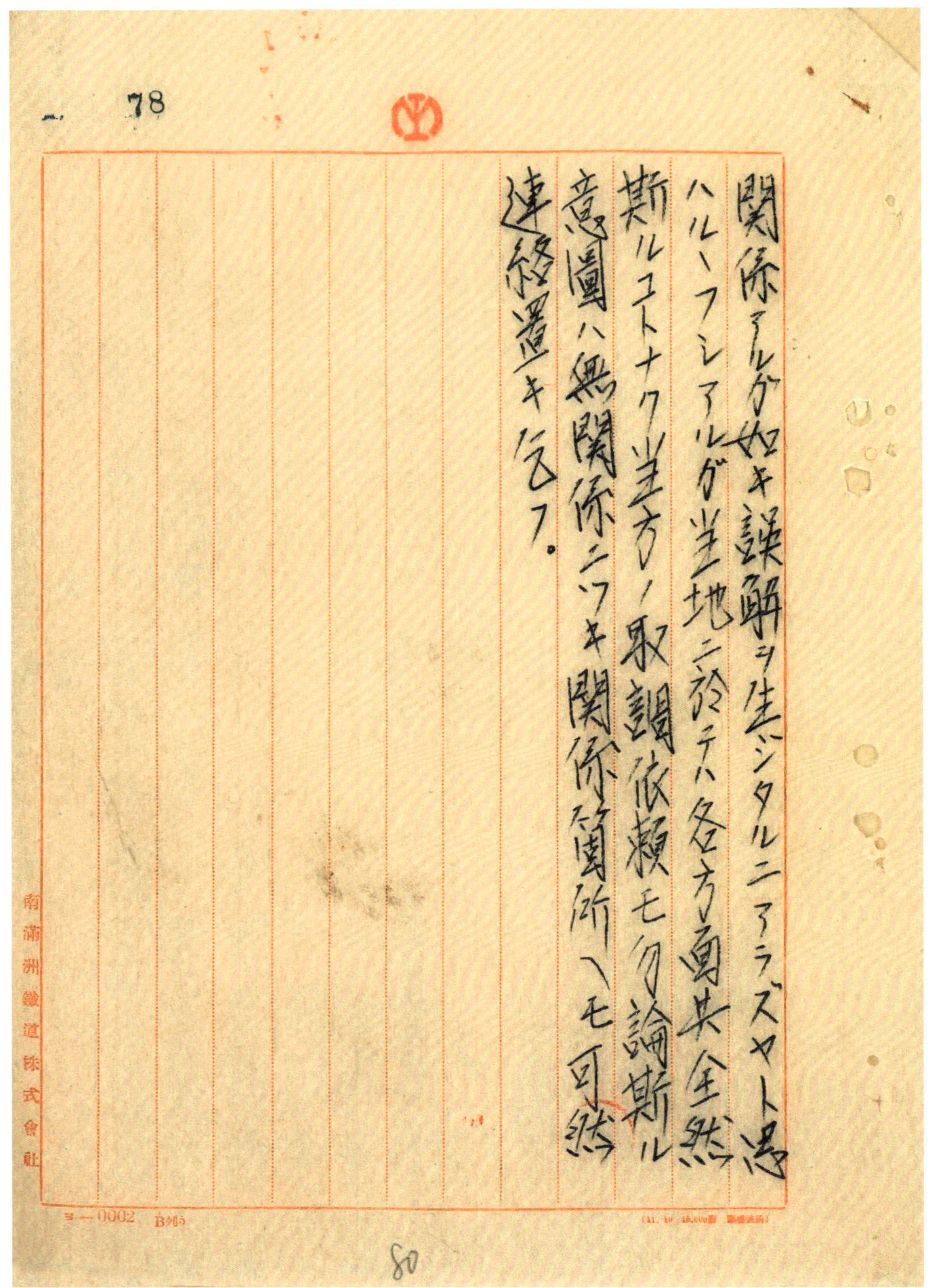

78

関係アルガ如キ誤解ヲ生ゼシタルニアラズヤト思ハル、フシアルガ当地ニ於テハ各方面共全然斯ルコトナク当方ノ取調依頼モ勿論斯ル意圖ハ無関係ニ付キ関係箇所ヘモ可然連絡置キ候了。

南滿洲鐵道株式會社

ヨ—0002 B列5

(11. 10 16,000部 [illegible])

80

# 天津事务所长关于请与调查冀东船舶一案相关各方取得联系事致总裁室东亚课长的电文（一九三七年八月九日）

32

親展

暗號

著電譯文

| 文書番號 | 發信局 | 電報番號 |
|---|---|---|
| B 0 12 | | 社三四二 |

| 發電 | 着電 | 受付 |
|---|---|---|
| 昭和12年8月9日21時1分 | 昭和　年　月　日13時30分 | 昭和　年　月10日7時1分 |

飜譯者印

供覧：產、庶務課長　東亞課長

件名：

受信者：東亞課長

發信者：天事長

天津事務所調査課五日第一八七号電報ノ冀東貿易船舶取調ノ件ハ単ニ現在塘沽天津間ハ込閑輸送能力ナキ為メ之ガ対策請求上ノ必要アルヨリ生ジトシ依頼セルモノナルガ一部ニ於テハ之ヲ以テ冀東貿易ソノモノト

南滿洲鐵道株式會社

（12. 8. 500部）

33

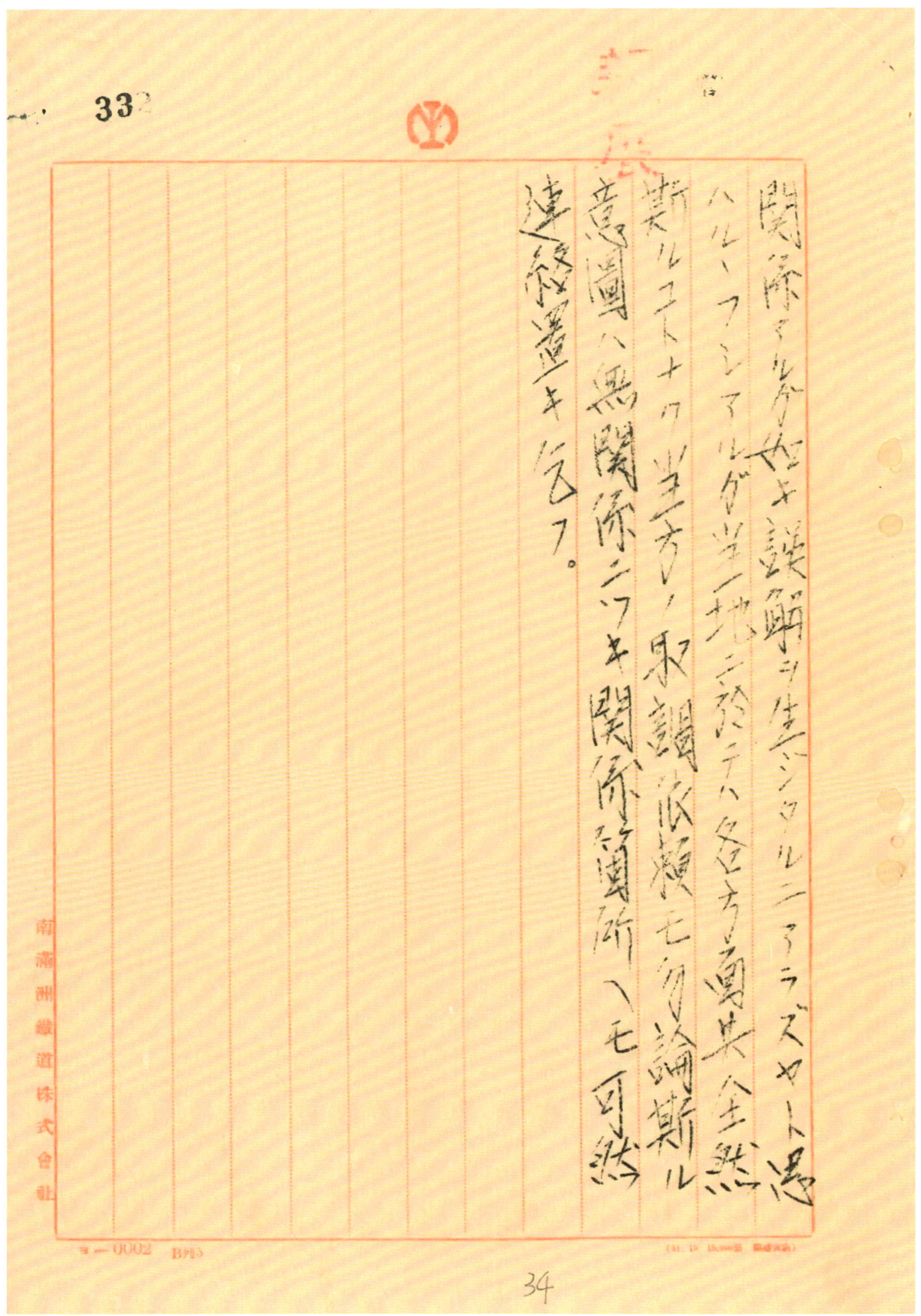

332

関係アルガ如キ誤解ヲ生ゼシムルニアラズヤト思
ハル、ソレアルガ当地ニ於テハ各方面共全然
斯ルコトナク当方ノ取調ニ依ルモ勿論斯ル
意図ハ無関係ニツキ関係箇所ヘモ可然
連絡置キ候フ。

南滿洲鐵道株式會社

34

天津事务所庶务课长关于军方请求捐赠华北地图事致总裁室东亚课长的电文（一九三七年八月九日）

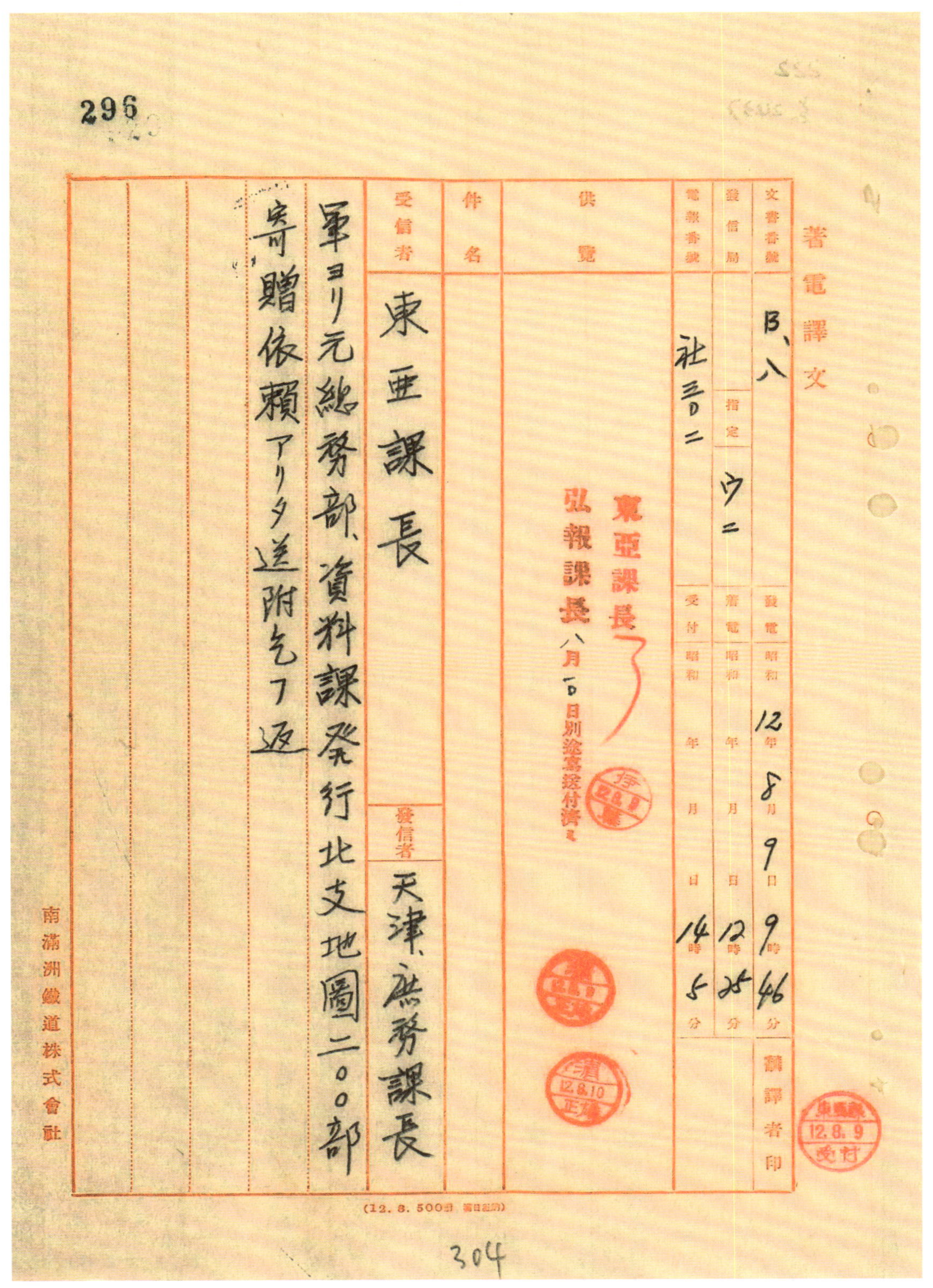
296

著電譯文

| 文書番號 | 發信局 | 電報番號 |
|---|---|---|
| B、八 | | 社三〇二 |
| 指定 | ウ二 | |

| | 發電 | 著電 | 受付 |
|---|---|---|---|
| 昭和 | 12年8月9日9時46分 | 年 月 日 12時25分 | 年 月 日 14時5分 |

東亜課長

弘報課長 八月10日別途写送付済ミ

受信者：東亜課長

發信者：天津、庶務課長

軍ヨリ元総務部、資料課発行北支地圖二〇〇部寄贈依頼アリタ送附乞フ返

南滿洲鐵道株式會社

(12. 8. 500冊)

304

# 天津事务所长关于企划部相关人员活动事宜致总裁室东亚课长的函（一九三七年八月九日）

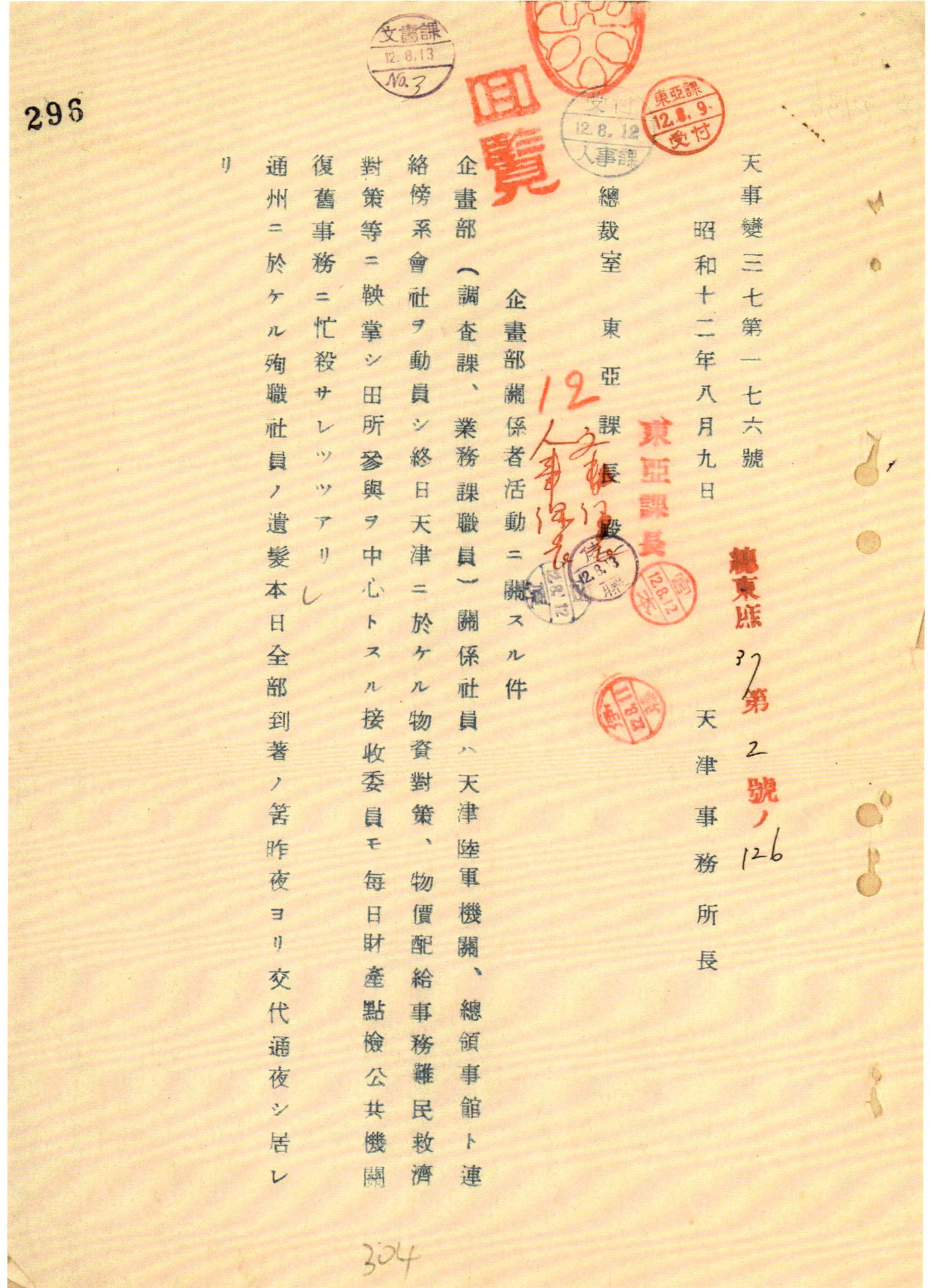

296

天事變三七第一七六號

昭和十二年八月九日

天津事務所長

總裁室東亞課長殿

企畫部關係者活動ニ關スル件

企畫部（調査課、業務課職員）關係社員ハ天津陸軍機關、總領事館ト連絡傍系會社ヲ動員シ終日天津ニ於ケル物資對策、物價配給事務難民救濟對策等ニ鞅掌シ田所參與ヲ中心トスル接收委員モ毎日財產點檢公共機關復舊事務ニ忙殺サレツツアリ

通州ニ於ケル殉職社員ノ遺髪本日全部到著ノ筈昨夜ヨリ交代通夜シ居レリ

天津事务所长关于寄送民团粮食相关文件事致总裁室东亚课长的电文（一九三七年八月九日）

26

著電譯文

文書番號 13、20
發信局
電報番號 三三八
指定

供覽 東亞課長 產、商工課長

八月十日別室（？）

發電 昭和12年8月9日21時0分
着電 昭和 年 月 日23時13分
受付 昭和 年 月10日20時0分

飜譯者印

受信者 東亞課長
件名
發信者 天津長

吾附貴方ニ返還民団食料品ニ関スル當方八日附天津借第一〇二號文書ハ運輸部其他関係機関ニ便宜強要方依託セルモノハ寫ヲ貴下記念ノ為送付セルモノニ付諒承乞フ

南滿洲鐵道株式會社

(12. 8. 500冊 滿日記的)

27

# 天津事务所长关于已向正金银行支付费用以及合同书和收据发送给总裁室东亚课事致总裁室东亚课长、财务部长、铁道总局长的电文（一九三七年八月九日）

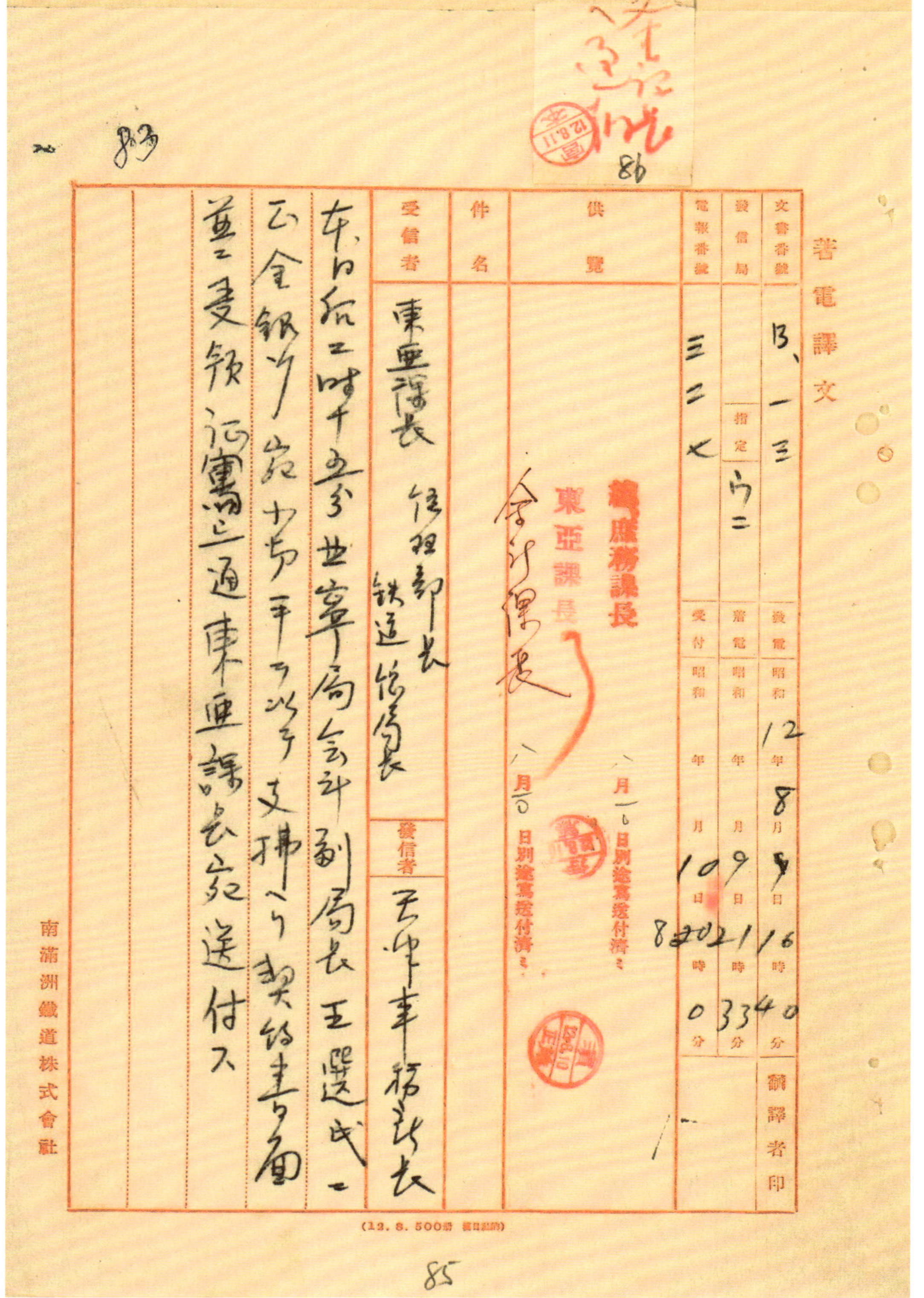
著電譯文

文書番號 13、一三
電報番號 三二七
指定 ウニ
發電 昭和12年8月9日

受信者：東亜課長 経理部長 鉄道総局長

發信者：天津事務所長

本日午后二時十五分北寧局会計副局長王選氏ニ
正金銀行宛小切手ヲ以テ支払ヘリ契約書
並ニ受領証ハ書留ニテ東亜課長宛送付ス

總務課長
東亜課長
八月一〇日別途寫送付済

翻譯者印

南滿洲鐵道株式會社

天津事务所关于请求派遣继任课员事致总裁室东亚课长的电文（一九三七年八月九日）

38

著電譯文

| 文書番號 | 發信局 | 電報番號 |
|---|---|---|
| 13、三 | | 三〇八 |

指定 三イ

| 發電 | 着電 | 受付 |
|---|---|---|
| 昭和12年8月9日12時0分 | 昭和年月9日17時5分 | 昭和年月日19時40分 |

飜譯者印

供覽：東亞課長　人事課長

受信者：東亞、人事課長

件名：

發信者：天、事、長

派遣中ノ人事課員（千田識兆）本日ハレニテ帰任ス後任派遣乞フ

南滿洲鐵道株式會社

(12. 8. 500冊 …)

4

# 天津事务所长关于通州国际运输情况事致总裁室东亚课长的电文（一九三七年八月九日）

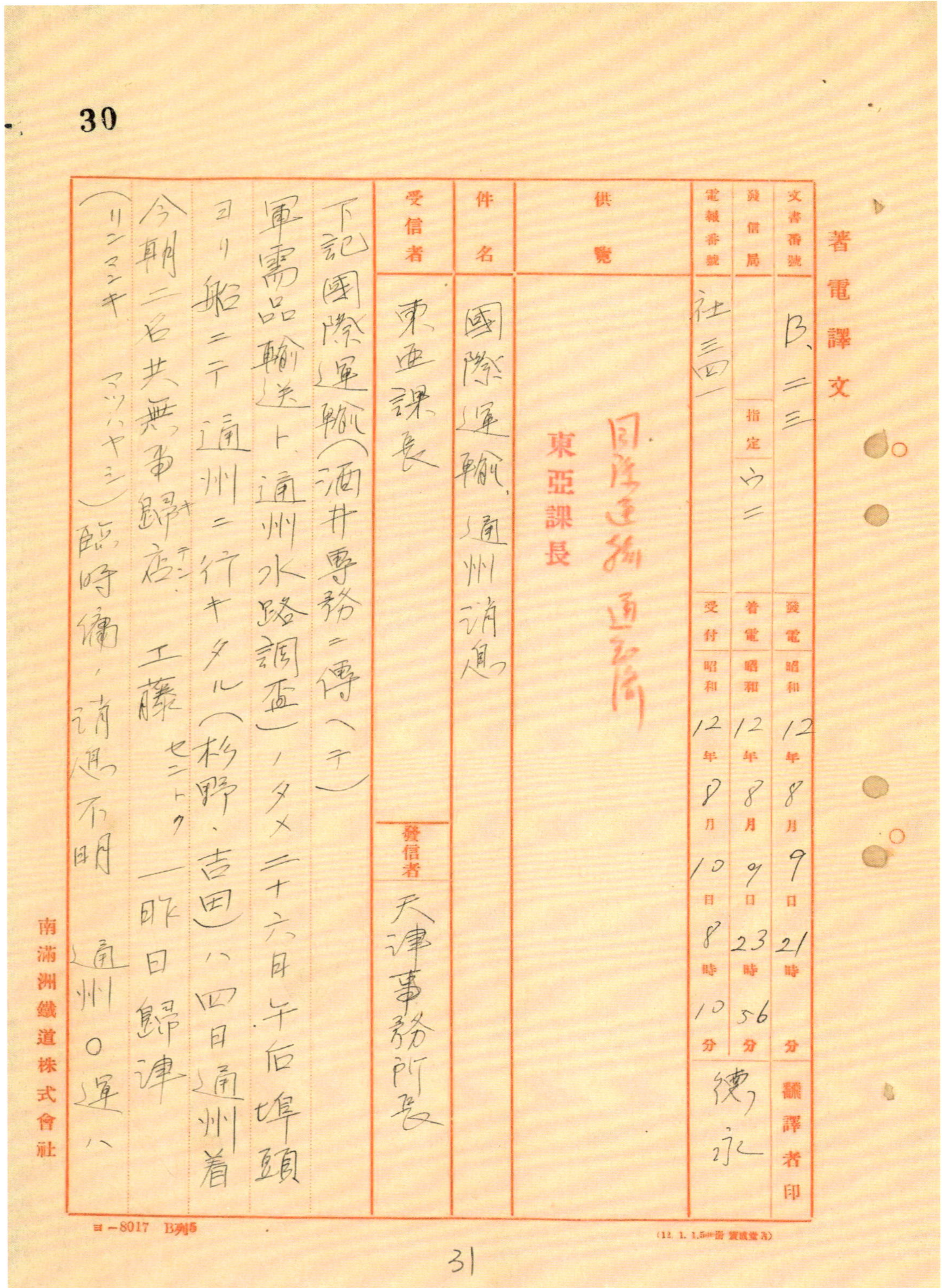

30

著電譯文

| 文書番號 | 發信局 | 電報番號 |
|---|---|---|
| B、二三 | | 社三四一 |

指定 六二

| | 發電 | 着電 | 受付 |
|---|---|---|---|
| 昭和 | 12年8月9日21時 分 | 12年8月9日23時56分 | 12年8月10日8時10分 |

飜譯者印 徳永

供覽 東亞課長 國際運輸 通州

件名 國際運輸、通州消息

受信者 東亞課長

發信者 天津事務所長

下記國際運輸（酒井專務ニ傳ヘテ）

軍需品輸送ト通州水路調査ノタメ二十六日午后埠頭

ヨリ船ニテ通州ニ行キタル（杉野、吉田）ハ四日通州着

今朝二名共無事歸店（キテン）　工藤（セニトク）一昨日歸津

（リンマンキ　マツハヤミ）臨時傭ノ消息不明　通州〇運ハ

南滿洲鐵道株式會社

ヨ－8017　B列5　(12. 1. 1.5000冊 賣讀賣方)

31

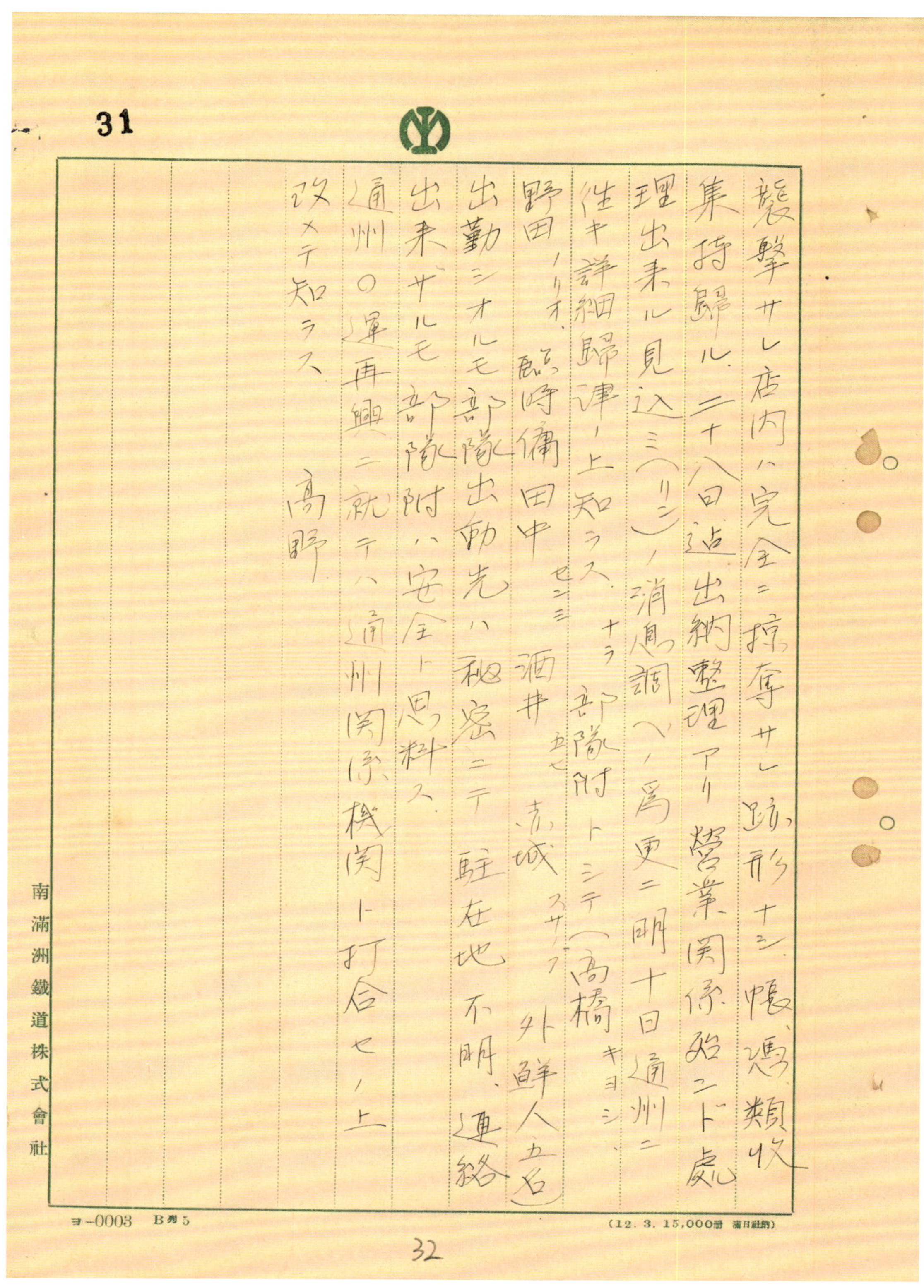

襲撃サレ店内ハ完全ニ掠奪サレ跡形ナシ、帳、憑類收
集持歸ル、二十八日迄出納整理アリ營業関係殆ンド處
理出来ル見込ミ(リン)ノ消息調ヘノ爲更ニ明十日通州ニ
往キ詳細歸津ノ上知ラス、ナラ部隊附トシテ(高橋キヨシ、
野田ノリオ、臨時傭田中センミ 酒井五七 赤城スサブ 外鮮人五名)
出勤シオルモ部隊出動先ハ秘密ニテ駐在地不明、連絡
出来ザルモ部隊附ハ安全ト思料ス、
通州ノ再興ニ就テハ通州関係機関ト打合セノ上
改メテ知ラス、 高野

南滿洲鐵道株式會社

ヨ-0003 B列5 (12. 3. 15,000冊 滿日社納)

# 天津事务所长关于陈觉生有意辞去冀察政府委员一职事致总裁室东亚课长、铁道总局长的电文（一九三七年八月九日）

93

極秘

寫

著電譯文

文書番號

發信局

電報番號 二五二

指定 ツニ

發電 昭和12年8月7日16時15分

着電 昭和 年 月 日19時30分

受付 昭和 年 月 日 時 分

飜譯者印

東亜課長

文書課長

八月九日別途寫送付済

受信者 東亜課長 鉄道総局長

件名

供覧

發信者 天津事務所長

昨日午後八時五分北寧局長（陳覚生）帰津セリ、冀察政府委員トシテ辞表提出ノ意嚮ヲ山嶺顧問ニ洩シタルヲ以テ山嶺氏ハ不取敢帰津ノ旨軍ニ挨拶ニ行ク事ヲススメ同伴セリ、軍ノ意嚮如何ヲ確メタル上進退ヲ決スル筈

南滿洲鐵道株式會社

ヨ－8017 B列5

98

天津事务所长关于陈觉生来访及北宁工作人员薪金授受问题事致总裁室东亚课长的电文（一九三七年八月九日）

1

著電譯文

| 文書番號 | 發信局 | 電報番號 | 指定 |
|---|---|---|---|
| B.一 | | 三〇九 | ウニ |

| | 昭和 | 年 | 月 | 日 | 時 | 分 |
|---|---|---|---|---|---|---|
| 發電 | 昭和 | 12 | 8 | 9 | 15 | 0 |
| 着電 | 昭和 | | | | 17 | 26 |
| 受付 | 昭和 | | | | 19 | 30 |

翻譯者印

供覽：中西理事　文書課長　東亞課長　人事課長

八月一〇日別途送付済ミ

件名：

受信者：東亞課長

發信者：天津事務所長

本日十一時北寧鉄路局長陳覚生（王）会計副所長ヲ伴ヒ（山口領）顧問同道本職ヲ訪問今後鉄道業務ニ専念スルツモリナルヲ以テ宜シク頼ムノ旨挨拶アリタリ尚曩ニ指令ニ接シ居ル北寧従業員給料資金授受ハ本日后二時半当所ニテ終了ス

南滿洲鐵道株式會社

（12. 8. 500冊 榮日組納）

2

# 天津事务所长关于七七事变以来业务激增请派员援助日满商事事致总裁室东亚课长的电文（一九三七年八月九日）

120

著電譯文

| 文書番號 | 發信局 | 電報番號 |
| --- | --- | --- |
| B.一六 | | 三一六 |

指定

| | 昭和 | 年 | 月 | 日 | 時 | 分 |
| --- | --- | --- | --- | --- | --- | --- |
| 發電 | 12 | | 8 | 9 | 14 | 30 |
| 着電 | | | | | 17 | 37 |
| 受付 | | | | 10 | 9 | 20 |

飜譯者印

供覧

件名

受信者　東亜課長

發信者　天.事.長

日満商事社長ニ付ヘテ今時北支事変以来当所内業務量激増ノ為八月四日ヨリ当分ノ間貴所天津支所長及野沢タイ計君同所業務ニ差支ナキ範囲内デ慰籍時局関係事務ノ應援助方依頼致シ居ルニ付キ御諒承願ヒ度シ

南滿洲鐵道株式會社

（12. 8. 500冊）

21

# 天津事务所长庶务课长关于请派遣测绘员协助军方接收整理财产事致总裁室东亚课长的电文
（一九三七年八月九日）

6 11

著電譯文

| 文書番號 | 發信局 | 電報番號 | 供覽 | 件名 | 受信者 |
|---|---|---|---|---|---|
| 13、10 | 指定 ム二 | 社三〇四 | 東亞課長<br>人事課長 | | 東亞課長 |

| 發電 | 着電 | 受付 |
|---|---|---|
| 昭和12年8月9日9時0分 | 昭和　年　月　日12時20分 | 昭和　年　月　日14時0分 |

飜譯者印

發信者　天津、庶務課長

当地ニテ軍ノ接收シタル、支那側財產ノ整理ニ必要ナルニ付キ、測量及ビ見取圖ノ出来ル、社員格一名派遣乞フ

南滿洲鐵道株式會社

（12. 8. 500冊 滿日印刷）

12

# 天津事务所长关于在天津增设和在塘沽、北平新设无线电设备请配置相关人员事致总裁室东亚课长的电文（一九三七年八月九日）

278

着電譯文

| 文書番號 | B、二一 |
|---|---|
| 發信局 | |
| 電報番號 | 三四〇 |
| 指定 | |
| 發電 | 昭和12年8月9日21時0分 |
| 着電 | 昭和年月日時6分 |
| 受付 | 昭和年月10日20時0分 |
| 翻譯者印 | |

供覽：總、庶務課長　人事課長　東亞課長

月　日別途写送付済

受信者：東亞課長

發信者：天津事長

天津無電機増設塘沽無電機新設ノ外北平ニ無電機新設ノ件モ軍ノ諒解ヲ得タルニ付先日電依頼ノ機械及人員至急手配乞フ

南滿洲鐵道株式會社

(12. 8. 500冊)

295

天津事务所长关于请派遣男性打字员事致总裁室东亚课长的电文（一九三七年八月九日）

16

著電譯文

文書番號：13、一四
發信局：
電報番號：三二五
指定：
發電：昭和12年8月7日16時40分
着電：昭和　年　月　日21時13分
受付：昭和　年　月10日4時5分
供覽：東亞課長　人事課長
件名：
受信者：東亞課長
發信者：天津長

北平事務所ヨリ浒書發表シ居ルモ女ハ避難者ヨリノ外出禁止シオルニ付キ男タイピスト至急派遣方依頼アリ当地ニテハ該当者ナキニツキ大連ニ於テ適任者物色ノ上派遣乞フ

翻譯者印

南滿洲鐵道株式會社

（12.8.500冊 滿日印刷）

天津事务所长关于派遣人事课员干田泷义居归任请安排继任人员事致总裁室东亚课长、人事课长的电文
（一九三七年八月九日）

422

著電譯文

文書番號 13、三
發信局
電報番號 三〇八
指定 エノ
發電 昭和12年8月9日12時0分
着電 昭和 年 月9日17時5分
受付 昭和 年 月 日19時40分
翻譯者印

供覽

人事課長
東亞課長

八月一〇日別途寫送付濟ミ

件名

受信者 東亞、人事課長

發信者 天、事、長

派遣中ノ人事課員（干田瀧義）本日八レニテ歸任ス後任派遣乞フ

南滿洲鐵道株式會社

（12.8.500冊 滿日印刷）

431

天津事务所长关于打字员行李申请免税事致总裁室东亚课长的电文（一九三七年八月九日）

89

寫

著電譯文

| 文書番號 | 發信局 | 電報番號 |
| --- | --- | --- |
| | | 二五〇 |

指定

發電 昭和12年8月9日16時15分

著電 昭和 年 月 日17時17分

受付 昭和 年 月 日 時 分

飜譯者印

供覽

文書課長

東亞課長

八月九日別途寫送付濟ミ

件名

受信者 東亞課長

（トリ）携行ノタイプライター一ハ荷造リノ際「支那駐屯軍」宛ノ荷札ヲ附スレバ無税扱ヒナルニ付ソノ旨文書ノ課ヘ付ヘラレ度

發信者 天津事務所長

南滿洲鐵道株式會社

ヨ－8017 B列5

(12. 1. 1.5000册 實成堂承)

93

# 天津事务所长关于通州试验场职员殉职一案已向北宁局汇报并建议支出慰问金事致总裁室东亚课长的电文（一九三七年八月九日）

※2

著電譯文

文書番號 B二
電報番號 三〇六
發電 昭和12年8月9日12時0分
着電 昭和　年　月　日15時15分
受付 昭和　年　月　日19時35分

供覽 東亞課長 總裁室庶務課長

受信者 東亞課長
發信者 天、事、長

岩崎外三名ノ通州ニ於ケル試驗場員殉職ノ件ハ本職ヨリ（ヨリハ前ニ）北寧局長宛後電通告シ置ケリ局ヨリハ見舞金仕出シノ意向アル模樣ナリ

南滿洲鐵道株式會社

（12.8.500冊 ……）

3

天津事务所长关于殉职社员的遗发抵津后已送交军方管理事致总裁室东亚课长的电文（一九三七年八月九日）

10

著電譯文

文書番號 B九

發信局

電報番號 社三〇三

指定 ウ二

發電 昭和12年8月9日9時0分

着電 昭和年月日12時22分

受付 昭和年月日13時55分

飜譯者印

供覽 人事課長 總務課長 監理課長

件名

受信者 東亜課長

發信者 天津事務所長

通州岩崎、尾山、小川、今井、四殉職社員遺髮ハ軍ヨリ特別派遣セル（身分）一行ト共ニ水野、田中両所員ニ守ラレ本日帰津、軍ノ指示ニ関係上軍ニ於テ保管セラル一部ノミ当市ニ納ム、先ニ着津セル高橋職員分モ本日軍ニ移ス

南滿洲鐵道株式會社

（12. 8. 500冊 满日印刷）

11

# 天津事务所长关于已故社员高桥余庆等人告别式拟于当地东本愿寺举行事致总裁室东亚课长、人事课长、福祉课长的电文（一九三七年八月九日）

著電譯文

文書番號 13、一五

電報番號 三二六

發電 昭和12年8月9日12時10分

着電 昭和年月日11時19分

受付 昭和年月10日9時10分

供覽 東亞課長 人事課長 總、庶務課長 八月十日 別途寫送付済

受信者 東亜、人事、福祉課長

發信者 天事事務所長

故高橋、若崎、松山、斉木、木下、高橋ノ六氏ノ告別式ハ明十日后二時当地東本願寺ニ於テ施行ス一三日ハ天津丸ニテ大連行ノ予定本九日夜ハ軍ノ好意ニ依リ遺骨ヲ通夜ス右大連在住家族ニモ傳ヘラレ度

南滿洲鐵道株式會社

(12. 8. 500冊 湊日社刊)

20

天津事务所长关于请与已故职员岩崎、小山，雇员今井之家属联络事致总裁室东亚课长、福祉课长的电文（一九三七年八月九日）

22

著電譯文

| 文書番號 | B、一八 |
| --- | --- |
| 發信局 | |
| 電報番號 | 三二五 |
| 指定 | |
| 發電 | 昭和12年8月9日16時40分 |
| 着電 | 昭和　年　月　日21時16分 |
| 受付 | 昭和　年　月10日19時30分 |
| 飜譯者印 | |
| 供覽 | 東亞課長　了 |
| 件名 | |
| 受信者 | 東亞、福祉課長 |
| 發信者 | 天、事、長 |

故岩崎職員及小山職員、今井雇員ノ当市宅ニ於ケル家財道具ハ当事務所ニ於テ便宜取纏メノ上時機ヲ見テ遺族ノ所ニ送付手配致サシムル事トシテ差支ナキヤ又ハ遺族ニ於テ取纏メノ為来平願ヘルヤ家賃支拂関係モアリ至急遺族ト連絡ノ上指示ヲ願ヒタシ

南滿洲鐵道株式會社

(12. 8. 500冊)

23

# 天津事务所长关于殉职人员将举行共同葬礼事致总裁室东亚课长、人事课长的电文（一九三七年八月九日）

729

人事課並経理其他ト連絡ノ上決定ヲ天事ヘ通知スルコト
交渉済

著電譯文

| 文書番號 | 發信局 | 電報番號 | 供覽 | 件名 | 受信者 |
|---|---|---|---|---|---|
| B三二 | | 三四三 | 總務課長、東亞課長、人事課長 | | 東亜、人事課長 |

指定：ら二

| | 發電 | 着電 | 受付 |
|---|---|---|---|
| 昭和 | 12年8月9日21時0分 | 年月日23時38分 | 年月10日20時30分 |

發信者：天事長

通州殉職社員ニ対シテハ本日通夜シ明日告別式執行一三日天津丸ニテ大連ニ奉送ノ件ニ関シテハ前電ノ通リナルガ当地殉職社員中ニハ外ニ（錦縣鉄路局）負傷モアリ右ニ対シテハソレゾレ該地ニ於テ葬儀執行済ノ模様ナルガ通州殉職社員ニ対シ社ニ於テノ天津事務所葬執行ノ際（錦縣鉄路局）其他殉職社員ニ対シテ

八月10日別途写送付済ミ

翻譯者印

南滿洲鐵道株式會社

(12. 8. 500冊)

745

モ合同葬ヲ行フ事トシテハ如何尚通州ニ於テハ国際社員
ニモ殉職者アリ右モ国際社葬トシテ合同葬儀ヲ執
リシテハ如何ト思ハル貴見返電ヲ乞フ尚本件ニ関シテハ当
所ニテ（錦、鉄路局）及国際社天津支社トハ連絡済
ミニ付ニ 念 本件ハ坂谷理事モ御賛成ナリ

# 天津事务所长关于坂谷理事安全抵津事致总裁室庶务课长、东亚课长、产业部庶务课长的电文（一九三七年八月九日）

597

著電譯文

| 文書番號 | 發信局 | 電報番號 | 供覽 | 件名 | 受信者 |
| --- | --- | --- | --- | --- | --- |
| 13、一七 | | 三三五 | 總室課長 | | 總、庶、産庶、東亜、課長 |

| 指定 | 發信者 |
| --- | --- |
| 三イ | 天、事、長 |

| 發電 | 着電 | 受付 |
| --- | --- | --- |
| 昭和12年8月9日21時0分 | 昭和年月日22時54分 | 昭和年月10日19時20分 |

飜譯者印

坂谷理事本日一七時三〇分無事着(アスターハウス)ニ滞在ニ付念

南滿洲鐵道株式會社

(12. 8. 500册 箸日組防)

610

总裁室人事课长关于通知铁路施工及财务人员已于本日乘列车派往天津运输班事致天津事务所长、总裁室东亚课长的电文（一九三七年八月十日）

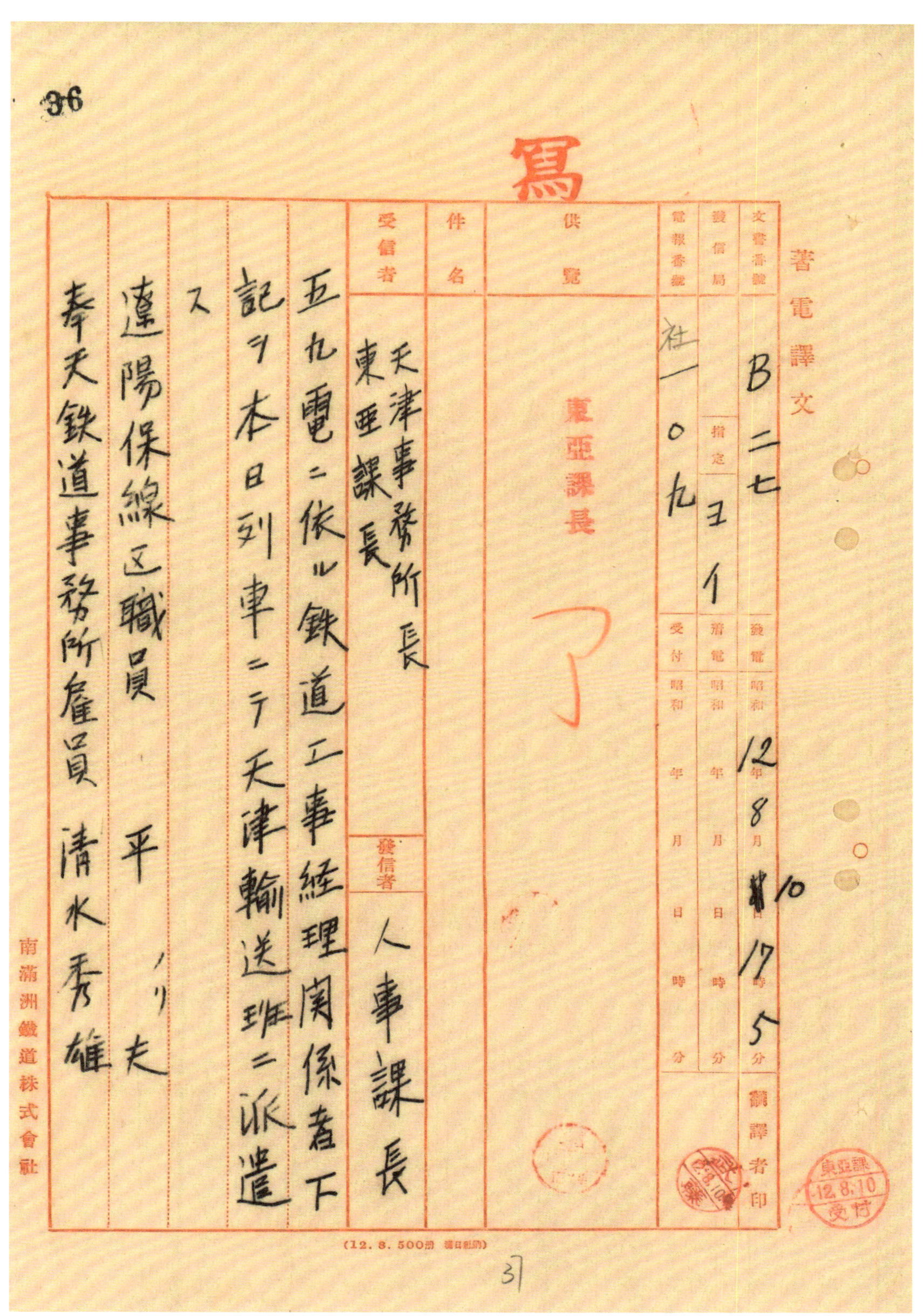

36

寫

著電譯文

文書番號 B二七

發信局

電報番號 社一〇九

指定 ヨイ

發電 昭和12年8月10日17時5分

著電 昭和　年　月　日　時　分

受付 昭和　年　月　日　時　分

供覽 東亞課長

了

受信者 天津事務所長 東亞課長

件名

發信者 人事課長

五九電ニ依ル鉄道工事経理関係者下記ヲ本日列車ニテ天津輸送班ニ派遣ス

遼陽保線区職員 平ノリ夫

奉天鉄道事務所雇員 清水秀雄

飜譯者印

東亞課 12.8.10 受付

南滿洲鐵道株式會社

（12.8.500冊 ……）

31

# 天津事务所长关于请告知调查华北河川职员之姓名和来津日期事致总裁室东亚课长、人事课长的电文（一九三七年八月十日）

46

著電譯文

| 文書番號 | 發信局 | 電報番號 | 供覽 | 件名 | 受信者 |
|---|---|---|---|---|---|
| B、三七、 | | 556 557 558 | 文書課長 人事課長 產、交通課長 | | 东亚、人事課長 |

| | |
|---|---|
| 指定 | |
| 發電 | 昭和　年　月10日　時　分 |
| 着電 | 昭和12年8月11日　時　分 |
| 受付 | 昭和　年　月11日　時　分 |
| 飜譯者印 | |
| 發信者 | 天津事務所長 |

軍ノ輸送ノ要上並ニ河川（白河、永定河、子牙河、滹沱河、滏陽河、大清河、南運河、薊運河）ニ関シ詳細ナル資料ヲ要スルニ付交通隊要員職員若干名派遣見ル時ハ（至急）調査者ヲ要ストノ事ニテ資料携行ノ上十一日（明日）飛行機ニテ来津アリタク尚同職員名ニ至急電報相成度尚之ニ関シテハ［illegible］派遣ノ事根本氏未定ニ十一日来津ノ［illegible］至急回答アリタシ

南滿洲鐵道株式會社

（12. 8. 500冊）

47

天津事务所长关于请求提供华北河流详细资料事致总裁室东亚课长、人事课长的电文（一九三七年八月十日）

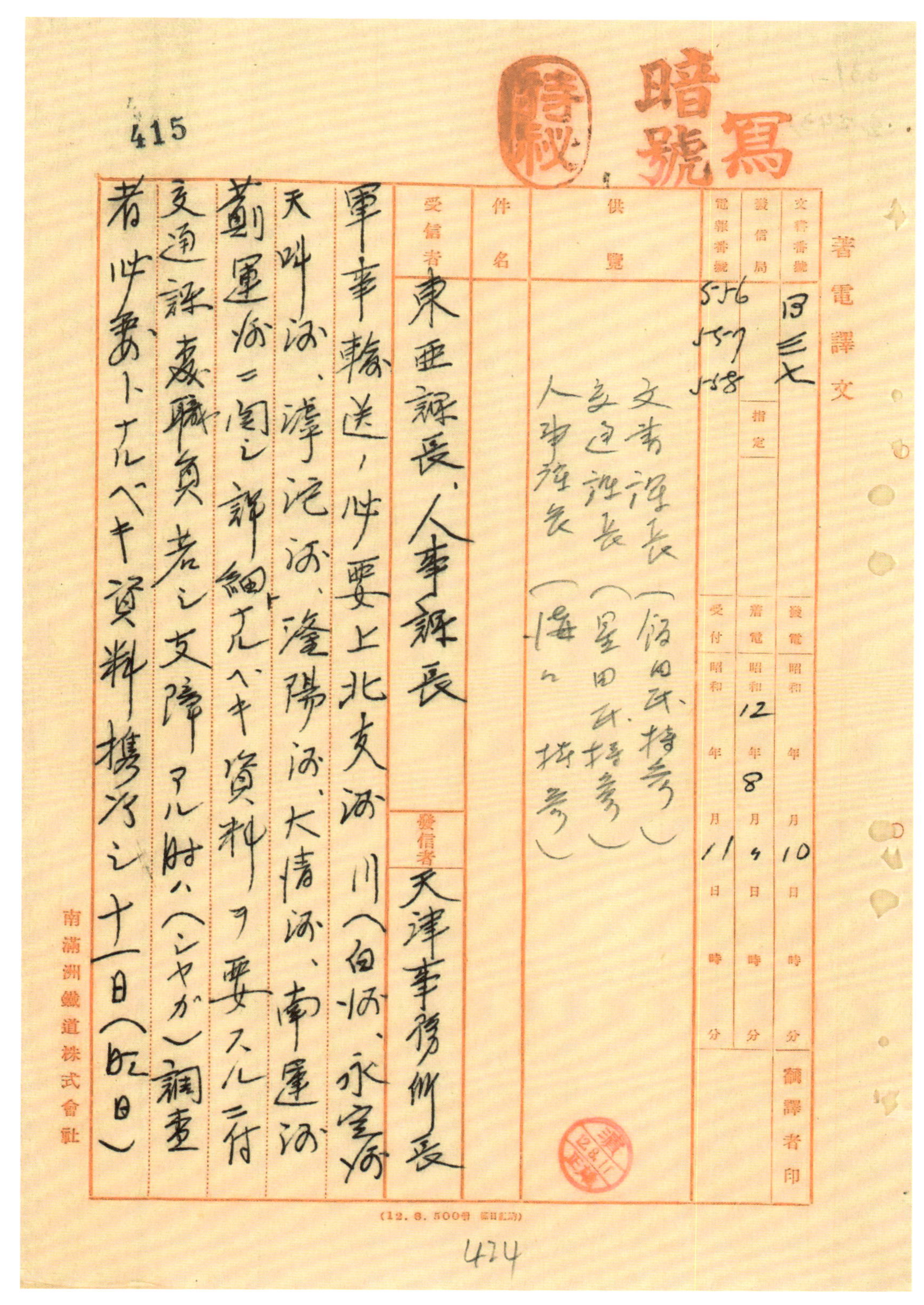
415

暗號 寫

著電譯文

| 文書番號 | 發信局 | 電報番號 |
| --- | --- | --- |
| 日三七 | | 556 557 558 |

發電 昭和 年 月10日 時 分

着電 昭和12年8月11日 時 分

受付 昭和 年 月 日 時 分

供覧：文書課長（佐田氏持參） 交通課長（星田氏持參） 人事課長（海ノ持參）

件名：

受信者：東亞課長、人事課長

發信者：天津事務所長

軍事輸送ノ必要上北支河川（白河、永定河、子牙河、滹沱河、滏陽河、大清河、南運河、薊運河ニ関シ詳細ナルベキ資料ヲ要スルニ付交通課委職員若シ支障アル時ハ（ニヤガ）調査者必要トナルベキ資料携行シ十二日（明日）

飜譯者印

南滿洲鐵道株式會社

(12. 8. 500冊)

424

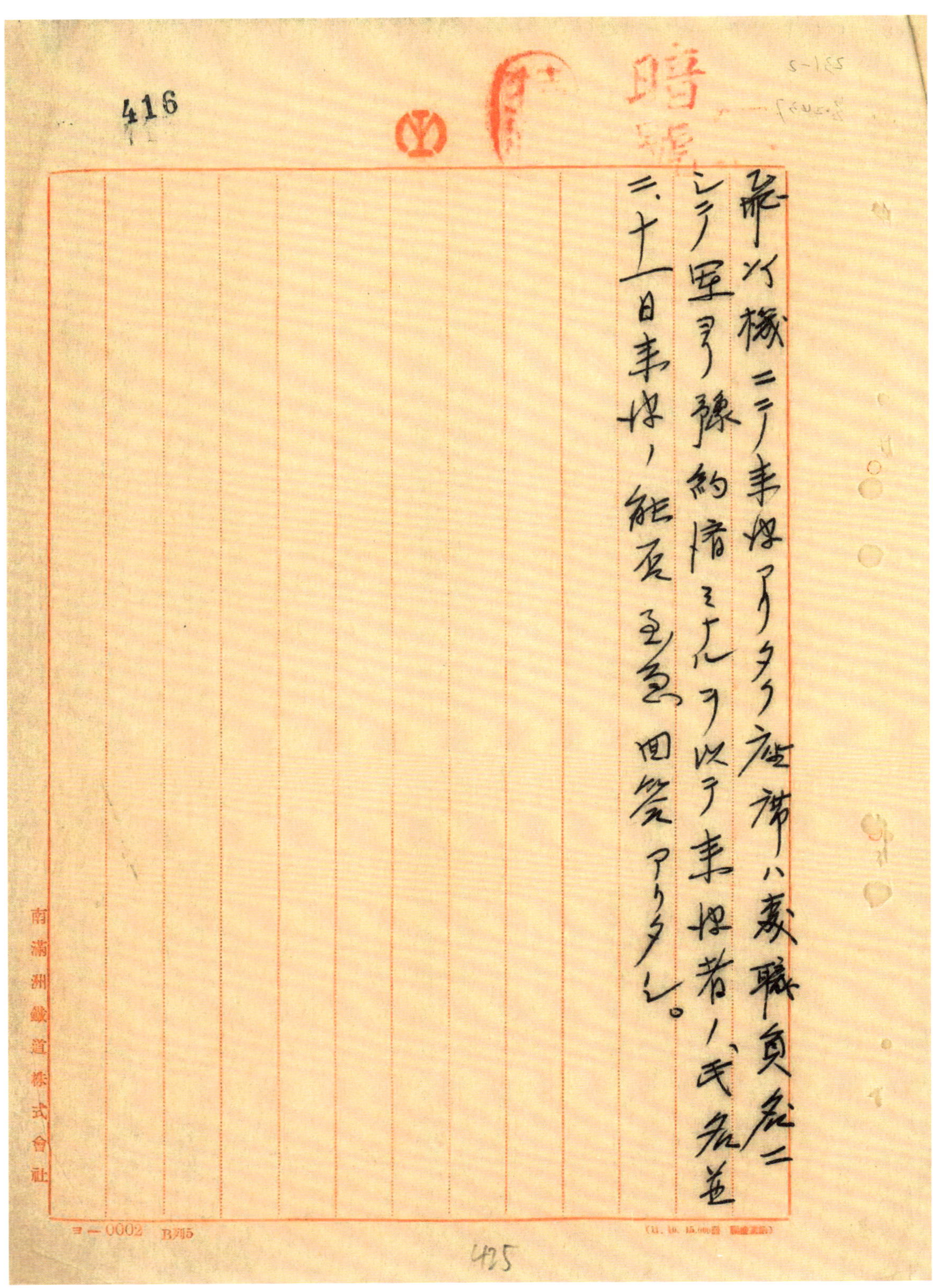

416

暗號

飛行機ニテ来援アリタク座席ハ委職員分ニシテ軍ヲ除ク約僅三十名ヲ以テ来援者ハ氏名並ニ十五日来援ノ能否至急回答アリタシ。

南滿洲鐵道株式會社

ヨ—0002　B列5

425

天津事务所长关于请将第三十三号的电文亲自转交兴中公司事致总裁室东亚课长的电文（一九三七年八月十日）

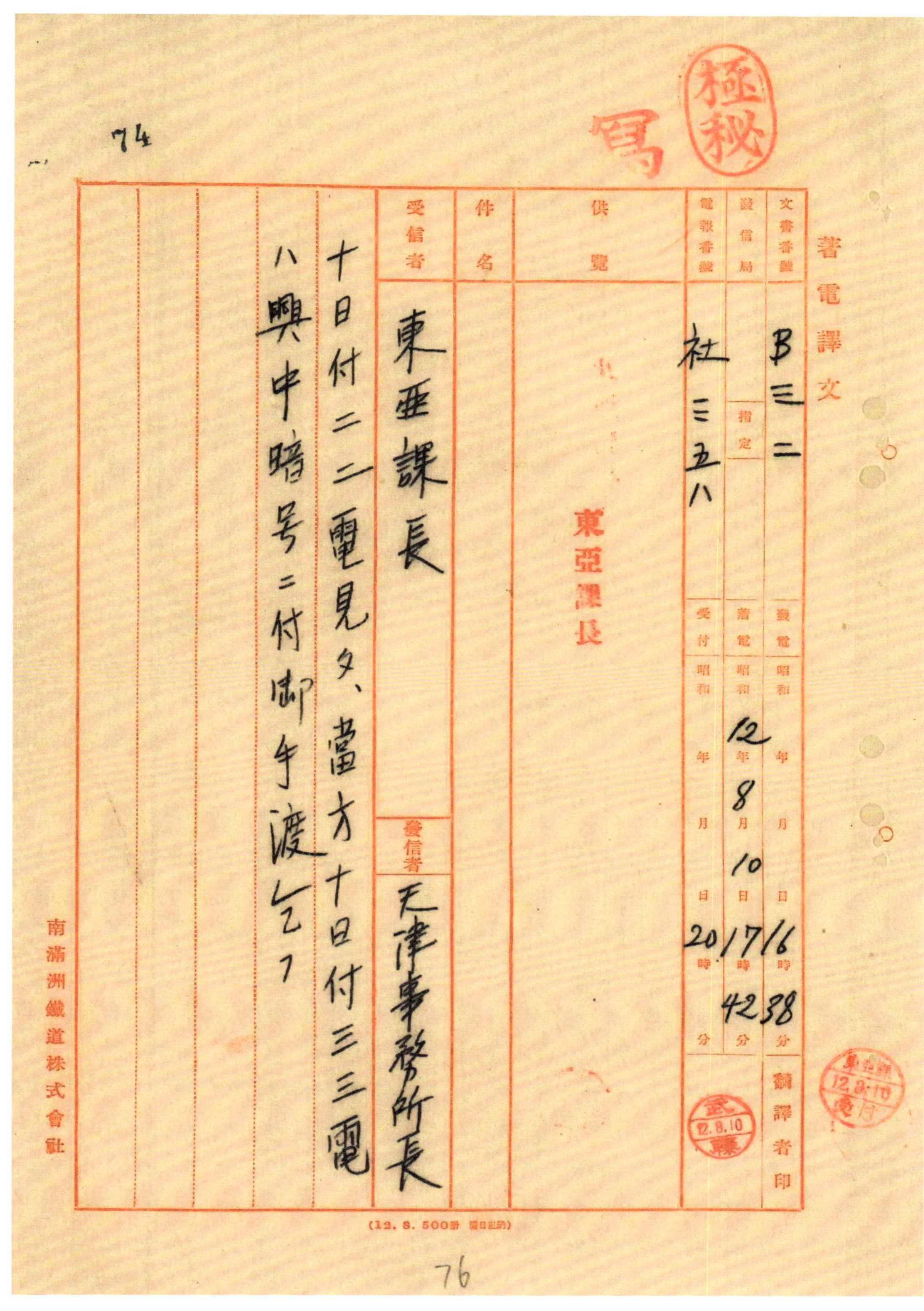

74

極秘　写

著電譯文

| 文書番號 | 發信局 | 電報番號 |
| --- | --- | --- |
| B三二 | 社 | 三五八 |

| | 發電 | 着電 | 受付 |
| --- | --- | --- | --- |
| 昭和 年 月 日 時 分 | 昭和 年 月 日 16時 38分 | 昭和 12年 8月 10日 17時 42分 | 昭和 年 月 日 20時 分 |

供覧：東亞課長

受信者：東亞課長

發信者：天津事務所長

十日付二二電見タ、當方十日付三三電八興中暗号ニ付御手渡乞フ

南滿洲鐵道株式會社

(12. 8. 500冊 ...)

76

# 天津事务所长关于追加及确认购买物品事致总裁室东亚课长的电文（两份）（一九三七年八月十日）

37

寫

著電譯文

| 文書番號 | B二八 | 發電 | 昭和12年8月10日12時35分 |
|---|---|---|---|
| 發信局 | | 著電 | 昭和12年8月10日12時26分 |
| 電報番號 | 社三五三 | 受付 | 昭和　年　月　日　時　分 |
| 指定 | | 飜譯者印 | |

供覽：東亞課長　總、庶務課長　產、商工課長

作名：

受信者：東亞課長

發信者：天津事務所長

九日付天事變第三七号一九九文書（十日飛機ニテ発送）ニテ購入送付方依頼セシ品目ニ左記追加ノ上一括送付セラレ度

木炭（小丸）　五〇俵

夏蜜柑　一〇貫

南滿洲鐵道株式會社

(12. 8. 500冊)

38

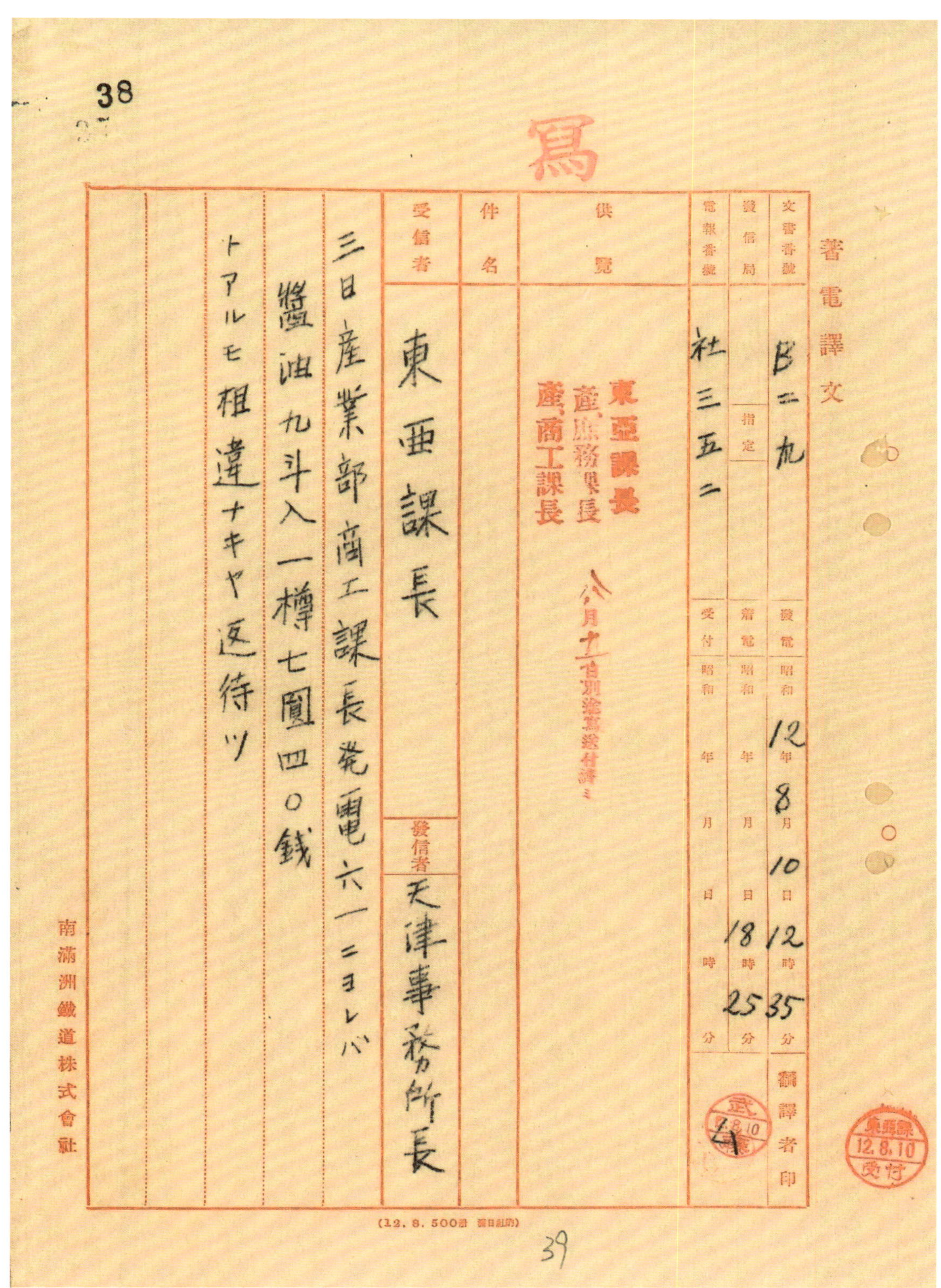
38

寫

著電譯文

| 文書番號 | 發信局 | 電報番號 | 供覽 | 件名 | 受信者 |
|---|---|---|---|---|---|
| B二九 | | 社三五二 | 東亞課長<br>產、庶務課長<br>產、商工課長 | | 東亞課長 |

| 發電 | 着電 | 受付 |
|---|---|---|
| 昭和12年8月10日12時35分 | 昭和　年　月　日18時25分 | 昭和　年　月　日　時　分 |

發信者：天津事務所長

八月十一日別途寫送付請ミ

三日產業部商工課長発電六一二ニヨレバ

醬油九斗入一樽七圓四〇銭

トアルモ相違ナキヤ返待ツ

翻譯者印

東亞課 12.8.10 受付

南滿洲鐵道株式會社

（12. 8. 500冊 滿日印刷）

39

# 天津事务所长关于池田中佐希望与总裁面谈事致总裁室东亚课长的电文（一九三七年八月十日）

45

著電譯文

| 文書番號 | 發信局 | 電報番號 |
|---|---|---|
| B三六 | | 公三七〇 |

指定 ウ二

| 發電 | 着電 | 受付 |
|---|---|---|
| 昭和12年8月10日20時20分 | 昭和 年 月 日 時 分 | 昭和 年 月 日24時 分 |

飜譯者印

供覽：中西理事 文書課長 東亞課長 總、庶務課長

件名：池田中佐總裁面談希望ノ件

受信者：東亞課長

發信者：天津事務所長

本省ニ栄轉サル、池田中佐ハ十五、六日大連經由赴任ノ予定ナルガソノ際出来得レバ總裁ニ面談致度ト。總裁ノ御動靜知ラセヒ乞フ。尚中佐出発確定ノ上ハ通知ス

南滿洲鐵道株式會社

-8017 B列5

46

天津事务所长关于请转告新京满洲国产业部拓务局技师池田泰次郎遇难人员家属在津一切安好事致总裁室东亚课长的电文（一九三七年八月十日）

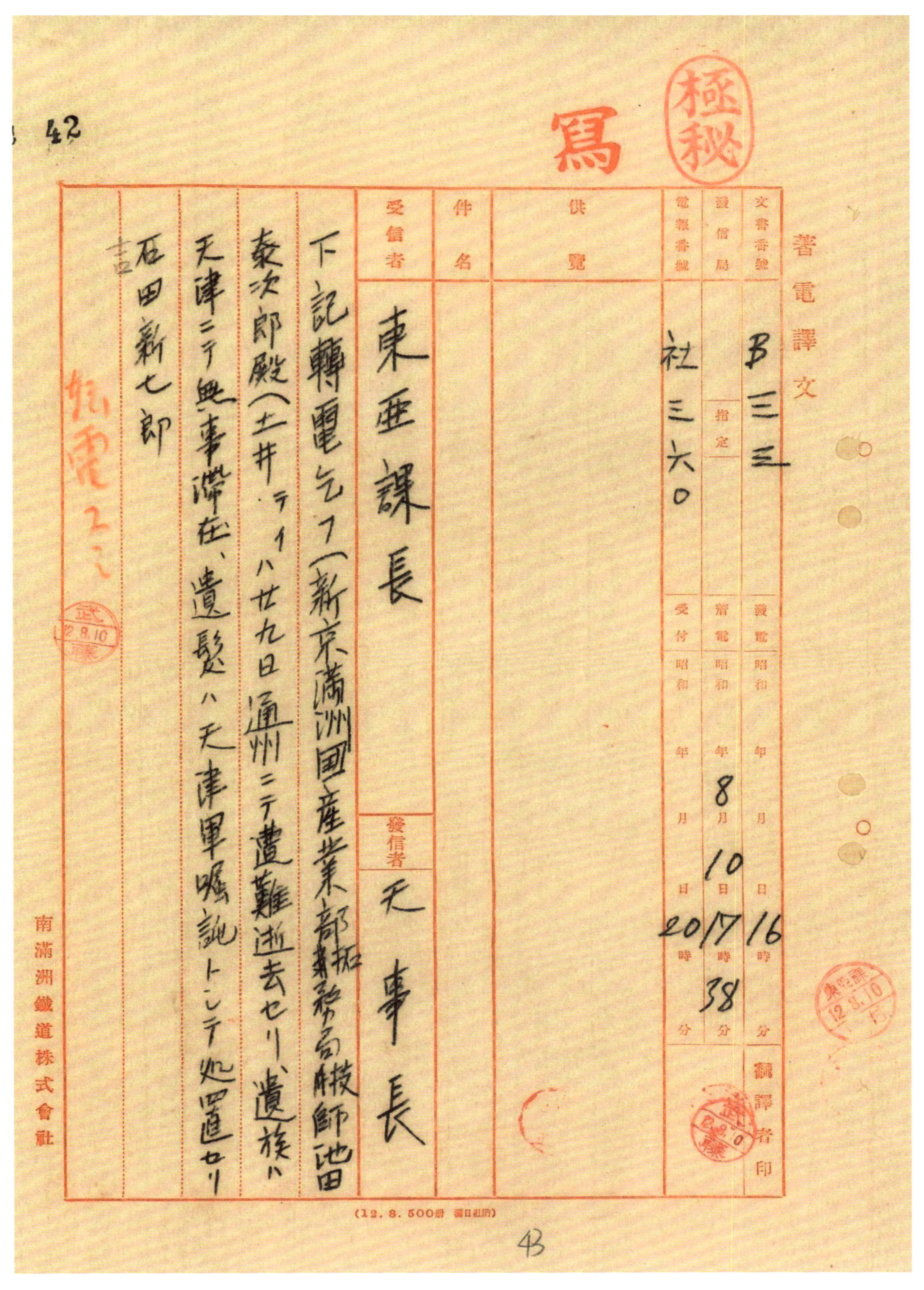

42

極秘

寫

著電譯文

| 文書番號 | 發信局 | 電報番號 |
| --- | --- | --- |
| B三三 | | 社三六〇 |

| 發電 | 着電 | 受付 |
| --- | --- | --- |
| 昭和 年 月 日 16時 分 | 昭和 年 8月 10日 17時 38分 | 昭和 年 月 日 20時 分 |

供覽

件名

受信者 東亞課長

發信者 天事長

下記轉電乞フ（新京滿洲國産業部拓務局技師池田泰次郎殿（土井・テイ）ハ廿九日通州ニテ遭難逝去セリ、遺族ハ天津ニテ無事滯在、遺髮ハ天津軍囑託トシテ処置セリ

石田新七郎

南滿洲鐵道株式會社

（12.8.500冊 滿日印刷）

43

# 天津事务所长关于请转告新京满洲国交通部调查科本庄秀一遇难人员家属在津一切安好事致总裁室东亚课长的电文（一九三七年八月十日）

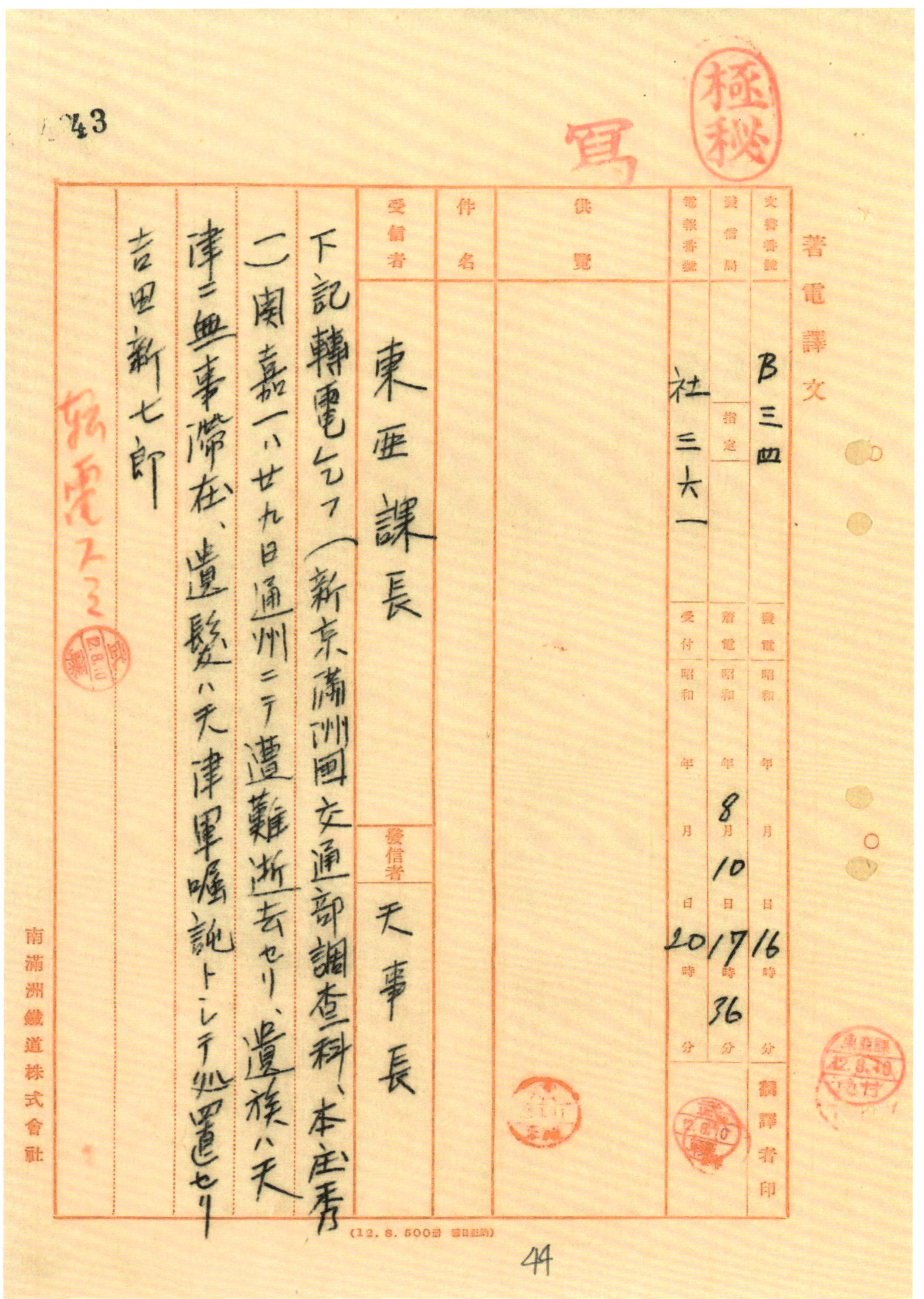

243

極秘

写

著電譯文

| 文書番號 | 發信局 | 電報番號 |
| --- | --- | --- |
| B三四 | | 社三六一 |

| 發電 | 着電 | 受付 |
| --- | --- | --- |
| 昭和　年　月　日16時　分 | 昭和　年8月10日17時36分 | 昭和　年　月　日20時　分 |

受信者：東亜課長

下記轉電乞フ（新京滿洲國交通部調査科、本庄秀一関嘉一ハ廿九日通州ニテ遭難逝去セリ、遺族ハ天津ニ無事滯在、遺骸ハ天津軍嘱託トシテ処置セリ

吉田新七郎

發信者：天事長

翻譯者印

南滿洲鐵道株式會社

(12. 8. 500冊)

44

天津事务所长关于请求在天津增设无线电机事致总裁室东亚课长的电文（一九三七年八月十一日）

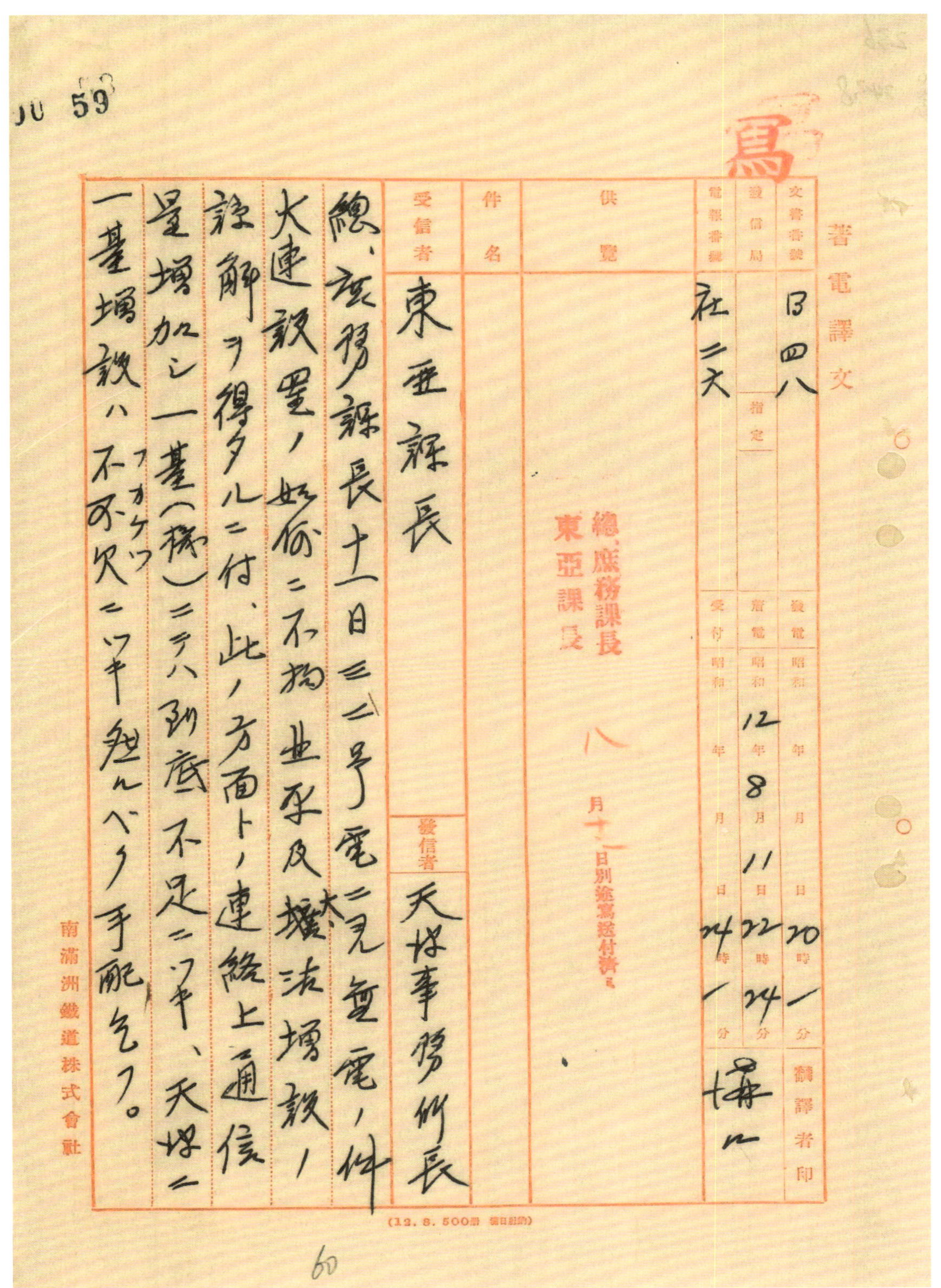
寫

著電譯文

| 文書番號 | 發信局 | 電報番號 | 供覽 | 件名 | 受信者 |
| --- | --- | --- | --- | --- | --- |
| 日四八 | 在ニ大 | | 總、庶務課長<br>東亞課長 | | 東亞課長 |

| | 昭和 | 年 | 月 | 日 | 時 | 分 |
| --- | --- | --- | --- | --- | --- | --- |
| 發電 | | | | | 20 | 1 |
| 着電 | 12 | | 8 | 11 | 22 | 24 |
| 受付 | | | | | 24 | 1 |

指定

飜譯者印：（印）

八月十一日別途寫送付濟ミ

發信者：天津事務所長

總、庶務課長十一日三二号電ニ見ル無電ノ件大連設置ノ如何ニ不拘北平及擴張法增設ノ諒解ヲ得タルニ付、此ノ方面トノ連絡上通信量增加シ一基（機）ニテハ到底不足ニツキ、天津ニ一基增設ハ不可欠ニツキ成ルベク手配乞フ。

南滿洲鐵道株式會社

(12. 8. 500冊 …)

# 天津事务所调查课长关于报送第二届物资对策委员会议记录的文件（一九三七年八月十一日）

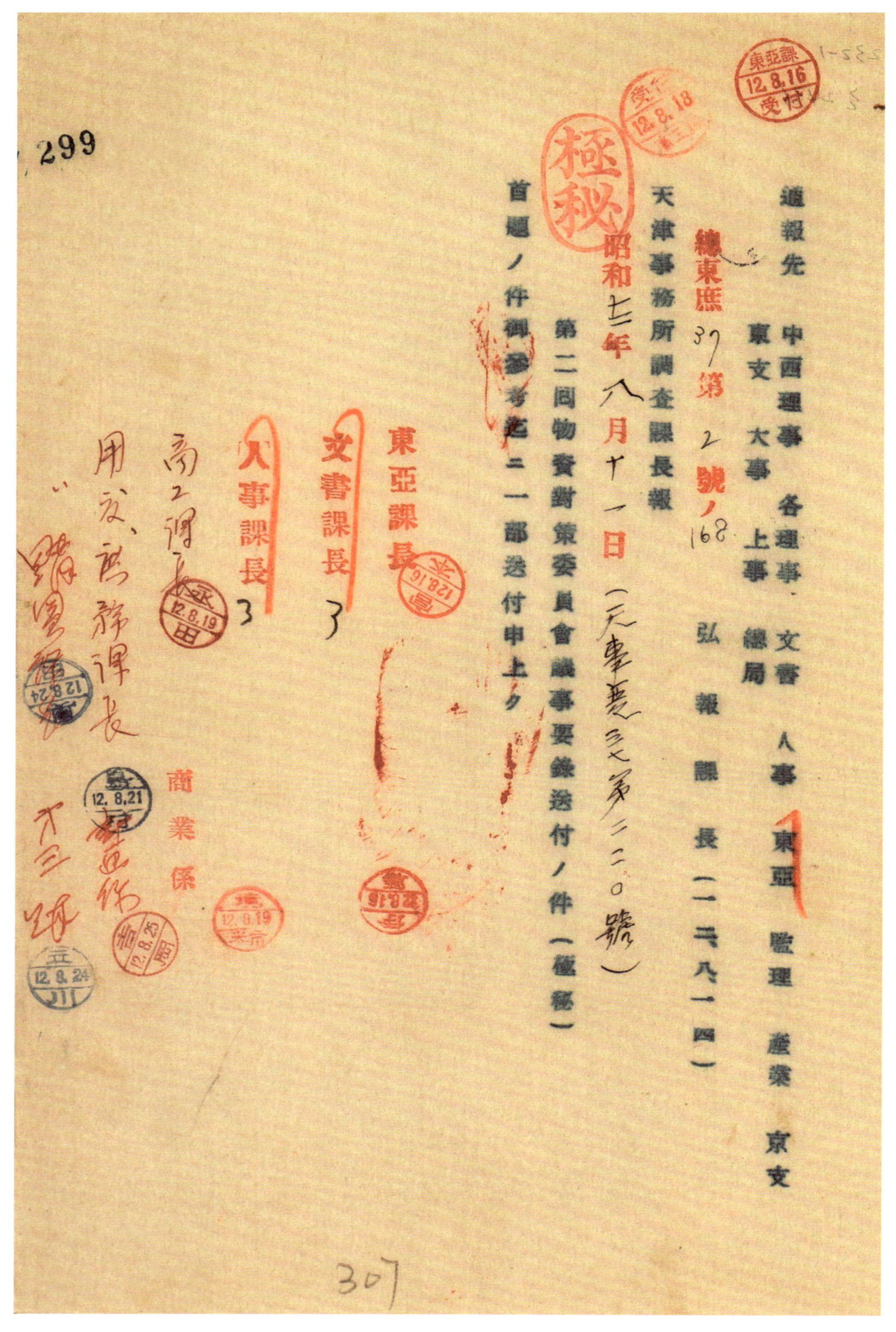
299

通報先　中西理事　各理事、文書　人事　東亞　監理　產業　京支
東支　大事　上事　總局
弘報課長（一二八一四）

極秘

總東庶37第2號ノ168

天津事務所調查課長報

昭和十二年八月十一日（天事惠三七第二二〇號）

第二回物資對策委員會議事要錄送付ノ件（極秘）

首題ノ件御參考迄ニ一部送付申上ク

東亞課長

文書課長

人事課長

商業係

307

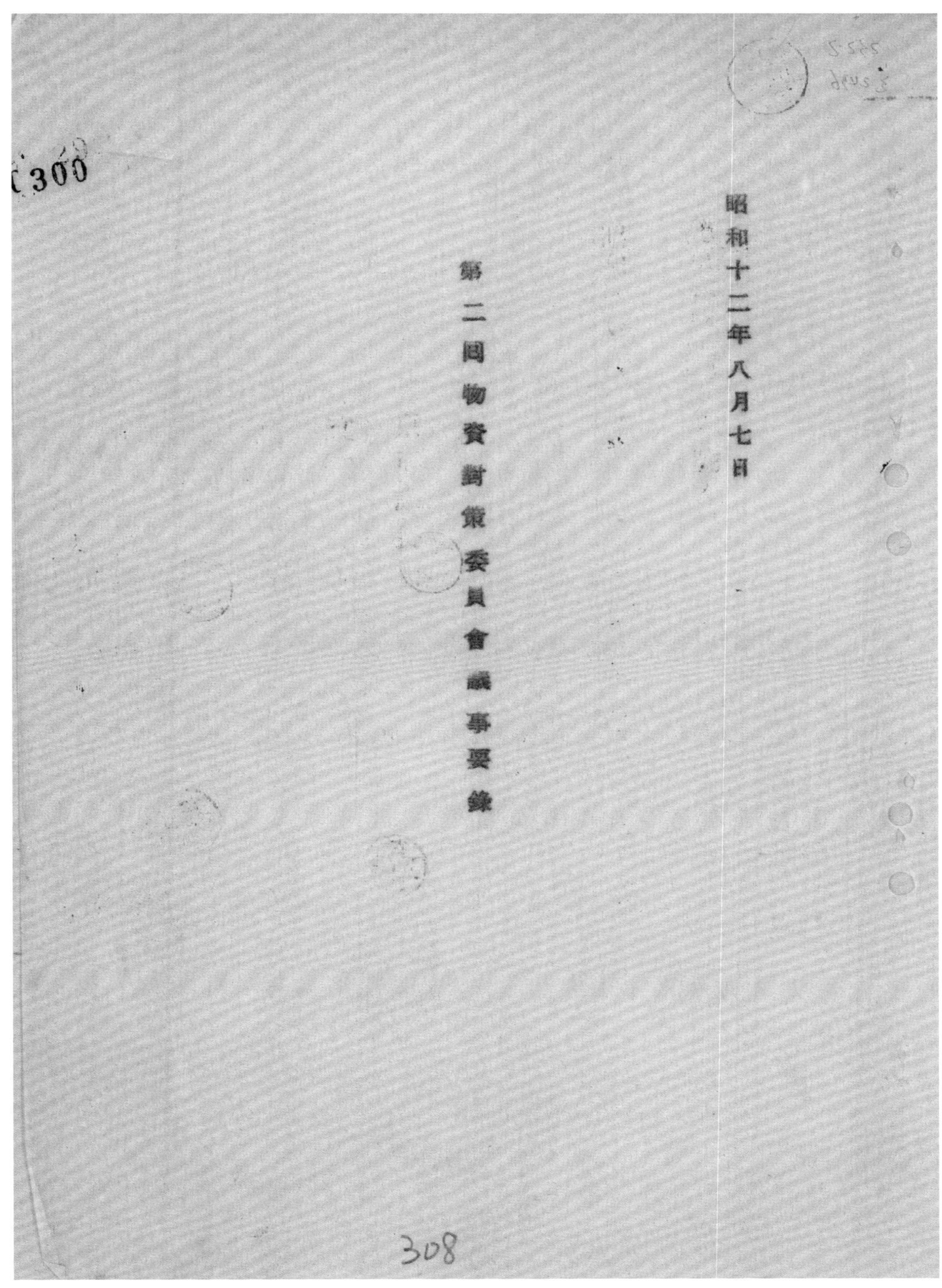

昭和十二年八月七日

第二回物資對策委員會議事要錄

301

第二回物資對策委員會議事要錄

一、日時　八月七日自午後五時至七時

一、場所　民團會議室

一、出席者　總領事館（荻原、大原）

海軍武官（久保田）

參謀部（石川）

民團（臼井）

商工會議所（堀江）

滿鐵（神崎）

三井（神村―共益會理事）

大汽（三角）

商船（矢彥澤）

日清（　）

近郵（中村）

三晶（岡本）

309

華勝（菊池）

國際（山本）

其ノ他

麥粉

(一)今月九日、十日頃麥粉二萬袋着荷ノ豫定

三井荷－民國依頼ノモノ、約定當時ノ値段ヨリ少シ高イノテ民國キャンセルセルモノ

價格－天津渡四圓八一錢位（一等品）

右二萬袋ニ付

軍一萬袋（治安維持會關係二〇萬袋ノ一部トシテ）及天津紡、東洋紡計二千袋ノ話進行中

殘高－八千袋

(二)少シ安イモノ（二等品四圓五五錢位）八萬袋カ二十日前後ニ塘沽ニ着ク豫定

三井荷－治安維持會關係二〇萬袋中ノ初荷

(三)其ノ頃軍事輸送ノ最盛期テ貨車繰ツカネハ麥粉ハ野積不可ナルヲ以テライター及天津ニ於ケル倉庫ノ手配必要

ライター　七百屯位ノモノ手配出來ル（大汽）

倉　庫　特一區日清汽船倉庫ハ空イテ居ル。其ノ他支那側ノ
押收倉庫ヲ利用

(四)治維會關係及日本側所要數量取纏メ發註アレハ荷揚モ船腹手配モ比較的圓滑ニ出來ル

支那側所要數量ニ對スル連絡ヲ特務機關ヲ通シテ行フコト（三井希望）

石川少佐特務機關ニ連絡スル

ガソリン

(一)現在天津在荷高

亜細亜石油　五〇〇箱（塘沽二三〇萬箱）

スタンダード　一、〇〇〇箱（八月末塘沽着九〇萬ガロン）

テキサス　二〇萬ガロン

(二)至急塘沽天津間ノ輸送ヲ考慮スル必要アリ

石油

(一)潤澤ニアリ

石炭

總領事館ヨリ開灤ニ對シ供給狀態ニ就キ照會シタトコロ書面ヲ以テ大略左ノ通返答アリタリ

(一)開灤ノ天津手持量ハ第三埠頭ニ六萬屯アリ

之ハ各個ノ契約トハ別ナプールナリ

普通ノ供給量ナラ賣應ス、買占ハ不可

(二)天津ストツク不足ヲ告ケレハ秦皇島ヨリ廻送ス

306

(三)輸送ハ汽車カ不可能ナラ關係自身チヤーターシテ輸送ス

(四)當面ノ問題トシテハ天津ニ於ケル開灤所有運炭トラツクカ日本軍ニ徵發セラレシ事實アリ、今後斯ルコトナキ樣希望ス

## 米

(一)日本政府米ノ拂下ニ關シ總領事館ヨリ大藏省ニ聞合スコトトナル

(二)民團注文ノ二千俵ハ八月八日特三區ニ到着ノ豫定

(三)現在來月一杯充分ナリ

## 魚類

(一)目下日滿漁業ノ收メタモノヲ販賣ス

(二)門司ノ冷凍船（百隻位）ノ利用モ考ヘラル—海軍

但シ免稅ヲ前提トスル

## 肉類

(一)現在手當中ノモノヲ加ヘテ約八〇頭、冷凍肉一〇〇〇頭分アリ、後者ハ輸出用ノモノ價格高シ

(二)日本租界一日ノ消費量牛一〇頭、豚三五頭ナルヲ以テ約半月分アリ

314

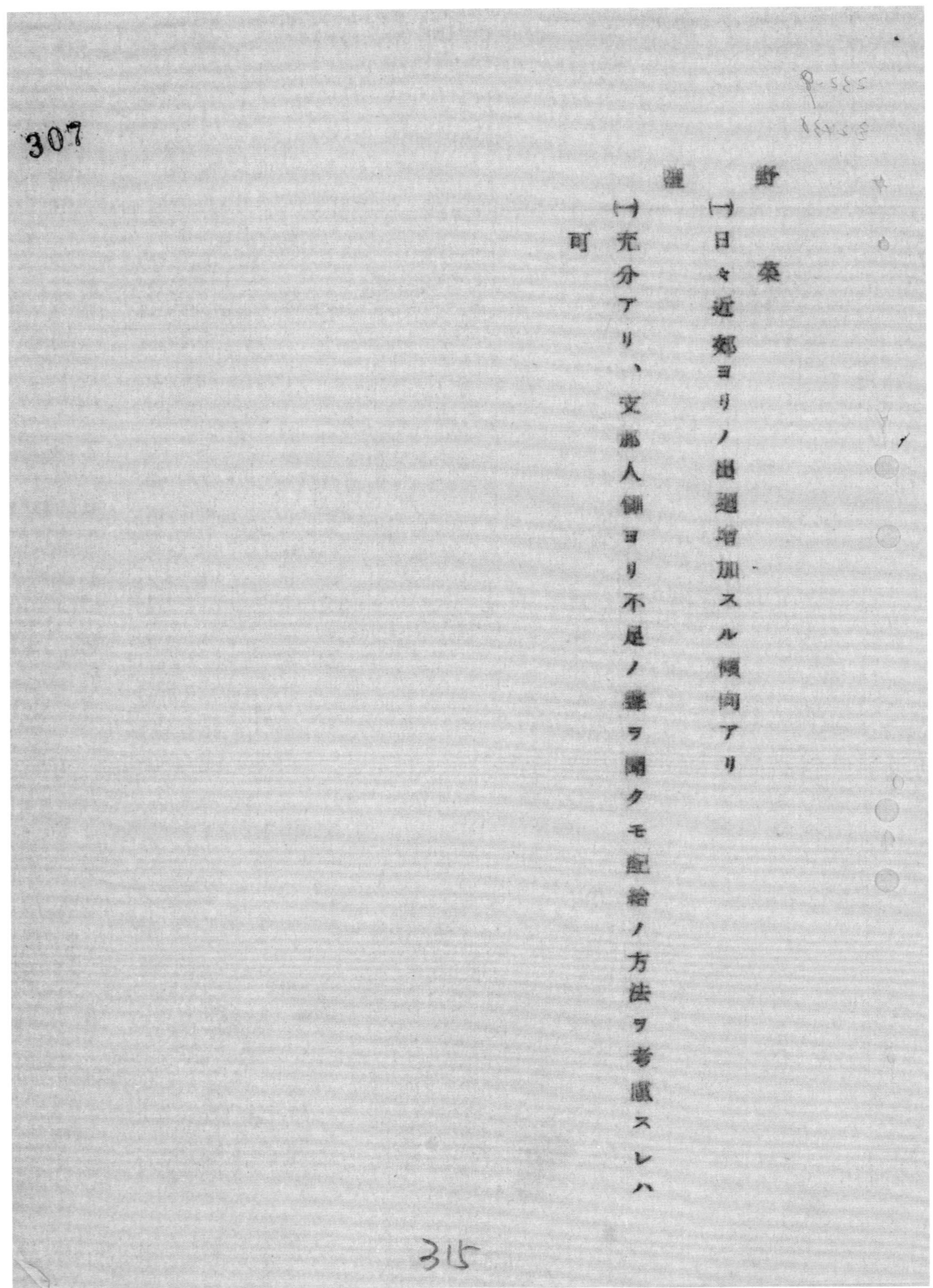

蔬菜

(一)日々近郊ヨリノ出廻増加スル傾向アリ

鹽

(一)充分アリ、支那人側ヨリ不足ノ聲ヲ聞クモ配給ノ方法ヲ考慮スレハ

可

天津ー塘沽間輸送問題

(一)今ヨリ發注スル貨物ノ入荷スル八月二十日前後ハ軍需輸送ノ最モ錯雜スル時期ニシテ汽車輸送ハ全然期待出來ヌ

(二)(イ)大連汽船テ七百屯位ノモノ都合ツク筈

(ロ)T、T、Lノランチノ利用ハ軍需品扱ノモノハ不可能

(三)トラツク輸送ニ付テハ滿鐵ニ於テ四五噸準備セリ、天候回復ト共ニ運行スル豫定

通關問題

(一)救濟用物資免税扱ニ關シ

(イ)期限及物資ノ種類ヲ限臨時的ノモノトスルカ可

期限ー九月、十月ノ二月カ適當

物資ー麥粉、米、其ノ他

(ロ)之カ實施ニ關シテハ

海關ニ對シー支那側治安維持會、紅卍會ヨリ英國總領事ニ對シー日本總領事ヨリ各諒解ヲ求ムルコトニ決ス

㈡天津ニ於テ軍ニ納入スル目的ヲ以テ輸入サルル個人名義貨物ノ免税扱ハ一般貨物ト混同シテ問題ヲ惹起シ易シ證明書ノ發行等、軍ニ於テ適當ナル處置ヲ慎重ニ講セラレ度ー大汽ヨリノ希望

又出來レハナルヘク此ノ種ノ品物ハ運輸部設ニ統制スルヲ可トス。

㈢税率ニ關シ兎角ノ風評アリ、輸出入業方面ニ於テハ税率ノ急激ナル低下ヲ恐レテ商取引見合ノ傾向ヲ生スルヤモ知レス、之ニ付テ三井側ヨリ當局ニ質問シタルニ對シ

軍（石川少佐）ヨリ現在係ルコトハ絶對ニ考慮シ居ラストノ斷言アリ

尚將來天津ヲ自由港トスルモ一案ナリトノ説アリタリー海軍、三井、其ノ他

倉庫

㈠現在塘沽ニハ倉庫ナク麥粉ノ如キ野積不可能ノモノハ塘沽着ト同時ニ直ニランチニ積換ヘル必要アリ

㈡天津ニ於テハ特一區ノ日清汽船倉庫、其ノ他支那側ノ倉庫アリ

支那側倉庫ニ付テハ天津領事ト連絡實狀ヲ調査スルコト

外國租界ヨリノ物資搬出問題ニ付キテノ日本總領事館トノ諒解

(一)英租界當局ハ現在租界內在庫品ニ付一日參萬四〇〇〇袋ヲ限度トシテ搬出差支ナシトノ意向ナク但シ豫メ通告ヲ要ス

佛租界當局ハ此ノ問題ニ付一般的ナ規定ナシ

(二)佛國租界當局ハ佛租界ニ新ニ船卸シタル物資ノ佛租界外搬出差支ナシトノ意向ヲ有ス

英租界モ同樣。但シ何レモ豫メ領事ノ證明通告ヲ要ス

總領事館側ノ希望トシテ外國租界ニ荷卸シタル物資ノ種類、數量ニ付連絡アレハ外國租界局宛ノ證明書ヲ渡ス

又外國租界ニ配給シタル場合ハ其ノ數量、等等總領事館側ニ通知アリ度シト

## 醫療問題

(一)日本租界ノ醫療設備不足セルニ付關東州及滿洲ノ赤十字社ヘ然ルヘキ筋ヨリ來援ヲ請願シテハ如何トノ意見出ツ

之ニ對シ民團側ヨリ軍ノ方ノ醫療設備カ充實シテ現在應援ニ赴ケル民間醫師カ民間ノ治療ニ專念シ得ル場合ハ赤十字ノ應援ノ必要少シト

(二)(イ)軍關係醫療設備ノ擴大(ロ)治維會關係救濟及施療事業ノ實施(ハ)防疫事業ノ着手（野菜消毒等モヤル）等差當リ緊急ヲ要スル問題テアル

赤十字社ノ動員ト並ンテ藥品補給ヲ考慮スヘシ

(三)治維會關係救濟施療及防疫事業ニ動員スヘキ日本側醫療班ノ規模ニ付天津機關ヲ通シテ大體ノ見透ヲツケテ連絡サレ度（石川少佐）

(四)赤十字社ヘノ交涉ニ就キテモ軍ニテ考慮セラレ度（石川少佐ヘ）

(五)滿鐵側トシテ日本側支那側何レモ醫師其ノ他設備不足ノ現狀ヨリ緩和策トシテ滿鐵從業員千名北寧關係從業員四千名ニ對シ北寧管理局前ノ新シイ建物、東站前ノ北寧診療所等カ使用可能ナレハ滿鐵醫療

班ノ進出ヲ考慮スルモ一方法ナリト思料ス（神崎委員私見）

洪水對策

(一)本年降雨量相當多ク現在増水三尺位ナルモ秋口ノ洪水ヲ豫想シテ準備スルヲ要ス

(二)支部側港務局ヨリモ警告アリタルニ付治維會内ニ「防水部」（假稱）ヲ設ケ水災豫防準備ヲセシムルコト必要ナルモ實力ナキ爲日本側發言シテ各租界局カ共同シテ之ヲ援助スル如ク工作スルヲ可トス

事務分擔ニ就キテ

(一)「物資對策委員會カ事務局ヲモツ必要アリヤ否ヤ」ニツキ日本租界關係ノ問題ハ當分ノコトハ一段落ツキタル狀態テアリ、治維會關係ノ問題モ軍（天津機關）ヲ通シテ總領事館、大原囑託ニ連絡トラルレハ本委員會ニ報告サレル筈

(二)(イ)從來通リ大原囑託ヲ庶務幹事トシテ連絡特別ニ事務局設置ノ必要ナシト

(ロ)日本租界關係ハ民團（臼井氏）擔當

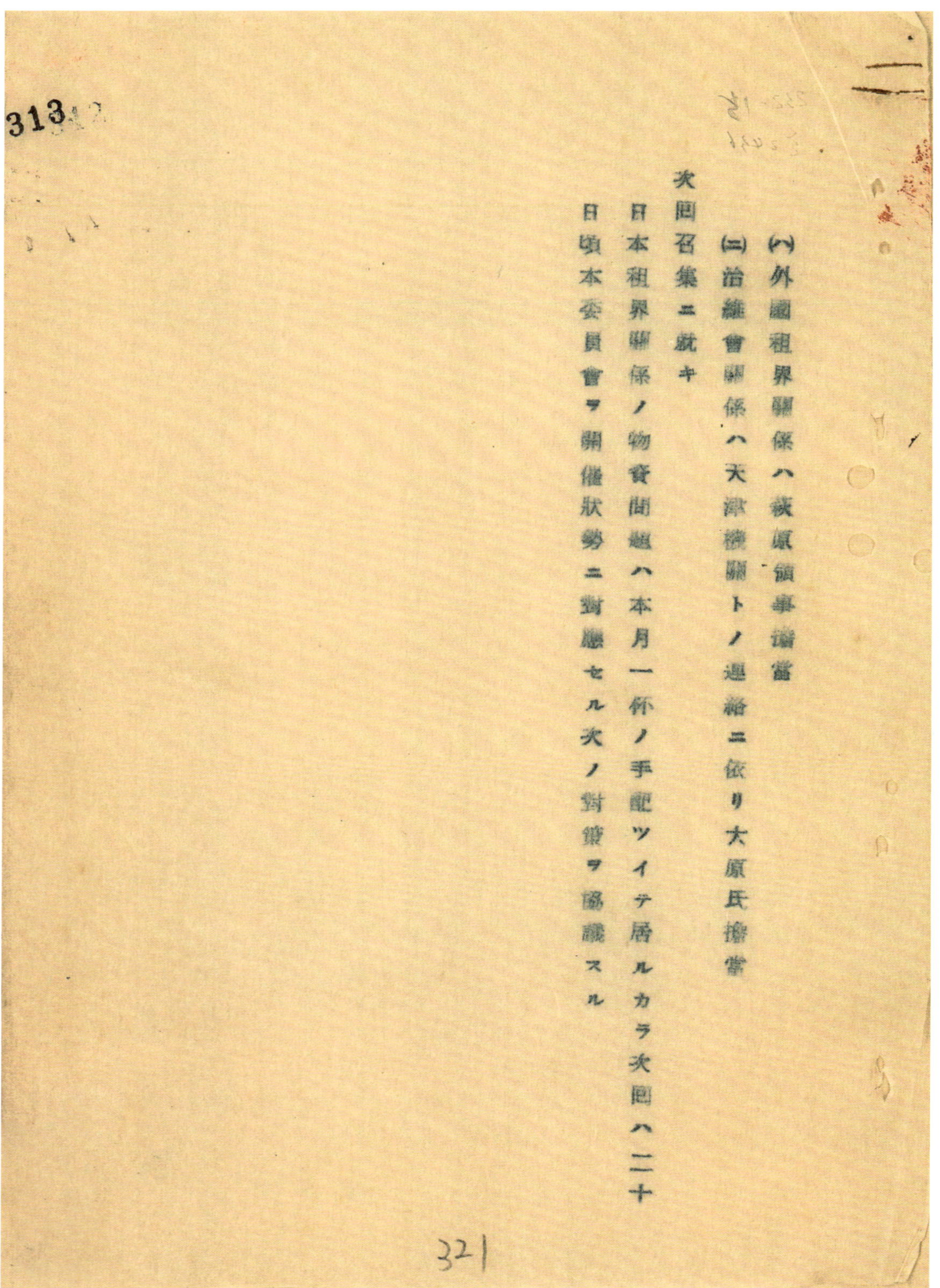



(ハ)外國租界關係ハ荻原領事擔當

(ニ)治維會關係ハ天津機關トノ連絡ニ依リ大原氏擔當

次回召集ニ就キ

日本租界關係ノ物資問題ハ本月一杯ノ手配ツイテ居ルカラ次回ハ二十日頃本委員會ヲ開催狀勢ニ對應セル次ノ對策ヲ協議スル

321

# 天津事务所长关于请求提供平绥线及相关交通路线资料事致总裁室东亚课长的电文（一九三七年八月十一日）

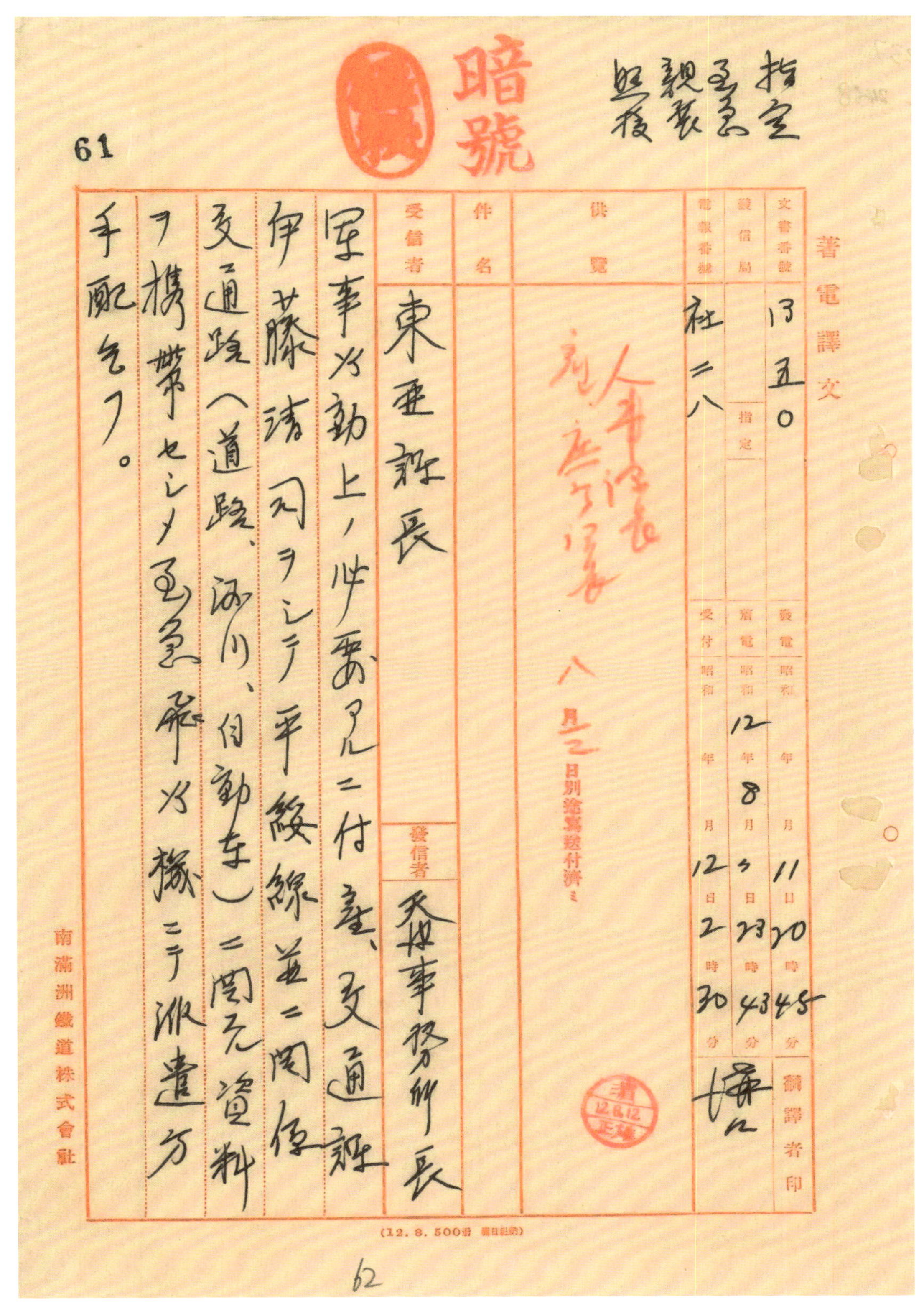

61

暗號

指定　至急　親展　照複

著電譯文

文書番號：13五0

電報番號：社二八

受信者：東亜課長

發信者：天津事務所長

軍事行動上ノ必要アルニ付キ、交通課伊藤諸氏ヲシテ平綏線並ニ関係交通路（道路、河川、自動車）ニ関スル資料ヲ携帯セシメ至急飛機ニテ派遣方手配乞フ。

人事課長
庶務課長

八月12日別途寫送付濟ミ

發電　昭和　年　月11日20時45分

着電　昭和12年8月　日23時43分

受付　昭和　年　月12日2時30分

南滿洲鐵道株式會社

（12. 8. 500冊）

62

# 天津事务所长关于铁道总局、计画课长与部队参谋就通州、唐山之间铁路铺设问题进行恳谈事致总裁室东亚课长、铁道总局长的电文（一九三七年八月十一日）

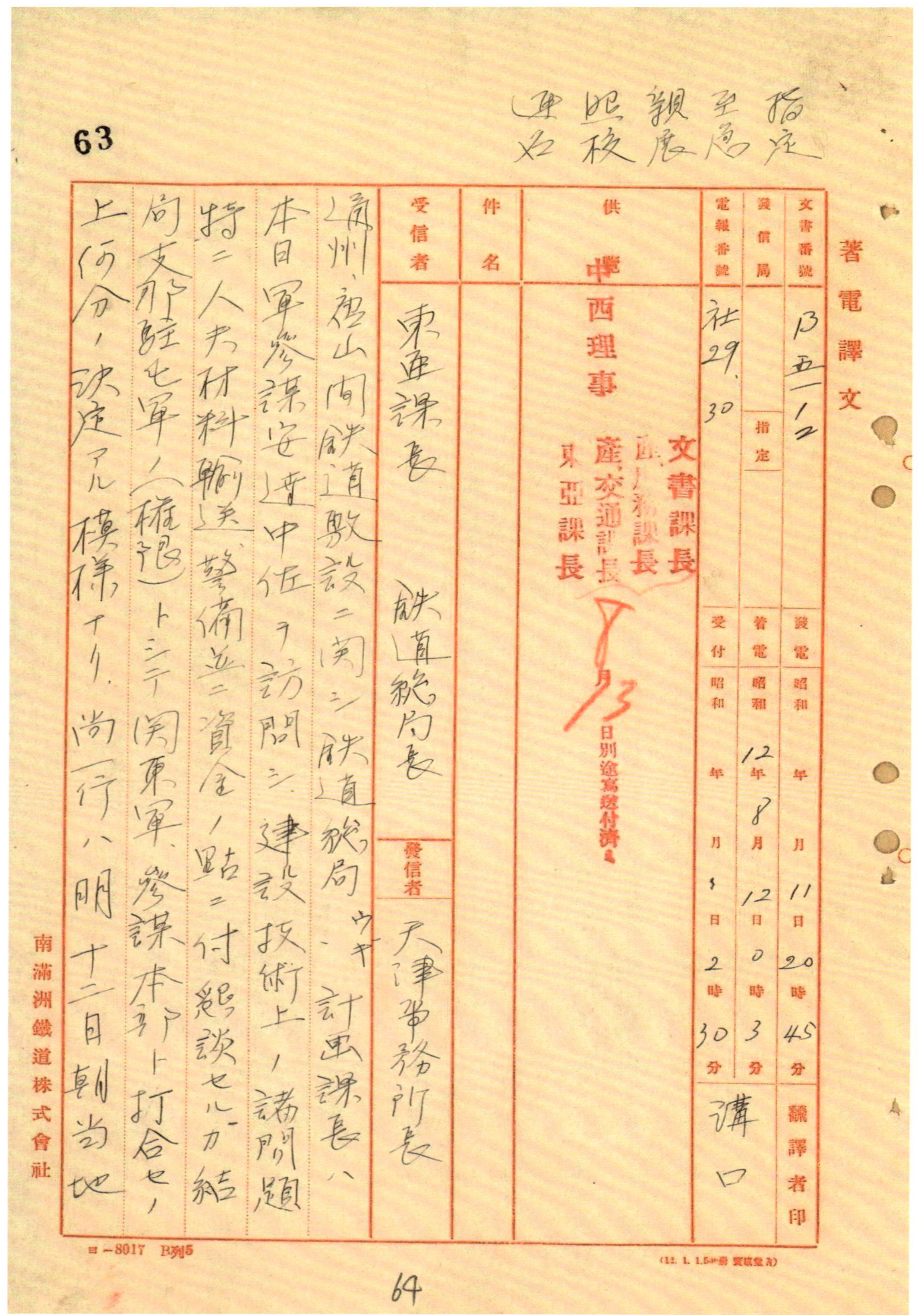

63

指定 至急 親展 照校 速名

著電譯文

文書番號：13五一/12
發信局：
電報番號：社29、30
指定：

供：中西理事 産、交通、計、東亞課長
文書課長 庶務課長
8月13日 別途寫送付濟

發電：昭和12年8月11日20時45分
着電：昭和12年8月12日0時3分
受付：昭和 年 月 1日 2時30分
飜譯者印：講口

受信者：東亞課長、鉄道総局長
件名：
發信者：天津事務所長

通州、唐山間鉄道敷設ニ関シ鉄道総局ウキ計画課長ハ本日軍参謀安達中佐ヲ訪問シ建設技術上ノ諸問題特ニ人夫材料輸送、警備並ニ資金ノ點ニ付懇談セルガ結局支那駐屯軍ノ（権限）トシテ関東軍、参謀本部ト打合セノ上何分ノ決定アル模様ナリ。尚一行ハ明十二日朝当地

南滿洲鐵道株式會社

ロ-8017 B列5　(12. 1. 1.5萬冊 寶進堂刷)

64

64

発帰幸ノ予定、阪谷、宇佐美両理事ニハ連絡スミ、終リ。

南滿洲鐵道株式會社

ヨ-0003 B列5 (12.3.15,000冊 滿日納)

65

# 天津事务所长关于请安排橘三先生来津事致总裁室东亚课长的电文（一九三七年八月十一日）

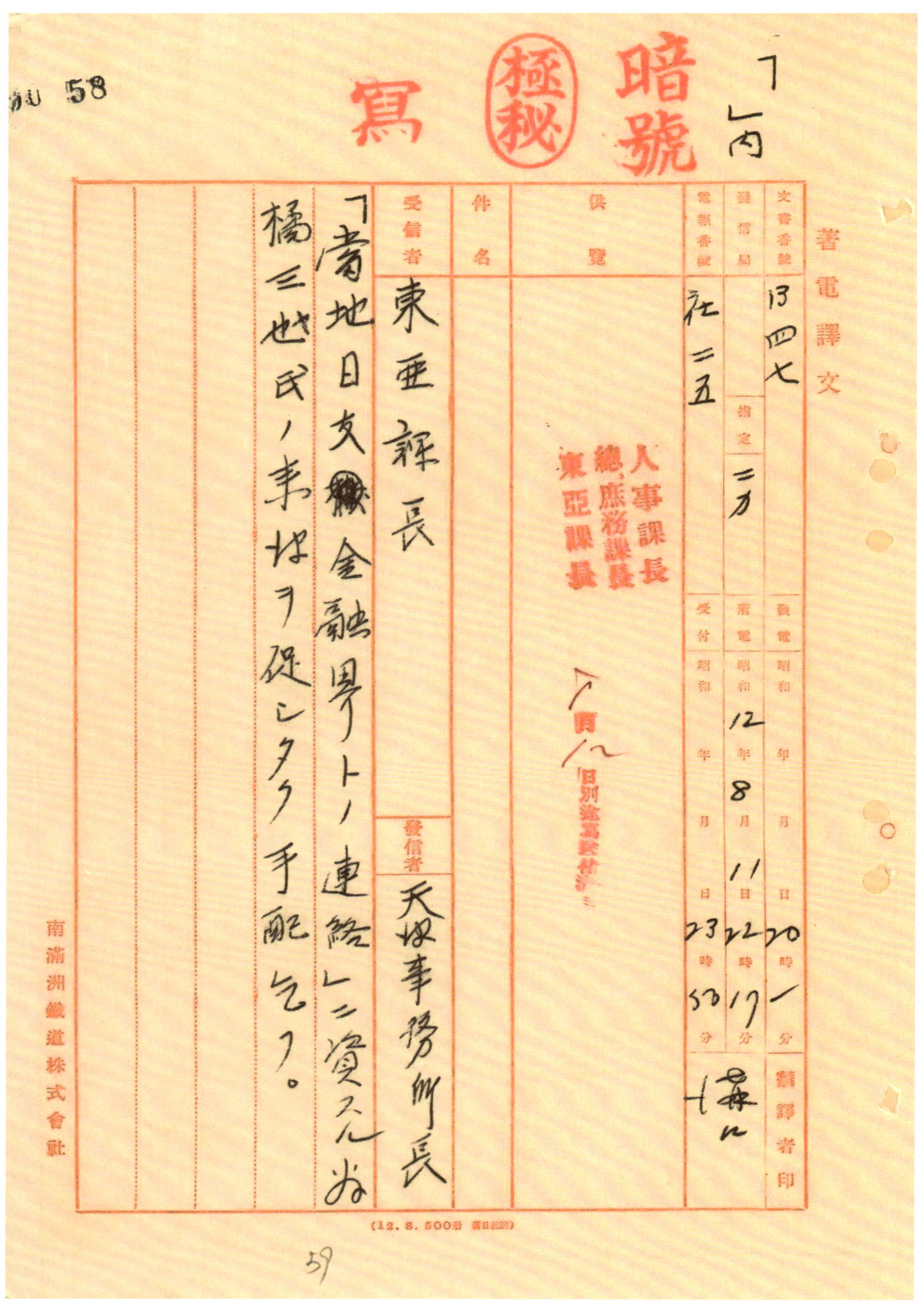

58

暗號　極秘　寫

丁　内

著電譯文

| 文書番號 | 發信局 | 電報番號 |
|---|---|---|
| 13四七 | | 社二五 |

指定：二方

| | 發電 | 着電 | 受付 |
|---|---|---|---|
| 昭和 | | 12 | |
| 年月日 | 年　月　日 | 8月11日 | |
| 時分 | 20時1分 | 22時17分 | 23時53分 |

飜譯者印

供覽：人事課長　總、庶務課長　東亞課長

件名：

受信者：東亞課長

發信者：天津事務所長

「當地日支金融界トノ連絡ニ資スル為橘三世氏ノ来津ヲ促シタク手配乞フ。」

南滿洲鐵道株式會社

(12. 8. 500冊)

59

天津事务所长关于转告伪满洲国产业部林务局速派职员从军事致总裁室东亚课长的电文（一九三七年八月十一日）

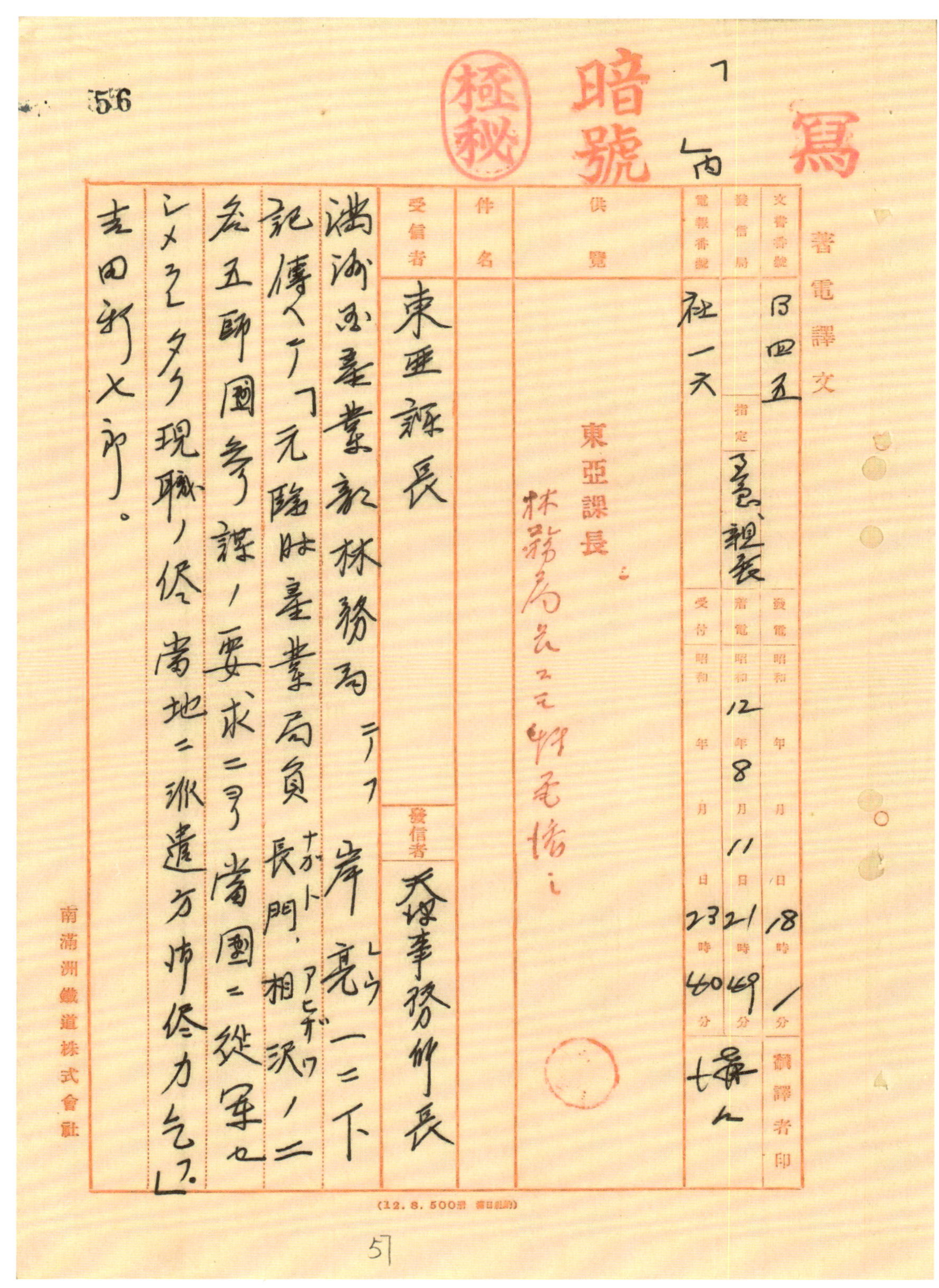

56

極秘 暗號 寫

著電譯文

文書番號 ろ四五
發信局
電報番號 社一六
指定 至急 親展

發電 昭和 年 月 日 18時 1分
着電 昭和 12年 8月 11日 21時 49分
受付 昭和 年 月 日 23時 40分
翻譯者印

供覽 東亞課長
林務局長ニモ轉電ス

受信者 東亞課長
件名
發信者 天津事務所長

満洲國産業部林務局長岸亮（レウ）一ニ下記傳ヘラレ度 元臨時産業局員長門（ナガト）、相沢（アヒザワ）ノ二名五師團參謀ノ要求ニヨリ當團ニ從軍セシメラレタク現職ノ儘當地ニ派遣方御盡力乞フ 吉田新七郎。

南満洲鐵道株式會社

(12. 8. 500冊)

57

# 天津事务所长请转告在大连家属通州事件、廊坊事件殉职人员追悼会以及护送遗骨相关事宜致总裁室东亚课长的电文（一九三七年八月十一日）

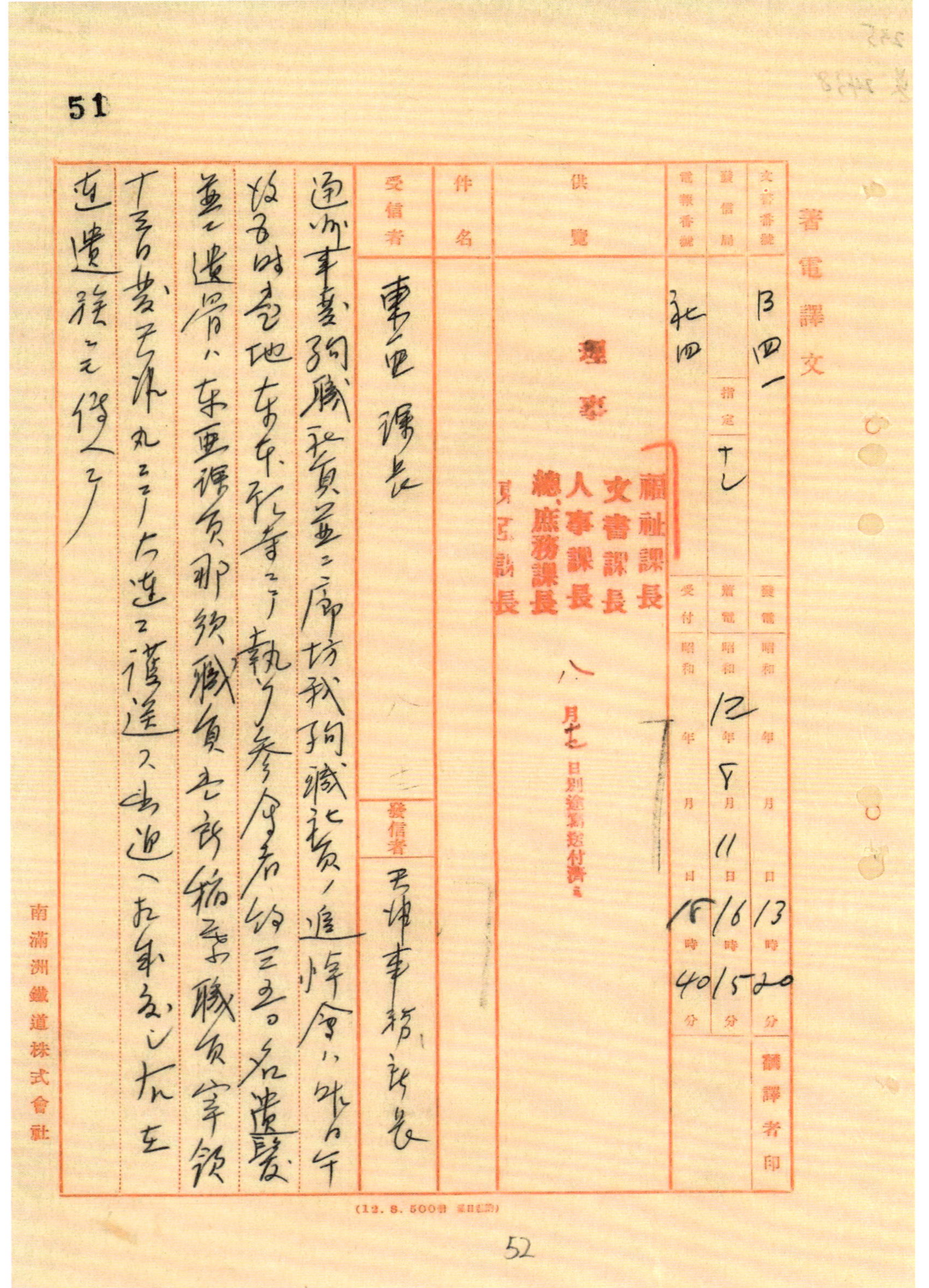
51

著電譯文

文書番號 13四一
發信局 北四
指定 十七
發電 昭和 年 月 日 13時 20分
着電 昭和 12年 8月 11日 16時 15分
受付 昭和 年 月 日 15時 40分

供覽 理事 福祉課長 文書課長 人事課長 總、庶務課長 東京支社長

八月十七日別途寫送付濟ミ

件名

受信者 東亞課長

發信者 天津事務所長

通州事変殉職社員並ニ廊坊戦殉職社員ノ追悼会ハ此日午後五時当地東京旅館ニテ執リ行フ参会者約三百名遺族並ニ遺骨ハ東亜課員那須職員吉武稲葉職員等付添十三日天津丸ニテ大連ニ護送スル由通ヘ大連ニテ左遺族ニ伝ヘラレ度シ

南滿洲鐵道株式會社

(12. 8. 500冊)

52

天津事务所长关于通知池田中佐行程事致总裁室东亚课长的电文（一九三七年八月十一日）

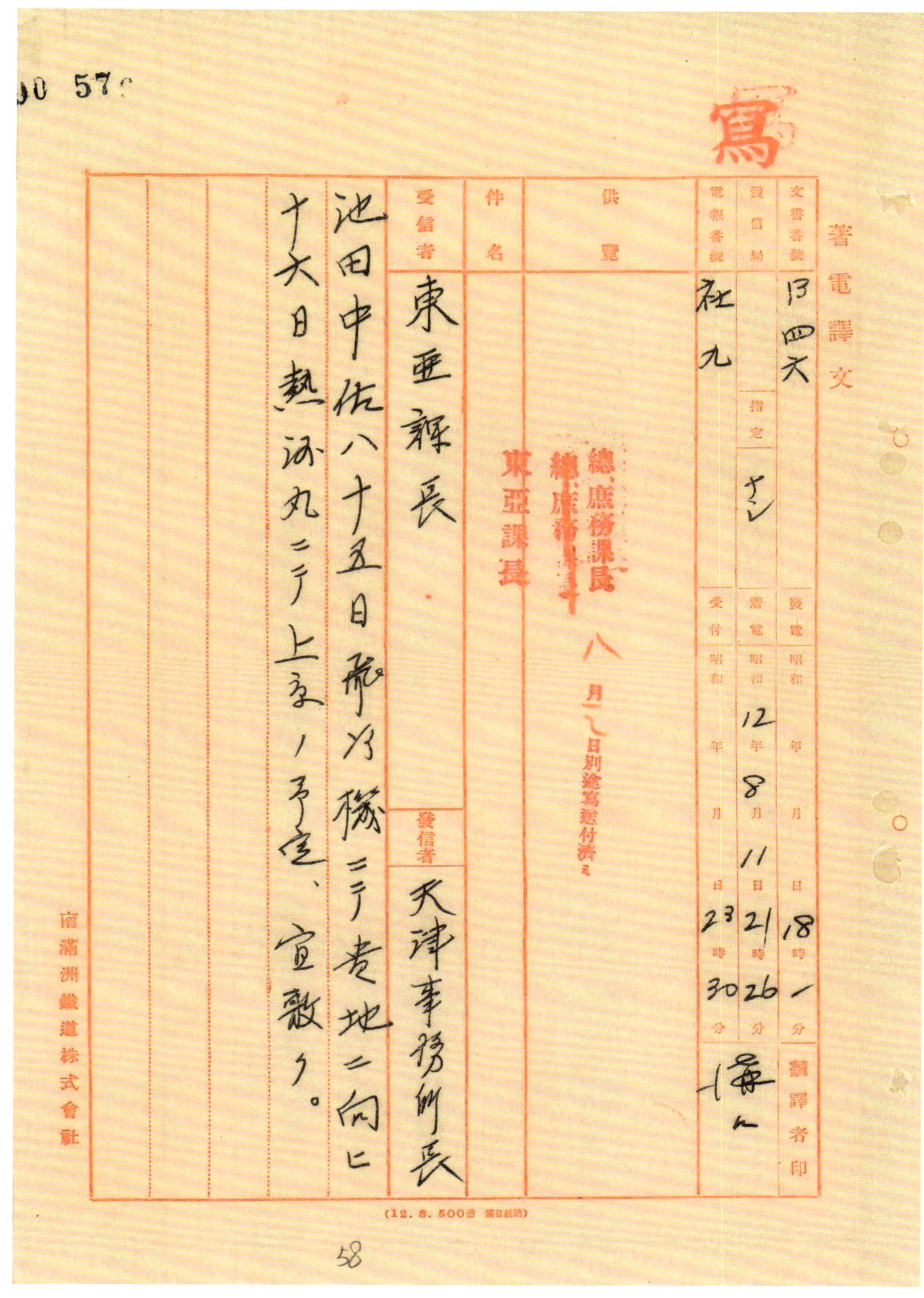
00 57

寫

著電譯文

| 文書番號 | 13四大 |
|---|---|
| 發信局 | |
| 電報番號 | 社九 |
| 指定 | ナシ |
| 發電 | 昭和　年　月　日18時1分 |
| 着電 | 昭和12年8月11日21時26分 |
| 受付 | 昭和　年　月　日23時30分 |
| 飜譯者印 | 1　藤ん |

供覽：總、庶務課長　總、庶務課長　東亞課長

八月一〇日別途寫送付済ミ

件名：

受信者：東亞課長

發信者：天津事務所長

池田中佐八十五日飛行機ニテ奉天ニ向ヒ十六日熱河丸ニテ上京ノ予定、宜敷ク。

南滿洲鐵道株式會社

(12. 8. 500冊)

58

# 天津事务所长与总裁室东亚课长关于派遣三名打字员业已到任的相关文件

## 天津事务所长致总裁室东亚课长电（一九三七年八月十二日）

70

寫

著電譯文

文書番號 B五〆

發信局

電報番號 社 三六

指定

發電 昭和12年8月12日14時1分

前電 昭和〃年〃月〃日16時20分

受付 昭和〃年〃月〃日10時35分

翻譯者印

供覽 東亞課長 文書課長 人事課長

8月13日 別途寫送付濟

件名

受信者 東亞課長

發信者 天津事務所長

派遣タイピスト三名九日午後五時無事着

南滿洲鐵道株式會社

（12.8.500冊 滿日印刷）

71

天津事务所长致总裁室东亚课长电（一九三七年八月十二日）

.0 72

寫

著電譯文

| 文書番號 | B五九 |
|---|---|
| 發信局 | |
| 電報番號 | 社四一 |
| 指定 | |
| 發電 | 昭和12年8月12日15時40分 |
| 着電 | 昭和〃年〃月〃日17時2分 |
| 受付 | 昭和〃年〃月〃日16時35分 |
| 飜譯者印 | |

供覽

東亞課長　人事課長

月13日別途寫送付濟

件名

受信者　東亞課長

發信者　天津事務所長

タイピスト三名機械携行至急派遣セシメラレタシ、適閾ノ関係上荷造ハ支那駐屯軍宛ニ願ヒタシ、（九日三名来ルモ本日軍司令部ニ二名派遣スルコト、ナリ且ツ一名病氣ノ為ナリ）

南滿洲鐵道株式會社

(12. 8. 500冊　滿日印刷)

73

# 天津事务所长关于通州事件牺牲者高桥余庆等五人遗骨明日由天津丸运往大连事致总裁室东亚课长的电文（一九三七年八月十二日）

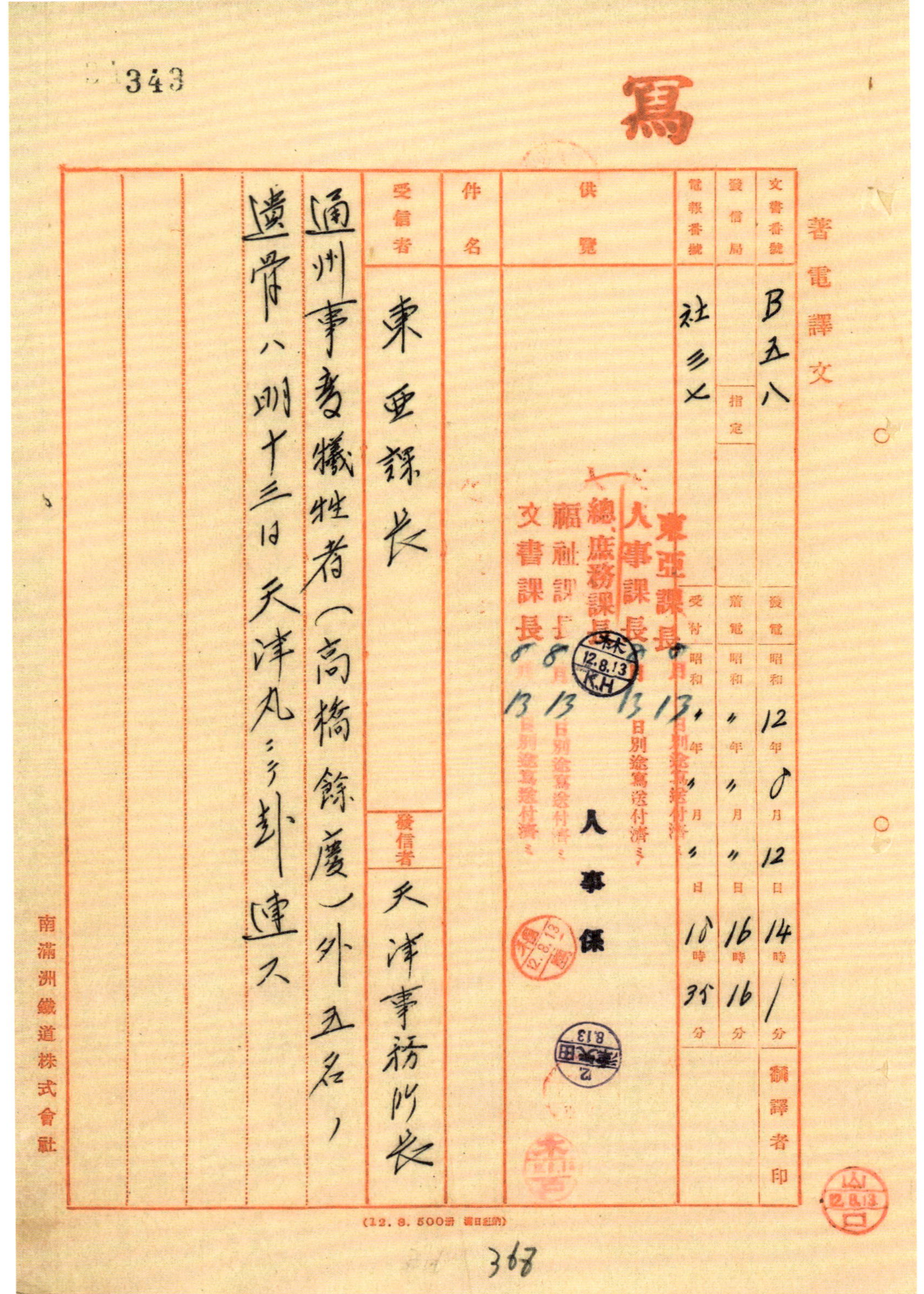
343

寫

著電譯文

| 文書番號 | 發信局 | 電報番號 | 供覽 | 件名 | 受信者 |
|---|---|---|---|---|---|
| B五八 | | 社ミ七 | | | 東亜課長 |

發電 昭和12年8月12日14時1分
着電 昭和〃年〃月〃日16時16分
受付 昭和〃年〃月〃日18時35分

東亜課長 人事課長 總務課長 福祉課長 文書課長

日別途寫送付濟ミ

人事係

發信者：天津事務所長

通州事件犠牲者（高橋餘慶）外五名ノ遺骨八明十三日天津丸ニテ赴連ス

翻譯者印

南滿洲鐵道株式會社

（12.8.500冊 滿日印刷）

368

# 天津事务所长关于慰问班人员归任事致总裁室东亚课长的电文（一九三七年八月十二日）

73

著電譯文

| 文書番號 | 13六〇 |
|---|---|
| 發信局 | |
| 電報番號 | 社四六 |
| 指定 | |

| 發電 | 昭和12年8月12日17時40分 |
|---|---|
| 着電 | 昭和〃年〃月〃日21時18分 |
| 受付 | 昭和〃年〃月〃日23時10分 |

供覽：東亞課長、總、庶務課長、福祉課長、産、商工課長、人事課長

8月13日別途寫送付濟ミ

受信者：東亞課長

件名：

發信者：天津事務所長

慰問班一行十一日北平ヨリ歸津（伊ケ崎）社員會聯合會長八十三日飛機ニテ（阿部、吉田班員、田中戸倉總、福祉課員、赤堀總、庶務課員）八十三日發、天津丸ニテ歸連ス、産、商工課員（山崎）職員モ同時歸任各箇所ニ傳ヘテ。

南滿洲鐵道株式會社

（12. 8. 500冊 濱日印刷）

74

# 天津事务所长关于请向国际运输公司传达民团粮食费用结算等事事致总裁室东亚课长的电文（一九三七年八月十二日）

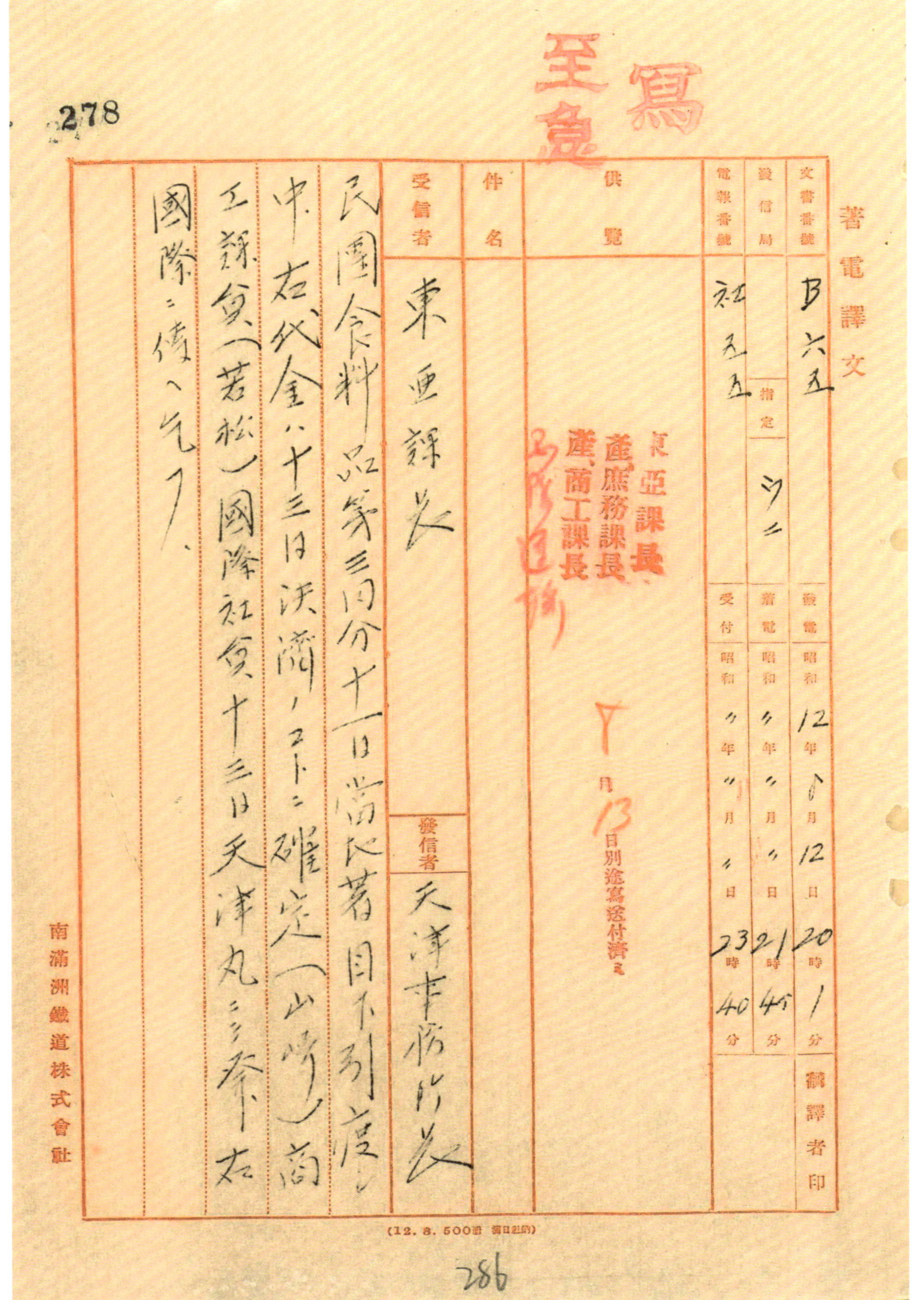

278

至急　寫

著電譯文

| 文書番號 | 發信局 | 電報番號 | 供覧 | 件名 | 受信者 |
| --- | --- | --- | --- | --- | --- |
| B六五 | | 社五五 | 東亞課長　庶務課長　産業課長　商工課長 | | 東亞課長 |

指定：シ二

發電　昭和12年8月12日20時1分
著電　昭和〃年〃月〃日21時45分
受付　昭和〃年〃月〃日23時40分

8月13日別途寫送付濟

發信者：天津事務所長

民團食料品等三日分十一日當地着目下引渡シ中ナリ右代金ハ十三日決濟ノコトニ確定（山崎）商工課員（若松）國際社員十三日天津丸ニテ奉ト右國際ニ傳ヘ乞フ、

翻譯者印

南滿洲鐵道株式會社

286

# 天津事务所长关于请安排消费组发送员工用品事致总裁室东亚课长、消费组合总主事的电文（一九三七年八月十二日）

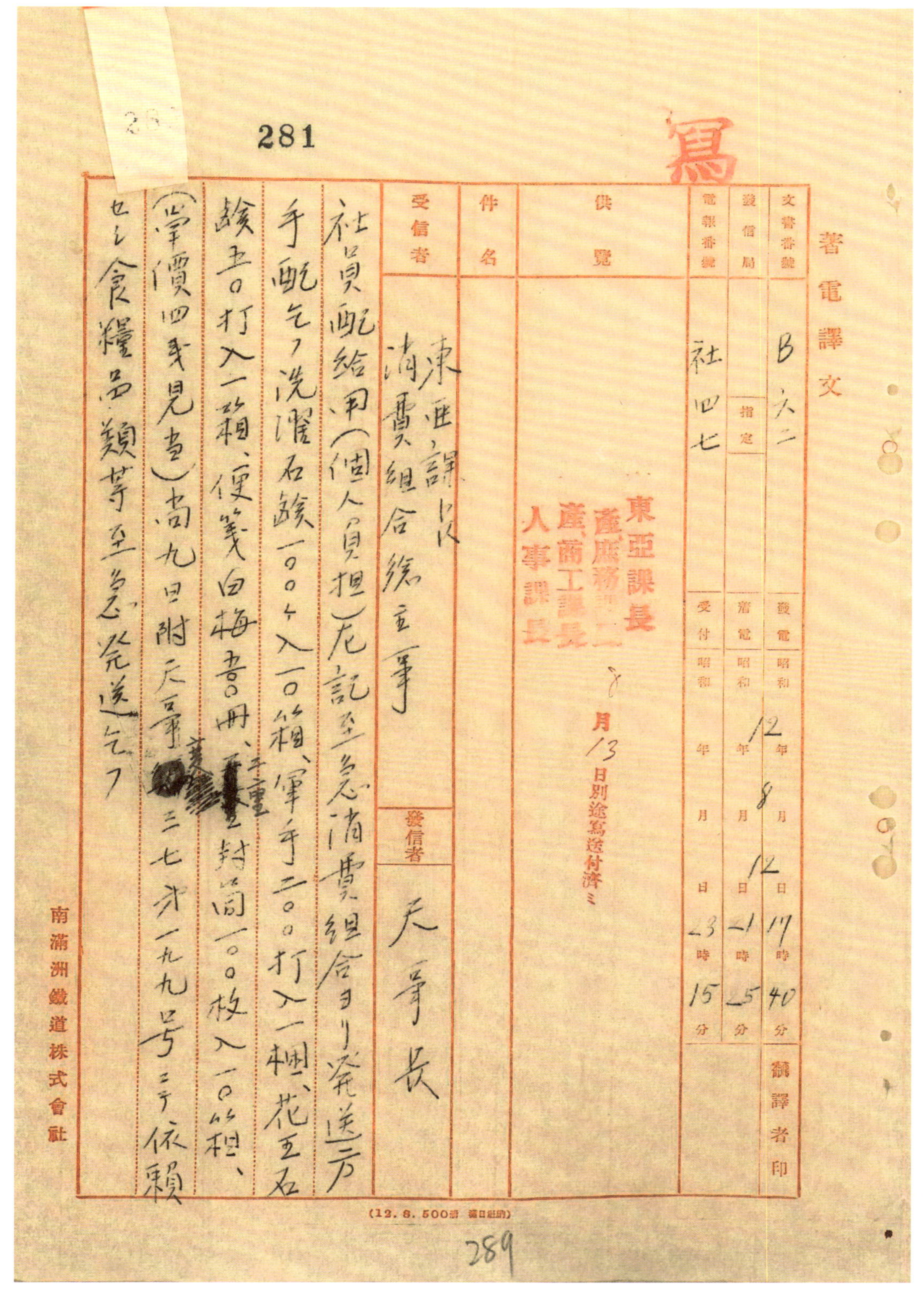

281

寫

著電譯文

文書番號 B六二

發信局 社四七

指定

供覽

東亜課長
産庶務課長
産商工課長
人事課長

8月13日別途寫送付済ミ

發電 昭和12年8月12日17時40分

着電 昭和年月日21時25分

受付 昭和年月日23時15分

飜譯者印

件名

受信者 東亜課長 消費組合総主事

發信者 天事長

社員配給用（個人負担）左記至急消費組合ヨリ発送方手配乞フ 洗濯石鹸一〇〇ヶ入一〇箱、軍手二〇〇打入一梱、花王石鹸五〇打入一箱、便箋白梅書冊、[illegible]封筒一〇〇枚入一〇〇個、（単價四銭見当）尚九日附天事第三七第一九九号ニテ依頼セシ食糧品類等至急発送乞フ

南滿洲鐵道株式會社

(12.8.500冊 [illegible])

289

# 天津事务所长关于向香月司令官赠送慰问品事致总裁室东亚课长的电文（一九三七年八月十二日）

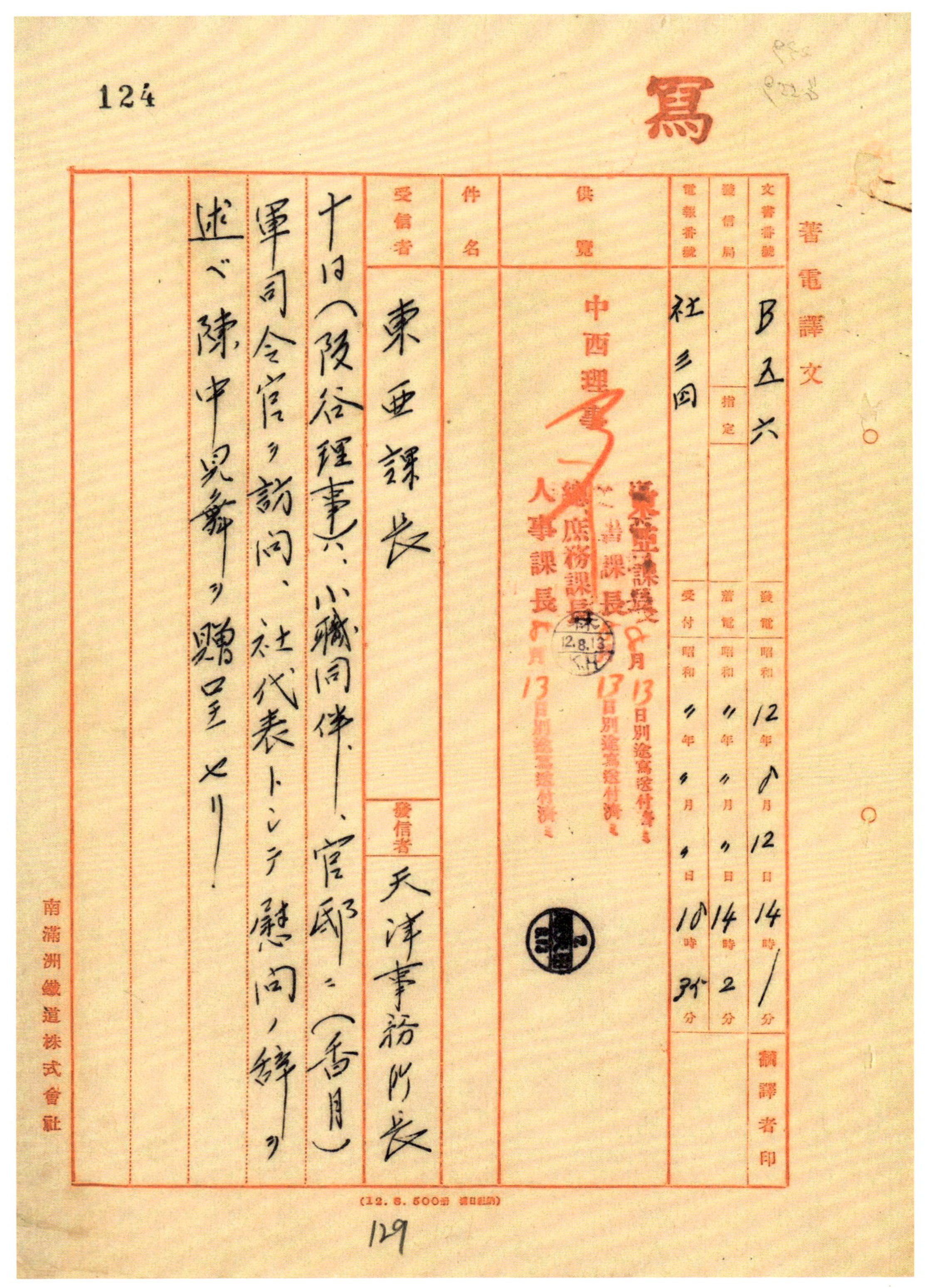

124

寫

著電譯文

| 文書番號 | 發信局 | 電報番號 | 供覽 | 件名 | 受信者 |
|---|---|---|---|---|---|
| B五六 | | 社三四 | 中西理事 總務課長 庶務課長 人事課長 | | 東亜課長 |

| | 昭和 | 年 | 月 | 日 | 時 | 分 |
|---|---|---|---|---|---|---|
| 發電 | 昭和 | 12 | 8 | 12 | 14 | 1 |
| 着電 | 昭和 | 〃 | 〃 | 〃 | 14 | 2 |
| 受付 | 昭和 | 〃 | 〃 | 〃 | 18 | 35 |

8月13日別途寫送付濟

發信者：天津事務所長

十日（阪谷理事）ハ小職同伴、官邸ニ（香月）軍司令官ヲ訪問、社代表トシテ慰問ノ辭ヲ述ベ陳中見舞ヲ贈呈セリ

翻譯者印

南滿洲鐵道株式會社

（12.8.500冊）

129

天津事务所长关于通知慰问班一行及社员会联合会长等人行程事致总裁室东亚课长的电文
（一九三七年八月十二日）

596

著電譯文

文書番號 13六〇
發信局
電報番號 社四六
指定

發電 昭和12年8月12日17時40分
着電 昭和〃年〃月〃日21時18分
受付 昭和〃年〃月〃日23時10分

飜譯者印

供覽 東亜課長 總、庶務課長 社課長 產、商工課長 人事課長

8月13日別途寫送付濟ミ

件名

受信者 東亜課長

發信者 天津事務所長

慰問班一行十二日北平ヨリ帰津(伊ヶ崎)社員會聯合會長八十三日飛機ニテ(阿部、吉田班員、田中、戶倉總、福社課員、赤堀總、庶務課員)八十三日發、天津丸ニテ帰連ス、産、商工課員(山崎)職員モ同時帰任各箇所ニ傳ヘテ、

南滿洲鐵道株式會社

(12. 8. 500冊 讀日社印)

609

# 天津事务所长关于国防妇女会购买军需慰问品事致总裁室东亚课长的电文（一九三七年八月十二日）

至急　寫

著電譯文

| 文書番號 | 發信局 | 電報番號 | 指定 |
| --- | --- | --- | --- |
| 9六四 | | 社五二 | ウナ |

| | 昭和 | 年 | 月 | 日 | 時 | 分 |
| --- | --- | --- | --- | --- | --- | --- |
| 發電 | 12 | 8 | 12 | 20 | 1 | |
| 着電 | 〃 | 〃 | 〃 | 〃 | 21 | 33 |
| 受付 | 〃 | 〃 | 〃 | 〃 | 23 | 40 |

飜譯者印

供覽：東亞課長　産、商工課長　産、庶務課長

8月13日別途寫送付濟ミ

件名：

受信者：東亞課長

發信者：天津事務所長

當地國防婦人會ヨリ軍慰問品トシテ左記品ヲ購入斡旋方依頼アリタルニツキ民團食料品同様國際扱トシテ至急送付方斡旋方願フ之ガ代金ハ現金引換拂トス尚右ハ軍需品扱トシテ許可濟 詳細山崎商工課員承知シ茹小豆罐詰（小罐）一〇〇斤（若シ不足又ハ現品ナキ場合ハ

南滿洲鐵道株式會社

（12．8．500冊　椿日記箭）

78

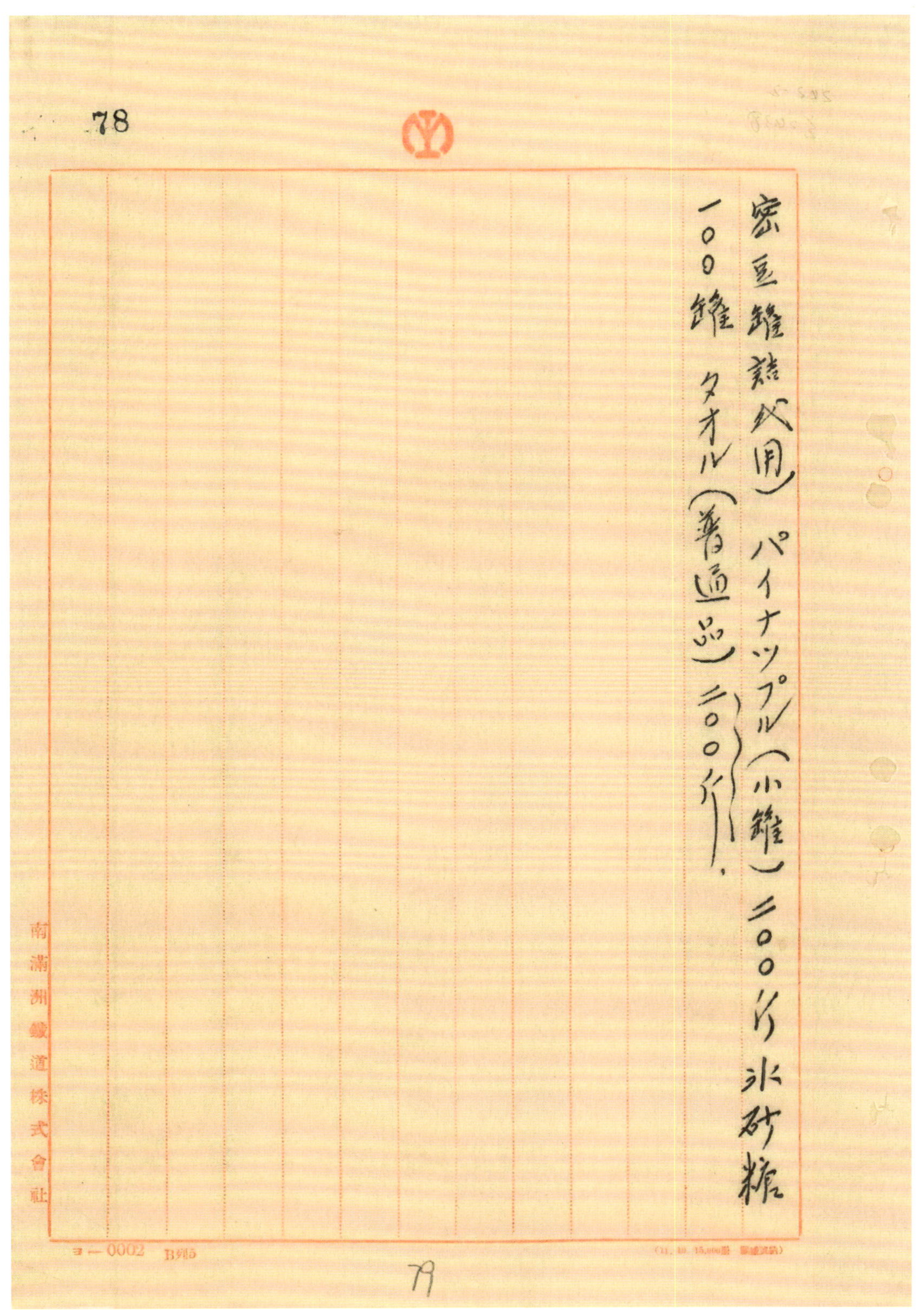

密豆罐詰（代用）パイナップル（小罐）二〇〇打氷砂糖
一〇〇罐 タオル（普通品）二〇〇打」、

# 天津事务所长致满铁总裁感谢电（一九三七年八月十二日）

69

總裁　副總裁　理事

著電譯文

| 文書番號 | 發信局 | 電報番號 | 供覽 | 件名 | 受信者 |
|---|---|---|---|---|---|
| 日六六 | | 五四 | | 天津事務所長謝電 | 總裁 |

指定

| | 發電 | 着電 | 受付 |
|---|---|---|---|
| 昭和 | 12年8月12日20時0分 | 12年8月12日21時41分 | 12年8月12日23時40分 |

發信者：天津事務所長

總裁室人事課長
文書課長
總裁室東亞課長
總裁室監理課長

本日阪谷理事ヲ通シ御叮重ナル慰問品ト懇篤ナル激励ノ御言葉トヲ載キ所員並ニ派遣員一同感激各員相戒メテ健闘満鐵ノ名譽ト總裁ノ御期待ニ副ハンコトヲ期ス右一同ヲ代表シテ御禮申上グ

飜譯者印

南滿洲鐵道株式會社

(12. 8. 500冊)

71

天津事务所长关于报告通州殉职社员葬礼相关事致总裁室东亚课长、人事课长、福祉课长的函（一九三七年八月十三日）

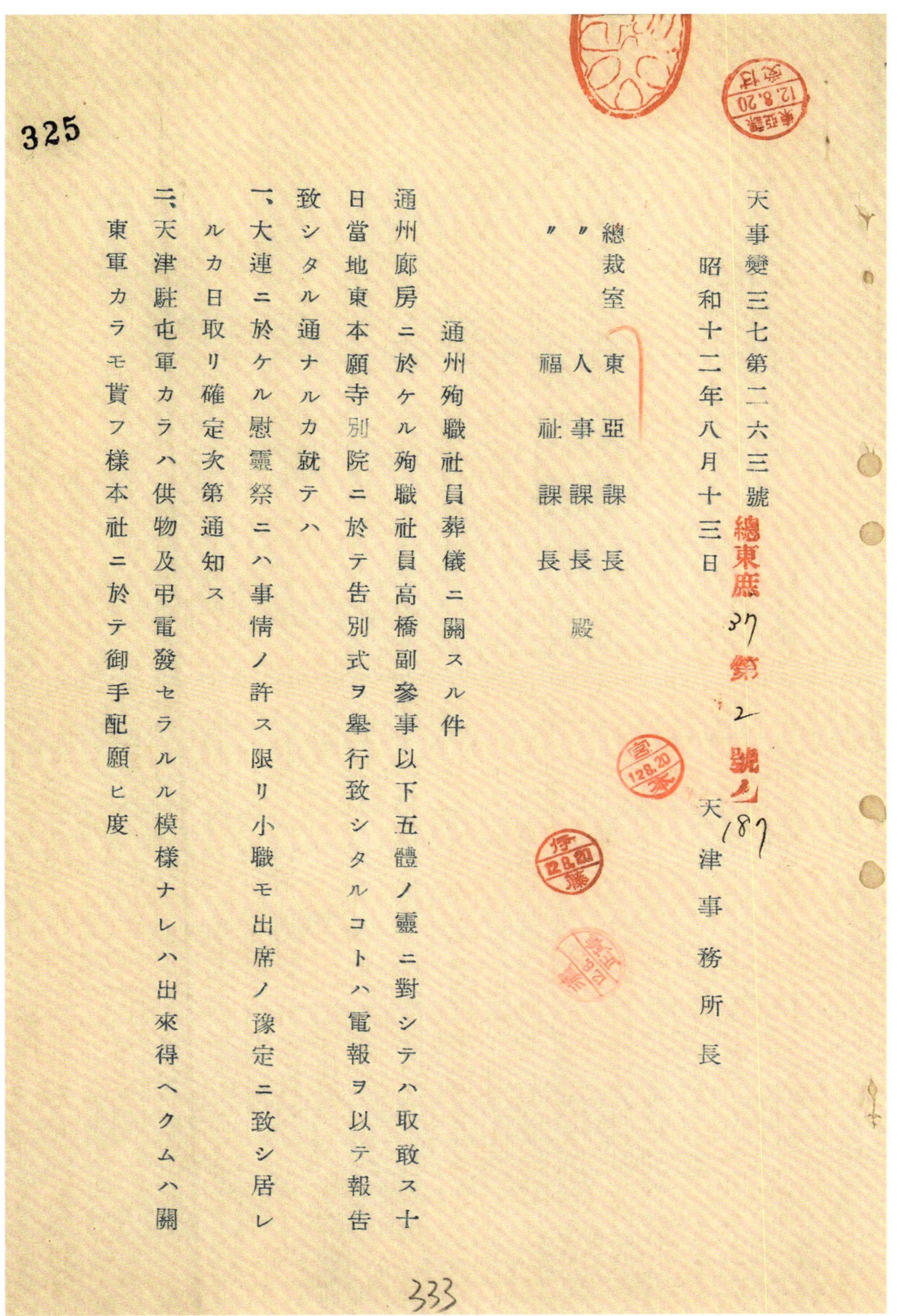

325

天事變三七第二六三號

昭和十二年八月十三日

總東庶37第2號ノ187

天津事務所長

總裁室東亞課長

〃人事課長

〃福祉課長　殿

通州殉職社員葬儀ニ關スル件

通州廊房ニ於ケル殉職社員高橋副參事以下五體ノ靈ニ對シテハ取敢ス十日當地東本願寺別院ニ於テ告別式ヲ擧行致シタルコトハ電報ヲ以テ報告致シタル通ナルカ就テハ

一、大連ニ於ケル慰靈祭ニハ事情ノ許ス限リ小職モ出席ノ豫定ニ致シ居レルカ日取リ確定次第通知ス

二、天津駐屯軍カラハ供物及弔電發セラルル模様ナレハ出來得ヘクムハ關東軍カラモ貰フ様本社ニ於テ御手配願ヒ度

333

.326

三、天津事務所長ノ弔詞

四、天津事務所長名ノ供物竝花環ノ御用意ヲ御願ス

花環ハ天津事務所長ノ外阪谷理事、天津事務所員一同、華北汽車公司、山建汽車公司名ニテ各一對宛御手配願ヒマス（支辨科目　假拂、諸口、天事）（花環代明細記載ヲ願フ）（一般）

334

五、尚遺骨ハ着連後直ニ遺族ニ引渡サルルコトナク、一應取纏御寺ニテモ御預ケノ上慰靈祭後御渡相成方宜敷様思考サレマス

六、當地ニ於テ頂戴致シマシタ香奠

金子五拾五圓

滿洲國幣　五圓

銀百貳拾圓金換算百貳拾貳圓四拾五錢、計金（滿洲國幣五圓ヲ含ム）百八拾貳圓四拾五錢ハ那須職員ニ託送致シマス

名指シノ分ハ名指シ通、一同宛ノモノハ然ルヘク御分配願ヒマス

七、當地古別式參列者名簿並化輪、供物贈與者名簿ハ別紙ノ通テアリマス

八、遺骨ハ副電通當事務所稲葉職員、東亞課那須職員奉持、天津丸日本歸連ノ社員會慰問團員等介添ノトニ大連ニ奉送シマス

335

# 天津事务所长关于收购井陉煤矿事致总裁室东亚课长的电文（一九三七年八月十三日）

No. 89

寫　極秘　至急　暗號

著電譯文

| 文書番號 | 發信局 | 電報番號 | 供覽 | 件名 | 受信者 |
|---|---|---|---|---|---|
| 13、七四 | | 社八三 | 經理部長　總務課長　主計課長 | | 東亞課長 |

| 發電 | 着電 | 受付 |
|---|---|---|
| 昭和12年8月13日19時0分 | 昭和　年　月　日21時40分 | 昭和　年　月　日23時0分 |

發信者：天津事　山本

井陘炭礦天津及塘沽所在ノ諸財產（貯炭、預金其他）ヲ軍ニテ明日ニテモ差押ヘントシテオルモ独逸側トノ関係モアリハッキリシタル承認ヲ要スルニ付キ何レニシテモ何時カハ買收スベキモノ故コノ際一層軍独逸側ノ権利ヲ買收願ヒ度ク急速ニシテ右ノ諸行為ヲ容易ナラシムル様計ラレ度シトノ申出デ

翻譯者印

南滿洲鐵道株式會社

（12. 8. 500冊）

90

アリタルヲ以テ興中ニテハ右記要領ヲ以テ之カ実施ヲ計画中ナリ至急佐々木理事トモ御相談ノ上本日中ニ返電ヲ乞フ坂谷理事モ御承知ニナラルヽ如ク一、事変終了後支那側株ニ付テハ適当ナル整理方法ヲ考慮ス二、正式整理方法決定マデ一時差押ス三、平山氏ヲ一時興中側代表トナシ置クコト四、至急差押ヲ要スル故一時買収金ヲ朝鮮銀行ヨリ立替シムルコト　右立替金ハ三（主）期限五ケ年分ノ利益金内済シ　右諒解ヲ得ル為平山氏十五日出達ス

南満洲鐵道株式會社

ヨ－0002　B列5

# 天津事务所长关于葬礼时间决定后请速通知日本内地家属事致总裁室东亚课的电文（一九三七年八月十三日）

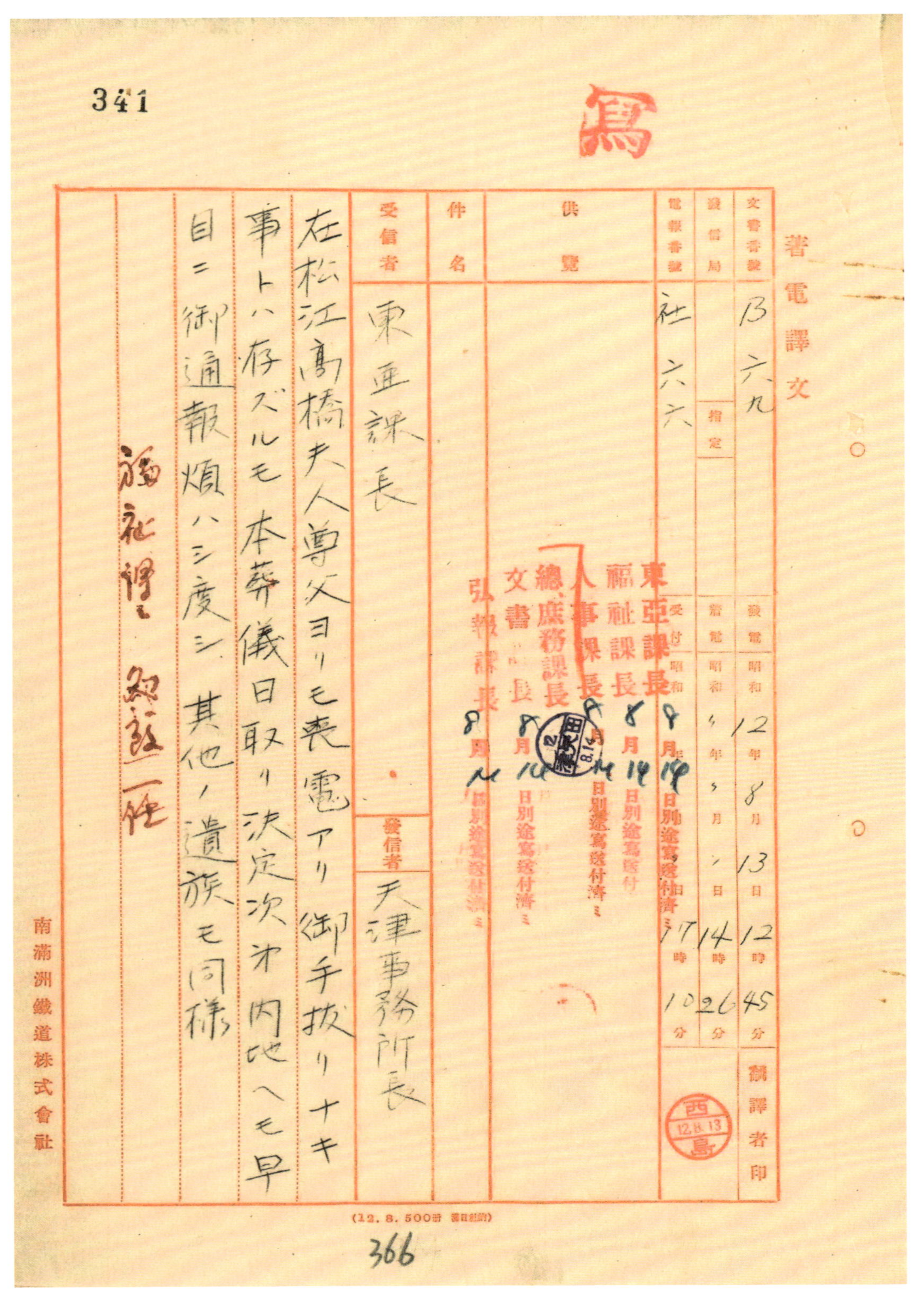

341

寫

著電譯文

| 文書番號 | 發信局 | 電報番號 |
| --- | --- | --- |
| 13六九 | | 社六六 |

受信者：東亜課長

發信者：天津事務所長

發電：昭和12年8月13日12時45分
着電：昭和　年　月　日14時26分
受付：昭和　年　月　日17時10分

東亜課長 8月14日 別途寫送付濟ミ
福祉課長 8月14日 別途寫送付濟ミ
人事課長 8月14日 別途寫送付濟ミ
總、庶務課長 8月14日 別途寫送付濟ミ
文書課長 8月14日 別途寫送付濟ミ
弘報課長 8月14日 別途寫送付濟ミ

在松江高橋夫人尊父ヨリモ来電アリ御手抜リナキ事トハ存ズルモ本葬儀日取リ決定次第内地ヘモ早目ニ御通報煩ハシ度シ其他ノ遺族モ同様

福祉課　御主一任

南滿洲鐵道株式會社

（12. 8. 500冊 蒼日社印）

366

天津事务所长关于请替换参加军务的留学生事致总裁室东亚课长、人事课长的电文（一九三七年八月十三日）

93

暗號 親展 寫

著電譯文

文書番號：B七七
電報番號：社八四
發電：昭和12年8月13日19時1分
着電：昭和〃年〃月〃日21時52分
受付：昭和〃年〃月〃日22時50分

受信者：東亜課長　勤労人事課長

發信者：天津事務所長

東亞課長
文書課長
7月14日
別途寫送付濟

北平留学生ハ事変以来軍務ニ従ヒ第一線ニ迄進出シ軍ヨリ多大ノ感謝ヲ受ケオレル事承知ノ如クナルガ留学生ノ性質及健康上ノ理由ニテ順次交代サスベキモノト思フヲ以テ其補充ニ付キ考慮乞フ（二）社員中ヨリ（三）社外ヨリノ可能性研究乞フ　尚軍務ニ

南滿洲鐵道株式會社

(12. 8. 500冊)

84

90 943

從ガウ留学社員ノ待遇ニツイテ希望アリ　アト文

南满洲鐵道株式會社

95

天津事务所长关于葬礼时间决定后请速通知内地家属事致总裁室东亚课长的电文（一九三七年八月十三日）

83

著電譯文

| 文書番號 | 發信局 | 電報番號 |
| --- | --- | --- |
| B六九 | | 社六六 |

| | 發電 | 着電 | 受付 |
| --- | --- | --- | --- |
| 昭和 | 12年8月13日12時45分 | 年8月13日14時26分 | 年8月13日17時10分 |

供覽：東亞課長、福祉課長、人事課長、總庶務課長、文書課長、弘報課長

8月14日別途寫送付濟ミ

福祉係ニ交遞ノ件

受信者：東亞課長

發信者：天津事務所長

在松江高橋夫人尊父ヨリモ喪電アリ御手抜リナキ事トハ存ズルモ本葬儀日取リ決定次第内地ヘモ早目ニ御通報煩ハシ度シ其他ノ遺族モ同様

南滿洲鐵道株式會社

(12.8.500冊 審日社印)

84

# 天津事务所长关于通知职员现下联络方式事致总裁室东亚课长、产业部交通课长的电文（一九三七年八月十三日）

594

寫

著電譯文

| 文書番號 | 發信局 | 電報番號 | 供覽 | 件名 | 受信者 |
|---|---|---|---|---|---|
| 乃七五 | | 社七九 | 東亞課長 産業部 人事課長 | | 東亞課長 産・交通課長 |

發信者：天津事務所長

發電：昭和12年8月13日18時1分
着電：昭和〃年〃月〃日21時10分
受付：昭和〃年〃月〃日22時50分

8月14日別途寫送付濟

森職員ハ当地ニテ関係筋ト連絡ノ上作業中、伊藤職員ハ本日宇佐美理事一行ト共ニ北平ニ赴キ今井北平武官ヲ通ジ関係筋ト連絡ノ筈

南滿洲鐵道株式會社

（12.8.500冊）

607

天津事务所长关于因飞机停航产业部平参事将乘列车离津事致总裁室东亚课长的电文（一九三七年八月十四日）

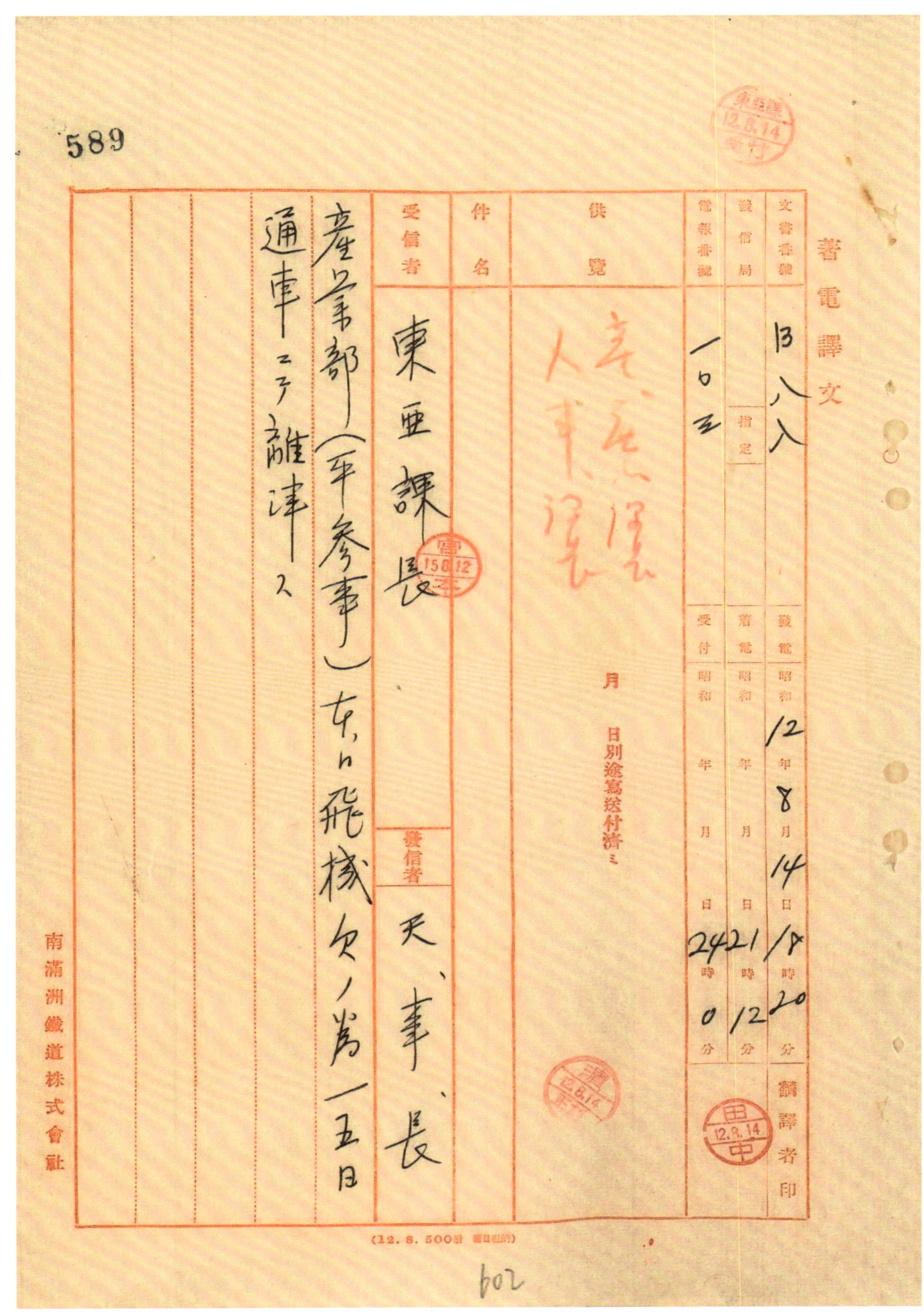
589

著電譯文

文書番號 13八入
發信局
電報番號 一〇三
指定
發電 昭和12年8月14日18時20分
着電 昭和 年 月 日21時12分
受付 昭和 年 月 日24時0分
翻譯者印

供覽 月 日別途寫送付濟ミ

件名

受信者 東亜課長

發信者 天、事、長

産業部（平参事）東ハ飛機欠ノ為一五日通車ニテ離津ス

南滿洲鐵道株式會社

（12.8.500冊）

602

# 天津事务所长关于二十一日将赴连参加通州殉职社员葬礼事致总裁室东亚课长的电文（一九三七年八月十四日）

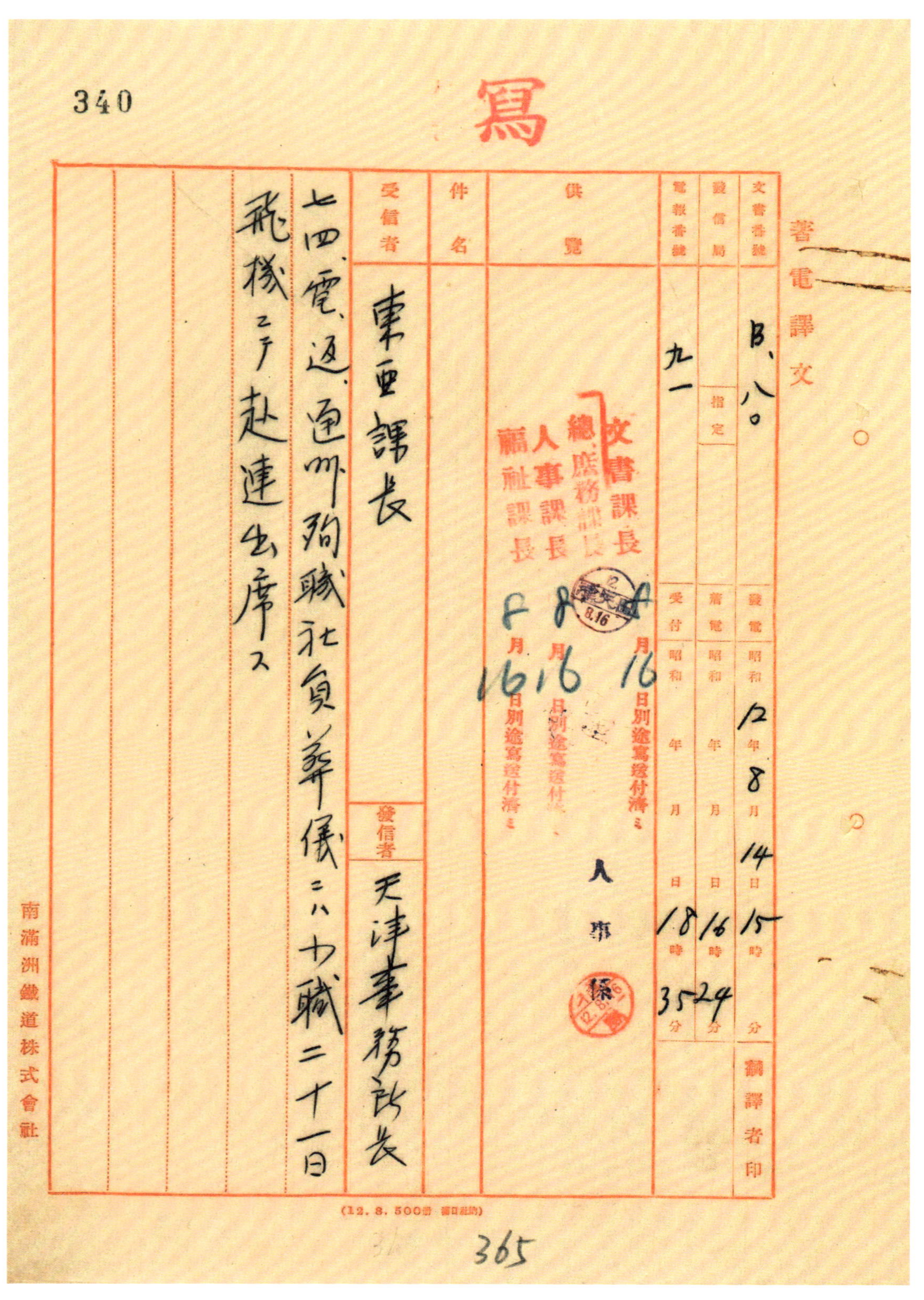

340

寫

著電譯文

文書番號 B、八〇

電報番號 九一

發電 昭和12年8月14日15時 分

着電 昭和 年 月 日16時24分

受付 昭和 年 月 日18時35分

受信者 東亜課長

發信者 天津事務所長

七四、電、返、通州殉職社員葬儀ニハ小職二十一日飛機ニテ赴連出席ス

文書課長 總務課長 庶務課長 人事課長 福祉課長

南滿洲鐵道株式會社

365

# 天津事务所长关于请将池田先生因飞机误期延迟赴任一事转告产业部次长奥村事致总裁室东亚课长的电文（一九三七年八月十四日）

59

著電譯文

| 文書番號 | 發信局 | 電報番號 | 指定 |
|---|---|---|---|
| 13八五 | | 一一四 | 午 |

| | 昭和 | 年 | 月 | 日 | 時 | 分 |
|---|---|---|---|---|---|---|
| 發電 | 12 | 8 | 14 | | 18 | 20 |
| 着電 | | | | | 22 | 24 |
| 受付 | | | | | 23 | 35 |

供覽：奥村次長　委託済

產、庶務課長
總、庶務課長

件名：

受信者：東亜課長

發信者：天津事務所長

（池田氏）赴任ハ飛機ノ都合ニ依リ二、三日遅レルコトトナル予定大連ニハ立寄ラルル筈今日手配ノ上同電ス（奥村產、次長ニモ傳ヘア（總裁）ニハ（池田氏）ヨリ直接電セル由

飜譯者印

南滿洲鐵道株式會社

（12. 8. 500冊）

61

# 天津事务所长关于报告北平守城情况事致总裁室东亚课长的函（一九三七年八月十四日）

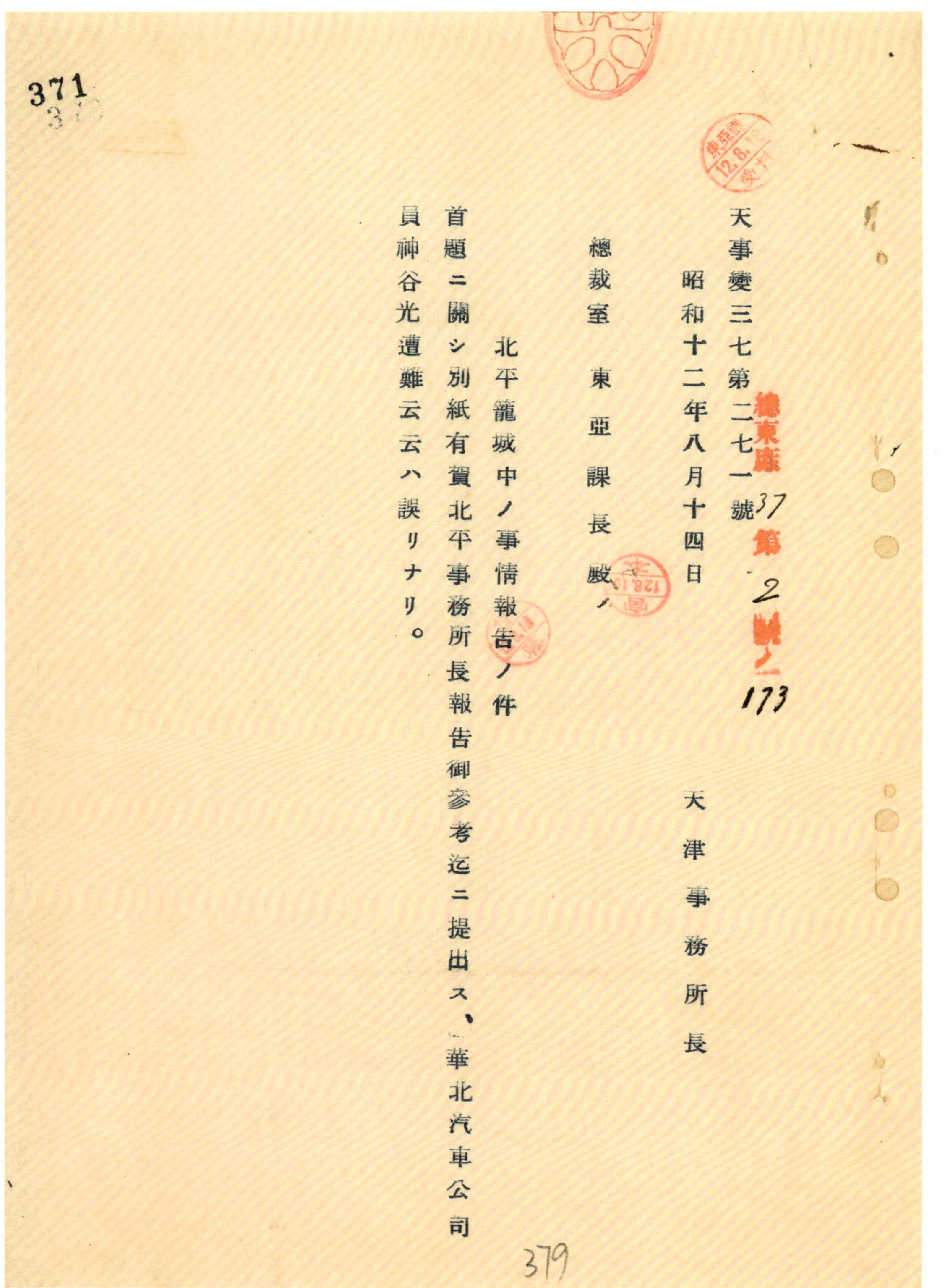

371

天事變三七第二七一號

昭和十二年八月十四日

天津事務所長

總裁室　東亞課長殿

北平籠城中ノ事情報告ノ件

首題ニ關シ別紙有賀北平事務所長報告御參考迄ニ提出ス、尚華北汽車公司員神谷光遭難云云ハ誤リナリ。

# 天津事务所长关于因人员增多请求速发大米事致总裁室东亚课长的电文（一九三七年八月十四日）

274

著電譯文

文書番號 B、七九
電報番號 八九
指定 ウナヨイ
發電 昭和12年8月14日15時1分
着電 昭和 年 月 日16時21分
受付 昭和 年 月 日18時50分
供覽 庶務課長 產業部商工課長 月 日別途寫送付濟ミ

受信者 東亜課長
件名 消費組合マレチ
發信者 天津事務所長

曩ニ依頼セル白米三〇〇梱二十日頃積出シノ事ニ願ヒ置キシモ人員ノ増加ニ依リ消費量カサミ手持前十日ヲ支フルニ過ギズ出来ル丈ケ早目ニ積出シ方手配乞フ
尚何日積出セルカ通知乞フ

商工課長ニ手配済

南滿洲鐵道株式會社

(12. 8. 500冊)

282

# 天津事务所长关于请立即安排天津国防妇女会购买慰问品申请事致总裁室东亚课长的电文（一九三七年八月十四日）

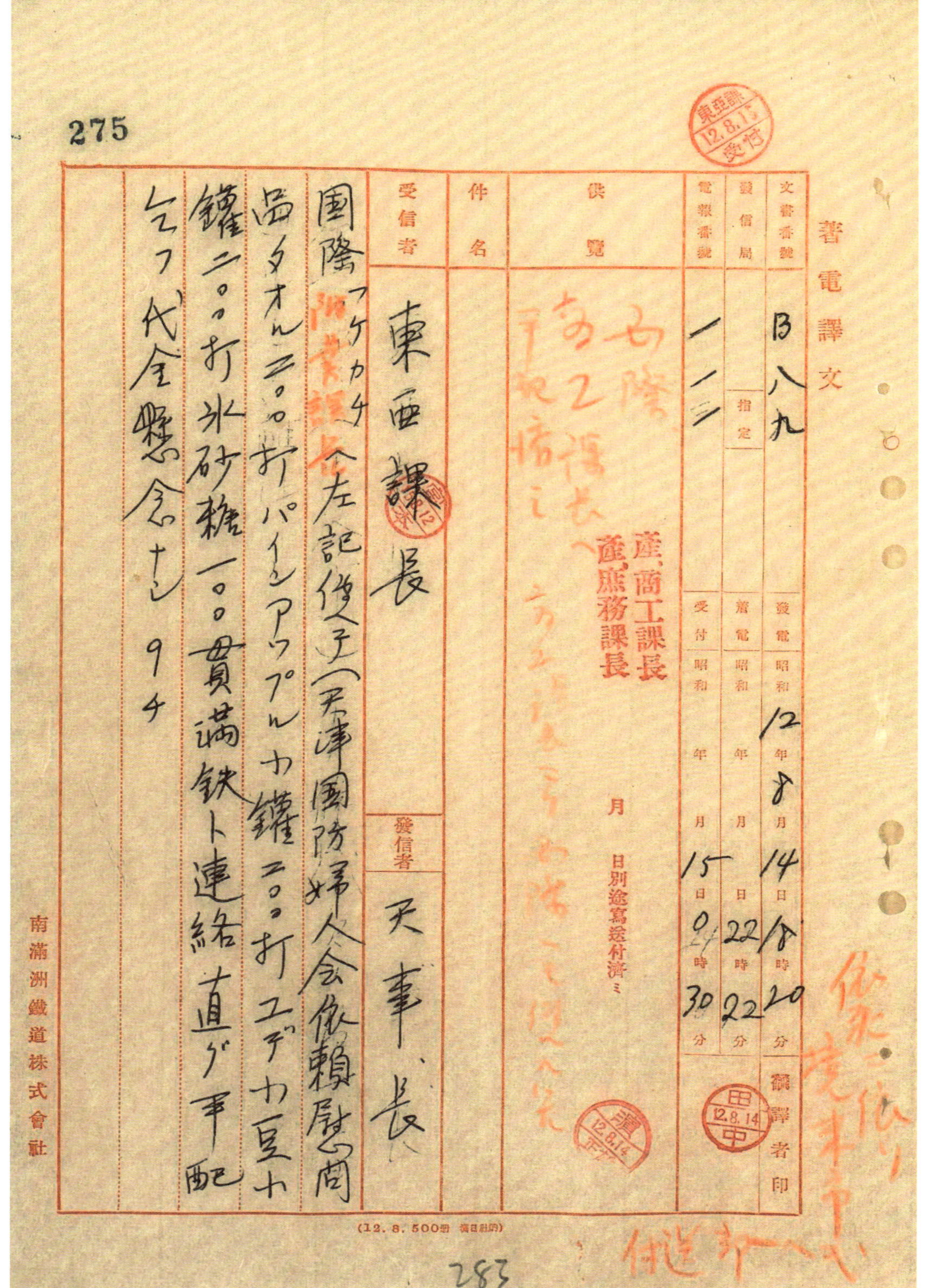

275

東亜課 12.8.15 受付

電譯文書

| 文書番號 | B八九 |
| --- | --- |
| 發信局 | |
| 電報番號 | 一一二 |
| 指定 | |
| 發電 | 昭和12年8月14日18時20分 |
| 着電 | 昭和　年　月　日22時22分 |
| 受付 | 昭和　年　月15日0時30分 |
| 譯者印 | 田中 12.8.14 |

供覧：產、商工課長　產、庶務課長　月　日別途寫送付濟ミ

件名：

受信者：東亜課長

發信者：天事長

国際フケカチ左記依頼（天津国防婦人会依頼）慰問品タオル二〇〇打、パインアップル缶罐二〇〇打、ユデカ豆十罐二〇〇打、氷砂糖一〇〇貫満鉄ト連絡直グ手配乞フ代金懸念ナシ　9チ

南滿洲鐵道株式會社

（12.8.500冊 滿日印刷）

283

108

寫

著電譯文

| 文書番號 | 發信局 | 電報番號 | 供覽 | 件名 | 受信者 |
|---|---|---|---|---|---|
| B九〇 | | 一一五 | 總、庶務課長<br>人事課長<br>産、庶務課長<br>文書課長 | | 鉄道總局長<br>東亞課長 |

指定：ウナヨイ

| | 昭和 | 年 | 月 | 日 | 時 | 分 |
|---|---|---|---|---|---|---|
| 發電 | 12 | | 8 | 14 | 23 | 30 |
| 着電 | | | | 15 | 4 | 18 |
| 受付 | | | | | 5 | 55 |

8月16日 別途寫送付濟ミ

發信者：天津無電

上海事務所ヨリ上海大阪毎日ヲ通ジ下記無電アリシ

正金銀行附近ニ猛烈ナル空爆ヲ受ケタルモ損害ナク所員全部正金ビルニ集結避難中ニテ全員無事ナリ

尚関係ノ向キニ連絡乞フ

翻譯者印

南滿洲鐵道株式會社

(12. 8. 500冊 ……)

109

# 天津无线电台关于上海事务所报称上海遭遇空袭全员在正金大厦避难事致总裁室东亚课长、铁道总局长的电文（一九三七年八月十四日）

# 天津事务所内山本关于接收井陉煤矿一案后续情况事致总裁室东亚课长的电文（一九三七年八月十四日）

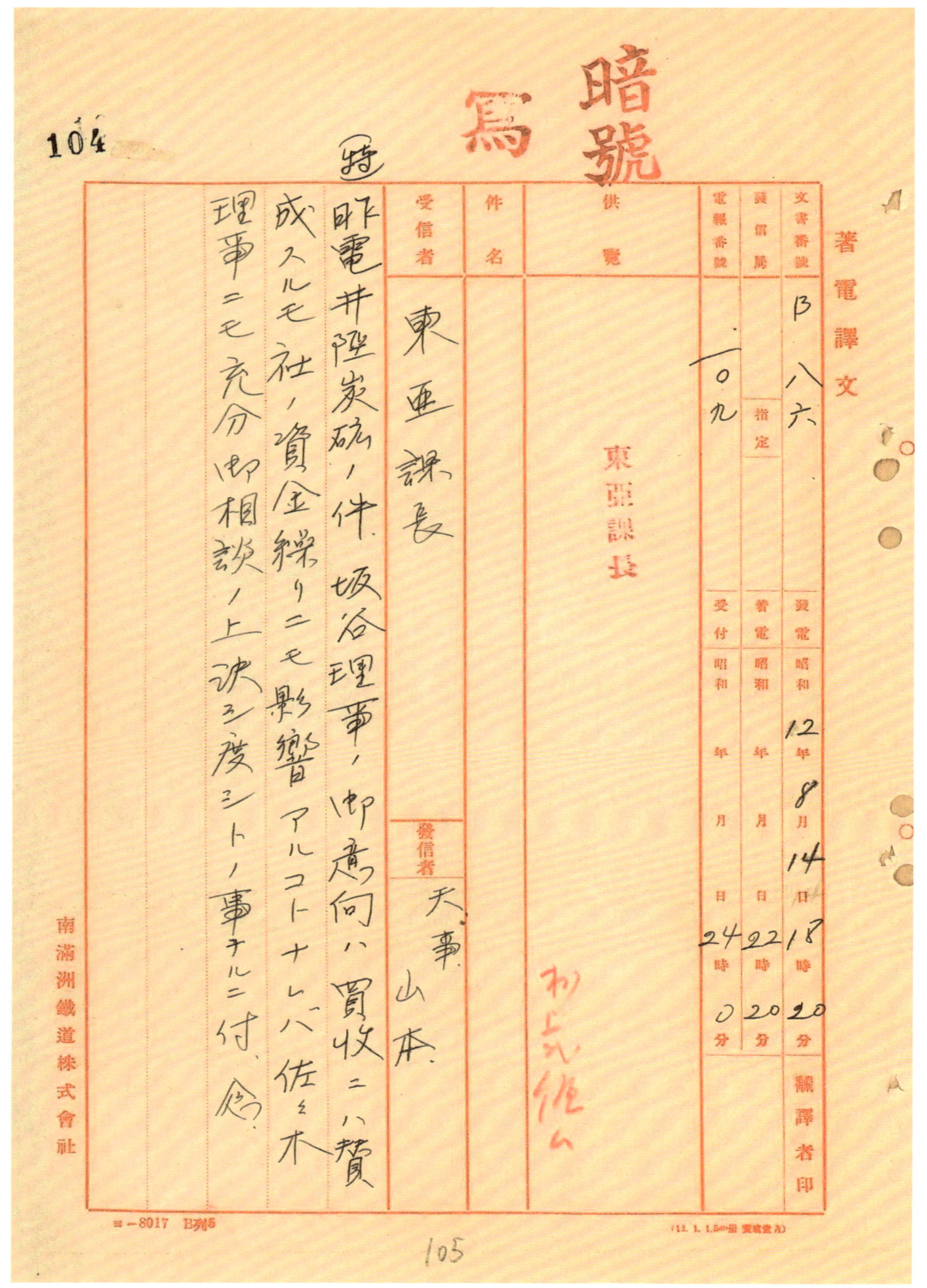

104

暗號

寫

著電譯文

文書番號 13 八六

發信局

電報番號 一〇九

指定

發電 昭和 12 年 8 月 14 日 18 時 20 分

着電 昭和 年 月 日 22 時 20 分

受付 昭和 年 月 日 24 時 0 分

飜譯者印

受信者 東亞課長

件名

供覧 東亞課長

發信者 天事 山本

(特)

昨電井陘炭礦ノ件坂谷理事ノ御意向ハ買收ニハ賛成スルモ社ノ資金繰リニモ影響アルコトナレハ佐々木理事ニモ充分御相談ノ上決メ度シトノ事ナルニ付、念。

南滿洲鐵道株式會社

〒-8017 B列5

105